鲤鱼墩

——一个华南新石器时代遗址的**生物考古学**研究

Li Yu Dun: the Bioarchaeology of a Neolithic Site in South China

李法军　王明辉　朱泓　陈博宇　陈伟驹　等著

中山大学出版社
·广州·

版权所有　翻印必究

图书在版编目（CIP）数据

鲤鱼墩：一个华南新石器时代遗址的生物考古学研究/李法军，王明辉，朱泓，陈博宇，陈伟驹，等著. —广州：中山大学出版社，2013.4
ISBN 978-7-306-04524-9

Ⅰ. ①鲤…　Ⅱ. ①李…　②王…　③朱…　④陈…　⑤陈…　Ⅲ. ①古人类学—新石器时代考古—研究—中国　Ⅳ. ①K871.3 ②Q981

中国版本图书馆 CIP 数据核字（2013）第 066613 号

出 版 人：祁　军
策划编辑：曹巩华　徐诗荣
责任编辑：徐诗荣
封面设计：曾　斌
责任校对：赵丽华
责任技编：黄少伟
出版发行：中山大学出版社
电　　话：编辑部 020-84111996，84113349，84111997，84110779
　　　　　发行部 020-84111998，84111981，84111160
地　　址：广州市新港西路135号
邮　　编：510275　传　真：020-84036565
网　　址：http://www.zsup.com.cn　E-mail：zdcbs@mail.sysu.edu.cn
印 刷 者：佛山市浩文彩色印刷有限公司
规　　格：787mm×1092mm　1/16　21.25 印张　530 千字
版次印次：2013年4月第1版　2013年4月第1次印刷
定　　价：45.00 元

如发现本书因印装质量影响阅读，请与出版社发行部联系调换

本书获得中山大学"985工程"人文社会科学出版资助专项经费支持

本研究还得到下列基金支持：

中山大学桐山基金（11400-9350094）
高校基本科研业务费中山大学青年教师培育项目（23000-3161107）
广州市哲学社会科学发展"十一五"规划2009年度课题（09Y39）
广东省哲学社会科学"十二五"规划2011年度项目（GD11CLS05）
中国科学院战略性先导科技专项（XDA05130102/23000-7121033）
中国科学院脊椎动物进化系统学重点实验室开放课题基金（2011LESV013/23000-4299001）
国家文物局文化遗产保护领域科学和技术研究课题（23000-4129003）
国家社会科学基金重大项目（11&AD82）

关于本书作者
（按姓氏拼音排序）

陈博宇　硕士，助理研究员，广州市文物考古研究所

陈伟驹　硕士研究生，吉林大学边疆考古研究中心

邓　锋　硕士研究生，中国科学院大学科技史与科技考古系

冯孟钦　硕士，副研究员，广东省文物考古研究所

胡耀武　博士，副教授，硕士研究生导师，中国科学院大学科技史与科技考古系

李法军　博士，副教授，硕士研究生导师，中山大学社会学与人类学学院人类学系，中国科学院脊椎动物进化系统学重点实验室

刘　畅　硕士研究生，Department of Anthropology, Faculty of Arts, University of Auckland

刘一婷　硕士研究生，中国社会科学院研究生院考古系

王昌燧　教授，博士研究生导师，中国科学院大学科技史与科技考古系

王明辉　硕士，副研究员，中国社会科学院考古研究所

王婷婷　硕士研究生，中国科学院大学科技史与科技考古系

张　涛　硕士研究生，The A. Gary Anderson Graduate School of Management (AGSM), University of California

朱　泓　教授，博士研究生导师，吉林大学边疆考古研究中心

Michael P. Richards　博士，教授，博士研究生导师，Department of Human Evolution, Max-Planck Institute for Evolutionary Anthropology, Leizpig, Germany

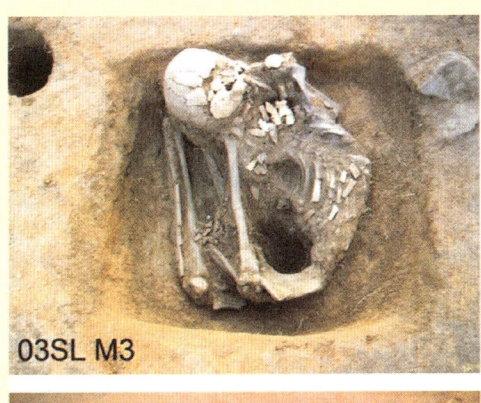 
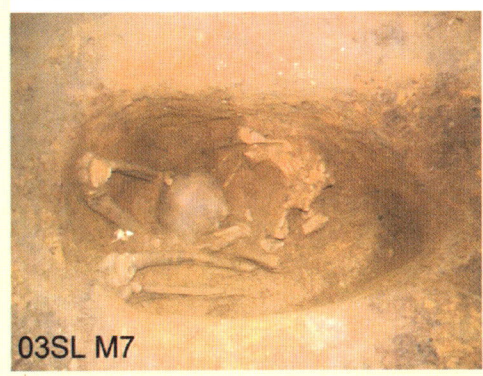 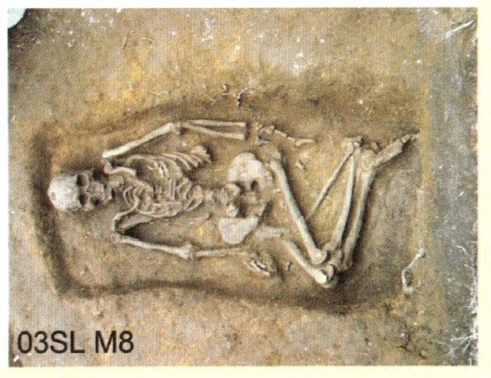

图2.22　鲤鱼墩遗址的葬式（冯孟钦　提供）

图4.1　03SL M2肢骨（李法军　摄制）

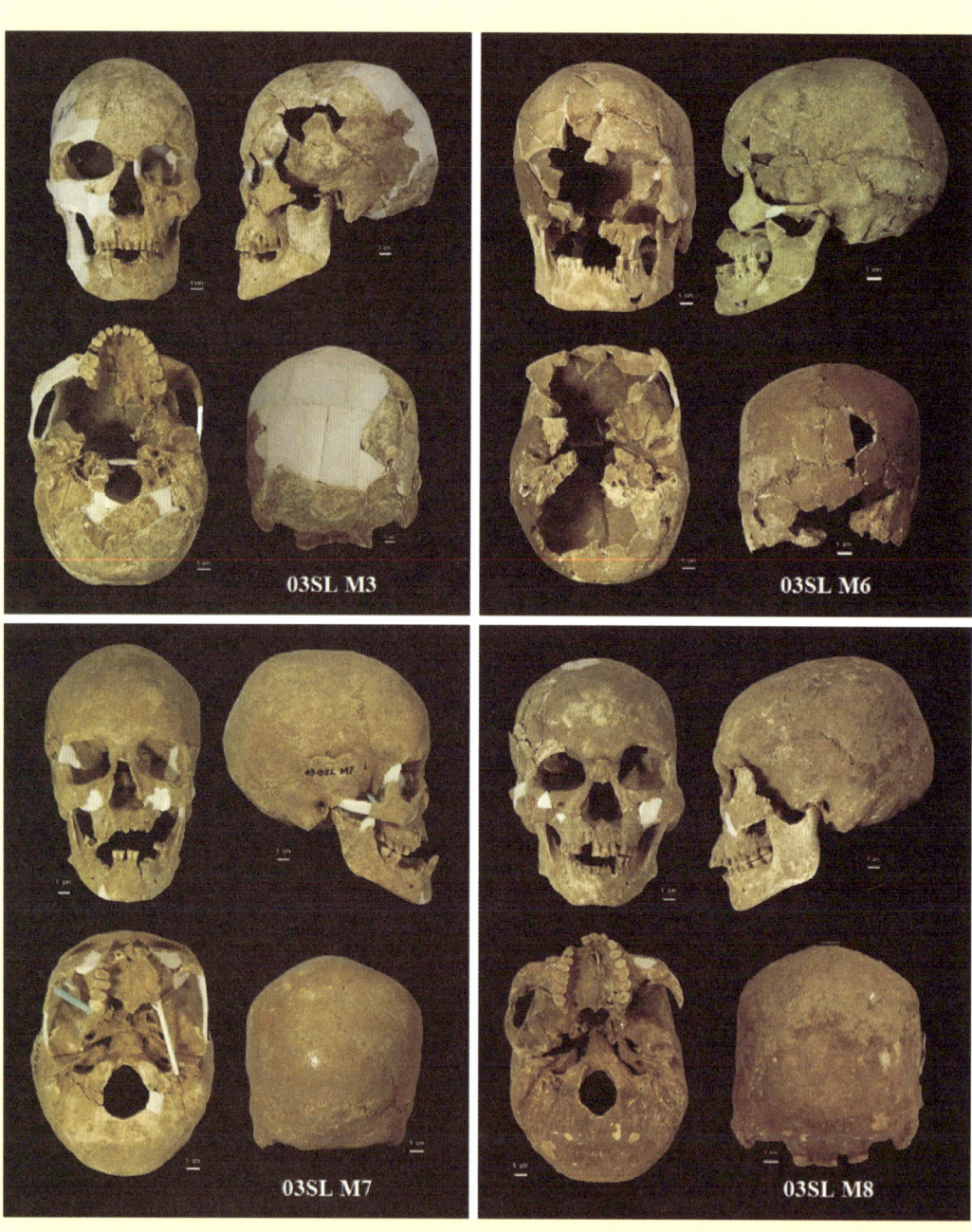

图4.2　鲤鱼墩居民头骨的复原情况（李法军　摄制）

图4.4　03SL M3肢骨（李法军　摄制）

图4.5　03SL M4头骨（李法军　摄制）

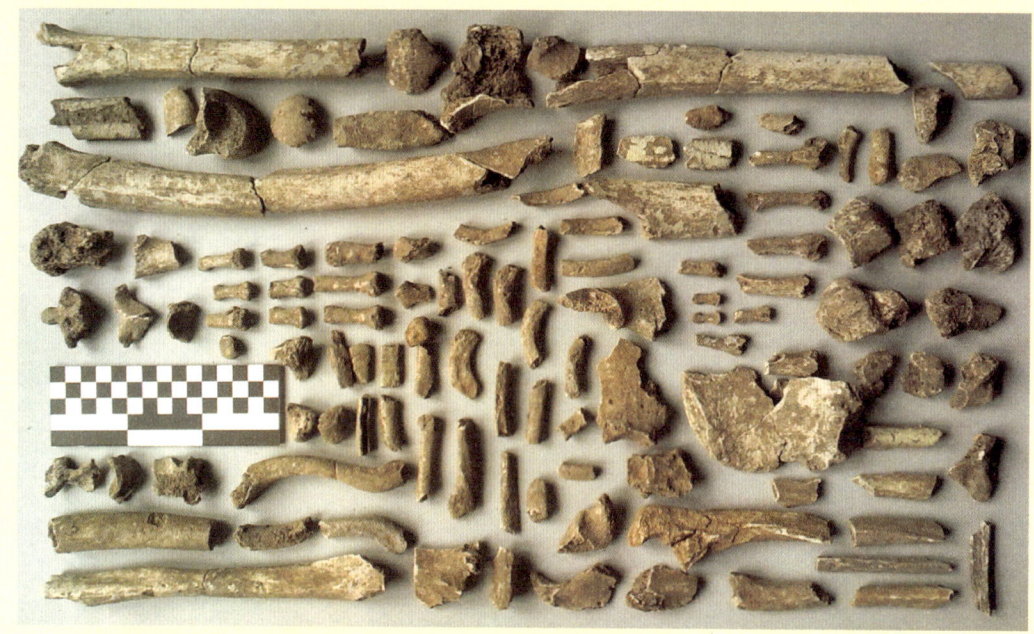

图4.6　03SL M4肢骨（李法军　摄制）

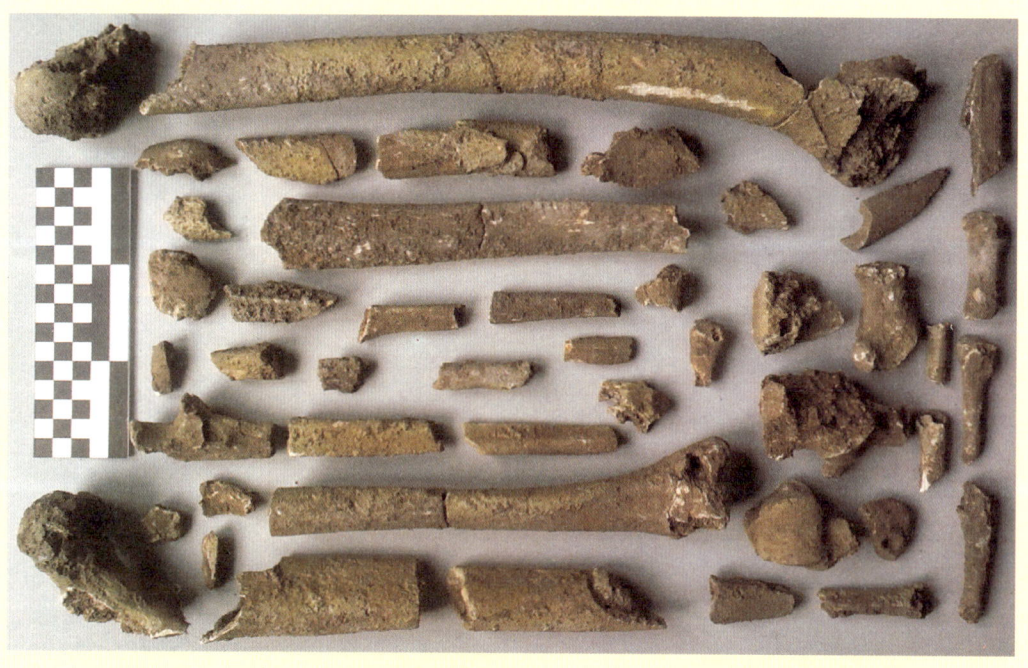

图4.7　03SL M5肢骨（李法军　摄制）

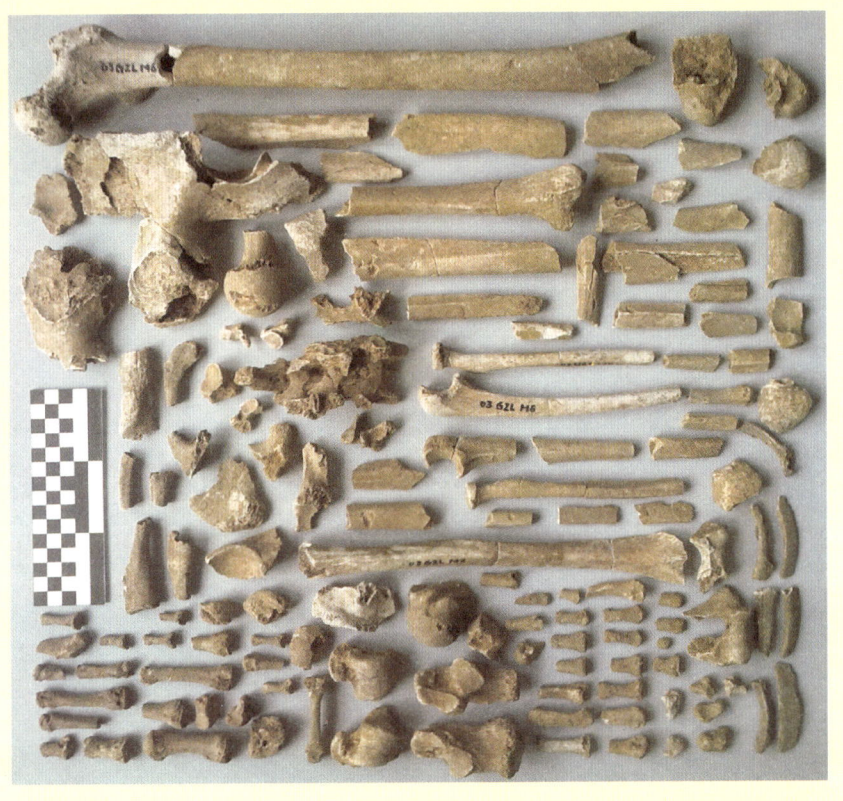

图4.8　03SL M6肢骨（李法军　摄制）

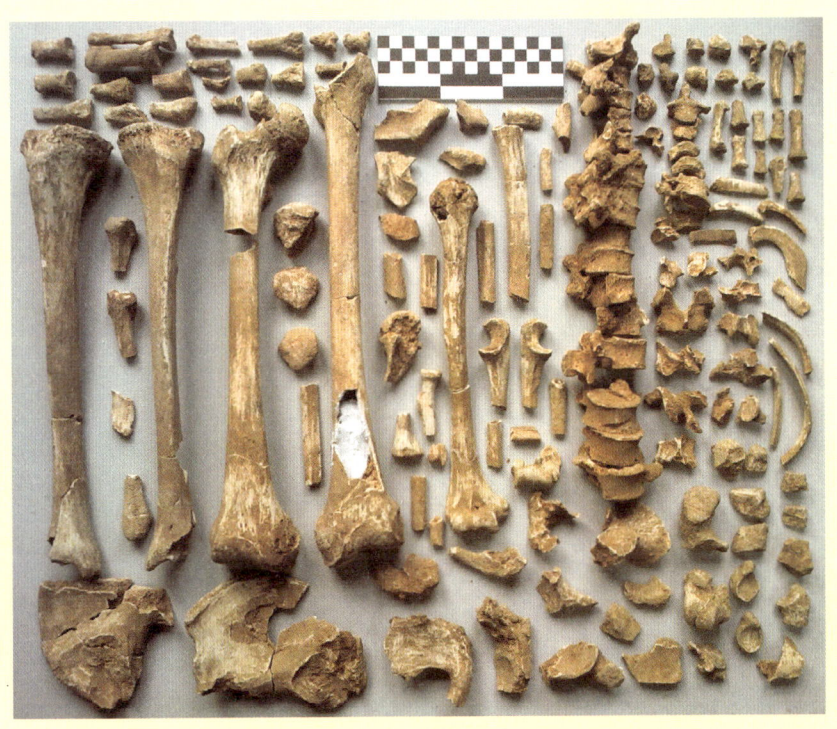

图4.9　03SL M7肢骨（李法军　摄制）

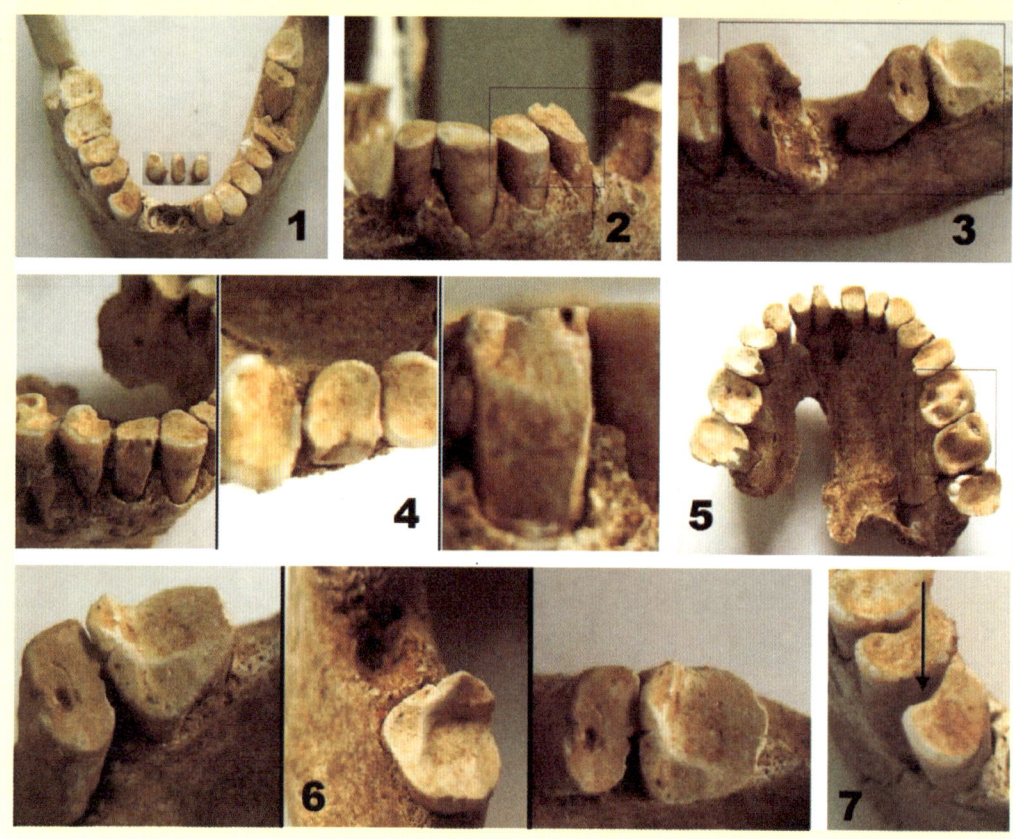

1. 前部和下颌左侧特殊磨耗；2. 左侧下颌P1、P2特殊磨耗；3. 左侧下颌臼齿特殊磨耗；4. 左侧上颌P1特殊磨耗的各个角度；5. 左侧上颌臼齿的特殊磨耗；6. 左侧下颌M3特殊磨耗的各个角度；7. 右侧下颌犬齿类似剔牙的磨耗。

图7.3　03SL M3牙齿磨耗（陈伟驹　摄制）

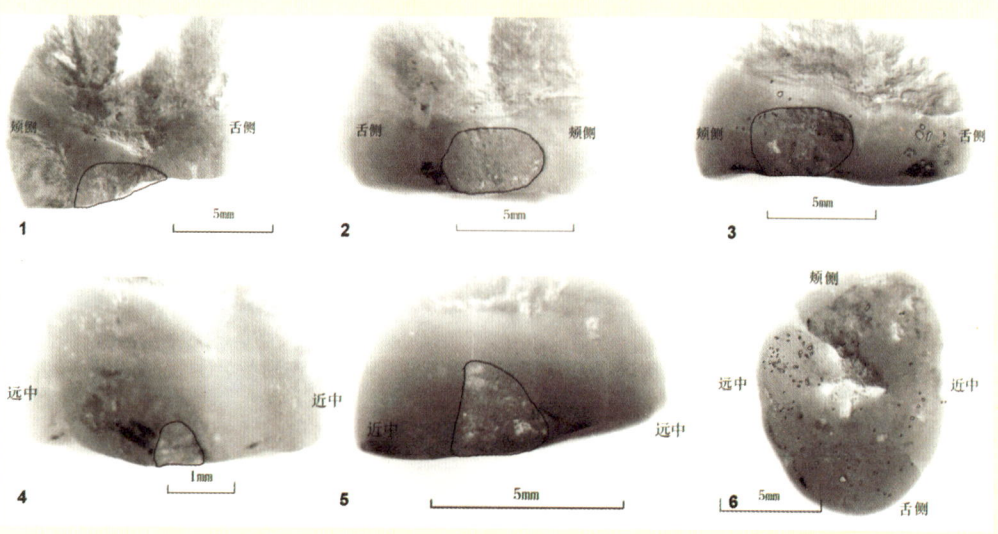

1. 03SL M4上颌右侧第一臼齿近中面；2. 03SL M4上颌右侧第二臼齿远中面；3. 03SL M4上颌右侧第三臼齿近中面；4. 03SL M4上颌右侧第三臼齿颊侧；5. 03SL M6上颌右侧第二臼齿舌侧；6. 03SL M4上颌右侧第三臼齿咬牙合面。

图8.5　03SL M4和03SL M6邻面微痕磨耗（邓锋、李法军　摄制）

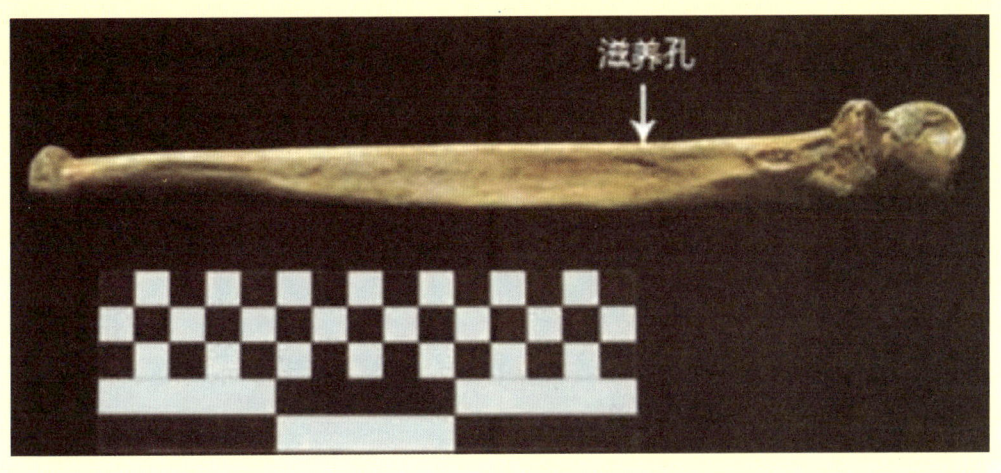

图10.1　右侧尺骨滋养孔位置示意图（张涛　摄制）

图10.3　S1—S16以及NF1—NF16（张涛、李法军　摄制）

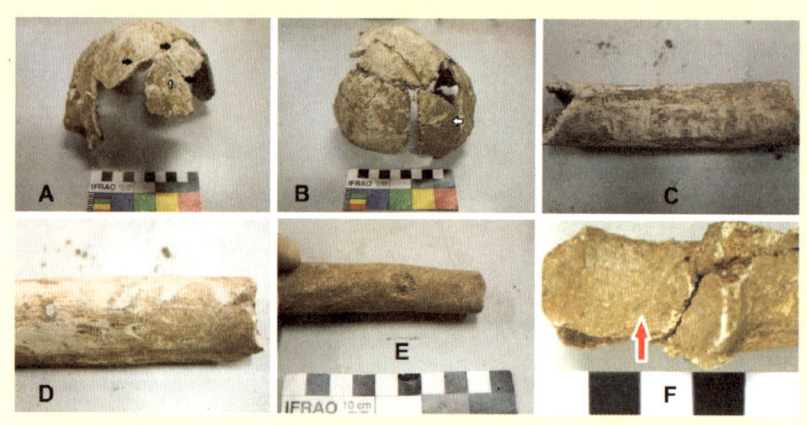

A. 额骨右侧出现的曲线痕迹；B. 顶骨右侧出现的长条形痕迹；C. 胫骨上的横向痕迹；D. 抓痕；E. 肱骨上的圆环状痕迹；F. 左侧尺骨上端关节面的异常骨质增生。

图11.3　03SL M4的骨骼创痕（A—E. 刘畅　摄制；F. 刘一婷　摄制）

A. 左侧股骨近端的坑痕；B. 右侧胫骨远端的关节面。

图11.5　03SL M6的骨骼病理现象（A. 刘畅　摄制；B. 刘一婷　摄制）

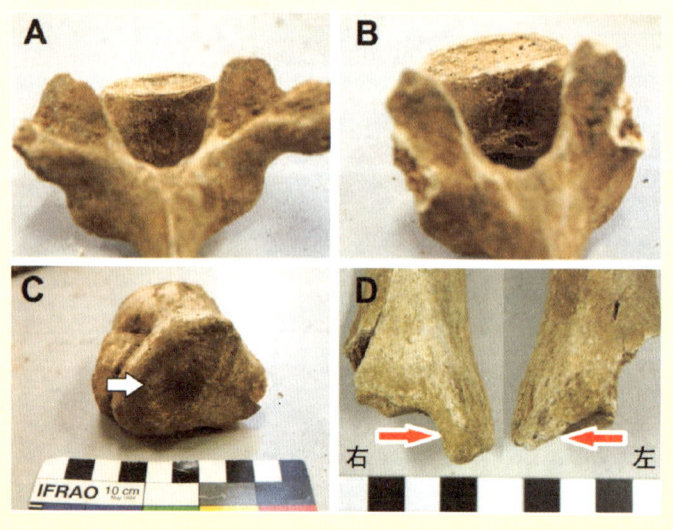

A、B. 胸椎椎静脉入口处凹陷；C. 左侧股骨外侧内上髁上的凹陷；D. 左右侧胫骨远端的比较。

图11.6　03SL M7的骨骼病理现象（A—C. 刘畅　摄制；D. 刘一婷　摄制）

目　录

内容提要 …………………………………………………………………………………………… 1

Abstract …………………………………………………………………………………………… 1

绪　论（李法军）…………………………………………………………………………………… 1
　　文化传统与科学本位：骨骼研究的伦理学 ……………………………………………………… 2
　　作为研究古代人类骨骼遗存的生物考古学 ……………………………………………………… 3
　　生物考古学和体质人类学的关系 ………………………………………………………………… 4

第一章　华南地区的自然区划和生态环境（李法军）………………………………………… 9
　　第一节　华南地区第四纪气候变迁 ……………………………………………………………… 9
　　第二节　华南地区沿海全新世海平面变化 ……………………………………………………… 14
　　第三节　华南地区沿海地质环境与地质灾害 …………………………………………………… 14

第二章　华南地区史前时期生物考古学的发展现状（李法军）……………………………… 20
　　第一节　主要的化石材料 ………………………………………………………………………… 20
　　第二节　主要的骨骼材料 ………………………………………………………………………… 41

第三章　本书的方法论（李法军）………………………………………………………………… 55
　　第一节　相关的学术理论 ………………………………………………………………………… 56
　　第二节　本书的研究内容 ………………………………………………………………………… 61
　　第三节　开展华南地区生物考古学研究所面对的问题 ………………………………………… 63

第四章　人口学信息（李法军　刘畅　陈伟驹）……………………………………………… 69
　　第一节　鲤鱼墩遗址人骨的保存情况 …………………………………………………………… 69
　　第二节　人口学分析 ……………………………………………………………………………… 73

第五章　鲤鱼墩新石器时代居民头骨测量学特征
　　　　　（李法军　陈博宇　王明辉　朱泓　冯孟钦）…………………………………………… 85
　　第一节　头骨的测量特征 ………………………………………………………………………… 85
　　第二节　头骨的连续性形态观察 ………………………………………………………………… 93
　　第三节　头骨的非连续性形态观察 ……………………………………………………………… 105

第六章　鲤鱼墩新石器时代居民牙齿测量学特征
（王婷婷　李法军　王明辉　朱泓　冯孟钦）·············· 117
- 第一节　牙齿的测量特征············ 118
- 第二节　牙齿的非测量特征············ 137

第七章　鲤鱼墩新石器时代居民牙齿磨耗和口腔健康分析（陈伟驹　李法军）······ 152
- 第一节　材料与方法············ 154
- 第二节　结果············ 158
- 第三节　讨论············ 174

第八章　鲤鱼墩新石器时代居民牙齿磨耗的微痕分析（邓锋　李法军）·············· 189
- 第一节　材料与方法············ 190
- 第二节　结果············ 194
- 第三节　讨论············ 203

第九章　鲤鱼墩新石器时代居民肢骨整体性研究（刘一婷　李法军）·············· 209
- 第一节　研究材料与方法············ 210
- 第二节　肢骨各项指数分析与观察············ 211
- 第三节　长骨相关指数与其他各组的比较分析············ 218
- 第四节　身高的推算············ 222

第十章　鲤鱼墩新石器时代居民肢骨滋养孔研究（张涛　李法军）·············· 227
- 第一节　材料与方法············ 228
- 第二节　结果············ 229
- 第三节　讨论与结论············ 236

第十一章　鲤鱼墩新石器时代居民的骨骼病理学分析
（刘畅　刘一婷　李法军）·············· 240
- 第一节　材料与方法············ 240
- 第二节　观察结果············ 241
- 第三节　埋葬学和埋葬形式············ 244

第十二章　群体亲缘关系探讨：头骨测量特征分析
（李法军　王明辉　冯孟钦　朱泓）·············· 246
- 第一节　华南地区古人类的亲缘关系············ 246
- 第二节　中国古人类的亲缘关系考察············ 249
- 第三节　华南地区和东南亚地区古人类的演化关系············ 254

第十三章　群体亲缘关系探讨：非测量特征分析
　　　　（李法军　王明辉　冯孟钦　朱泓）·· 260
　　第一节　头骨非测量特征所反映的亲缘关系·· 260
　　第二节　牙齿非测量特征所反映的亲缘关系·· 266

第十四章　基于C、N稳定同位素的饮食结构与生活方式分析
　　　　（胡耀武　李法军　王昌燧　M. P. Richards）·· 275
　　第一节　材料与方法·· 276
　　第二节　结果与讨论·· 277

第十五章　屈肢葬俗考略（李法军）·· 281
　　第一节　以往有关屈肢葬的研究·· 282
　　第二节　现代民族志中的屈肢葬·· 288
　　第三节　屈肢葬的含义·· 289

第十六章　近30年来东南亚地区古人类研究述评（李法军）······························ 293
　　第一节　近年东南亚地区体质人类学研究概述·· 294
　　第二节　东南亚地区古人类的亲缘关系：方法论与演化之路·····························299

后　记··· 305

内 容 提 要

《鲤鱼墩：一个华南新石器时代遗址的生物考古学研究》是目前国际学术界有关华南地区生物考古学研究的第一本相对较为系统的论著。本书展示了我们对出自广东湛江鲤鱼墩新石器时代遗址人骨所做生物考古学研究的最新成果。在此基础上，结合华南地区考古学、古人类学、地质学、生态学和民族学等学科的研究资料，探讨了华南地区与周边地区古代人群在生物学和考古学文化上的关系。

本书共十六章，内容主要包括对"生物考古学"含义的阐释、华南地区第四纪地质和生态环境变迁、华南地区史前时期生物考古学现状、鲤鱼墩史前时期人骨的生物考古学综合研究、屈肢葬俗考略以及近30年来东南亚地区古人类研究述评等部分。较为遗憾的是，由于鲤鱼墩遗址人骨的保存状况不能为古DNA研究提供充分和可靠的测试样本，因此本书缺乏分子考古学的内容。

绪论 重点讨论了"骨骼研究的伦理学"、"作为研究古代人类骨骼遗存的生物考古学"及"生物考古学和体质人类学的关系"三个论题。由于宗教信仰和文化传统的影响，人们长久以来未能对自身的躯体进行深入的研究，在考古学发展的最初阶段，对于人骨的认知程度是有限的。出于对逝者的敬畏感和为科学献身的精神，早期的考古学家和体质人类学家的情感是非常复杂的，这种复杂的情感直至今日也无法完全消除。

在当今社会，虽然许多人已经认识到骨骼研究的重要性，但当我们发现和面对人类骨骼遗存的时候，科学技术层面的困扰远远小于来自文化传统和思想道德的困扰。这种困扰主要来自于两个方面，一方面是在自体文化中，作为逝者的躯体存留，这些骨骼遗存应当如何被对待？另一方面是面对文化冲突时，是否放弃对躯体或骨骼的研究？近年来，在美国等长期存在着种族和族群冲突的国家出现了有关如何对待人类骨骼遗存以及如何评估人类骨骼遗存价值的伦理学反思。回顾人类有关死亡信仰的历史、人类遗存和人类变异研究的历史以及人类骨骼搜集的历史，确认如何对待我们所能获得的以及尚未获得的人骨材料，这是我们目前和将来进行人骨研究的道德依据。

应当将人类骨骼学视为一门在人类双重特质的情境下研究人类骨骼的学科。体质人类学（生物人类学）[①] 和考古学范畴的人类骨骼学，其研究旨趣更倾向于对古代不同时期人群的体质演化过程、人口学信息、疾病与健康、生理与适应性、饮食与生业方式、人类迁徙过程、群体遗传学、社会复杂化过程、法医学信息等进行研究。我们采纳美国学术界对"生物考古学"的定义，即它应当被严格地限定在"旨在研究考古遗址出土的人类遗骸"的框架内，其研究旨趣已经从简单的骨骼形态描述转变为生物文化适应和原地进化分析。

[①] "体质人类学"又称"生物人类学"，在国际上二者通用，但存在某些内容上的差别。请参考李法军等《生物人类学》一书中的相关讨论。下文中均使用"体质人类学"一词。

通过对体质人类学和生物考古学发展历史的简要梳理，我们发现生物考古学的产生明显晚于体质人类学；在研究方法和内容上，二者又具有明显的重叠性。因此，生物考古学应当被认定为体质人类学的一个重要分支。虽然生物考古学具有较多的"科技"色彩，但是综合衡量生物考古学的学科定位和研究旨趣，李法军倾向将其视为一个具有明显历史性、文化性和技术性的综合体，其本质仍是史学的和人类学的。

第一章　华南地区的自然区划和生态环境　通过对"华南地区"概念的界定，以及对华南地区第四纪气候变迁、华南地区沿海全新世海平面变化和华南地区沿海地质环境与地质灾害的介绍，初步描述了华南地区的自然区划和生态环境的时空特点，目的是为探讨第四纪人类的宏观进化和微观演化、人类行为的生态环境背景、社会复杂化过程以及个人生活史等提供有益的参考。在本书中，"华南地区"是一个自然区划而且是狭义的概念，即它主要包括南岭以南的华南大陆部分和闽东南沿海地区，以及台湾、海南和南海诸岛。

为了更好地理解华南地区自第四纪早期以来的人类行为特点和生活模式，第一章简要介绍了该地区在第四纪包括陆地和海洋及海岸线变化等在内的生态环境变迁过程，重点介绍了全新世早期阶段末次冰期极盛期之后的全球气候和海平面变化，因为这些变化曾经深刻地影响了当时人类的活动。第一章还详细介绍了与鲤鱼墩遗址密切相关的雷州半岛的地质构造和地质灾害信息。

第二章　华南地区史前时期生物考古学的发展现状　首先简要介绍了中国生物考古学研究的现状，阐释了华南地区作为东北亚、东南亚和南亚交汇之地是研究中国与东南亚及南亚人群关系的重要区域的观点。提出了华南地区生物考古学的重要性和局限性，重点介绍了马坝人、智人洞人、柳江人、麒麟山人、三亚人和左镇人的化石材料及相关信息，内容包括了古人类遗址的地貌形态、溶洞综合剖面、动物群、地质年代和人类化石特征。

第二章也梳理了华南地区全新世史前时期古人类的考古学发现。重点介绍了广西桂林甑皮岩、广西邕宁顶蛳山、广西崇左冲塘和广东遂溪鲤鱼墩遗址。在华南地区，已发现的人骨保存较好的新石器时代遗址主要集中在珠江三角洲地区和西江水系。在华南地区目前已经发掘的遗址中，桂林的甑皮岩、邕宁的顶蛳山、南宁的灰窑田、崇左的冲塘和遂溪的鲤鱼墩所出人骨保存相对完好，且数量相对丰富，因而构建起了这一地区史前时期生物考古学研究的重要支点。从现有的考古学文化分布来看，屈肢葬及其较为集中的埋葬行为是这一地区史前时期落后的突出特点，珠江三角洲地区以西尚未见有拔牙习俗的存在，肢解葬俗主要分布在桂中地区。

第三章　本书的方法论　首先指出目前国内进行生物考古学研究时，因不同地区人骨材料保存的情况不同，产生了不同的人骨保护方法。李法军提出，在获得了骨骼所蕴藏的丰富信息之后，如何科学地将这些信息进行有机的整合并发现其中的规律，如何科学地对这些信息进行解释，是生物考古学者需要面对的一个重要问题。骨骼反映的形态特征、遗传特征、行为特征以及病理特征等都与其生前所居住的自然环境和社会环境密切相关。考虑到文化因素，我们还需要将上述这些特征与文化背景相联系，阐释当时人群的亲缘关系和文化互动。

第三章除了对现有的两种有关现代人起源的重要理论（即"多地区起源论"和"非洲起源论"）进行讨论外，还介绍了朱泓提出的"中国古代人种坐标体系"，用以阐释中国古代居民体质类型和现代亚洲蒙古人种各类型之间的关系。这一章也提及了几种较为著名的有关东南亚和日本人类起源与演化的理论，以帮助我们更好地理解东亚地区人类的起源和演化过程。

应用生物考古学方法进行鲤鱼墩史前时期人类遗骸的研究是本书的重点。我们遵循生物考古学的研究旨趣，尽可能地介绍新材料、应用新方法、拓展新内容。我们还试图在以往相关研究的基础上做一些新的尝试。就生物考古学研究的具体内容而言，本书则包括了如下部分：个体的性别和年龄判定、人口学分析、形态测量学研究、齿学人类学分析、古病理学分析、食谱分析、个人行为及生活方式分析。

本章提出了开展华南地区生物考古学研究所面对的问题。首先是如何认识和对待考古发掘中所获得的人类遗骸。李法军认为，就考古学而言，人类遗骸具有"人"和"物"的双重特质。从伦理学角度讲，应将其视为"人"；但出于科学研究的目的，我们将其视为"人工遗物"。如果不明确将其定义为"人工遗物"，那么作为重要的信息载体，人类遗骸被全部采集和记录的必要性和可能性就会降低。

第四章　人口学信息　首先对鲤鱼墩遗址出土人骨的埋藏学特征和保存情况进行了细致的描述，然后介绍了对这些个体进行性别和年龄判定的方法和依据，最后依据判定结果对鲤鱼墩遗址已知个体进行了初步的人口学分析。在4个有明确年龄判定值的男性个体中，没有未成年和老年个体，年龄分布在20—45岁之间，平均死亡年龄为33.13岁。一方面不能排除没有发现未成年墓葬的可能，一方面说明该人群的寿命是比较短的。根据性别和年龄鉴定结果计算的7个个体的平均死亡年龄是31.79岁，6个男性的平均死亡年龄计算结果为33.75岁。女性的死亡年龄明显低于全部7个个体的平均死亡年龄，更明显小于男性的平均死亡年龄。

第五章　鲤鱼墩新石器时代居民头骨测量学特征　运用骨骼测量学的方法对鲤鱼墩出土的头骨进行了体质特征的观察和测量。在此基础上，对其头骨的测量特征和非测量特征进行了分析和总结。综合来看，鲤鱼墩新石器时代男性头骨的测量特征可以概括为：中长颅型，伴以高颅型和狭颅型；明显的狭额型，上面部形态差异较大，面部扁平度中等；明显的阔鼻型和扁宽的鼻部形态；低眶型和偏低的中眶型；中、阔腭型；突颌特征非常明显。鲤鱼墩新石器时代女性头骨的测量特征可以概括为中颅型，伴以高颅型和狭颅型；明显的狭额型，上面部特狭，面部扁平度较小；接近阔鼻型的中鼻型，鼻部形态较为扁宽；低眶型；阔腭型；突颌特征非常明显。

鲤鱼墩遗址出土头骨的连续性形态表现为：男性颅型以卵圆形为主，眉间突度和眉弓发育以中等偏弱为主，颅顶缝以简单为主，眶型以椭圆形为主，眶角圆钝，梨状孔均为心形；鼻根凹以浅平为主；腭型均以椭圆形为主。女性除眉间突度和眉弓发育较男性弱外，其他特征与男性相近。此外，这批头骨的上颌骨转角明显，犬齿窝发育以弱为主，颧骨缘突发育也以弱为主。以上这些特征表明，鲤鱼墩新石器时代人群应属于蒙古大人种的范畴。

该人群头骨的非连续性形态表现为：出现率为零的特征包括前囟骨、额中缝、眶上神经沟、脑膜眼眶孔、滑车上切迹、胡施克孔、鼓板边缘孔、二分颧骨、颧横缝痕迹、岩孔、腭中骨、下颌圆枕和多颏孔特征；出现率极低的特征包括印加骨、枕乳缝间骨、上颌圆枕、顶切迹骨、枕横缝残存、第三髁（骨面型）、第三髁（骨突型）、二分髁管、颈静脉孔骨桥、枕外隆凸区导孔、髁前结节、二分枕髁关节面、卵圆孔不全、棘孔开放、颞颊孔、维萨里孔和腭圆枕；出现率中等的特征包括冠状缝小骨、人字缝小骨、星点小骨、无额切迹/孔、乳突孔上位、乳突孔缺如、最上项线、旁髁突、二分舌下神经管、摇椅式下颌和下颌舌骨沟骨桥；出现率较高的特征包括眶上孔、星点小骨、人字点小骨和颧面孔缺如。

第六章 鲤鱼墩新石器时代居民牙齿测量学研究 对鲤鱼墩遗址出土的牙齿样本进行了测量学分析。选择了陕西临潼姜寨、渭南北流及渭南史家等仰韶文化遗址，陕西西安少陵原西周墓地以及湖北郧县乔家院墓地东周–西汉时期的人类遗骸牙齿测量数据进行比对研究。鲤鱼墩居民的牙齿齿冠普遍存在严重磨耗，磨损平面较为光滑，推测由长期食用砂粒难以完全清除的海生类食物所致。此外，就齿冠磨耗的程度来看，鲤鱼墩居民上颌牙齿齿冠磨耗大于下颌牙齿，后牙齿冠磨耗大于前牙，可能是不同牙位牙齿在人们生活中的功能机制差异所致。唯一的女性个体（03SL M7）在各牙位的尺寸比例上明显不同于其他几个男性个体，表现出了鲤鱼墩遗址诸个体在牙齿尺寸方面的性别差异。

就鲤鱼墩遗址居民与不同时代中国人牙齿齿冠面积的比较结果来看，鲤鱼墩先民在前牙齿冠面积及后牙尺寸比例关系上与中国现代人最为接近，其牙齿尺寸数据与整个中国人群体存在极大的相似性。但就区域而言，其与参与比较的几个具有代表性的北方群体存在明显的差异，而与中国南方人群更为接近。本章还应用ASU系统对鲤鱼墩遗址出土的人类牙齿进行了形态学观察，通过与其他东北亚和东南亚已经发表的资料进行对比，获得了有关鲤鱼墩人与其他群体亲缘关系的信息。

第七章 鲤鱼墩新石器时代居民牙齿磨耗和口腔健康分析 揭示了鲤鱼墩遗址居民的牙齿磨耗特点、前后部牙齿磨耗程度的差异、牙齿特殊磨耗、口腔健康状况、牙齿生前脱落、颌骨骨质隆起和第三臼齿萌出率，分析了鲤鱼墩遗址居民牙齿磨耗程度与食物结构关系、特殊磨耗与人类行为、龋齿病与饮食结构和牙齿生前脱落与文化行为的关系。也讨论了与其他人群的牙齿磨耗差异以及通过牙齿磨耗和其他埋藏学信息进行墓葬年代推断的可能性。

第八章 鲤鱼墩新石器时代居民牙齿磨耗的微痕分析 应用光学体视显微镜，从微观的视角观察和分析了牙齿表面的各种磨耗形态。在光照方面，我们在实验过程中发现，光线必须斜射入所观察的牙齿表面，利用光线在高低不平的表面造成的阴影进而发现牙齿表面的微痕，并且光线的强弱也应随着观察的情况而适当地减弱或加强。将光线调整到一个合适的角度是一个比较费时的过程，每一次的拍照与观察都需要进行光线的调整。

依据拍摄照片中的微痕进行统计和分类，发现此次观察的牙齿表面微痕以点状痕和面积较大的崩裂痕为主。前者可能是由于食物中含有一定量的泥沙而造成的，由此推测其饮食结构当中海洋性食物比重较大；后者可能是古代先民用牙齿咬硬物而造成的，由此推测鲤鱼墩先民可能利用臼齿作为工具来咬碎一些较硬的物质。同时还发现一些关于牙齿微痕集中分布区域的相关信息，这可能与牙齿间的缝隙中残留有较小的泥沙颗粒有关。

第九章 鲤鱼墩新石器时代居民肢骨整体性研究 通过对鲤鱼墩遗址出土的人类肢骨的测量及观察，了解了当时雷州半岛居民的体质特征和生存状态，并试图复原了当时的一些社会生活场景，以弥补对于华南地区古人类肢骨研究的空白。根据相关的人体测量方法，分析其肢骨的左右侧差异和男女差异，考察是否存在对某一侧肢体的偏重以及性别分工。同时，将鲤鱼墩肢骨指数与其他地区的数据进行对比，以进一步揭示当时人们的体质状况和其所遭受的功能压力，推测其生存状态。我们也利用长骨的最大长进行了身高的推算。

研究表明，这些居民更多地使用右侧上肢和左侧下肢，我们认为某种捕捞姿势或许是此现象产生的主要原因，但尚需要更多的行为学分析的支持。男女间肢骨的发育程度存在差距，但差距并不悬殊，这更可能是由性别差异所导致的，而性别分工所导致的男女肢骨发育差异在鲤鱼墩居民中表现得不明显。鲤鱼墩的古代居民有着一定的劳动强度，同时也有着较为良好的发育水平。通过肱骨、股骨、胫骨各项指数与其他地区的对比，其粗壮指数和发育程度都处于中等偏高的水平，结合古病理的观察（特别是关节面上的异样增生），显示出其承受着一定的功能压力，这些证据都暗示着当时的人们劳动强度较大。身高虽然可能与遗传因素有关，但营养状对于身高也有着重要的影响，鲤鱼墩居民较高的身高应与其以海生生物作为主要食物来源有密切关系。

第十章 鲤鱼墩新石器时代居民肢骨滋养孔研究 采用了一种全新的测量方法，即测量滋养动脉在骨壁外表面留下的凹槽（外口）尺寸来考察滋养孔的发育状态。这与以往对滋养孔孔径进行研究的方法是不同的。第十章进行了个体自身左右侧比较、个体间比较和群体间比较。在个体间进行比较时发现，女性个体（03SL M7）滋养孔外口最大长几乎是男性肱骨滋养孔外口最大长平均值的2倍，这说明03SL M7个体的左侧肱骨的新陈代谢率非常高，活动强度较大。在尺骨的比较中，三个样本之间的数值非常接近，也就是说这些个体的上肢前臂劳动强度相当，发育粗壮程度也相仿。鲤鱼墩遗址居民股骨滋养孔数值比现代人的要高，这说明当时鲤鱼墩遗址居民的股骨新陈代谢率比现代人高，大腿部比现代人的更强壮。

第十一章 鲤鱼墩新石器时代居民的骨骼病理学分析 试图依据古病理学和埋葬学的理论，结合性别和年龄等信息，对鲤鱼墩先民的骨骼发育、生活习惯和骨骼健康状况有一个初步的认识。总体而言，鲤鱼墩遗址居民的骨骼发育状况较好，病理性和创伤性疾病较少。

我们在03SL M2的部分骨骼表面发现了在自然埋藏过程中造成的不规则痕迹、植物根茎痕迹和一些小坑，可以判断为是死后在埋藏阶段产生的，坑状痕迹可能和硬物压制或者动物的抓、咬有关。03SL M3右侧尺骨上端关节面上有一异常骨质增生。03SL M4额骨右侧出现一些很小的曲线痕迹，可能属于额骨骨缝的一部分或是在埋藏过程中产生的。左侧尺骨上端关节面上有一异常骨质增生。03SL M5在左侧胫骨远端的前面内踝处有一个椭圆形的洞。这个洞可能是由一个尖锐的而且横切面是椭圆形的硬物穿刺而造成的，可能是在生前形成的，可能与化脓性骨髓炎有关。在03SL M6在左侧股骨转子间嵴下方有2个坑。较大的坑出现在小转子外侧，面积与小转子顶端的平面相近，较小的坑出现在大转子的外下侧臀肌粗隆的位置，可能是由局部感染引起的。右侧胫骨下端的后面有一异常关节面，可能与长期的下肢和脚踝部弯曲活动有关。03SL M7的部分椎体上可以观察到较小的唇形变，在2块胸椎体后面的椎静脉入口处出现凹陷，边缘处也显示出了骨吸收的特征，疑似为感染的症状。其左侧股骨外侧内上髁处出现一个圆形直径约2厘米的凹陷。由凹陷的特征判断，它可能是由病理原因造成的而非钝力外伤造成。左右侧胫骨的下关节面有明显的不对称，左侧胫骨的内踝与下关节面形成的角度明显大于右侧的，而且不如右侧陡直，与正常形态也有差异，这应该与其受力方式有关。

第十二章　群体亲缘关系探讨：头骨测量特征分析　从头骨测量学的角度考察了华南史前时期人群之间以及他们与周边地区人群的亲缘关系。总的来看，华南地区的古人类在体质特征上虽然存在许多共同特征，例如长颅型、低眶和阔鼻，但人群之间仍存在着某些差异。处于华南西部的广西桂林甑皮岩与东部的福建闽侯昙石山的人群具有相对密切的形态学联系，但这可能是受到了他们相近的长颅特征的影响，因为这两组人群在颅宽和颅高值以及鼻部形态等主要特征上具有明显的差异。广东佛山的河宕人、广东湛江的鲤鱼墩人以及广西的柳江人三者之间的关系并不紧密，他们与甑皮岩人群和昙石山人群的关系也相对疏远。

本次研究发现，华南地区的古人类从晚期智人阶段到新石器时代晚期，在颅骨的测量值上反映出一个短颅化、狭颅化和高颅化的过程，但是颅指数反映的是长颅化的趋势，说明就颅长和颅宽来说，该地区古人类的颅宽较之颅长减小得更快，因而造成了颅骨尺寸在绝对值上的减小而在颅指数上却反映出长颅化的趋势这一现象，说明现代南亚类型居民的典型长颅型特征应当是在全新世之初逐渐形成的。

为了能够从更宏观的角度探讨包括柳江人、甑皮岩人、冲塘人和鲤鱼墩人等华南地区古人类与包括中国人群在内的东北亚和东南亚地区其他人群的亲缘关系，我们还进行了聚类分析和因子分析。研究结果表明，鲤鱼墩遗址居民与中南半岛史前时代居民有着最为密切的头骨形态测量学联系，而与岛屿东南亚及东北亚类群存在着一定的差异。

第十三章　群体亲缘关系探讨：非测量特征分析　首先将鲤鱼墩遗址头骨与顶蛳山部分头骨、中国其他代表性人群头骨以及日本人群头骨的非测量特征进行比较，以期考察这些人群在头骨和牙齿非测量特征上的亲缘关系。头骨非测量特征的聚类分析结果表明，琉球组和弥生组首先聚合，反映出二者之间紧密的联系；华北组和姜家梁组也首先聚合；这四组与圩墩组及李家山组又聚合成为一大类。阿伊努组和绳纹组关系也较为紧密，也聚为明显的一类，顶蛳山组与他们又聚为一大类。前两类聚合成更大的一组类群。鲤鱼墩组明显与上述类群保持了较远的距离，因子分析的结果与聚类分析的结果较为一致。

从鲤鱼墩遗址居民牙齿的非测量特征所反映的亲缘关系来看，诸如较高的上颌第二臼齿卡氏尖，下颌第三臼齿 Y 型沟，下颌第三臼齿四尖型；较低的上颌臼齿釉质延伸，上颌侧门齿中断沟，上颌第三臼齿退化，下颌第一前臼齿汤姆氏根和舌侧齿尖变异，下颌臼齿转向皱纹、远中三角嵴和原副尖这些特征，它们的分布规律与"巽他型牙"人群牙齿非测量特征的分布非常接近，而与"中国型牙"的较为疏远；但鲤鱼墩居民的上颌中央门齿铲型、单根上颌第一前臼齿，三根上颌第二臼齿和上颌臼齿第五尖（后小尖）特征与"中国型牙"的较为一致。总体而言，鲤鱼墩居民在牙齿类型上较接近于"巽他型牙"，但在某些特征上更接近于"中国型牙"。

第十四章　基于 C、N 稳定同位素的饮食结构与生活方式分析　对鲤鱼墩遗址出土人骨的 C、N 同位素进行了测试和分析。结果表明，鲤鱼墩先民的食物以海生类为主，陆生资源在其食物结构中不占主要地位。通过对黄河流域、长江流域和华南地区遗址中出土人骨的稳定同位素进行比较和分析，可以清晰地看出，早在 6 ka B.P.，我国先民的生活方式就已存在三种类型：①黄河流域的先民广泛地种植粟类作物和饲养家畜，粟作农业在其生活方式中占据主导地位；②长江流域的先民虽已普遍种植水稻，但由于自然条件较为优越，更倾向于通过渔猎活动获取动物类资源，家畜的饲养尚不普遍；③华南地区与海毗邻，先民的食物来源以海生类食物为主，陆生资源在其生活方式中只处于辅助地位。

第十五章　屈肢葬俗考略　就华南地区史前时期流行的屈肢葬和肢解葬葬俗进行了初步分析。研究表明，中国境内最早的屈肢葬见于华南新石器时代早期，主要集中在广西北部的柳江、漓江流域。在桂林甑皮岩、庙岩、柳州大龙潭、邕宁顶蛳山以及湛江鲤鱼墩等地均发现了屈肢葬，大部分都是蹲踞式屈肢葬，也有侧身屈肢葬和二次葬，其葬式在鲤鱼墩遗址的墓葬中大多存在。此外，我们依据生物考古学知识，通过分析墓葬发掘记录以及比对墓葬照片和绘图记录后认为，顶蛳山文化的肢解葬应为一次葬，许多个体并非是被摆放成屈肢状，其形态还有待于进一步描述和分析。

除了考古学所提供的证据外，我们还借助现代民族志中有关屈肢葬的描述，对屈肢葬的源流、功能和形式进行了初步的考察和推测。由于文化间的涵化或者文化内的异质化过程有时候是以极快的方式完成的，因此用现代民族志的材料进行远古文化的比对时，民族志材料只可作为一种有力的参照，而不能完全作为远古文化的最终解释依据。

第十六章　近30年来东南亚地区古人类研究述评　介绍了近30年来有关东南亚地区古人类研究的部分成果，指出中国学者应加强在该区域的实质性参与。李法军认为，我们虽然居于一个对于人类起源和微观演化至关重要的区域，但却还未参与到区域性的合作研究当中，不得不说，我们在此方面还是非常欠缺的。当前阶段，我们应当在熟悉该区域国外学者的最新研究活动的同时，通过对他们以往研究成果的解读，了解他们的研究旨趣和水平。据此，我们才能逐渐与他们沟通和对话，在确认方法趋同和数据互通的前提下，逐渐搭建起彼此合作和交流的平台。

这一章还对几种有关东亚地区人群起源和演化的理论作了简要评述。目前，体质人类学家（生物人类学家）和其他学科的研究者都致力于多学科合作模式以寻求在更为广阔的视野中阐释东亚地区人类的起源和演化问题。对于体质人类学家（生物人类学家）而言，当前最主要的是应用多元整合方法。这一方法以骨骼测量学为基础，重视生物统计学、解剖学和虚拟技术的应用，借助考古学、历史语言学、分子生物学、民族学、生态学和古病理学等学科的成果，试图重构起有关人类起源和演化的过程。李法军强调了骨骼形态测量学的独特作用，提出了几个与"古华南类型"相关的问题。

Abstract

Li Yu Dun : the Bioarchaeology of a Neolithic Site in South China is the first synthetical document on the Bioarchaeology about South China in the world. It shows us the resent Bioarchaeological researches on the Neolithic human bones from Li Yu Dun Site in Zhanjiang city of Guangdong Province. According to the former researches of Archaeology, Paleoanthropology, Geology, Ecology and Ethnology, the authors discussed the Bioarchaeological and Archaeological relationships of the ancient groups in South China and its neighboring areas.

This book contains 16 chapters, the main contents are as followed: what is Bioarchaeology, Quaternary geology and Ecological transition in South China, the status of prehistoric Bioarchaeology in South China, the synthetically Bioarchaeological researches of Li Yu Dun Site, the explanation of flexed burial and the review for the researches in recent 30 years about the evolution of ancient human in Southeast Asia. Unfortunately, due to the worse preservation of human bones in Li Yu Dun Site, the ancient DNA could not be extracted, so the ancient DNA analysis is absent in this book.

Preface it is fasten on the topics of osteological ethics, the Bioarchaeology for ancient human skeletal remains and the relationship of Physical Anthropology and Bioarchaeology. Because of religionary belief and cultural tradition, people could not make the researches on their own bodies during a long time. In the initial stage of Archaeology, the researchers' cognition for human bones was limited. For reverence to the death and dedicated spirit to science, the early Archaeologists and Physical Anthropologists usually had the complicated feelings. Till now, these mixed feelings are still hard to eliminate.

Today, the public has already realized the importance of human bone researches. However, when we encounter and face the human skeletal remains, the obsession led by scientific technology is much less than which led by cultural tradition and morality. This kind of obsession comes from two aspects: one is in an autologous culture, as physical existence of the death, how human bones should be treated as? The other is how we should do for human bones research when we have to face cultural conflict, continue or give up? In recent years, some ethics reflections appeared in the countries which have the racial and ethnic conflicts, such as US and Australia. Many Bioarchaeologists began to think about how we should treat human bones and how we can evaluate scientificly these human bones. Review of the history related to human death belief, the history of researches on human remains and human variation and the history of human bones collection, how we should treat the human bones which have been collected or not is or will be the moral basis for research.

Li Fa Jun argues that we should regard Human Osteology as a discipline which studies human bones in the context of human biological and cultural qualities. The Human Osteology within Physical Anthropology (Biological Anthropology) and Archaeology prefers to study the physical evolution, demology, disease and health, Physiology and adaption, diet and life style, human migration, Population Genetic, process of social complexity, forensic information and so on. In this book, the authors followed the American definition for *Bioarchaeology*, viz. *Bioarchaeology* should be strictly limited in the framework of *Aimed at the study of human remains excavated from archaeological site*. Its research objective has transferred from simple morphological description to analysis of biological-cultural adaption and *In situ* evolution.

Based on summarizing the history of Physical Anthropology (Biological Anthropology) and Bioarchaeology, the authors argued that the former appeared obviously early than the latter. And they have obvious overlapping in their methodology and research objective. So, Bioarchaeology should be regarded as an important branch of Physical Anthropology (Biological Anthropology). However, though Bioarchaeology shows many scientific and technological colors, Li Fa Jun still prefer to regard it as a syntheses of History, Culture and Technology. The nature of Bioarchaeology is still History and Anthropology.

Chapter 1 Eco-geographic zone and ecological environment of South China the author described briefly the temporal and special traits of eco-geographic zone and ecological environment of South China. This chapter introduced the concept of South China, the climate change of Quaternary in South China, the sea level changes of Holocene and the geological environment and geological disasters in coastal region of South China. These introductions are very useful to understand well the human macroevolution and microevolution of Quaternary, the ecological background of human behavior, the process of social complexity and personal history of life. In this book, South China is a geographic zone with narrow sense, viz. it includes mainly the mainland area to the south of the Nanling Mountains, the coastal region of southeast Fujian, Taiwan Island, Hainan Island and the South China Sea Islands.

For understanding better human behaviors and life styles since early Quaternary in South China, this chapter also introduced briefly the process of ecological environment changes, in which the global climate and sea level changes after the last glacial maximum period. These changes have influenced deeply the human's activities at that time. The authors also introduced in detail the geological environment and geological disasters in Leizhou Peninsula.

Chapter 2 The current development of Prehistoric Bioarchaeology on South China the author introduced firstly the current development of Chinese Bioarchaeology, interpreted that, as the intersection of Northeast, Southeast and South Asia, South China is a key area for studying the relationships of Chinese, Southeast Asian and South Asian population. This chapter listed the importance and limitation of Bioarchaeology in South China, and focused the introductions on Maba Man, Homo Cave Man, Liujiang Man, Qilinshan Man, Sanya Man and Zuozhen Man and their geological background.

Chapter 2 summarized the archaeological discoveries of Neolithic human bones in South

China. The main archaeological sites include Zeng Pi Yan, Ding Si Shan, Hui Yao Tian, Chong Tang and Li Yu Dun. The human bones excavated from these sites are preserved relatively well and relatively abundant. So these human bones construct the key fulcrums for bioarchaeological researches in South China. According to the present archaeological discoveries, flexed burials and their massing are outstanding characteristics in the west area of South China. We have not found the archaeological evidence of tooth ablation in the west area of Zhujiang Delta of South China. Dismembered burial were only found in Central Guangxi.

Chapter 3 The methodology of this book the author pointed out firstly that when we make bioarchaeological researches in China, according to the situation of human bones' preservation in different areas, we should utilize different methods for the protection of human bones. Li Fa Jun argued that after the information collection, how we integrate and explain scientifically information and find scientific rules is an important issue. Li Fa Jun argued that the traits of morphology, genetics, behavior and pathology which human bones could reflect are related to the natural and social environments where the ancient people lived. Considering cultural factors, we need associate these traits with cultural background to expound the genetic relationship and cultural interaction.

In Chapter 3, except commenting on the two famous hypotheses about the origin of Modern Human, the author also discussed the theory of the Coordinate System for Chinese Ancient Race (CSCAR) put forward by Professor Zhu Hong. Several hypotheses on the human origin in Southeast Asia and Japan were commented.

The bioarchaeological research of Li Yu Dun site is the kernel in this book. The authors followed the research objective of Bioarchaeology, tried to introduce new materials as much as possible, applied new methods and developed new proposition. The bioarchaeological contents in detail in this book include individual determination of sex and age, the analysis of demology, Morphometry, Dental Anthropology, Paleopathology, diet analysis, individual behavior and the analysis of life style.

In Chapter 3, the author discussed the problems which we have to face when making researches about Bioarchaeology in South China. How should we recognize and treat the human bones excavated in archaeological sites? Li Fa Jun argued that the human skeletal remains, to Archaeology, possess two characters (*human being and object*). From the perspective of ethics, we should regard them as human beings. However, when for aims of scientific research, we should regard them as *object* (so called Artificial relics or Cultural relics). If we don't define clearly them with *Artificial relics*, as the important carriers of key information, the necessity and possibility for protecting all human bones will be reduced.

Chapter 4 The demography analysis the authors introduced firstly the taphonomic features and the preserved parts of human bones from Li Yu Dun site, and then introduced the methods for determination of sex and age. At last, we made a demography analysis for these human bones. There is no underage and old individual among the four male with explicit age determination. The age distribution is from 20 years old to 45 years old, the average age is 33.13

years old. Though we could not exclude the possibility that we haven't found the underage burials, it is more likely that these individuals' life-spans are short. The average age of total seven individuals is 31.79 years old, in which the six males' average age is 33.75 years old. The age of the female is lower than the average age of all seven individuals, and obviously lower than the average age of the six male.

Chapter 5 the Osteometric analysis of the human skulls from Li Yu Dun site in this chapter, the authors used the osteometric methods to observe and measure the human skulls. Based on the metric results, the authors summarized the metric and nonmetric characters of these skulls. In general, the male skulls of Li Yu Dun site show the mesocrany and dolichocrany (cranial index: $\bar{X}=75.44$, $\sigma=2.00$, $v=2.65$), the hypsicrany (cranial length-height index: $\bar{X}=72.18$, $\sigma=2.37$, $v=3.28$) and the acrocrany (breadth basio-bregmatic height index: $\bar{X}=95.67$, $\sigma=1.16$, $v=1.21$). The obvious stenometor (transversal fronto-parietal index: $\bar{X}=56.69$, $\sigma=10.32$, $v=18.20$), larger upper facial morphological differences and medium facial flat extent (naso-malar angle: $\bar{X}=145.93$, $\sigma=2.10$, $v=1.44$). The obvious chamaerhiny (nasal index: $\bar{X}=58.40$, $\sigma=1.87$, $v=3.21$) and flat-broad nasal shape. The chamaeconchy and mesoconchy (left orbital index: $\bar{X}=73.81$, $\sigma=3.77$, $v=5.10$). The mesostaphyliny and brachystaphyliny (palatal index: $\bar{X}=89.03$, $\sigma=14.20$, $v=15.95$). The obvious prognathous (total profile angle: $\bar{X}=79.00$, $\sigma=1.41$, $v=1.79$).

For male, their skulls show ovoid shape in norma verticalis, the cranial vault sutures are mainly simple. The projection of superciliary arch and glabella projection are moderate. The orbit shapes are elliptic and the orbit angles are blunt and round. The shapes of piriform aperture are all heart-shaped. The nasion depression are mainly flat. The palate shapes are mainly elliptic.

The female skull shows the mesocrany (cranial index = 77.13), the hypsicrany (cranial length-height index = 80.94) and the acrocrany (breadth basio-bregmatic height index = 104.94). The obvious stenometor (transversal fronto-parietal index = 52.38), the helperlepteny (upper facial index = 54.59) and small facial flat extent. The mesorrhiny (nasal index = 49.44) and flat-broad nasal shape. The chamaeconchy (left orbital index = 76.80). The brachystaphyliny (palatal index = 95.62). The obvious prognathous (total profile angle = 79.00). Except the projection of superciliary arch and glabella projection are moderate are weaker than males', other continuous morphological traits are similar to males'.

In the discontinuous morphological traits of Li Yu Dun people, the frequency of occurrence of zero includes bregmatic bone, metopic suture, supraorbital nerve groove, meningo-orbital foramen, supratrochlear norch, foramen of Huschke, marginal foramen of tympanic plate, os japonicum, trace of transverse zygomatic suture, foramen petrosum, median palatine bone, mandible torus and multiple mental foramen. The lower frequency of occurrence includes Inca bone, occipito-mastoid wormian, parietal norch born, remain of biasterionic suture, 3rd occipital condyle, condylar canal double, bony bridging of jugular foramen, emissary foramen in inion region, precondylar tubercle, condylar facet double, foramen ovale incomplete, foramen spinosum open, porus ceotaphitico-buccinatorius, foramen petrosum and palatine torus. The medium frequency of occurrence includes mastoid foramen exsutural, mastoid foramen absent, highest nuchal line, paracondylar process, hypoglossal canal bridging, mylohyoid bridging and rocker mandible. The high frequency of occurrence includes supraorbital notch/foramen, ossicle at lambda and zygomatico-facial foramen absent.

Chapter 6 the dental metric analysis of the human tooth from Li Yu Dun site the authors firstly measured 7 dental traits (total length of the tooth, height of the dental crown, mesial-distal diameter of the dental crown, buccal-lingual diameter of the dental crown, mesial-dental diameter of the dental neck, buccal-lingual diameter of the dental neck and length of the dental root) of human teeth in Li Yu Dun site, and selected three Yang Shao Culture sites (Jiang Zhai site, Bei Liu site and Shi Jia site), Shao Ling Yuan cemetery of West Zhou Dynasty in Shan'xi and Qiao Jia Yuan cemetery of East Zhou Dynasty in Hubei for comparing. The dental occlusal surface of Li Yu Dun people showed heavy wears, the surface are flat. We argued the reason is they often ate the food with fine silt. And again, the upper occlusal surface wear is heavier that the lower, the posterior is heavier than the anterior, maybe it is because the dental functional difference at that time that led to this result. The dental sizes of the female are obviously different to males, this maybe reflects the sexual difference of dental size in Li Yu Dun site.

After calculating the average, variance, distributing scale and case number of these materials, we were able to count and analyze the phenotype, distributing pattern and taxonomy of the residents of Neolithic relics in Li Yu Dun site by comparing it's dental metric data with other human groups. Moreover, using Arizona State University Dental Anthropology System (ASU), the relationship of dental non-metric traits between the residents of Li Yu Dun site and that of the residents in the Pacific Rim Area is also analyzed.

Chapter 7 the tooth wear and oral health the authors revealed the teeth wear characters, the difference of anterior and posterior teeth wear, special teeth wear, oral health, teeth broken off before death, osteal apophysis and the ratio of third molar eruption. The authors observed and recorded the teeth excavated from Li Yu Dun site on teeth wear, caries etc., and made comparison with relative samples, founded that inhabitants of Li Yu Dun site had serious tooth wear and relative high rate of caries at the same time. Besides, we also analyzed the conditions of antemortem tooth losses, exotosis on jaw bones etc. Above all, referring to the research findings which had been carried out before, we drew the conclusion: it is the diets consist of most marine resources and minor tuberous plants and terrestrial meat of the inhabitants of Li Yu Dun site that caused the serious tooth wear and other oral conditions.

Chapter 8 the micro-trace analysis of tooth wear the authors used an optical microscope to observe and analyze the wear morphologies on the dental occlusal surface of Li Yu Dun people. During the observation, we found the micro-trace appeared clearly when the lights shined in with an oblique direction. We also need adjust the lights when a new observation began.

According to the microspur photos, the authors classified the micro-traces into dot marks and cracked traces. The dot marks maybe were made by the food with silt, the cracked traces maybe were made by the hard food. The anterior hints there were a lot of marine food in their daily life, the posterior hints these individuals used teeth to bite the hard things.

Chapter 9   the analysis of limbs after the measurements of limbs, the authors learned about the physical characters and life pressure of Neolithic residents in Li Yu Dun site, and also tried to reconstruct some social and life scenes at that time. Using anthropometrical method to analyze the difference of left and right limbs between the males and the female, to examine whether existed the preference on one side of limbs or gender division of labor. Comparing the limb index of Li Yu Dun site to others, we hoped to reveal the physical status and functional pressure of the people at that time. The authors also utilize the maximum length of limbs for estimating the statures.

The results show that the residents of Li Yu Dun site preferred to use right upper limbs and left lower limbs. We think the reason maybe was some kind of fishing posture, however we still need more evidence to prove this presume. There are some extent of developmental difference of limbs between the males and the female, this maybe was caused by sexual difference but not gender division of labor. The authors argued that the residents of Li Yu Dun site had some extent of labor intensity, and at the same time, they had the good osteal development. Through the comparison of humerus, femur and tibia of Li Yu Dun site with others, we found the robusticity index and developmental extent are in a medium. We also found that these limbs suffered some extent of functional pressure combining paleopathological phenomenon (eg. the abnormal hyperplasia on the joint surfaces). These functional pressures maybe revealed the residents of Li Yu Dun site had heavy work. Although height is maybe related to genetic factors, it also revealed that the residents of Li Yu Dun site had good nutrition. Nutrition is a very important factor for height, so the high heights of the residents in Li Yu Dun site were associated with their marine food.

Chapter 10   the analysis of nutrient foramen in limbs The research aims at studying the nutrient foramina of human long bones, which can reflect the level of growth of human bones as well as the physical condition of local populations. The results show that the local residents prefered to use their right hands when working, and the index of nutrient foramen of the female is higher than that of the males, it means that the female was stronger than the males, therefore we can maybe conclude that the female is a main work force in Li Yu Dun site. Lastly, the research results show that the index of nutrient foramen of modern humans is higher than that of Li Yu Dun local residents, except the index of nutrient foramen of femur. As far there is no plausible explanation to this phenomenon, more related information is needed to solve the problem.

Chapter 11   the analysis of Paleopathology The results show minor pathological and traumatic diseases in the human bones of Li Yu Dun site. This part of the research portfolio reviewed the relevant literature from aspects of paleoenvironment, Archaeology and Paleopathology. The review on paleoenvironmental evidence shows that the period where the Li Yu Dun residents lived was a period with many unstable climatic factors due to Holocene Climate Optimum and series of climate oscillations. These factors potentially affected the productivity of natural resources, and eventually affect subsistence strategy. Under the variable mid Holocene environment, archaeological evidence seems to suggest that the Li Yu Dun residents were marine foragers that rely mainly on marine resources and supplemented by terrestrial animal resources. Around the Li Yu Dun site there are other sites that have already suggested the intensification of agriculture. Some questions can be raised from this review that if presumably plant resources are also abundant in this region under the paleoenvironment, why was there no evidence of plant remains? Questions like this regarding the subsistence strategy will require further analysis on 24 the skeletal remains to provide plausible inferences. The reviews in the Pathology section show some pathological signatures that relate to forager and agriculture subsistence strategy. These signatures can be used for references in the detailed skeletal examination in the next part of this research portfolio.

Chapter 12   the analysis of affinity: the metric traits of skulls the authors applied anthropometrical method to observe and measure the human skulls of Li Yu Dun site and obtained some primary information. The results show that the skulls have the coincident traits, these traits make the Li Yu Dun residents into the range of Mongolian Group. These residents have a closed morphologic similarity to the modern South Asian groups. In South China, according to the cluster analysis and traits analysis, Li Yu Dun, He Dang and Dong Wan Zai Bei keep a relatively close relationship. Liu Jiang and Zeng Pi Yan also have the same situation. You Yu Gang keeps an obviously remote distance with other groups. However, in a wider geographic range, with analysis of Mahalanobis distance and factor analysis, Li Yu Dun also keeps an obviously remote distance with other groups. The authors found there was a process of brachycephalization, acrocephalization and hypsicephalization in metric absolute values, but a process of dolichocephalization in Cranial index. This fact shows the maximum cranial breadth decreases faster than maximum cranial length during late Pleistocene and early Holocene in this area. So, we argue the typical dolichocrany of modern South Asian groups appears possibly at the beginning of Holocene.

Chapter 13   the analysis of affinity: the non-metric traits of skulls though the different discontinuous morphological traits of Li Yu Dun are closed to the different groups', we couldn't think that they have the closed relationships, they still have the obvious difference. We think there are two reasons that lead to this result, one is the age difference, the other is the little specimens of Li Yu Dun. However we still found the distribution of trait of supraorbital nerve foramen and ossicle at asterion of Li Yu Dun are very similar to those of Chinese groups, Yayouyi and Ryukyu. The distribution of trait of hypoglossal canal bridging is very similar to Hokkaido Ainu. The distribution of trait of mylohyoid bridging is very similar to Wei Dun. The distribution of trait of rocker mandible is very similar to Polynesia. We think that Li Yu Dun residents are very similar, in the characters which have been as the traits to distinguish the different groups, to Hokkaido Ainu, Jomon and Polynesia, and very similar to the North groups in others traits.

The authors applied ASU to observe the human teeth of the site and obtained some primary information by comparing their dental traits with those of northeast and southeast. The results show that the distribution of some traits which have a high frequency of occurrence (such as UM2

Carabelli's Cusp, LM3 Y-groove pattern and LM3 4-cusp) or which have a lower frequency of occurrence (such as UM1 enamel extensions, UI2 interruption groove and UM3 congenital absence/Peg/Reduce) is very near to Sundadonty, but others (such as UP1 1-root and UM1 5-cusp) is very near to Sinodonty.

Chapter 14   carbon and nitrogen stable isotope analysis of human bones compared to those in Yangtze River Valley and Yellow River Valley, human lifestyle in South China has been poorly understood. In this paper, the carbon and nitrogen stable isotope analysis of human bones from Li Yu Dun site indicates that the humans mainly relied on marine resources and that the terrestrial resources, including the possible tuber agriculture and animals, only played a minor role in human diets. Through the comparison with the stable isotopic data from almost contemporary sites located in Yellow River Valley and Yangtze River Valley three categories of human lifestyle are observed as early as 6000 years ago.

Chapter 15   study on flexed burials Li Fa Jun listed and made preliminary analysis on Neolithic flexed burials and dismembered burials in South China. The earliest Chinese flexed burials were discovered in South China, concentrated mainly in Liujiang River and Lijiang River of North Guangxi. May flexed burials were affirmed in Zeng Pi Yan site, Miao Yan site of Guilin, Da Long Tan site of Liuzhou, Ding Si Shan of Yongning and Li Yu Dun of Zhanjiang. Most of them are squatting, lying on one flank and flexed or secondary burials. Besides, according to the archaeological records and bioarchaeological methods, the authors argued that the dismembered burials of Ding Si Shan site are original burials but not secondary burials. Furthermore, the authors also utilized the records about flexed burials in modern Ethnographies to presume the origin, function and types of flexed burials. However, the authors argued that modern Ethnographies could be only regarded as limited references but not final explanations.

Chapter 16   the review for the researches in recent 30 years about the evolution of ancient human in Southeast Asia the author listed here some researches about Physical Anthropology of Southeast Asia in recent 30 years. The author described the current anthropological researches on the ancient Southeast Asia and points out Chinese scholars should strengthen the substantive involvement in the area. The author first described roughly the latest progress of the study of ancient human in Southeast Asia in recent years and introduced the theories and methodology by describing briefly the main theories about the origin and evolution of the groups in this area. The author also emphasized the unique role of skeletal morphometric and raised a few questions related with the Acient South China Type in order to obtain more attention and discussion.

绪　论

李法军

人类骨骼作为人类宏观进化、微观演化过程以及文化印迹的客观载体，其所蕴藏的重要信息是不言而喻的（颜訚，1958；Brothwell，1981；朱泓，1993；Relethford，2000；朱泓 等，2004；Buikstra，Beck，2006；Katzenberg，Saunders，2008）。有关化石人类演化过程、现世人类和先民的生物学特征延续性、现代人类生物学遗传与变异、文化适应与社会复杂化过程、特殊文化习俗（枕骨变形、缠足和拔牙等）、个体信息（发育、饮食、疾病、行为和职业等）及法医人类学信息等，都可以藉以科学的手段从人类骨骼上加以获得。

人类骨骼学（Human Osteology）作为研究上述论题的基本方法，是以对人类遗传特征、骨化学成分、生长发育过程、骨骼结构与功能、骨骼和牙齿形态特征、骨骼进化与演化及骨骼病理现象等研究为主要任务的。人类作为一个具有生物和文化双重属性的物种（李法军，2007a），无论从时间跨度上还是空间维度上，若对其起源及演化进行研究或应用骨骼进行社会文化分析，就必须将人类骨骼学视为一门在人类双重特质的情境下研究人类骨骼的学科。因而，在学科定位上，人类骨骼学是作为人体解剖学、法医科学、体质人类学和考古学等主要学科的分支学科和基础学科存在的。

在体质人类学（生物人类学）和考古学范畴内的人类骨骼学，其研究旨趣更倾向于对古代不同时期人群的体质演化过程、人口学信息、疾病与健康、生理与适应性、饮食与生业方式、人类迁徙过程、群体遗传学、社会复杂化过程（包括社会分层、分工、物质累积和贸易等）、法医学信息等进行研究（Jurmain, et al., 1984；吴汝康，1989；Barnes, 1994；Cavalli-Sforza, Cavalli-Sforza, 1995；朱泓，1996；刘武，杨茂有，1999；Larsen, 1999；胡耀武 等，2000；Relethford, 2000；李法军，2002；Bass, 2005；Stanford, et al., 2005；White, 2005；李法军，2007；Brickley, Ives, 2008；蔡大伟，2008；周慧 等，2010）。上述这些工作目前主要是由古人类学家和生物考古学家进行的。但正如 Hoppa 和 Fitzgerald（1999）所指出的那样，在当下的西方体质人类学范畴内，作为主要分支学科的古人类学和生物考古学，二者在研究旨趣上已经发生了明显的分离，古人类学者和进化学者更加关注保存较少的人类骨骼或牙齿化石遗存，而生物考古学者却将目光转向了大样本人群的骨骼。

在我国也曾经存在类似的现象，古人类学者与其他从事古代人类研究特别是全新世以来人类演化研究的体质人类学者之间似乎有某种默契，古人类学者一般专注于化石人类的研究，而其他体质人类学者多关心骨骼人类的研究。但近 20 年来，这种情况已经发生了改变，在体质人类学和生物考古学的范畴内，相关学者的研究旨趣渐渐趋同，即研究的重点并不在于研究对象是化石人类还是骨骼人类，而在于其所关注的论题，这类似于西方学术传统中的情境研究，是综合考察相关因素的全景式分析（朱泓，1990；刘武，曾祥龙，

1996；朱泓，1999；吴秀杰 等，2007；李法军，2008；Wu, et al., 2010）。这也是未来有关人类骨骼研究的趋势所在。

文化传统与科学本位：骨骼研究的伦理学

人类对其自身的探索由来已久。在世界范围内，虽然不乏对人体进行解剖或者骨骼搜集的实例，但由于宗教信仰和文化传统的影响，人们长久以来未能对自身的躯体进行深入的研究，而真正科学意义上的普遍性地对人类骨骼进行搜集和研究，是始于西方近代化的过程中，其原因在于对公众医疗福利、教育的需求以及科学研究的需要。

在距今2000多年前的古希腊时期，很多思想家就已经开始以部分科学的观点来阐释宇宙、地球和人类的问题。基督教在西方社会的统治地位确立以后，人们一直坚信上帝创世的信条，任何研究与宇宙和进化有关的人都被视为异端遭到迫害。直到16世纪欧洲文艺复兴时期开始，一批先驱性研究才激发出随后而来的科学大发展，促进了生物学、解剖学、心理学、植物学及动物学等生命科学的发生和发展（李法军，2007b）。

虽然西方社会对人类多样性和同一性的思考存在已久，但直到地理大发现之后这种思考才真正地获得提升。18世纪以后，西方社会对于人类种族的起源和变异才有了实质性的发展（Darwin, 1859; Blumenbach, et al., 1865; Boas, 1912）。在中国，随着西方现代主义思潮的浸润，科学意义上的医学和生物学诞生，随之而来的是对人体本身的解剖和深入研究；地质学和考古学的发展，也逐渐揭露出埋藏于地下的不同时期的人类化石或骨骼遗存。但与医学和生物学不同的是，在考古学发展的最初阶段，对于人骨的认知程度是有限的，出于对逝者的敬畏感和为科学献身的精神，早期的考古学家和体质人类学家的情感是非常复杂的，这种复杂的情感直至今日也无法完全消除。

在当今社会，虽然许多人已经认识到骨骼研究的重要性，但当我们发现和面对人类骨骼遗存的时候，科学技术层面的困扰还远远小于来自文化传统和思想道德的困扰。这种困扰主要来自于两个方面，一方面是在自体文化中，作为逝者的躯体存留，这些骨骼遗存应当如何被对待？在东方的传统观念中，以祖先崇拜为根基构建起来的儒家社会伦理思想使得生人对逝者的躯体或骨骼具有强烈的敬畏感；而在西方基督教世界里，对逝者的躯体或骨骼进行研究是非常困难的，因为人们普遍认为如果躯体遭到损毁就无法再生。另一方面是面对文化冲突时，是否放弃对躯体或骨骼的研究？对此，文化相对主义和文化中心主义给出了不同的解答。文化相对主义认为文化的差异性不在于其复杂程度或者文明程度，而在于其与自然生态系统之间的和谐共生关系，我甚至认为，"文化的本质是人类的生物性对自然生态系统的依赖和妥协的结果"（李法军，2007a）。因此，文化相对主义关心的并非是导致文化狭隘性的趋向，而应当是着重阐释人类文化的平等性。若站在文化中心主义的立场，则可能忽视或者否定文化多样性的历史和现实意义，仅以自我利益为出发点，进而影响对他文化中逝者躯体或者骨骼的态度。

近年来，在美国等长期存在着种族和族群冲突的国家，随着对族群意识的发展以及全球化所带来的区域性保护主义和文化多样性意义的争论，出现了有关如何对待人类骨骼遗存以及如何评估人类骨骼遗存价值的伦理学反思（White，2005；Walker，2008）。回顾人类有关死亡信仰的历史、有关人类遗存和人类变异研究的历史以及人类骨骼搜集的历史，确认如何对待我们所能获得以及尚未获得的人骨材料，这是我们目前和将来进行人骨研究的道德依据。

作为研究古代人类骨骼遗存的生物考古学

以科学本位和文化相对主义的态度，本书主要致力于生物考古学的研究。那么，该如何理解作为研究古代人类骨骼遗存的生物考古学呢？它和体质人类学具有怎样的学科关系呢？

1972年，英国考古学家Grahame Clark创造了"生物考古学"（Bioarchaeology）一词，用以和研究考古遗址中动物遗存的"动物考古学"（Zooarchaeology）一词相区分。生物考古学的产生与美国考古学家Lewis Roberts Binford于20世纪50—60年代开始倡导的新考古实践密切相关（Binford，1962，1972）。Binford等主张考古学的核心任务有两个：一是要对考古遗物的解释进行严格的经验检验；二是用经过严格检验的考古证据重建史前人类生活。他们主张应用切实的手段检视人类文化性与生物性的关系，这些手段多来自新兴的自然科学学科，应用这些手段能够从更为广阔的视野中去了解人类发展的历史。这是一种对采用文化史方法研究过去的回应。

在美国，生物考古学被严格地限定在"旨在研究考古遗址出土的人类遗骸"的框架内，其研究的旨趣已经从简单的骨骼形态描述转变为生物文化适应和原地进化分析（Buikstra, Beck，2006；Schepartz, et al.，2009；Weiss，2009）；而在英国或者欧洲大陆的一些国家，"生物考古学"一词有着更为宽泛的意义，涵盖所有骨骼的研究（Buikstra，2006）。在其他一些国家，生物考古学也被命名为"骨骼考古学"（Osteoarchaeology）或者"古人骨学"（Palaeo-osteology）。就在英美体质人类学者开始尝试以生物考古学的方法论思考考古学和人类发展史的时候，欧洲大陆国家的体质人类学者则仍然强调前罗马时期人工制品和艺术品的重要性。直至20世纪80年，欧洲大陆学者才开始重新审视生物考古学的价值，而欧洲大陆的史前考古学者则将目光转向了更为早期的人类遗存的研究。

与欧洲大陆的情况相似，直至20世纪80年代，中国的考古学界和体质人类学界才开始广泛地讨论生物人类学的概念和方法（朱泓，1996，1999），其背景恰恰是当时学者对"新考古学"的争论。虽然目前中国学术界还没有对"生物考古学"的含义进行全面讨论和界定，但不同的学者对其理解还存在分歧。东南亚地区作为人类演化和生物考古学的重要区域，近年来也吸引了世界各国的体质人类学者的目光，而生物人类学研究更加占据了显耀的地位（Pietrusewsky, Douglas，2002；Oxenham, Tayles，2006）。东南亚地区的生物考古学研究呈现出一种多元的格局，无论在研究者构成上还是在研究模式上均是如此：研究者既有来自欧洲大陆和英国的学者，也有来自美国、澳大利亚、印度、日本和韩国的学者，而且有越来越多的本地区学者参与（参见本书第十六章）。

在本书中，我所使用的"生物考古学"具有狭义性，即研究的对象是出土于考古遗址的人类骨骼遗存。就目前国际上有关生物考古学的研究，可以概括为以下几个方面：①个体的性别和年龄判定；②人口学分析；③骨骼形态测量学；④齿学人类学分析；⑤古病理学分析；⑥食谱分析；⑦分子考古学研究。

生物考古学和体质人类学的关系

体质人类学关注人类生物性的进化与变异问题，是研究人类的体质特征在时间和空间上的变化及其规律的科学（朱泓，1993；朱泓 等，2004）。体质人类学试图解答下列一些问题：人类是什么？什么是人类进化的化石记录？世界上的人类为何如此相同或不同？人类的生物性和文化性是如何相互作用的？要解答这些问题，体质人类学家必须就下列方面进行探讨：灵长类研究、人科起源及人类起源研究、人类微观进化研究、古病理学研究、营养健康研究和群体遗传学研究等（李法军，2007）。

目前的普遍观点认为，体质人类学诞生于19世纪中期的欧洲，其标志性事件是法国人类学家Paul Broca于1859年在巴黎创建人类学学会（Société d'anthropologie）（Little, Kennedy, 2010）。随后，欧洲各国陆续成立了自己的人类学学术机构。美国虽然直到1918年才出现了由Aleš Hrdlička创办的美国体质人类学杂志，并在1930年由他主持成立了美国体质人类学家学会（Ortner, 2010；Szathmáry, 2010），在学科形成的标志性事件上晚于欧洲，但C. Loring Brace（2010）认为Broca一整套方法的形成是受到了19世纪美国解剖学家Samuel George Morton的影响。Morton是公认的美国无脊椎动物古生物学和脊椎动物古生物学的创始人，Aleš Hrdlička（1919）认为他也是美国体质人类学（生物人类学）的创始人。因此，在美国的学术界，还存在着其体质人类学的形成优先于欧洲的看法。作为现代学科的体质人类学虽然于19世纪末、20世纪初期传入中国，但朱泓等认为，作为学科基础的基本知识体系的构成，中国体质人类学的产生具有一个漫长的学科发展过程（朱泓，1993；朱泓 等，2004）。

自体质人类学诞生之日起，至"二战"结束止，国际范围内的体质人类学研究实际上已经偏离了经典达尔文主义的研究框架，不再重视人类作为生物和文化共同体的存在，而将其仅仅视为变异明显的类型存在。例如，美国的体质人类学在相当长的时间内（1930—1980年）的诸多研究，主要集中在骨骼生物学（Skeletal Biology）的形态描述层面上，缺乏足够的理论创新、科学推理和解释以及深刻的问题意识（Lovejoy, et al., 1982），这是因为这一时期的研究是数据决定研究而不是问题引导研究（Larsen, 2010）。

但在此期间，即20世纪50年代初，Sherwood L. Washburn提出了"新体质人类学"的概念，其核心内容包括：①灵长类进化过程研究；②人类变异的研究；③回归基于遗传理论的达尔文主义；④人种须被视为人群而非类型；⑤继续迁移、遗传漂变和自然选择而非突变的研究；⑥形态适应性与功能研究。"新体质人类学"将先前一直重视人类种族研究的学术传统带入到重新回归达尔文主义的方向上来。这一转变也大大增强了体质人类学的"科学"话语。

在本质上，"体质人类学"和"生物人类学"的含义是相同的，但从20世纪50年代开始，体质人类学家逐渐熟知并开始引入遗传学方法，群体遗传学研究也在这时开始受到重视。传统的体质人类学研究内容便从灵长类研究、人科起源及人类起源研究、人类微观进化研究等方面扩展到对人类群体生物性的考察，特别是对群体遗传学的考察上来，因此，"生物人类学"一词开始逐渐被许多体质人类学者所接受（李法军，2007b）。

近 30 年来，体质人类学已经逐渐脱离了 19 世纪纯粹的种族形态学的方法和概念的束缚。有关早期人群骨骼遗存的研究已经进入到一个令人鼓舞的新时期，正如 Franz Boas 所预见的那样，在生物性和文化性视野下的人类变异研究业已成为人类进化研究的重要内容。这种研究旨趣的转变主要体现在由 19 世纪专注于描绘人群稳定的种族边界变为应用进化生态学（Evolutionary Ecological）方法去认识遗传多样性和体质可塑性之间的复杂联系。这种方法论的重新定位已经引发了全新的研究模式，即应用新的生物考古学方法分析早期人类骨骼遗存，特别是应用文化的、生物的和古环境的证据来解释人类适应性的过程（Larsen，1999；Katzenberg，Saunders，2008）。Larsen（2010）发现，从 2001 年 7 月到 2005 年 1 月间《美国体质人类学杂志》发表的文章来看，目前的研究已经从以往的描述性和分类性工作转变为现今的以假说的检验、推理的构建、问题的解决为主，而这些又是构成现代科学研究的基本要素，这说明现代体质人类学的研究具有了较高的"科学"色彩。

从时间上看，生物考古学的产生明显晚于体质人类学（生物人类学）；在研究方法和内容上，二者又具有明显的重叠性。事实上的确如此，生物考古学就是体质人类学的一个新兴的分支。在 Katzenberg 和 Saunders 主编的《人类骨骼的生物人类学》（2000）一书中，被认定为体质人类学（生物人类学）的内容中除了先前的骨骼埋葬学、未成年人骨骼发育、年龄判定的颅组织形态测量学、骨骼形态测量学、齿学形态测量学、骨骼病理学、骨骼稳定同位素及微量元素分析外，又新增了如下部分：伦理学问题、法医人类学、古 DNA、牙齿病理学和骨组织学。Stanford 等（2005）有关生物人类学的著作中也专门列出"生物考古学"部分，用以讨论生物考古学在生物人类学中的地位及其方法论。可以看出，生物考古学方法占据了明显的比重，不仅说明生物考古学是体质人类学（生物人类学）的重要部分，而且其在体质人类学（生物人类学）研究中所占的比重越来越大。

在我国，虽然"生物考古学"一词的出现和使用较为晚近，但其一直是作为体质人类学（生物人类学）的重要分支而存在的（李法军，2007b，2008；朱泓 等，2012）。或许也可以这样理解，在体质人类学研究中，有关古代人类骨骼的研究特别是考古遗址中出土的人类骨骼研究是由生物考古学者来完成的。

考古学家能够为体质人类学家提供研究人类演化所必须的实物资料。虽然古生物学家和体质人类学家也经常独立进行考古性质的发掘工作，但是真正的发现工作大多是由考古学家来完成的。考古学的记录方法和年代测定方法也为体质人类学家提供了人类遗骸的相对年代或绝对年代，这对体质人类学家的研究工作是很重要的。在中国的考古学中有"科技考古"这一门类，它包含了骨骼形态学、古病理学、骨化学、古 DNA、动物考古学、环境考古学等学科，生物考古学属于科技考古学的范畴。但是，综合衡量生物考古学的学科定位和研究旨趣，我倾向于将其视为一个具有明显历史性、文化性和技术性的综合体，其本质仍是史学的和人类学的。

本章参考文献

1. 蔡大伟. 分子考古学导论. 北京：科学出版社，2008.
2. 胡耀武，杨学明，王昌燧. 古代人类食谱研究现状. 科技考古论丛（第二辑）. 合肥：中国科学技术大学出版社，2000：51-58.
3. 李法军. 中国北方地区古代人骨上所见骨骼病理与创伤的统计分析. 考古与文物（先秦考古专号），2002：361-366，375.
4. 李法军. "自然"的人与"文化"的人——体质人类学和族群研究. 吉首大学学报（社会科学版），2007a，28（1）：87-97.
5. 李法军. 生物人类学. 广州：中山大学出版社，2007b.
6. 李法军. 河北阳原姜家梁新石器时代人骨研究. 北京：科学出版社，2008.
7. 刘武，杨茂有. 中国古人类牙齿尺寸演化特点及东亚直立人的系统地位. 人类学学报，1999，18（3）：176-192.
8. 刘武，曾祥龙. 第三臼齿退化及其在人类演化上的意义. 人类学学报，1996，15（3）：185-199.
9. 吴汝康. 古人类学. 北京：文物出版社，1989.
10. 吴秀杰，刘武，张全超，陈山，周慧. 中国北方全新世人群头面部形态特征的微观演化. 科学通报，2007，52（2）：192-198.
11. 颜訚. 人类骨骼在考古学研究中的地位. 考古通讯，1958，(5)：55-61.
12. 周慧. 中国北方古代人群线粒体DNA研究. 北京：科学出版社，2010.
13. 朱泓. 山西省忻州市游邀遗址夏代居民牙齿的测量与观察. 人类学学报，1990，9（2）：180-187.
14. 朱泓. 体质人类学. 长春：吉林大学出版社，1993.
15. 朱泓. 建立具有自身特点的中国古人种学研究体系. 见：吉林大学社会科学研究处编. 我的学术思想——吉林大学建校50周年纪念. 长春：吉林大学出版社，1996.
16. 朱泓. 中国古代居民种族人类学研究的回顾与前瞻. 史学集刊，1999，(4)：69-77.
17. 朱泓. 体质人类学. 北京：高等教育出版社，2004.
18. 朱泓，曾雯，张全超，陈山，周慧. 喇嘛洞三燕文化居民族属问题的生物考古学考察. 吉林大学社会科学学报，2012，52（1）：44-51.
19. Barnes E. Developmental defects of the Axial Skeleton in Paleopathology. Colorado：University Press of Colorado，1994.
20. Bass W. M. Human osteology：a laboratory and field manual (Fifth edition). Columbia：Special publication No. 2 of the Missouri Archaeological Society，2005.
21. Binford L. R. Archaeology as Anthropology. American Antiquity，1962，28（2）：217-225.
22. Binford L. R. An Archaeological Perspective. New York：Seminar Press，1972.
23. Blumenbach J. F., R. Wagner, K. F. H. Marx, P. Flourens, J. Hunter and T. Bendyshe. The anthropological treatises of Johann Friedrich Blumenbach. London：Longman, Green, Longman, Roberts & Green，1865.
24. Boas F. Changes in bodily form of descendants of immigrants. American Anthropology，1912，(14)：530-562.
25. Brace C. L. "Physcial" Anthropology at the turen of the last century. In：Histories of American American physical anthropology in the twentieth century, edited by Little M. A. and K. A. R. Kennedy. Lanham：Lexington Books，2010，25-54.
26. Brickley M. and R. Ives. The bioarchaeology of metabolic bone disease. London：Academic Press，2008.
27. Brothwell D. R. Digging up bones：the excavation, treatment, and study of human skeletal remains (Third

edition). New York: Cornell University Press, 1981.
28. Buikstra J. E. Preface. In: Bioarchaeology: the contextual analysis of human remains, edited by Buikstra J. E. and L. A. Beck. London: Elesevier Academic Press, 2006, xvii.
29. Buikstra J. E. and L. A. Beck. Bioarchaeology: the contextual analysis of human remains. London: Elesevier Academix Press, 2006.
30. Cavalli-Sforza L. L. and F. Cavalli-Sforza. The great human diasporas. Philadelphia: Addison Wesley Publishing Company, 1995.
31. Clark J. G. D. Star Carr: a case study in Bioarchaeology. No. 10. [S. L.] Addison-Wesley Modular Publications, 1972.
32. Darwin C. On the origin of species. Cambridge, Mass: Harvard University Press, 1859.
33. Hoppa R. D. and C. M. Fitzgerald. From head to toe: integrating studies from bones and teeth in biological anthropology. In: Human growth in the past: studies from bones and teeth, edited by Hoppa R. D. and C. M. Fitzgerald. Cambridge: Cambridge University Press, 1999: 1 – 31.
34. Hrdlička A. Physical Anthropology its scope and aims: its history and present status in the United States. Philadelphia: Wistar Innstitute of Anatomy and Biology, 1919: 41.
35. Jurmain R., H. Nelson and W. A. Turnbaugh. Understanding physical anthropology and archaeology. St. Paul: West Publishing Company, 1984.
36. Katzenberg M. A. and S. R. Saunders. Biological Anthropology of the human skeleton (second edtion). Hoboken: John Wiley & Sons Inc., 2000.
37. Lovejoy C. O., R. P. Mensforth and G. J. Armelagos. Five decades of Skeletal Biology as reflected in the American Journal of Physical Anthropology. In: A history of American Journal of Physical Anthropology: 1930 – 1980, edited by Spencer F. New York: Academic Press, 1982: 329 – 336.
38. Larsen C. S. Bioarchaeology: interpreting Behavior from the Human Skeleton. New York: Cambridge University Press, 1999.
39. Larsen C. S. Description, hypothesis testing, and conceptual advances in Physical Anthropology: have we moved on? In: Histories of American American physical anthropology in the twentieth century, edited by Little M. A. and K. A. R. Kennedy. Lanham: Lexington Books, 2010: 236.
40. Little M. A., K. A. R. Kennedy. Introduction to the history of American physical anthropology. In: Histories of American American physical anthropology in the twentieth century, edited by Little M. A. and K. A. R. Kennedy. Lanham: Lexington Books, 2010: 1 – 24.
43. Ortner D. J. Aleš Hrdlička and the founding of the American Journal of Physical Anthropology. In: Histories of American American physical anthropology in the twentieth century, edited by Little M. A. and K. A. R. Kennedy. Lanham: Lexington Books, 2010: 87 – 104.
44. Oxenham M. and N. Tayles. Bioarchaeology of Southeast Asia. New York: Cambrigde University Press, 2006.
45. Pietrusewsky M. and M. T. Douglas. Ban Chiang, a prehistoric village site in Northeast Thailand I: the human skeletal remains. Philadelphia: University of Pennsylvania Museum of Archaeology and Anthropology, 2002.
46. Relethford J. H. The Human Species: An introduction to Biological Anthropology. Mountain View: Mayfield Publishing Company, 2000.
47. Schepartz L. A., C. F. Sherry and C. Bourbou. New directions in the Skeletal Biology of Greece. The American School of Classical Studies at Athens, 2009.
48. Schwartz J. H. Skeleton keys: an introduction to human skeletal morphology, development, and analysis.

London: Oxford University Press, 1995.
49. Stanford C., J. S. Allen and S. C. Antón. Biological Anthropology: The natural history of humankind (third edition). London: Prentice Hall, 2005.
50. Szathmáry E. J. E. The founding of the American Association of Physical Anthropologists: 1930. In: Histories of American American physical anthropology in the twentieth century, edited by Little M. A. and K. A. R. Kennedy, Lanham: Lexington Books, 2010: 127 - 140.
51. Walker P. Bioarchaeological ethics: a historical perspective on the value of human remains. In: Biological Anthropology of the human skeleton (second edtion), edited by Katzenberg M. A. and S. R. Saunders. Hoboken: John Wiley & Sons Inc., 2008: 3 - 40.
52. Weiss E. Bioarchaeological science: what we have learned from human skeletoal remains. London: Nova Science Publishers, Inc., 2009.
53. White T. M. and P. A. Folkens. The human bone manual. London: Elsevier Academix Press, 2005.
54. Wu X. J., W. Liu and C. J. Bae. Craniofacial variation between Southern and Northern Neolithic and Modern Chinese. International Journal of Osteoarchaeology, Published online in Wiley InterScience (www.interscience.wiley.com) DOI: 10.1002/oa.1190, 2010.

第一章 华南地区的自然区划和生态环境

李法军

这一章主要介绍"华南地区"概念的界定、第四纪气候变迁、沿海全新世海平面变化以及沿海地质环境与地质灾害。"华南地区"概念的界定有助于我们认清与体质人类学和考古学相关的考古学文化及其遗址的自然地理范围，明确研究对象的空间分布，也更有利于学术话语的规范和统一。有关该地区第四纪以来的自然地理和生态环境变迁的研究则有助于我们更好地理解华南地区史前时期人类的文化行为、生存压力与生存策略。

中国国土面积广阔，陆地和海洋国土面积约为1260万平方公里，地域差异十分显著。因此，科学的区域划分是我们进行全局分析和区域研究的重要基础。目前，对我国国土的区域划分方法一般包括自然区划、行政区划、农业区划、经济区划以及综合发展区划等，其中自然区划是全面认识地理环境的主要方法，也是进行第四纪人类演化和文化发展研究的重要参照。

在本书中，"华南地区"是一个自然区划概念。"华南地区"有广义和狭义之分，广义的"华南地区"是指中国秦岭—淮河一线以南的地区；狭义的"华南地区"则主要包括南岭以南的华南大陆部分和闽东南沿海地区，以及台湾、海南和南海诸岛（任美锷，包浩生，1992；韩渊丰，2000）。本书使用狭义的"华南地区"概念（图1.1）。

第一节 华南地区第四纪气候变迁

为了更好地理解华南地区自第四纪早期人类的行为特点和生活模式，我们需要初步了解该地区在第四纪阶段的陆地和海洋及海岸线变化等在内的生态环境变迁过程。华南地区的热量自北而南递增。两广（广东和广西）的北回归线以南地区以及粤东南地区和台湾岛中、北部地区，活动积温均在7000—8000℃之间，为准热带；雷州半岛及其以南地区和台湾岛南部，活动积温均在8000—9000℃之间，为典型热带；南海诸岛中的南沙群岛，活动积温在9000℃以上，为赤道带。华南地区的自然景观特征是具有湿热的热带性气候，冬季基本不见霜或雪。红色风化壳广泛分布，热带雨林、季雨林-铁铝土（砖红壤）及热带季雨林性常绿阔叶-强淋溶土与强风化黏盘土（赤红壤）发育广泛。黄镇国等（1996）综合了有关第四纪沉积的地磁年龄、风化程度、孢粉组合、动物化石等多项研究成果，推测中国第四纪7个阶段的自然地带分布，其中包含了4个主要的阶段：早更新世早期、中更新世前期、玉木冰期盛期和早全新世。它们的自然地带分布见图1.2。我们从中可以看到华南地区在第四纪4个主要阶段内所属的气候带。

在早更新世早期阶段（图1.2A），大致以长江为界的南方地区出现了柳城巨猿动物

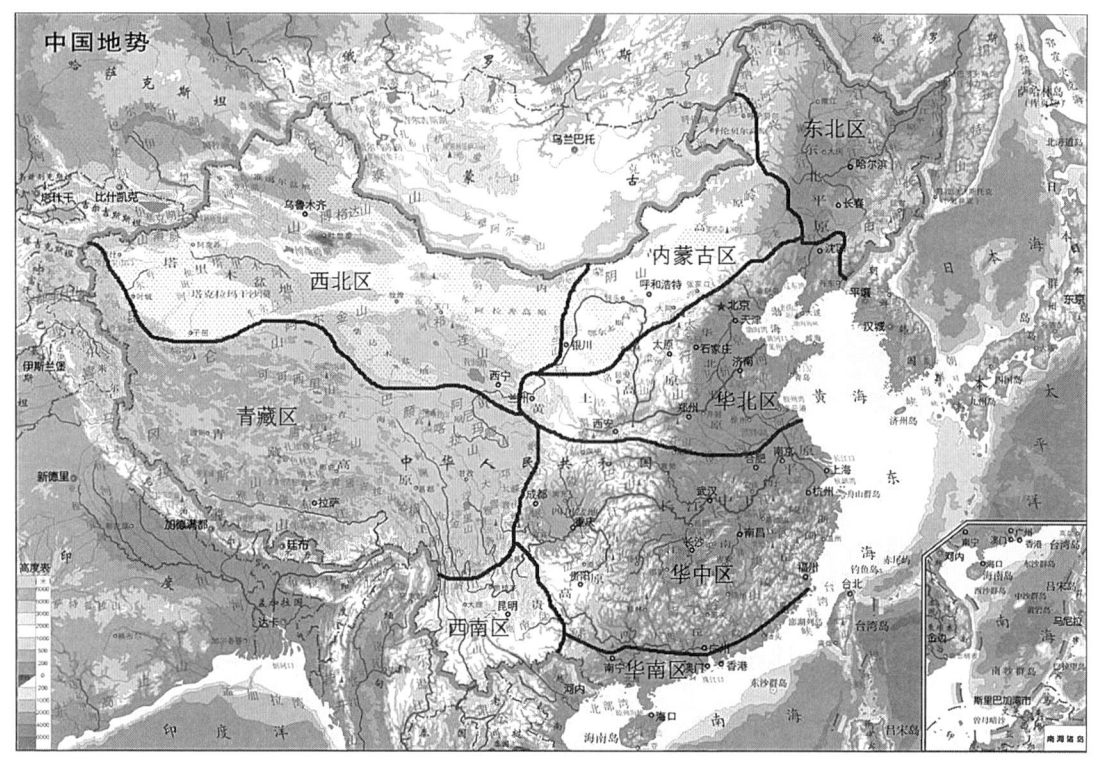

图 1.1　中国自然地理区划

（资料来源：李法军依照任美锷和包浩生 1992 年的研究内容绘制，底图引自 http://hi.baidu.com/new/sglgz）

群，这是一种大熊猫－剑齿象动物群的原始类型。在已发现的元谋动物群中出现了剑齿象、云南马、云南水鹿、羚羊及人类化石。元谋鹿类的生存年代大致是 1.87—1.55 Ma B. P.。元谋地区在 3.20—1.55 Ma B. P. 时为常绿阔叶林的亚热带南部气候，元谋组下部的孢粉中还含有檀香、泪杉、落羽杉等植被，而今它们却仅生长在海南岛，可见早更新世早期云南南部的气候已经接近热带气候了。雷州半岛以南为热带，其早更新世早期孢粉的组合为山龙眼科，也属于热带常绿季雨林。雷琼地区上新统望棱岗组顶部的红色风化壳为早更新世早期的风化产物，最厚可达 8 米。雷州半岛徐闻勇士农场早更新世早期玄武岩有 5 层风化红土。下更新统湛江组下部（2.30—1.11 Ma B. P.）有多层红土（杂色黏土风化层）。上述发现表明，早更新世冰期时 20°40′N 以南地区为热带区（韩渊丰，2000）。

在中更新世前期阶段（图 1.2B），当时的红土北界为 31°N—34°N，此界以南为亚热带，长江流域大部分地区属于此气候带，南界大概在南岭一线。以广西巴马和贵州黔西观音洞为代表的巴马、观音洞巨猿动物群，是与巨猿共生的大熊猫－剑齿象动物群，与其共生的还有中国犀、苏门羚、猕猴、巨貘、乳齿象等。这个动物群分布极广，在湖北郧县、江苏丹阳、浙江杭州留下镇和天目山、重庆歌乐山、贵州水城、贵州盘县、贵州独山、贵州普定、广西大新、广西武鸣、广西柳城、广西柳江和广东肇庆等地均有发现。

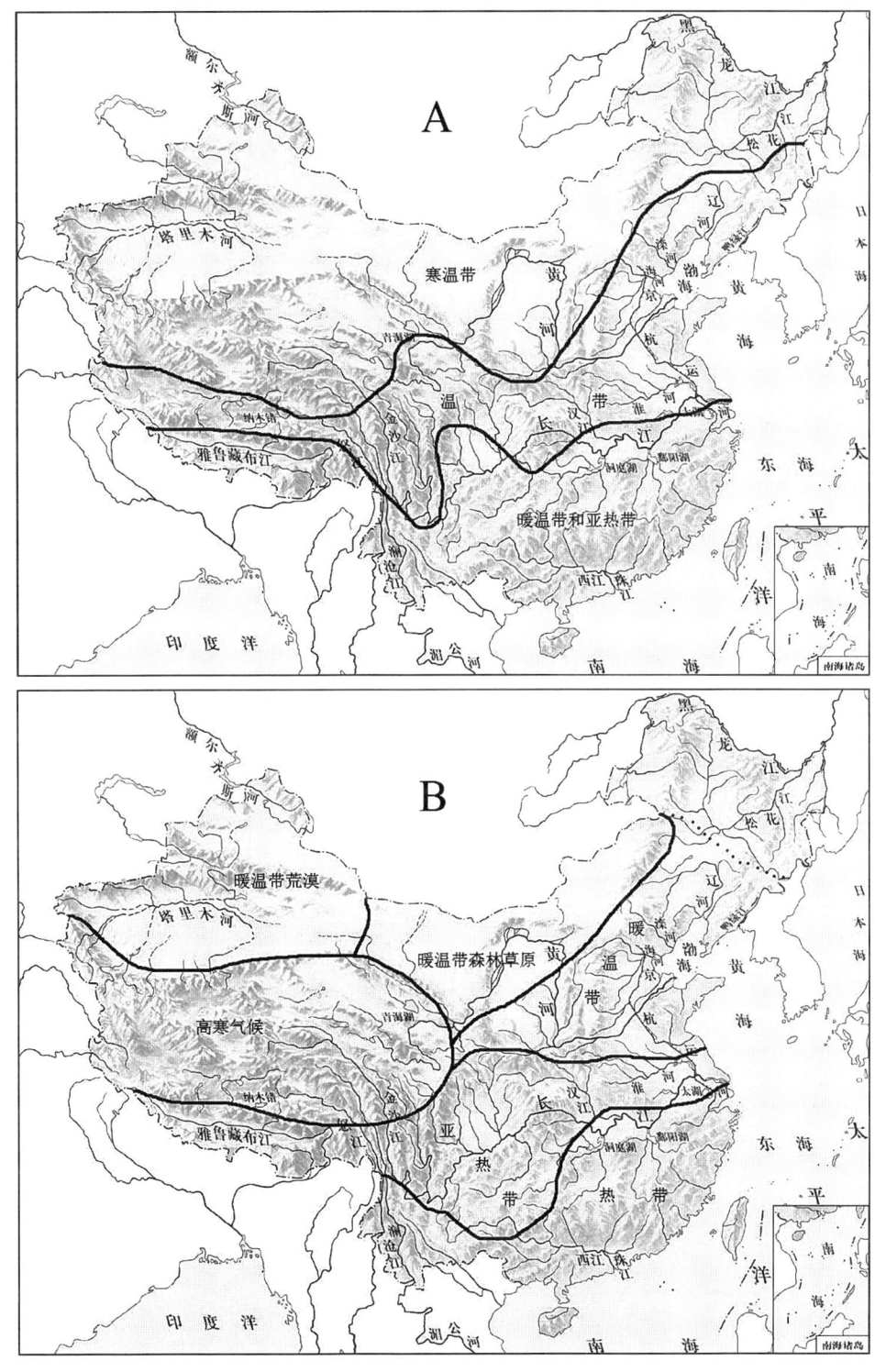

图 1.2（a） 第四纪自然地带的分布

A. 早更新世早期自然地带的分布；B. 中更新世前期自然地带的分布；

C. 玉木冰期盛期自然地带的分布；D. 早全新世自然地带的分布

（资料来源：李法军依黄镇国等 1996 年的研究绘制，底图引自 http://hi.baidu.com/new/youngdream8）

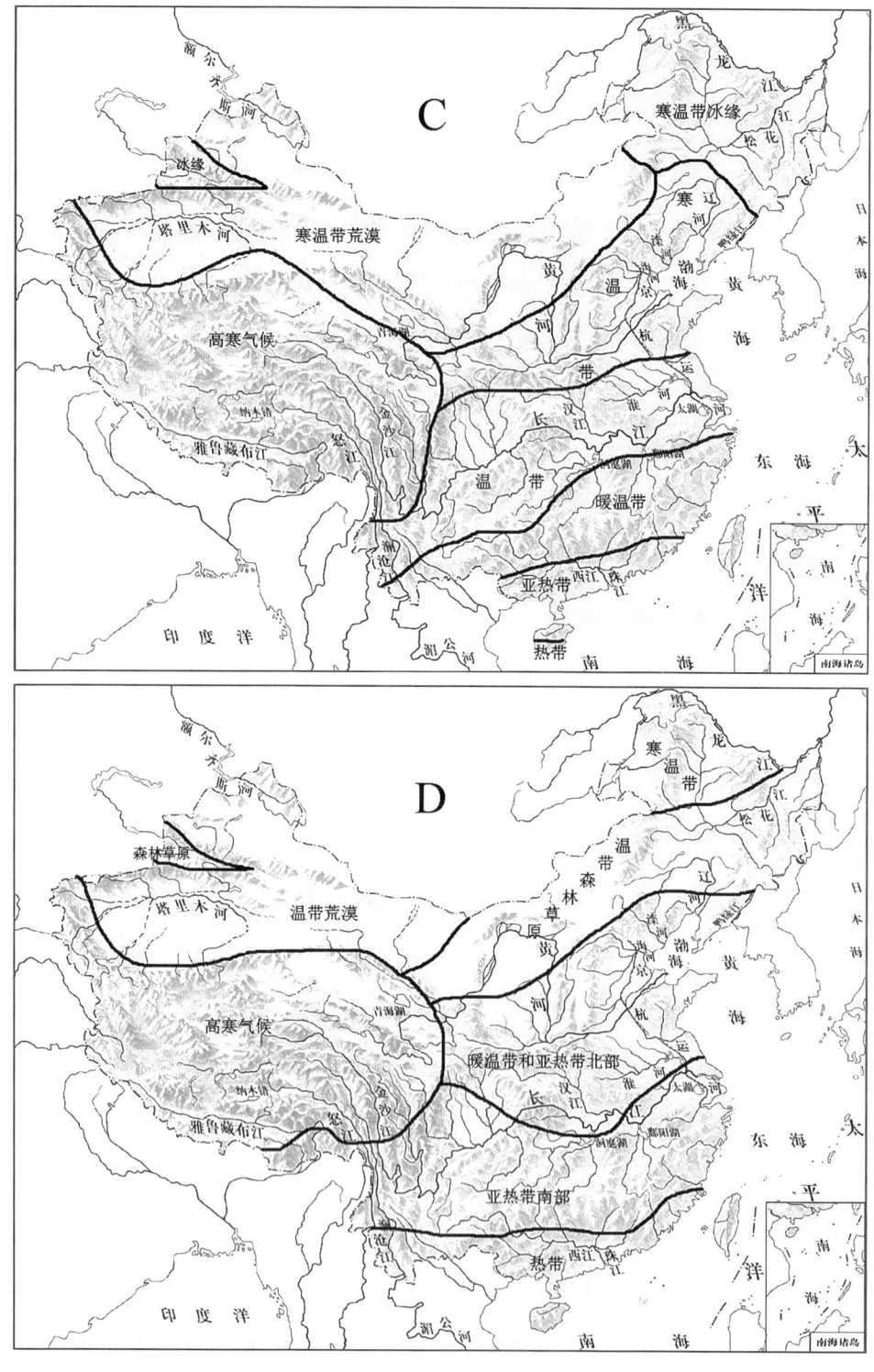

图 1.2（b） 第四纪自然地带的分布
A. 早更新世早期自然地带的分布；B. 中更新世前期自然地带的分布；
C. 玉木冰期盛期自然地带的分布；D. 早全新世自然地带的分布
（资料来源：李法军依黄镇国等 1996 年的研究绘制，底图引自 http://hi.baidu.com/new/youngdream8）

广西兴安盆地红土的硅铝系数小于 2.0。桂林盆地六塘红土砾石层的硅铝系数为 1.4—4.0，孢粉主要有松、罗汉松、杨梅、桃金娘、枫杨、枫香、山龙眼等，反应的是热带亚热带森林环境。南宁盆地网纹红土的硅铝系数为 1.3—2.0，云南元谋盆地月龙组、丽江和剑川也有网纹红土。蒙自盆地网纹红土的硅铝系数为 1.4—1.6，孢粉组合中有大量的热带分子，例如桑科、棕榈科、青冈栎属等。广东第二、三级红土阶地的年龄大部分为 0.313—0.559 Ma B. P.，硅铝系数为 1.16—2.13。雷琼地区湛江组顶部为花斑黏土，北海组下部为红色砂砾层。玄武岩中有 3 个红土层（雷州半岛北良湖、琼北春腾）。雷州半岛中更新世早期孢粉组合为松属、栎属、山龙眼科和藜科，北部湾沿岸为无患子科、苏铁科、番荔枝科。这些都反映了热带环境。台湾岛 20°40′N（绿岛）以南还有隆起的珊瑚礁（韩渊丰，2000）。

在晚更新世晚期阶段（图 1.2C），喜马拉雅山对印度洋气流的屏障作用已经接近现代水平，青藏高原也加速上升至 4000 米以上，形成了珠穆朗玛冰期。在其后端（即绒布寺阶段）雪线高度为 5400 米左右，比现今降低了 560 米。玉木冰期盛期，青藏高原为高原高山冰川和冰缘环境，该冰期还导致了北方地区大范围的干冷气候。在玉木冰期盛期，典型的冰缘动物群（即猛犸象－披毛犀动物群）曾大举南迁，最远达 30°—36°N，而在全新世之初在我国大陆灭绝。云贵高原西部在玉木冰期盛期是温带环境。玉木冰期盛期暖温带的南界在北回归线上下，台湾岛在该期内属于暖温带气候，而晚更新世末期至全新世初在华北地区生活的蒙古野马、梅氏四不像鹿、杨氏水牛等，还到达了 24°N 以南的澎湖水道，说明当时玉木冰期盛期的气候非常寒冷。在华南，晚更新世的孢粉分析表明，珠江三角洲和韩江三角洲均属于中亚热带（相当于今天的长江中下游南岸），雷州半岛有热湿和热干的变化（为热带或亚热带南部），北部湾沿岸也有常绿季雨林和稀树草原的变化。在玉木冰期盛期，陆均松属在华南大陆消失，热带可能已经退却到海南岛中部（19°N）（韩渊丰，2000）。

在全新世早期阶段（图 1.2D），末次冰期极盛期之后，全球气候变暖，海面急剧上升，气候波动频繁，经历了升温期、高温期和降温期过程。30°—33°N 以南属于亚热带南部，在广西柳江、右江和桂江沿岸的洞穴中，现代人化石与猕猴和水鹿等动物化石共存。约在北回归线以南为热带，广东偏北部第一级红土阶地的年龄为 11.2—7.8 ka B. P.，珠江三角洲 10.9 ka B. P. 的孢粉组合为嘞牡丹科、棕榈属和杜英属等。雷州半岛早全新世孢粉组合为水龙骨科、无患子科和山龙眼科，北部湾沿岸为禾本科、里白属、桃金娘科和山龙眼科。雷州半岛西南角珊瑚礁最大年龄在 7120 ± 165 a B. P.，海南三亚礁坪最大年龄为 8235 ± 105 a B. P.，台湾岛北段野柳珊瑚礁为 8020 ± 410 a B. P.，台东富冈珊瑚礁为 8975 ± 270 a B. P.，这些都代表了热带环境（韩渊丰，2000）。

全新世中期（8—5 ka B. P.）前后，气温、降水和海平面上升均达到了顶点，自然植被带向北推移，地表风化和成土作用增强，成为一个相对于现今的高温气候适宜期，此时的夏季风影响范围可能比今天还要向北扩张。末次盛冰期间夏季极锋位置约在黄河中游地区，而此时的极锋位置已经北进到了 45°N 以北地区。珠江三角洲地区在 7390 ± 140 a B. P. 时热带和南亚热带植物成分明显增加，反应的是热湿气候特征，在 7390 ± 95 a B. P.（属于中全新世晚期中段），该地区分布着热带雨林边缘植被，气候炎热潮湿（李平日等，1992）。在佛山河宕新石器晚期遗址（3980 ± 80 a B. P.）和高要茅岗新石器时代晚期遗址（3950±100 a B.P.）中均出土了象骨和鳄鱼的腭骨（杨式挺，陈志杰，1981；杨豪，杨耀林，1983），反映了当时炎热的气候。在3.4—3.1 ka B.P.，东亚大陆气温属于寒暖交替期，至3 ka B.P.，气候适宜期结束（韩渊丰，2000）。

第二节 华南地区沿海全新世海平面变化

全新世时期海平面的变化与气候变化密切相关，从全新世初期至距今一千纪之间，气候波动出现了7个暖期，其中大暖期从8.5 ka B.P. 持续到3 ka B.P.（施雅风 等，1992），延续了5500年。期间气温波动较大，海平面也相应地出现了7次相对高海平面阶段和6次相对低海平面阶段。虽然海平面波动趋势大致与气温波动同步，但海平面的波动幅度有差异。赵希涛等（1991）认为，在大暖期期间，海平面的波动可分为3—4个时期：海平面迅速上升期（10.0—6.5 ka B.P.），其中7.5 ka B.P. 时已达现今海平面；高海平面时期（6.5—4.0 ka B.P.），海平面普遍高于现今1.5—3.0米（图1.3）（姚衍桃 等，2009）；海平面始降期（4.0—2.4 ka B.P.）；海平面回升期（2.4—1.0 ka B.P.）。

海平面变化又是华南地区沿海环境演变的主要因素，特别是全新世以来的海平面变化（图1.4）对人类的生存和经济的发展有着极大的影响（方国祥 等，1992）。粤东地区沿海的海进现象在12 ka B.P. 即以开始。9 ka B.P. 前后，海平面上升至−13米上下。7.5 ka B.P. 前后，海平面上升至−6.5米上下。6.3 ka B.P. 前后达到全新世第一次高海平面，超出现今海平面约2米。6.3—5.9 ka B.P. 时海平面处于波动下降阶段，海平面已降至现今海平面下8米上下，但在3.65—3.4 ka B.P. 时海平面又上升，高出现今海平面约2米。珠江三角洲海平面在8.0—7.4 ka B.P. 时前后处于迅速上升阶段，6 ka B.P. 时处于海平面急剧上升阶段，该地区海平面比现今海平面高出约1米。6.0—5.5 ka B.P. 时海平面下降至现今海平面下3.5米上下。5.5—2.8 ka B.P. 又波动上升至现今海平面上1.5米。粤西海岸海平面的变化在总体上与珠江三角洲地区相似，但有所不同。5.7 ka B.P. 前后海平面上升，5.7—5.4 ka B.P. 时海平面下降，5.4—5.1 ka B.P. 时海平面复升，5.1—4.7 ka B.P. 前后海平面急剧下降，4.7—2.3 ka B.P. 时海平面缓慢上升。可以看出，3 ka B.P. 以来，粤西岸段海平面的升降较珠江三角洲岸段滞后。广西岸段在7 ka B.P. 之时，海平面大致在−15—25米上下，6.1 ka B.P. 前后升至−6米，5 ka B.P. 时升至约−2.5米，随后下降。3 ka B.P. 时海平面高出现今海平面1.5米上下。

总体而言，华南地区沿海全新世海平面的变化存在一种现象，即粤东海岸发生海进和出现高海平面的时间最早，往西逐次推迟。

第三节 华南地区沿海地质环境与地质灾害

地质环境是自然环境系统中影响人类生存和发展最重要的组成部分。地质环境受到其他自然环境的制约,并在一定程度上受到人类活动的影响。生存于特定地质环境范围内的人群,为生存和发展所进行的一切活动以及体质的发育与状态,必然会受到地质环境的影响或制约。只有通过地质环境本身和人类活动的相当长时期的调整后,才能使地质环境达到新的动态平衡(谢先德 等,2003)。

华南地区丘陵广布,有些丘陵是台地被侵蚀后形成的,例如雷州半岛和海南岛北部的熔岩流台地即是如此。丘陵区中有不少属于红盆地,"丹霞地形"较为发育。丘陵区还存在着成片的峰林石山,构成了溶蚀性的石灰岩峰林地形,即喀斯特(Karst)地形。华南地区的石山区可分为两种,即"峰林"区和"峰丛"区。峰林区主要分布在桂中和桂东,峰丛区则主要分布在黔南和桂西。

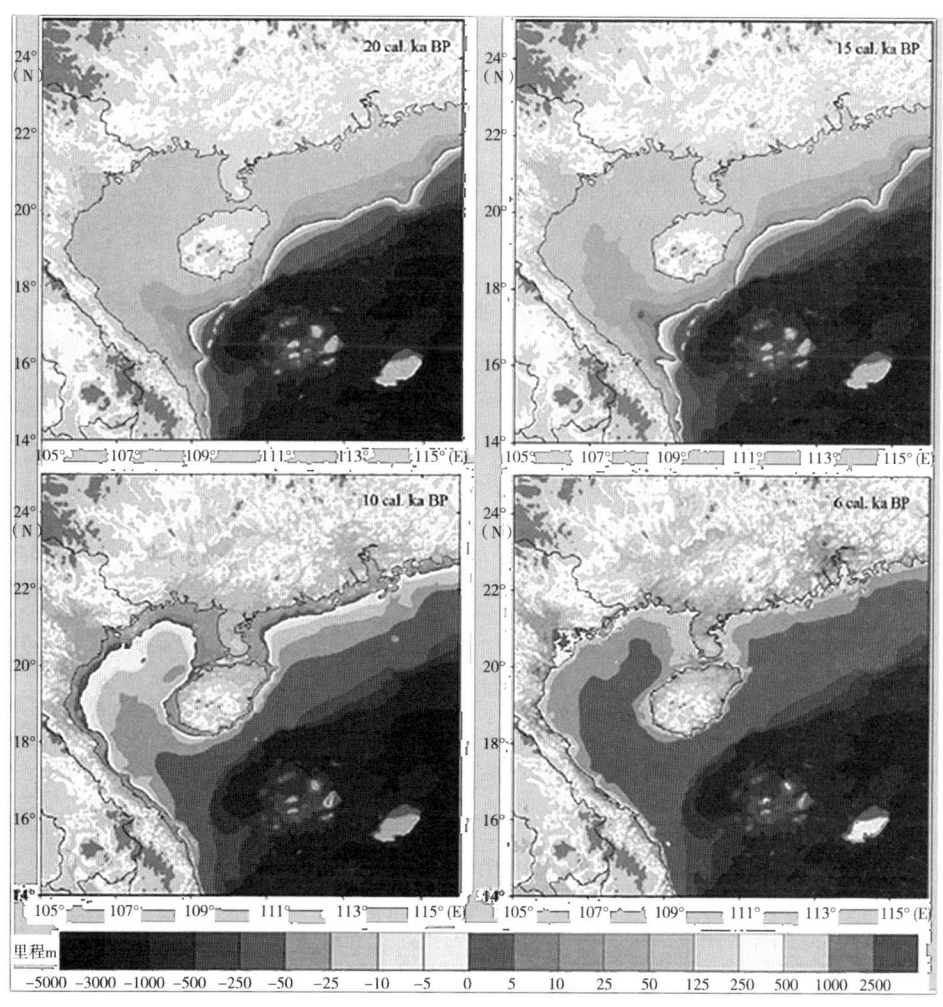

图 1.3　南中国海西北部古海岸线变迁过程(20—6 ka B.P.)
(资料来源:引自姚衍桃 等,2009)

由于石灰岩可溶于水,华南地区又位于热带和亚热带地区,高温多雨期较长,因此更有利于溶蚀作用的进行。这种岩溶地形极易形成特殊的地形,例如在丘陵或台地中,由于地下石灰岩层被溶蚀亏空,使地面塌陷产生陷穴、圆洼池、落水洞等地形(曾昭璇,

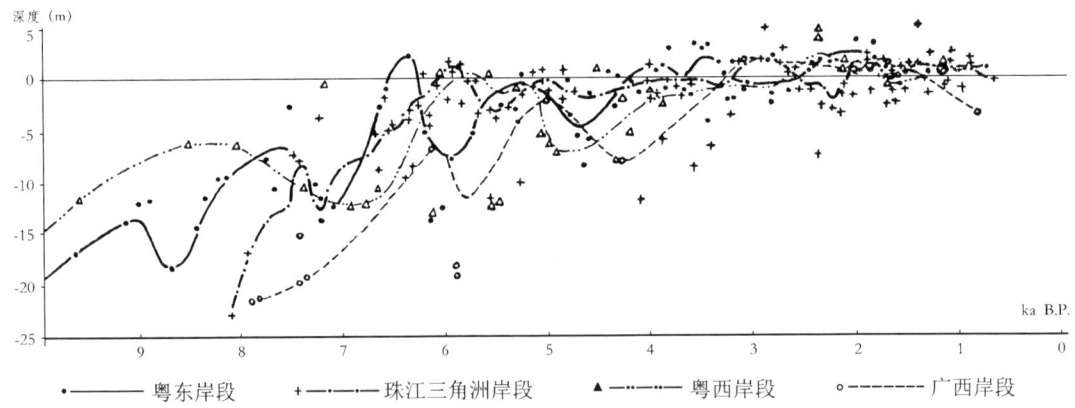

图 1.4 华南沿海全新世海平面变化曲线
（资料来源：修改自方国祥 等，1992）

1985）。这些地形的形成和发育，极易破坏地表的自然结构和人工结构。

广西地区广布着低平丘陵台地。由于地处热带，红土层发育较厚。由更新世初的40—60米比高的阶地面，因环境长期湿热，发育出了5—80米厚的红色风化层。在这些广大的红土台地上，当基底的石灰岩被溶蚀时，上面覆盖的红土层陷落，就形成了"土洞"。薄层红土披盖的台地面上最易形成土洞，危害也是最大的（曾昭璇，1985）。

广东沿海地处我国三大地貌阶梯中最低一阶的南部，地势总体特点是北高南低。山势以东北—西南走向最为明显，河流的延伸方向与山体走向斜交或垂直。地貌类型以丘陵和台地为主，低山和平原次之。山地主要分布在珠江三角洲东西两侧、粤东和粤西一带。广东河流众多，自东向西主要包括韩江、榕江、练江、隆江、螺河、珠江、潭江、漠阳江、鉴江、南渡江和钦河。

广东沿海陆地的第四纪沉积物发育，主要分布于三角洲平原、滨海平原、河谷盆地、台地和丘陵等地貌单元。该地区的第四纪沉积是新构造运动、气候变迁、海平面升降和火山活动的综合产物（谢先德 等，2003）。红壤型风化壳广泛分布于广东沿海地区。

雷州半岛地区的火山堆积较为发育，由基性火山碎屑岩和熔岩组成，有大面积的玄武岩分布。该地区由南到北都是由玄武岩丘陵和台地构成的，海拔最高处仅270米左右。应用热释光和古地磁法测得的玄武岩喷出时期是在更新世初期，一直到全新世，共有4期喷发记录（袁宝印，1984）。玄武岩低丘台地地表平坦，沟谷切割不深，不易发生冲沟，砖红壤较为发育。但仍有记录表明，雷州半岛还是存在一些较为突出的地质灾害。20世纪60—80年代，雷州半岛的火炬农场19队、海康县纪家镇和遂溪飞机场都发生过严重的地裂缝。从图1.5可以看出，雷州半岛中部台地是地质灾害的重灾区。

广东海域位于欧亚、太平洋和印度洋三大板块交汇和相互作用的南海北部（图1.6），中生代以来，由于菲律宾海板块对这一地区的俯冲挤压，使之地壳运动活跃，形成了新的火山弧和陆相低洼盆地以及压剪性断裂构造系。台湾岛则属于西太平洋著名地震带的一部分，广东海域属于西太平洋地震带的外带范围，但存在闽粤滨海地震带和南澳—泉州地震带。琼州海峡是潜在重灾区，这里盛行海流和海底侵蚀、海底浅滩和海底沙坡等，已发生多次5级左右地震，环境极不稳定。该海域其他地区则属于中灾区或者若灾区。

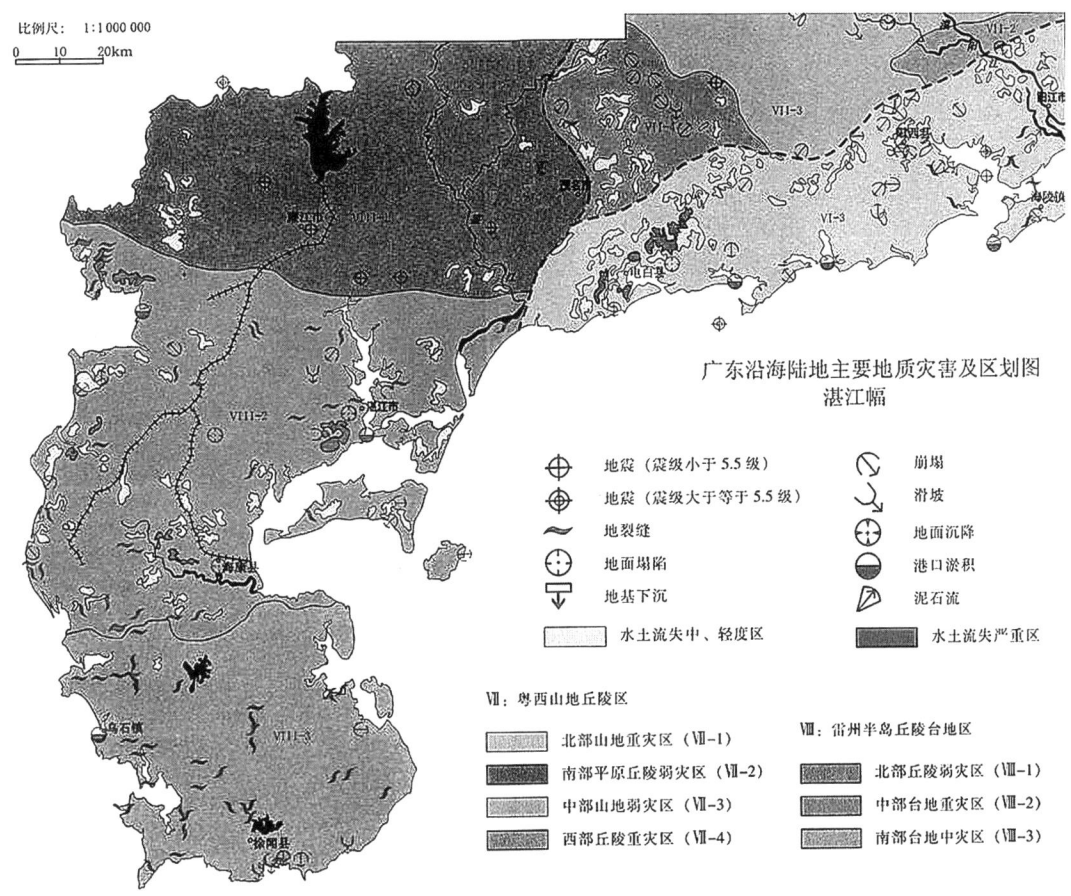

图 1.5　广东沿海陆地主要地质灾害及区划图（湛江幅）
（资料来源：修改自谢先德 等，2003）

雷州半岛位于雷琼—北部湾新生代断陷区的东北部，该区盆地基底为粤桂大陆的延伸部。该区在三叠纪-早白垩世主要处于隆起剥蚀状态，晚白垩世之时开始形成北东向的小型断陷盆地，并堆积一套陆相红层夹中酸性火山岩。新生代时，该区地壳长期处于拉张和下陷阶段，接受巨厚沉积。已发现该区在新生代时存在三个构造陡变段：早始新世段、晚渐新世段和中新世段。该区从早始新世至早渐新世，经历了浅湖——深湖——浅湖环境的变迁；从晚渐新世开始，地壳脉动更为频繁，沉积环境也经历了海陆交互相——滨海相——浅海相——陆相的急剧变化。该区还存在自始新世以来，尤其是中新世以来的多期次基性岩浆喷发（谢先德 等，2003）。

早中更新世阶段，该地区处于盆地解体阶段。与此同时，由于受到来自菲律宾海板块的北西向挤压，基底北西向断裂活动增强。此时的中心式火山喷发活动极为频繁，多期喷发的结果产生了石峁岭等火山口和岩被。雷北地区的螺岗岭—硇洲岛一线也发生了大规模的中心式火山喷发。中更新世末期以来，该地区处于地壳增厚、缓慢隆起阶段。中更新世晚期—晚更新世之时，雷南地区火山活动减弱，但雷北湖光岩地区仍然有多次较强烈的火山喷发和地震。全新世以来，雷州半岛的构造运动减弱，火山活动停息，进入到了相对稳定的阶段。地壳运动的总趋势是东升西降（谢先德 等，2003）。

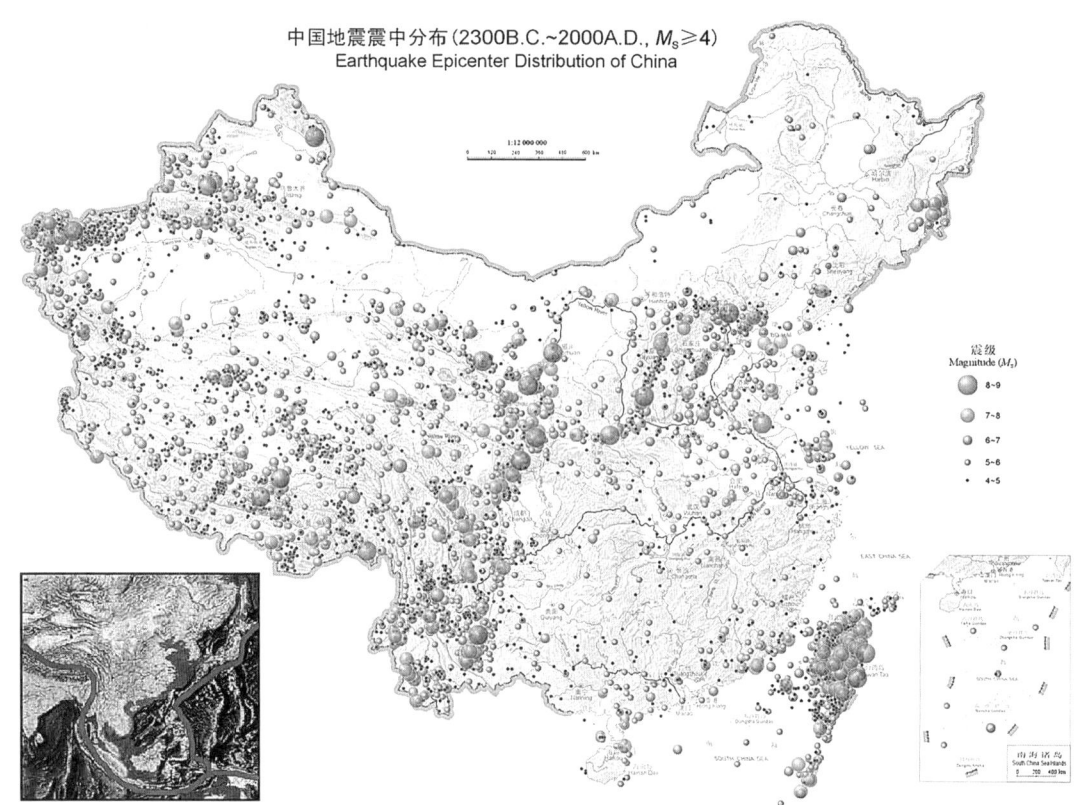

图 1.6　东亚及太平洋地区板块构造及中国地震带

（资料来源：李法军绘制，底图引自 http://bbs1.people.com.cn）

华南地区沿海陆地富含土壤，地表成土母质主要有花岗岩、玄武岩、变质岩、页岩和砂岩等。主要土壤类型则包括了红壤、赤红壤、砖红壤、黄壤、燥红土、沼泽土、风砂土、滨海盐土、滨海砂土和水稻土等（广东省土壤普查办公室，1993）。但该地区土壤中的微量元素存在分布不均的现象，广东境内的土壤微量元素还存在供给不足的现象。

土壤缺乏微量元素不仅影响农业生产，还与人们的健康状态息息相关，许多生物地球化学地方病的分布具有地方性和地带性（林年丰，1991）。例如分布地域广泛的大骨节病，横跨了寒、温、热三大气候带。表生天然腐殖土、湖相沉积环境、黄土高原残塬沟壑和沙漠沼泽草炭沉积环境都可导致人体硫酸软骨素代谢紊乱，加之寒冷潮湿因素等，极易诱发大骨节病。

碱性水环境下的脑溢血症死亡率较低，而在酸性水环境下的死亡率较高。在火成岩的酸性水区 Na^+，K^+，Ca^+，Mg^+ 含量较低，脑溢血死亡率较高。脑溢血症死亡率高的地区也主要集中在前古生代和古生代地层分布区，中、新生代地层分布区死亡率很低。心血管疾病死亡率的分布具有明显的地方性，而且与饮水的硬度之间呈显著的负相关，即软水区死亡率高，硬水区死亡率低。

在具有生物学意义的主要元素锌、铜、锰、钼和硼 5 种元素的比较中，广东沿海地区土壤中除了钼平均含量超出全国平均水平外，其他 4 种微量元素的含量均低于全国平均水平，表明这一地区土壤微量元素的背景含量普遍偏低（谢先德 等，2003）。在元素分布方面，包括雷州半岛在内的粤西地区，除湛江一地的铜、锰的分异系数大于1以外，其他元素的都在1以下，表明这一地区上述微量元素呈分散状态；珠江三角洲地区则是以集聚趋势为主。

土壤微量元素背景值的分异性与土壤类型变化密切相关。粤东地区主要是赤红壤，水稻土分布有限；粤西地区主要是赤红壤和砖红壤，砖红壤主要分布在茂名、化州以南包括整个雷州半岛，其土壤的富铝化明显，土壤酸性大，锌、铜和锰等元素相对聚集且活性大；而以水稻土相对集中的珠江三角洲地区，土壤中锌、铜和锰等元素相对聚集。

在本章中，通过对"华南地区"概念的界定、华南地区第四纪气候变迁、华南地区沿海全新世海平面变化和华南地区沿海地质环境与地质灾害的介绍，初步建立了华南地区的自然区划和生态环境的时空特点，目的是为探讨第四纪人类的宏观进化和微观演化、人类行为的生态环境背景、社会复杂化过程以及个人生活史等提供有益的参考。

本章参考文献

1. 方国祥，李平日，黄光庆. 粤桂沿海全新世海平面变化. 见：施雅风主编，孔昭宸副主编. 中国全新世大暖期气候与环境. 北京：海洋出版社，1992：131-137.
2. 广东省土壤普查办公室. 广东土壤. 北京：海洋出版社，1993：490-499.
3. 韩渊丰. 中国区域地理. 广州：广东高等教育出版社，2000：113-138.
4. 黄镇国，张伟强，陈俊鸿，刘瑞华. 中国南方红色风化壳. 北京：海洋出版社，1996.
5. 李平日，方国祥，黄光庆. 珠江三角洲全新世气候变化. 见：施雅风主编，孔昭宸副主编. 中国全新世大暖期气候与环境. 北京：海洋出版社，1992，100-110.
6. 林年丰. 医学环境地球化学. 长春：吉林科学技术出版社，1991：125-256.
7. 任美锷，包浩生. 中国自然区域及开发整治. 北京：科学出版社，1992：84.
8. 施雅风，孔昭宸，王苏民，唐领余，王富葆，姚檀栋，赵希涛，张丕远，施少华. 中国全新世大暖期气候与环境的基本特征. 见：施雅风主编，孔昭宸副主编. 中国全新世大暖期气候与环境. 北京：海洋出版社，1992，1-18.
9. 谢先德，朱照宇，覃慕陶，陈俊仁，文启忠. 广东沿海地质环境与地质灾害. 广州：广东科技出版社，2003：57.
10. 杨豪，杨耀林. 广东高要县茅岗水上木构建筑遗址. 文物，1983，(12)：31-42.
11. 姚衍桃，Jan Harff，Michael Meyer，詹文欢. 南海西北部末次盛冰期以来的古海岸线重建. 中国科学（D辑：地球科学），2009，39（6）：753-762.
12. 袁宝印. 海南岛北部第四纪玄武岩分期问题. 中国地理学会第一次构造地貌学术讨论会论文选集. 北京：科学出版社，1984：182-187.
13. 曾昭璇. 中国的地形. 广州：广东科技出版社，1985：312-332.
14. 赵希涛，鲁刚毅，王绍鸿，吴学忠，张景文. 江苏建湖庆丰剖面全新世地层及其对环境变迁与海面变化的反映. 中国科学（B辑），1991，(9)：992-999.

第二章 华南地区史前时期生物考古学的发展现状

李法军

时至今日,在世界范围内,关于人类起源和现代人起源的问题仍为体质人类学界所关注的焦点。中国和东南亚地区是探讨现代人类起源与演化问题的重要区域。基于丰富而完好的骨骼样本,中国学者已经建立起了中国北方地区先秦时期的人种学坐标体系,生物考古学研究也获得了深入的发展(潘其风,1987;朱泓,1990,1994;刘武,1997;王明辉,1999;魏东,2000;潘其风,朱泓,2001;李法军,2001,2008;朱泓,2002;陈靓,2003;;陈山,2009;魏东 等,2012;朱泓 等,2012)。东南亚地区的古人类研究所涉及的内容广泛,论题深入,方法多样。这些研究多为美国、日本、澳大利亚或当地学者所进行(Turner, 1990; Wood, 1991; Pietrusewsky, 1988, 1994; Hanihara, 1996; Nguyên, 1996, 2003; Demeter, et al., 1999, 2000, 2003, 2004, 2005; Pietrusewsky, Chang, 2003)。

华南,虽处华夏南缘,却为东北亚、东南亚和南亚交汇之地,是研究中国与东南亚及南亚人群关系的重要区域。然而,由于自然埋藏条件等原因,这里虽然已经发现众多人类化石地点,但多数只发现了牙齿化石;较北方地区而言,所发现的保存完整且样本丰富的古人骨样本还比较少(图2.1)。这种状况严重制约了南方地区体质人类学的研究,使得以往的学者不能清晰地认识南方地区古人类的演化过程、类型分布规律以及行为模式(朱泓,2002;李法军,冯孟钦,2010)。

第一节 主要的化石材料

目前所知的华南地区人类化石地点有广东曲江马坝狮子山(吴汝康,1988;吴新智,1988;吴汝康 等,1999;朱泓 等,2004)、灵山洞穴(顾玉珉,1962)、封开峒中岩(邱立诚,宋方义,1986;宋方义 等,1991)、封开黄岩洞(宋方义 等,1991)、封开白石岩(冯家骏 等,1991),广西柳江通天岩(吴汝康 等,1999;朱泓 等,2004)、来宾麒麟山盖头洞(贾兰坡,吴汝康,1959)、柳州都乐熔岩(洞)群(易光远,1976)、都安九"楞"山(赵仲如 等,1981)、隆林德峨洞(张兴永,李长青,1982)、桂林宝积岩(王令红 等,1982)、柳江土博咁前洞(李有恒 等,1984)、田东定模洞(李有恒 等,1984)、海南三亚落笔洞(郝思德 等,1993)、台湾左镇菜寮溪(吴汝康 等,1999)以及广西崇左木榄山智人洞(金昌柱 等,2009;Liu, et al., 2010)等。这里重点介绍马坝

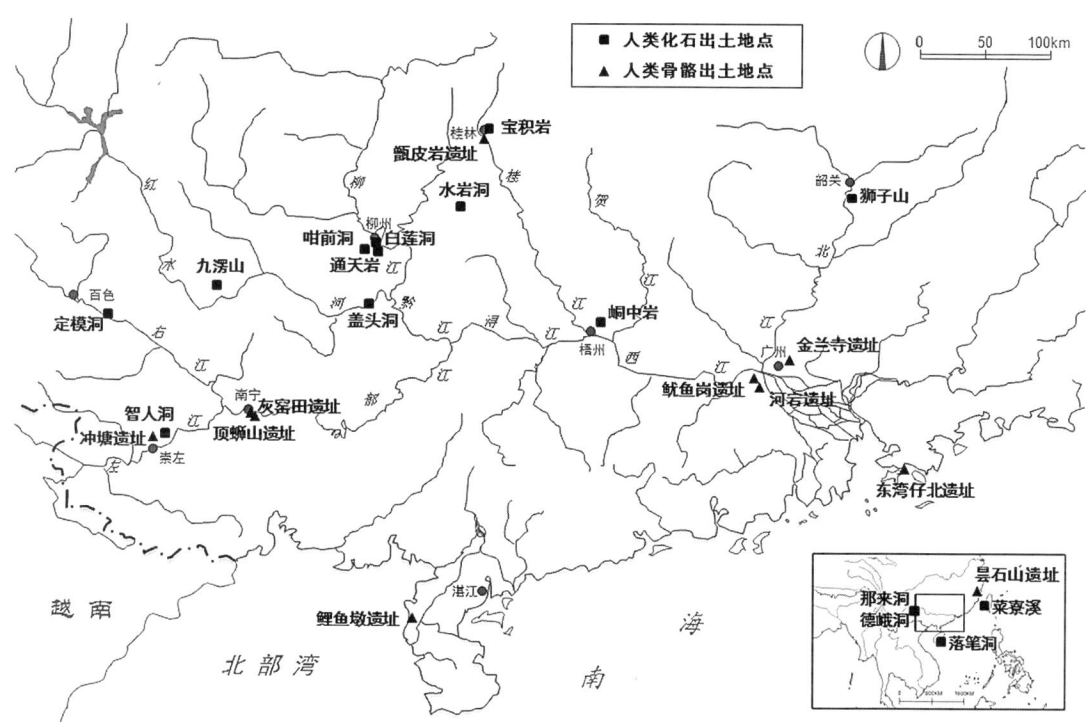

图 2.1 华南地区史前时期主要的人类化石和骨骼发现地点
（资料来源：李法军绘制）

人、智人洞人、柳江人、麒麟山人、三亚人和左镇人的化石材料及相关信息。

一、马坝人

马坝人是华南地区目前已发现的时代最早的智人化石，其出土地点是广东省曲江县（现为韶关市曲江区）马坝镇西南约 1.5 公里的狮子山石灰岩洞穴内（图 2.1）。1958 年 5 月底，该镇思坦乡农民在开采洞穴堆积时挖出了许多化石。当时正值中共广东省委书记陶铸同志到马坝视察，即指示该县党委书记对这批化石材料进行保护。同年 8 月 21 日，省文化局派杨岳章同志到发现地点调查登记并将化石材料带回文化局。8 月 26 日，时任广东省文物管理委员会副主任委员的商承祚教授邀请中山大学历史系梁钊韬教授到其家中辨别在马坝所发现的头骨化石碎片。梁钊韬教授当时提出了初步意见，认为属于猿人（Protoanthropic）或古人（Paldeoanthropic）阶段的人类头骨化石。该校地质系的方瑞濂副教授认为，同出的古脊椎动物群属于更新世中期动物群。

8 月 30 日—9 月 2 日，中山大学派梁钊韬教授及地理系李见贤教授参加了广东省博物馆赴发现地点进行的调查工作。梁钊韬教授在马坝区党委书记所保管的一批化石中检出了两块人类头骨化石，其一为右颧骨，另一为顶骨，都和以前所发现的同属于一个头骨。梁钊韬在现场将这次调查结果写成总结，由省博物馆杨岳章同志整理写成简报。杨岳章回广州后将这份简报交广东省博物馆，并由省博物馆连同人类头骨化石寄至北京中国科学院古脊椎动物与古人类研究所。

9月14—18日,中国科学院古脊椎动物研究所裴文中、吴汝康和周明镇三位先生从北京专程抵马坝遗址进行复查,中山大学再次派梁钊韬教授和李见贤教授参加复查工作。裴文中等三位先生除现场鉴定了所发现的古脊椎动物群化石外,还分别做了几次报告,对人类头骨化石的性质发表了意见。裴文中先生认为马坝人类化石属于古人类型,吴汝康先生认为由猿人至古人之间的类型,充其量只能属于较早的古人类型,意见相差不大(梁钊韬,李见贤,1959)。

(一)狮子山的地貌形态和溶洞综合剖面

狮子山有南北两个峰林,北面的峰林称为"狮头",南面的峰林称为"狮尾"(图2.2)。峰林皆由石炭纪的石灰岩经溶蚀而形成。岩层倾向西南,倾角20°—30°,节理丰富。岩层分为4组:走向为S80°W的垂直节理;水平的节理;倾向NW,倾角约30°的节理;倾向NE,倾角约20°的节理。这些节理往往形成溶蚀的弱点,对于喀斯特溶洞及其沉积的生成有不少影响。

图2.2 狮子山峰林(狮头和狮尾)
(资料来源:修改自广东省博物馆,曲江县博物馆,1988)

发现人类头骨化石的地点即在"狮头"的溶洞内(图2.3)。"狮头"的相对高度,以峰林东面的喀斯特洼地的湖面为准,约为60—70米。它是一个岩石裸露的石山,山形陡削,尤以东北部是悬崖剖壁。陡壁之下有巨大的岩块崩坠,麓部一部分为重力堆积及坡积裙。岩石表面有石芽石沟发育,其较低凹处有红土堆积。

图 2.3　狮子山峰林（狮头）东北部的悬崖剖壁
（资料来源：李法军摄制）

溶洞可分为四层（其次序为由低至高）（图 2.4）。第一层的沉积中只发现很少量的古脊椎动物化石，但有多量的新石器时代石器和陶片；第二层发现多量的古脊椎动物化石，包括了人类头骨化石；第三层亦只发现少量古脊椎动物化石；第四层情况尚缺乏详细资料（梁钊韬，李见贤，1959）。

第一层溶洞　约与峰林前的喀斯特洼地湖面的高度相当，发育于本峰林四周的麓脚。溶洞深浅不一，浅的只有数米，深的约有 100 米，且可贯通峰林。洞顶一般平坦，沿节理裂隙渗下的含重碳酸钙的水，常在洞顶生成许多石钟乳，这些石钟乳常成幕状。含重碳酸钙水，一部分直接滴于溶洞的黏土堆积层面上，给黏土盖上一层石灰华的盖层，层理清晰。这些盖层及石钟乳，常含有 6.8%—33.11% 的磷质。石灰华的盖层以下，即为石灰华与黏土的互层，这些堆积层的顶面齐平，并与当地水面一致，目前仍继续进行黏土层的沉积作用。雨季时水面上升，一部分溶洞则积水成为地下湖；而在干季时，因水面下降，沉积面则出露。在这些沉积层中，只发现很少量化石，但从农民所挖出的黏土中，或在洞口附近曾发现几处有新石器时代的磨光石斧和印纹硬陶，因此梁钊韬认为在新石器时代可能曾有人类在这里居住过（梁钊韬，李见贤，1959）。

第二层溶洞　即马坝人化石发现地点。洞顶的相对高度约 10 米，洞顶平如天花板。由洞顶向下 0.2—1.0 米即为本层洞穴堆积的顶面，堆积面和第一层溶洞一样，平铺一层含磷的石灰华层，下面即为石灰华与红色黏土的互层，再下面为红色黏土层。这些沉积，

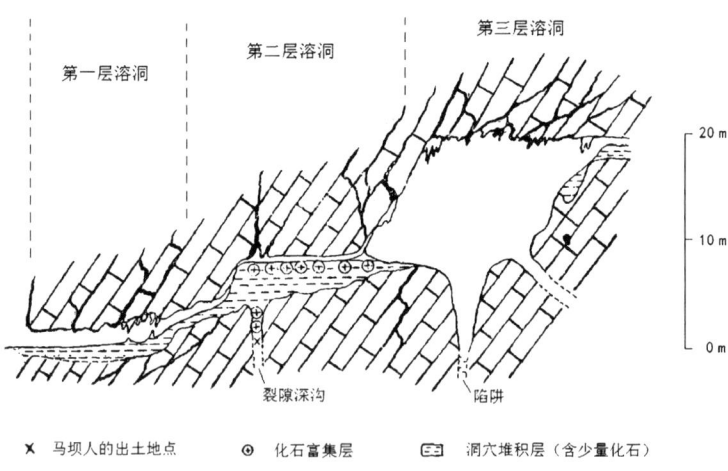

图 2.4　狮子山（狮头）喀斯特溶洞综合剖面示意图
（资料来源：修改自梁钊韬，李见贤，1959）

含水多，黏度也很重，但层理可见，尤以接近上部的较为清楚，层次呈水平状，似为在静水中的沉积物。沉积层的可见厚度平均约为 4 米，其中最主要的为上部，含化石甚为丰富。经裴文中和周明镇两位先生现场鉴定的古脊椎动物化石有：

　　肉食类（*Carniuora*）
犬科（Canidae indet）
鬣狗（*Hyaena cf. ultima*）
熊（*Ursus kokeni*）
大熊猫（*Ailuropoda* Sp.）
獾（*Arctonyx* Sp.）
虎（*Felis tigeris*）

　　长鼻类（*Proboscidea*）
东方剑齿象（*Stegoden orintalis*）
纳玛象 [*Elephes* (Archidiskodon) cr. *namadicus*]

　　奇蹄类（*Perrisodactyla*）
巨貘（*Megatapirus* Sp.）
中国犀（*Rhincceros sinensis*）

　　偶蹄类（*Artiodctylo*）
野猪（*Sus scrofa*）
鹿（*Cervus* Sp.）
羊科（Ovine indet）

牛亚科（Bovinae indet）

啮齿类（*Rodentia*）
鼠（*Rattus* Sp.）
豪猪（*Hystrix* Sp.）

爬行类（*Reptilia*）
龟类（Chelonia indet）

等 17 种脊椎动物化石及

蚌（Unio Sp.）
蚬（Corbicula Sp.）
腹足类（Gasropoda）等。

在本层溶洞的北边，有 S80°W 走向的巨大垂直裂隙，经溶蚀后形成一条长约 40—50 米，宽约 0.6—1.5 米，高约 4—10 米的深沟。深沟的堆积层面由东向西作倾斜状，其中含有大量上述的古脊椎动物化石群，并在相对高度约 1 米处发现了人类头骨化石。

第三层溶洞 因生成较早，洞底已与第一、二层溶洞连在一起，有一个深的陷井。洞顶的相对高度为 20—23 米，洞顶基本趋于平坦，但不及第二层那样平。洞内堆积的黏土已干，黏性较差。主洞的洞穴堆积层保存下来的已不多，只在主洞东面相对高度为 18—20 米的洞壁上可见含磷很高的黑褐色斑状胶结层，层理倾向东。在本层溶洞的洞穴堆积层中，只发现少量的古脊椎动物化石，其种属与第二层溶洞的化石群相同。

第四层溶洞 其相对高度约 50 米，土名桂花岩。从外形上看，这个洞的发育似乎受层理面控制，洞口向东作倾斜状。在狮子山附近分布着相对高度为 20—50 米的台地。这些台地的基岩，大部分为石灰岩，台地表面除一部分为古河流冲积的砾石层外，几乎完全被风化的红土层所覆盖，形成平缓的波状起伏地形，台地的高度可与溶洞的高度相对比。这些台地显然是在地壳较为安定的时期所形成的剥蚀夷平面，当时在这个剥蚀面上有古河流流动，后经地壳上升，再受侵蚀和剥蚀而成。本区的溶洞皆成水平状，每一层溶洞又均有相应的堆积层，而堆积层又复作水平状。由此可见，这些溶洞的形成与过去的水面有重大的关系，每一系列溶洞的形成都代表过去曾经有一个较长期的溶蚀作用。

根据各层溶洞及其相应的台地，可知马坝一带的地面曾作过 4 次间歇性上升运动。又根据溶洞里化石群的年代，可知第二层溶洞（10 米）及更高的溶洞约在中更新世晚期或中更新世晚期以前就已形成。至于第一层溶洞，现在仍正在进行溶蚀和堆积作用，它的生成年代当在更新世晚期以后以至现代（梁钊韬，李见贤，1959）。

（二）人类化石

人类化石被发现时较为破碎，经修复后得到了一个残破的头盖骨（图 2.5）。该个体为一中年男性，其顶骨大部分得以保留，枕骨仅存残破的后部，保留了部分左侧颞骨和蝶骨大部分。额骨大部分保留，右侧眶部缺失。仅存有左侧颧骨的额突部分。左侧上颌骨的额突部分和左右侧大部分鼻骨保留。

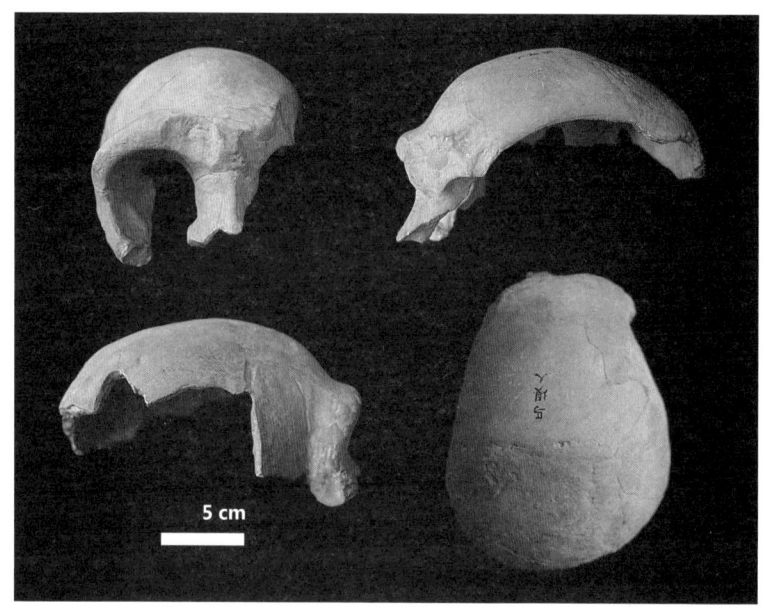

图 2.5　马坝人颅骨化石模型
（资料来源：李法军摄制）

吴新智先生对经过复原的颅顶部进行了测量，其颅长值为 207 毫米，颅宽值为 149 毫米，据此得到的颅指数为 77.2。通过对比研究，吴新智发现华北和华南古代人类的头型在早期智人阶段就发生了分化，而且这一分化的后果一直延续到旧石器时代晚期（吴新智，1988）。

马坝人的额骨较北京人的膨隆，眉间区较向前突。眉嵴粗壮，各段厚度较其他早期人类化石而言比较均匀，内侧稍厚于外侧。从上方观察，两边的眉嵴成八字形。有较深的眉嵴上沟，其发育程度介于北京人和大荔人之间，但与欧洲的尼安德特人较为相似。眶后缩窄指数为 80，与北京人相近。额骨鳞部的中段有矢状嵴，发育较弱。顶结节处的骨壁厚度为 9 毫米。右侧眶型近圆形，眶下缘较锐利，与尼安德特人接近，可能是与尼安德特人的祖先有过基因交流的结果（吴新智，1988；吴汝康 等，1999），但他们之间的差异性是主要的（吴汝康，1988）。鼻骨较宽，额鼻缝呈水平走向，两块鼻骨接触的部分有一条细长的、呈上下走向的脊（吴汝康 等，1999；朱泓 等，2004）。

马坝人在颅骨粗壮度、颅容量和眉嵴上沟深度方面较大荔人进步，但明显的眶后缩窄程度又较大荔人原始。铀系法测年数据显示马坝人的年龄约为 129 ka B. P.（原思训 等，1986），但也有数据显示其生存年代约为 169—127 ka B. P.，平均值为 140 ka B. P.（朱泓 等，2004）。

二、智人洞人

2004年，中国科学院古脊椎动物与古人类研究所邱占祥院士与北京大学潘文石教授组织人员在广西崇左地区进行联合地质古生物调查及化石挖掘工作。2008年5月，他们在江州区木榄山智人洞中采集到了一件具有现代智人解剖特征初始状态的下颌骨和丰富的哺乳动物化石。

（一）木榄山智人洞的地貌形态和地层剖面

木榄山智人洞天然洞口朝南，洞口处顶板海拔高度为179米，高出当地河床约34米。洞穴平面分布近南北向，洞的主轴方向为NW350°，长33.4米，东西宽13.7米（图2.6）。洞穴内底板与洞顶之间最大高差约为5米，形态为一单体式厅堂洞穴。洞穴泻水通道为东北部洞底竖井状落水洞。发掘区为距离洞口约22米处管道状小溶洞。此洞原来几乎充填了堆积物，向西南方向延伸，逐渐变窄，最宽处在洞口（3.5米），洞顶高2.6米（金昌柱 等，2009）。

图2.6 木榄山智人洞古人类遗址与其他洞穴分布图
（资料来源：引自金昌柱 等，2009）

木榄山智人洞古人类遗址洞穴堆积由两套不同地质时期的地层单元组成，其剖面分别称为木榄山智人洞A地层剖面（可能为中更新世）和B地层剖面（晚更新世）（图2.7）。

1. 地层剖面自上而下可分为5层

（1）灰褐色砂质黏土，钙质胶结坚硬，含有较多灰岩小角砾，砾径为0.2—3.0厘米，厚度约20厘米。

（2）钙板层，局部碳酸钙结晶，厚约5厘米。

（3）灰褐色砂质黏土，坚硬，含少量灰岩角砾，夹钙质条带，含少量化石，厚约35厘米。

（4）钙板层，局部碳酸钙结晶，厚约5—10厘米。

（5）褐黄色砂质黏土，质地较均匀，钙质胶结坚硬，厚约45—65厘米，与下部地层为不整合接触。

2. 地层剖面自上而下可分为7层

（1）钙板层，与上部地层之间断续分布条带状空隙，生长小型石笋，厚约5—15厘米。

（2）黄褐色砂质黏土，钙质胶结，较坚硬，含少量灰岩角砾，夹薄层钙质条带断续分布，含有古人类、江南象、亚洲象及丰富的哺乳动物化石，厚约100—130厘米。

（3）灰白色钙板层，断续分布，厚度变化较大，厚约3—10厘米。

（4）灰褐色粉砂质黏土，含有较多铁锰质结核，含较多哺乳动物化石，厚约70厘米。

（5）黄白色粉砂质黏土，块状结构，含大量黄褐色铁质斑纹，呈网状分布，含少量化石，厚约50厘米。

（6）灰白色黏土，质地较为均匀，含有少量黄褐色铁质斑纹，厚约50厘米。

（7）黄褐色粉砂，胶结疏松，厚约30厘米，未见底。

上述地质剖面分别代表不同的堆积单元。上部堆积单元为木榄山智人洞原生堆积；下部堆积单元是原生堆积被溶蚀后重新堆积的地层，是产出人类化石的主要层位。两者剖面之间曾有明显的沉积间断。

（二）木榄山智人洞动物群的性质及其时代

广西崇左木榄山智人洞古人类遗址经2次试掘，现已发现和采集到大量的脊椎动物化石。经初步鉴定，哺乳动物有55种，分别属于8目、25科、44属。崇左木榄山动物群以江南象与亚洲象共生，同时出现早期智人为其特征。崇左木榄山智人洞动物群的属种除了中华鼩猬、伏翼、板齿鼠、智人、江南象、亚洲象等以外，其他属种与当地早更新世崇左三合大洞动物群一致。这些属种占木榄山智人洞动物群总属数的86%。这说明三合大洞动物群所反映出的动物地理区系特征与木榄山智人洞动物群动物地理区系具有很浓厚的祖承性质。

木榄山智人洞动物群中步氏巨猿完全消失；难于见到早更新世巨猿动物群中常见的像东方剑齿象、小种大熊猫、山原貘等更新世原始的种类，其性质与巨猿动物群截然不同。尚未发现大熊猫和剑齿象化石，以较原始的江南象与亚洲象共生为其特征，这足以说明其性质显然不同于中更新世典型的大熊猫-剑齿象动物群。

据目前的发现和研究，广西崇左地区第四纪动物群的演化过程中象类的更替是有规律的。依属种统计分析，与当地早更新世三合大洞巨猿动物群相比，该动物群属种明显减少，如缺失大熊猫、剑齿象、竹鼠等华南更新世地层中常见的分子，菊头蝠、蹄蝠等热带-亚热带森林型的翼手类属种很单调。更新世早期中华乳齿象繁盛一时，成为巨猿动物

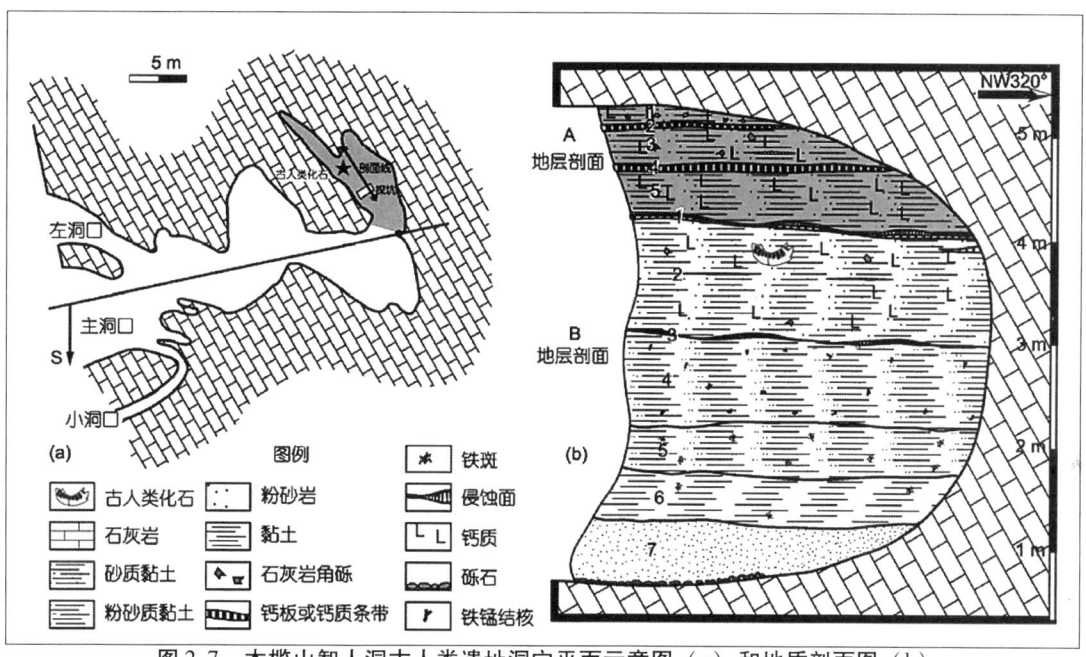

图 2.7　木榄山智人洞古人类遗址洞穴平面示意图（a）和地质剖面图（b）
（资料来源：引自金昌柱 等，2009）

群主要骨干成员之一；更新世中期中华乳齿象灭绝，剑齿象迅速发展，形成大熊猫-剑齿象动物群并替代巨猿动物群；由于更新世晚期（或中更新世晚期）气候环境等因素的控制，导致动物群的演替。

江南象的出现改变了典型的大熊猫-剑齿象动物群的面貌，动物群中亚洲象逐渐起主导作用。金昌柱等（2009）建议将南方含有亚洲象的晚更新世的动物群命名为亚洲象动物群，与典型的中更新世大熊猫-剑齿象动物群（狭义）和早更新世巨猿动物群相区分。木榄山智人洞动物群可视为亚洲象动物群早期的代表。

出现了大量鼠形类动物，这些变化表明它可能是生态转型时期的动物群。鼠科化石有锡金小鼠、中华姬鼠、黑线姬鼠、似德氏狨鼠、笔尾树鼠、社鼠、针毛鼠、爱氏巨鼠、印度板齿鼠、褐家鼠和黄毛鼠共 8 属 11 种。

这种全部由当地或邻近地区现生种类构成的组合显然比当地早更新世的三合大洞和川黔地区中更新世歌乐山期的鼠类组合进步，而与广西田东雾云洞的鼠类组合相似，其动物群的时代为晚更新世早期。智人洞鼠科动物的组合明显具有东洋界热带-亚热带动物群的特点，其中林灌和草地型所占比例较大表明当时的森林面积可能减少、林灌和草地面积可能增加，反映出当时的气候相对干旱（王元 等，2010）。

木榄山智人洞动物群与越南北部 Duoi U'Oi 洞动物群比较，两者共有猩猩、中国黑熊及水鹿等 7 种化石。然而，后者基本上都是由现生种组成，尚未发现绝灭种。因此可以认为，木榄山智人洞动物群时代显然要早于 Duoi U'Oi 洞动物群。Duoi U'Oi 洞智人化石地点的时代为 66 ka B. P. （Bacon，et al.，2008），那么有理由认为，智人洞化石地点的时代至少早于 66 ka B. P.。

上述地点动物群对比表明，木榄山智人洞动物群的时代晚于中更新世的广西巴马弄莫山和越南谅山 Tham Khuyen 洞动物群，而要稍早于广西田东雾云洞和湖北郧西黄龙洞动物群，它应是中更新世到晚更新世的过渡类型动物群。另外，鉴于木榄山智人洞动物群中亚洲象、野猪、板齿鼠等进步属种的出现和现生种比例较高的特点，木榄山智人洞动物群时代应为晚更新世早期（或中更新世晚期）。

金昌柱等（2009）采用 230Th-234U 不平衡铀系法对木榄山智人洞遗址出土人类化石的地层进行了年代测定。年代测试样品采自人类化石层之上的钙板层和与人类化石层大致同一水平高度的钙板层，编号分别为 ML-6A 和 ML-6B。两个样品在美国明尼苏达大学地质与地球物理系同位素实验室进行了铀钍的化学分离和质谱测定。经计算，两个样品的年代分别为 100 ka B. P. 和 111 ka B. P.，测定结果与生物地层学的研究较为一致。钙板层样品 ML-6B 与人类化石层相连，即同生层，因而古人类的年龄可能是 111 ka B. P.，属于晚更新世早期。

木榄山智人洞动物群主要以东南亚热带－亚热带哺乳动物种类组成为其特点。该动物群依科一级的统计显示，其中菊头蝠科、蹄蝠科、猪尾鼠科、豪猪科、人猿科、长臂猿科、叶猴科、猴科、猩猩科、灵猫科、真象科、犀科、貘科等动物主要分布在东洋界（或旧大陆热带至亚热带），占科总数的 52%；属一级统计，动物群中蹄蝠、毛耳飞鼠、扫尾豪猪、猪尾鼠、狨鼠、长尾巨鼠、灵猫、猪獾、貘、独角犀、麂、猩猩、长臂猿、猕猴、叶猴等 36 属均为东洋界类型，占属总数的 81% 以上；种一级统计，除广布型外，尚未发现典型的古北界种类，它明显具有东洋界动物地理区系热带－亚热带动物群的特点。

木榄山智人洞动物群与当地早更新世三合大洞巨猿动物群比较，后者具有属种多样的森林型种类，如菊头蝠种类繁多，特殊的树栖习性的扁颅蝠、小彩蝠等翼手类化石很常见，还有特化为完全树栖的飞松鼠、笔尾树鼠种群密度大，以及喜欢在林中生活的树鼩、苏门答腊兔、灵猫、湖鹿等，其栖息环境为热带森林－林灌环境。而前者缺少许多喜欢林中和竹林中生活的种类，如大熊猫、剑齿象、竹鼠、树鼩等；其中尤其是菊头蝠、蹄蝠等热带－亚热带森林型的翼手类属种很单调，缺少扁颅蝠、小彩蝠等翼手类；此外，鼠形类动物大量出现而且种群数量很大。这些变化证明当时的生态环境可能是森林退缩、草地扩展的自然景观，很可能是由气候的干湿波动导致的。

（三）人类化石特征

中国科学院古脊椎动物与古人类研究所吴新智院士经初步观察认为，该人类下颌骨具有处于形成过程中的解剖学上现代智人的形态特征。该下颌骨较为纤细，颏隆凸略为发育，表现程度较现生人类颏隆凸为弱。此外，门齿齿槽与颏隆凸之间的下颌体外表面略显凹陷，但凹陷程度较现代人类为弱。明显发育的颏隆凸和下颌体外表面凹陷是现代人类的典型特征，在直立人和古老型化石智人中这两项特征一般缺如。这两项特征在崇左江州区木榄栏山古人类下颌骨的表现较弱，说明现代人的解剖结构在木榄山智人洞下颌骨已出现，但尚处于初始发育状态（图 2.8）。该下颌骨的发现在人类演化历史研究上将占有很重要的地位，它为与"非洲起源说"相对立的"多地区连续进化说"提供了更加有说服力的证据（Liu, et al., 2010）。

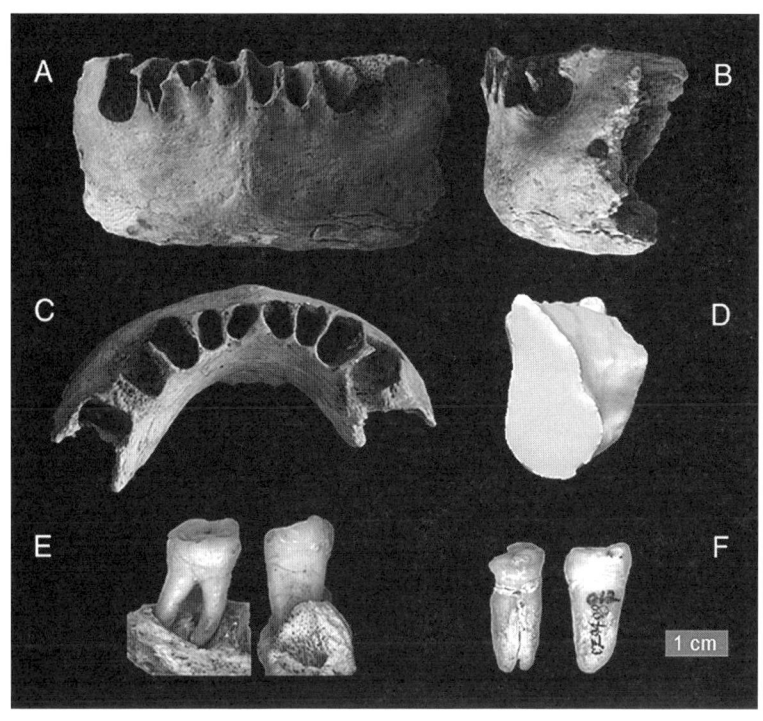

图2.8 崇左智人下颌骨化石

A. 智人3号下颌正面观；B. 智人3号下颌侧面观（左）；C. 智人3号下颌上面观；
D. 智人3号下颌联合部断面；E. 智人1号下颌第三臼齿（M_3）颊侧和近中面观；
F. 智人2号下颌第三臼齿（M_3）颊侧和近中面观

（资料来源：引自Liu, et al., 2010）

三、柳江人

1958年冬，在广西壮族自治区柳江县新兴农场以东约1公里处，农场职工从一个叫通天岩（Tongtianyan）的小洞穴（图2.9）里挖出了一个完整的头骨，农场场长李殿首先将其妥善保管，然后将其上交给有关部门。中国科学院古脊椎动物与古人类研究所的林一璞和李有恒先生当时正在广西巨猿洞进行发掘工作，于是该所派两位先生前去调查。之后，李有恒等又在此发现了其他的人类化石样本。

（一）通天岩的洞穴堆积

通天岩分为几支通道，洞内原为泥土填满，后因农场人员挖岩泥做肥料才形成了通道。人类头骨化石的出土地点与发现熊猫头骨的地点相距约4米。出土化石的堆积物主要由石灰岩角砾组成，中夹砂粒和泥土，呈灰褐色，堆积物松散而无胶结，但含水分较多。没有发现石器或者其他工具。

图 2.9 柳江人遗址

（资料来源：引自 http://ksw1.vip.cnb.yahoo.com/question/18269199.html）

（二）通天岩洞动物群的性质及其时代

与人类化石共生的哺乳动物化石中，有近乎完整的大熊猫的骨架、猪、完整的箭猪的头骨、熊、中国犀、东方剑齿象、巨貘、牛类和鹿类的牙齿和肢骨（吴汝康，1959）。这些动物化石都是江南山洞里常见的大熊猫-剑齿象动物群的成员。过去都认为这个动物群地质时代为中更新世。但柳江人和上述动物一起保存在角砾堆积中，都粘结有同样的红色堆积物，这表明，大熊猫-剑齿象动物群不仅生活在中更新世，而且还延续到晚更新世晚期。依据铀系法测定的结果，最小值为 67 ka B.P.，最大值为 227—101 ka B.P.。

（三）人类化石特征

柳江人的化石样本包括 1 个完整的颅骨（图 2.10）、2 段股骨、4 段肋骨、第 9—12 胸椎、5 块腰椎、完整的骶骨（图 2.11）以及髋骨（图 2.12）。这些化石可能属于不同的个体。有学者认为柳江人颅骨所代表的个体应当是一个男性（吴汝康，1959；吴汝康 等，1999），额结节和顶结节发育较弱，眉弓发育。额骨明显后倾，前囟点的位置比现代人的靠后，额骨下部有微弱的矢状嵴。面部短宽，上面部比较扁平。明显的低眶，鼻骨宽大而且扁平，梨状孔短阔，鼻根部略有凹陷（吴汝康 等，1999；朱泓 等，2004）。股骨比较纤细，可能代表一位女性。

为深入探讨柳江人化石形态特征的表现特点、进化程度及其与其年代数据的吻合性，

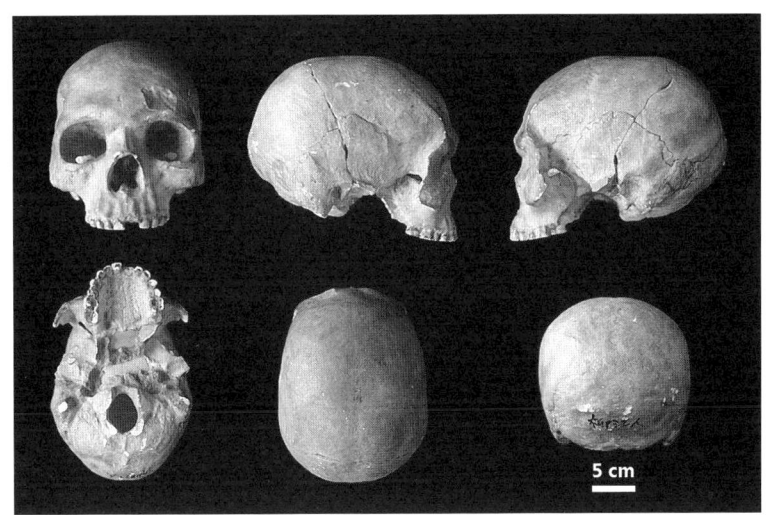

图 2.10　柳江人颅骨化石模型
（资料来源：李法军摄制）

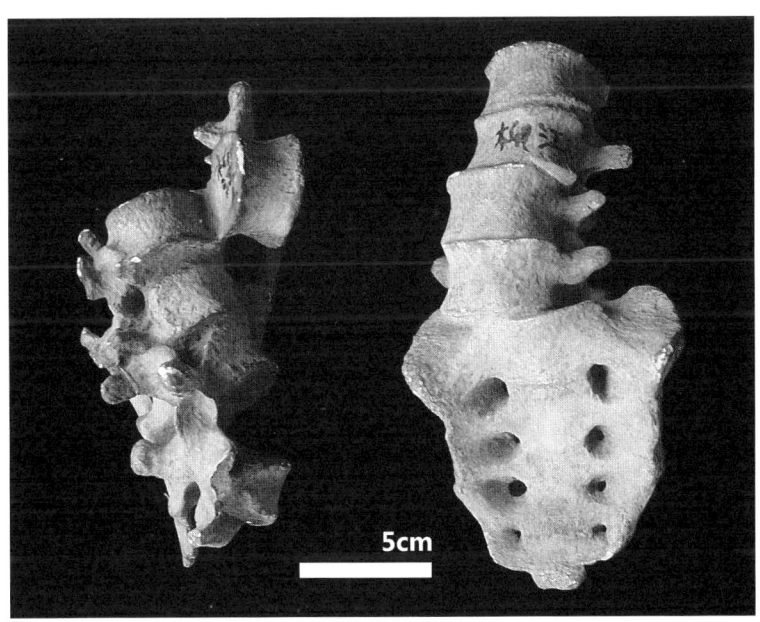

图 2.11　柳江人椎骨和骶骨化石模型
（资料来源：李法军摄制）

刘武等（2006）对柳江、山顶洞、资阳、丽江等主要中国更新世晚期人类头骨化石及 1114 例全新世以来不同地区现代中国人头骨进行了对比分析。结果发现柳江人头骨绝大多数特征的出现情况位于现代中国人的变异范围，只有极个别特征与现代人不同；柳江人头骨具有的低眶等特征也可见于其他中国更新世晚期人类化石，说明柳江人化石上保留有少量常见于更新世晚期人类的原始特征，但与其他中国更新世晚期人类，尤其是山顶洞人

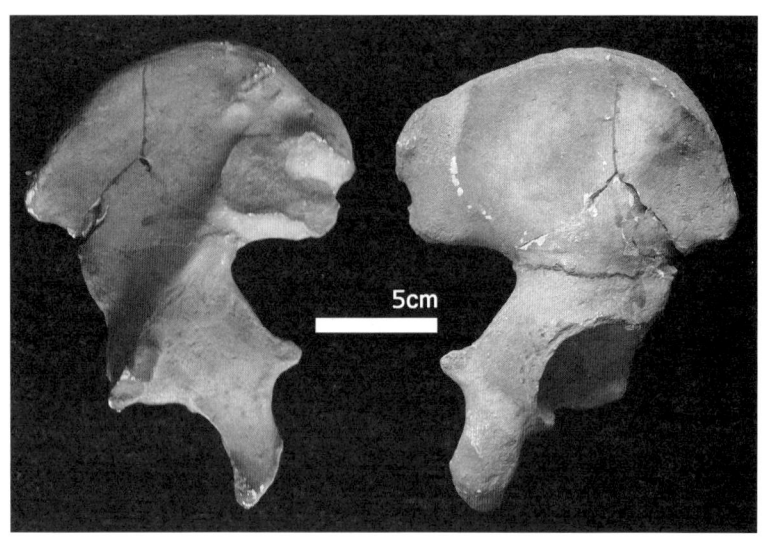

图 2.12 柳江人右侧髋骨化石模型
（资料来源：李法军摄制）

头骨相比，柳江人要显得现代些；柳江人与山顶洞人之间头骨形态特征的差异以体现头骨原始性及粗硕强壮程度上的差别居多，但个别特征差异或许与气候环境适应有关。

由上述研究可以推断，柳江人在形态进化上与现代中国人已经非常接近，他们的差别非常小；柳江人与山顶洞人头骨特征表现上的差异主要反映了他们在演化程度上的差异，同时也在一定程度上体现了各自的生存环境；现有的形态学证据不大可能为柳江人生存于较早的时代的观点提供支持。

柳江人脑的发育程度与晚更新世晚期人类最接近。通过与和县、周口店（ZKD）、KNM-WT15000，Sm 3，Kabwe，Brunn 3 和 Predmost 等化石人类及现代人颅内模的比较，显示柳江人脑的多数特征与现代人相似，如长而宽的脑型，额叶宽阔饱满，脑较高，顶叶加长；少数特征与现代人不同而似早期人类，如枕叶后突程度较现代人显著、小脑半球较现代人收缩。吴秀杰等（2008）采用高分辨率 CT 机对柳江人头骨进行扫描及三维重建，获取了虚拟的柳江人颅内模及脑的形态特征的数据。对虚拟颅内模的测量，显示柳江人的颅容量为 1567 毫升，属于晚期智人的变异范围而远大于现代人的平均值。

刘武等（2007）通过对柳江人头骨及复原骨盆的测量，计算了柳江人的身高、体重、身体比例、相对脑量等，并在此基础上分析了柳江人的身体大小和形状。研究发现，柳江人化石所代表的个体具有适应温暖气候环境的纤细型身体比例，代表相对脑量的 EQ 指数为 5.602，大于金牛山、山顶洞等中国更新世中、晚期化石人类，而与包括港川人在内的更新世末期及现代人类的 EQ 指数接近。

柳江人体重为 52.0 千克，小于金牛山、山顶洞、尼安德特人等生活在高纬度地区的化石人类，而与港川、非洲的 KNM-ER3883，KNM-ER3733 等生活在温暖环境的古人类接近。刘武等认为，这些发现除说明柳江人生活的气候环境外，还提示柳江人身体大小、比例及相对脑量与更新世末期及现代人类接近。依据股骨估计柳江人的身高约为 157.0 厘米，但也有学者认为 161.1 厘米较为合适（朱泓 等，2004；刘武 等，2007）。

四、麒麟山人

1956年1月14日，中国科学院古脊椎动物研究室野外调查队在广西来宾县桥巩圩麒麟山的盖头洞发现了1具残破的人类头骨、1件粗制的石器和2件人工打制的石片。麒麟山位于桥巩圩之北1.5公里，合隆村之南0.5公里处。该山东西长约150米，南北宽约110米，高45米（图2.13）。这一带为马平石灰岩区，由于喀斯特地形发育，构成多座奇形怪状的孤立小山。麒麟山之北有狮子山和猴子山，西有芭扁山和龙口山，西南有老蚌山和板山，东面3公里处有江山，在江山之东有江水河。

麒麟山本身由于石灰岩的节理特别发育，构成许多大小不同的洞穴，盖头洞即是其中一个。盖头洞高出现在的地面7米，洞口朝南偏东10°，洞口高2.7米，洞的纵深4.8米。洞的尽头通过一个小洞还另有一个洞室（贾兰坡，吴汝康，1959）。

图2.13 麒麟山（左）和盖头洞（右）
（资料来源：引自 http://www.lbnews.com.cn 和 http://view.legeren.cn）

（一）盖头洞的洞穴堆积和出土物

盖头洞内的堆积共有1.7米厚，可分为上下两层。上层为黄灰色的角砾岩，厚0.6米，人类化石即发现于此层；下层为硬的红色土堆积，不如上层胶结紧密，厚1.1米，含有碎石等包含物（图2.14）。在这个地点发现的化石种类很少，除上下层中发现的少量残破鹿牙、猪牙和肢骨碎片外，还发现有少量的斧足类壳和大量的腹足类壳。在腹足类中以田螺和乌蛳为最多。

文化遗物的出土也很少，除上层发现有薄层的灰烬（中有炭块和烧骨）外，还发现了1件石器和2件人工打制的石片。石器打制得很粗糙，只将扁圆的石英岩砾石的一边向一面打击，使之成为适于刮削的刃缘。由于石器发现过少，石器的加工又特别简单，目前还没有可能作出石器性质上的或时代上的可靠判断。

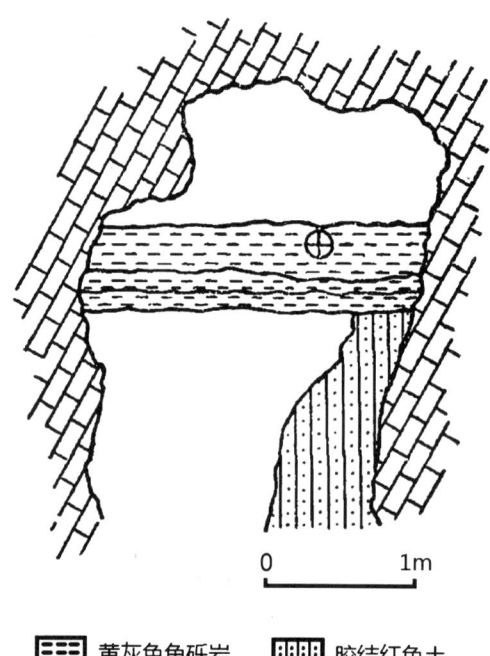

图 2.14　盖头洞的剖面图
（资料来源：修改自贾兰坡，吴汝康，1959）

（二）人类化石特征

麒麟山化石仅保存颅底部分，包括大部分上颌骨和腭骨、右侧的颧骨和大部分枕骨。样本呈灰白色，石化程度中等。上颌骨保留有右侧的三个臼齿和第一前臼齿、左侧的第一臼齿和二个前臼齿，其余的牙齿已在生前脱落（图 2.15）。臼齿齿冠大部分已被磨掉，前臼齿齿冠大部分已被磨去，可能是一个老年的个体，但不能完全确定；头骨表面粗糙，牙齿较大，可能是男性个体。

上颌骨和腭骨组成完整的硬腭，由于其位置较高，因此上颌窦底位于鼻腔底壁的水平之下，鼻腔底面平坦，与上颌骨前面有一较锐的骨嵴相分隔。犬齿窝较浅，齿槽凸度中等，犬齿隆起非常明显，但向上延伸远不到达鼻腔底的水平。鼻梨状孔的下部较宽。硬腭表面粗糙。臼齿齿冠呈长方形。

右侧颧骨仅有骨体和部分眶突保存，眶突与前面相交几乎成直角，也就是眶突并不如一般现代人的下陷。骨体的前面大部平坦，仅稍微隆起。枕骨鳞部大部分保存，其余保存的部分只有左侧的枕骨髁和基底部。由人字点到枕骨大孔后缘点的弧长约为 121 毫米，弦长 101 毫米，枕骨曲度指数为 83.5。现代各人种的枕骨曲度指数平均为 82.8，两者较为接近。在枕骨鳞部，枕平面的正中矢状弧长 70 毫米，项平面的正中矢状弧长 51 毫米。在现代人中，大多数情形为枕平面长于项平面。枕外隆凸为中等大小，枕外嵴微显。上项线为明显的骨嵴，下项线较不明显。

图 2.15 麒麟山人化石
(资料来源：修改自 http://gx.news.cn)

枕骨内面深凹而为一"十"字骨嵴分隔成四个窝，上部容纳大脑枕叶的窝较小而深，下部容纳小脑半球的窝较为宽大。枕内嵴高而锐。枕内隆凸与枕外隆凸位于同一水平，也和一般现代人相似。十字隆起的右支较左支的位置为高，在现代人中常是如此。枕内嵴的前端在接近枕骨大孔后缘处向两侧扩展成一个三角形隆起，止于枕骨大孔后缘。三角形隆起表面微凹，以容纳小脑蚓部。现代人中虽然也多有这种结构，但没有这样明显（贾兰坡，吴汝康，1959）。

由上述观察和比较可认为麒麟山人类化石属于晚期智人，没有很明显的原始性。与人类化石共生的动物，无论是哺乳动物还是软体动物也多是现生种，因而它的时代下限不会早于旧石器时代的晚期；没有发现陶器和磨光的石器，表明它的上限也不会晚到新石器时代（贾兰坡，吴汝康，1959）。

五、三亚人

20 世纪 80 年代初，广东省考古工作者在位于今海南省三亚市东北约 15 公里的荔枝沟落笔锋南麓的落笔洞内，发现含有螺壳、蚌壳及小哺乳动物化石的灰色胶结层堆积，认为这是一处时代较早的人类活动遗址。1992 年 3 月，中山大学人类学系举办的海南省文博专业证书班的部分学员在三亚市进行考古实习时，又于洞穴中发现数枚人牙化石、数件打制石器及一些脊椎动物化石。这些考古发现引起了海南省内外学术界有关同行的关注。（郝思德 等，1994）

1992 年 12 月初，经国家文物局批准，由海南省文物保护管理委员会负责，组成了由海南省博物馆、三亚市博物馆和中国科学院古脊椎动物与古人类研究所业务人员参加的考古发掘队，对落笔洞遗址进行了为期 3 周的考察和发掘。这次科学发掘共清理 11 个探方（2 米 ×2 米），面积约 40 平方米，出土了大量的动物遗骸，其中无脊椎动物 10 余种，爬行类、鸟类和哺乳动物 30 余种。这次发掘过程中还采集到了数枚人类牙齿，石制品和骨、角制品数十件。除此之外，还发现了许多灰烬、烧骨、烧石等文化遗存。

（一）落笔洞的洞穴堆积和出土物

落笔洞的地理座标为东经 46°30′、北纬 28°30′（图 2.16 左）。落笔洞为石灰岩所构成的一个溶洞（图 2.16 右），洞口距地面约 5 米，洞高 12.5 米，宽 7—8 米，深 16 米，洞口高大，阳光充足，适宜远古人类栖息。经中国社会科学院考古研究所碳 14 测定为 10.642±207 ka B.P.，属于旧石器时代末期。

图 2.16　落笔锋远眺（左）及落笔洞外景（右）

（资料来源：引自郝思德，1997）

落笔洞属于垂直型溶洞，生成在大茅群（寒武纪）石灰岩中。它在形成初期时，处于深保水带下，随着山体的抬升，逐渐脱离深保水带的控制而接近浅层水，但不与暗河相通，因而洞顶呈锅底形，洞壁有震荡波形蚀痕。

该洞的土状堆积物大致分为三层。上层为近代表土，含历史时期的陶片、瓷片及铜钱等；中层为灰色砂质土，含三亚人牙齿及文化遗物；下层为黄色砂质黏土，含哺乳动物化石。

经初步研究，三亚人遗址的地层、古生物及古文化等方面的资料都有重要的学术价值。首先，在全部石制品中，以砾石制品为主，单面打击者居多，也有相当数量的双面打击制品，这与大陆华南沿海地区同时期的文化遗存十分相似，反映了海南岛同大陆早在一万年前就有了文化上的联系。其次，与三亚人共生的古菱齿象及长臂猿等动物在海南岛上属首次发现，这为研究三亚动物群的由来及海南岛以及相邻岛屿与大陆古地理、古气候的变迁提供了珍贵的科学依据。再次，根据落笔洞堆积的地层时序及动物群组合分析，上部灰色堆积同下部黄色堆积之间有明显的地质分界，可以作为更新世与全新世分界的典型地点。最后，目前已知海南岛的人类历史似应从一万年前落笔洞的三亚人开始。

遗址堆积中有很多用火遗迹，发现的灰烬层堆积较厚，且间杂着大量的烧土块、炭屑、烧石和烧骨。另有少量石器、骨器和角器带有火烧的痕迹。这表明当时的三亚人在生活中已较广泛地使用火了。

三亚地处热带雨林区,植被资源丰富,不仅为动物生息、繁衍提供了生存空间及充足的食物来源,而且也为当时人们的采集活动提供了良好的天然场所,众多的植物果实丰富了他们的食物来源。落笔洞遗址的居民猎取的动物种类较为丰富,除了少量的爬行类、龟鳖类、鸟类动物外,主要以哺乳动物为狩猎对象,其中有较温顺的鹿、麂、水牛、羚羊等偶蹄目动物,也有凶猛的食肉目动物,如华南虎、豹、豺、熊等兽类。三亚人已能捕捉长鼻目动物亚洲象。此外,还猎取灵长目、奇蹄目、翼手目、啮齿目等动物。这些情况反映了狩猎生产在当时的经济活动中占有很重要的地位。

在洞穴遗存的堆积物中,发现了大量的水生软体动物遗骸,堆积十分密集。水生动物计有目种,其中各类螺壳约有七万个之多,有些经火烧过。这些说明当时的人们重视对水生动物的利用,捕捞经济比较发达。钻磨的穿孔石器的使用,表明那时的采集方法已有改进和发展,它作为一种多功能的工具有多种用途(郝思德,1997)。

(二)人类化石特征

三亚人遗址第二层堆积中出土的人类牙齿,先后共发现11枚,其中5枚为广东省中山大学人类学系文博证书班师生在落笔洞实习时采集的;另外6枚为发掘所得。11枚牙齿中包括门齿、犬齿、前臼齿和臼齿。牙齿均有磨耗,但程度不同。这11枚牙齿分别代表了老年、中年和青年阶段的个体。牙齿的形态构造与现代人基本一致,但在尺寸上似乎偏小;齿尖发育好,次尖比原尖稍小,并不退化,有下次小尖存在(图2.17)(郝思德等,1994)。

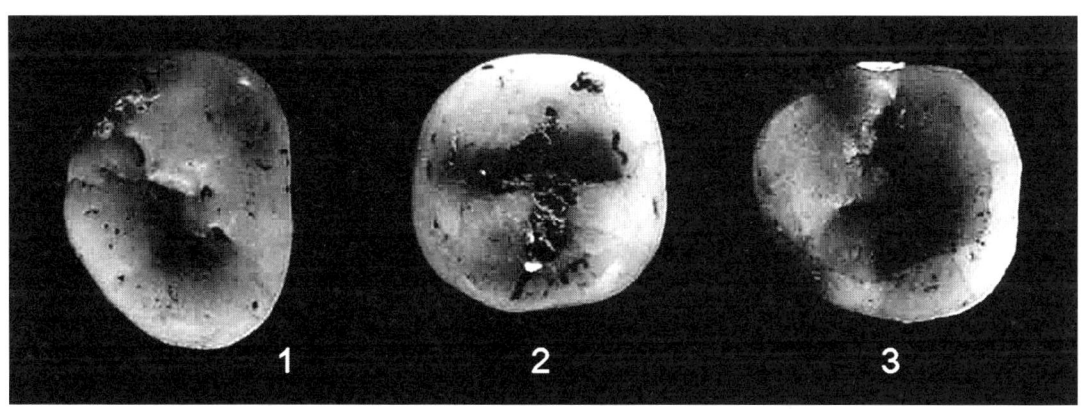

图 2.17 三亚人遗址人类牙齿
1. 右 M^3; 2. 左 M^3; 3. 右 M^3
(资料来源:修改自郝思德 等,1994)

六、左镇人

(一) 化石材料

1971 年初冬,台湾古生物化石业余收藏家郭德铃来到台湾省台南县左镇乡的菜寮溪进行化石采集。他在当地的臭屈河床上发现了一块棕色有黑斑点的化石。这块化石,长约 7.8 厘米,最宽处 8.0 厘米。郭德铃当时并没有识别出这是一块古人类化石,于是将其放置在家中的陈列室里(Shikama, et al., 1976;连照美,1981)。

1972 年,台湾大学考古人类学系的宋文薰教授偕同省立台湾博物馆(今"国立台湾博物馆")的研究人员一起到菜寮溪发掘古生物化石,并参观了郭德铃的化石收藏品。宋文薰看到了这块棕色有黑斑点的化石,认为其可能属于人类头骨化石。这块化石后来由 Shikama Tokio(鹿间时夫)带回日本做鉴定,他认为这是一块 30—10 ka B.P. 的人类右顶骨残片化石(图 2.18A)。1974 年,鹿间时夫又在另外一位业余化石采集者潘常武的收藏品中找到另一块采自菜寮溪的人类右顶骨化石。在 20 世纪 70 年代初期,业余化石采集者陈春木在该地区的冈仔林发现了 4 件头骨化石,即右侧顶骨残片 2 块、额骨残片 1 块以及枕骨残片 1 块。潘常武又陆陆续续在臭屈河床中发现 2 颗臼齿,在菜寮溪河谷地层发现另一片左侧顶骨残片(图 2.18B)。

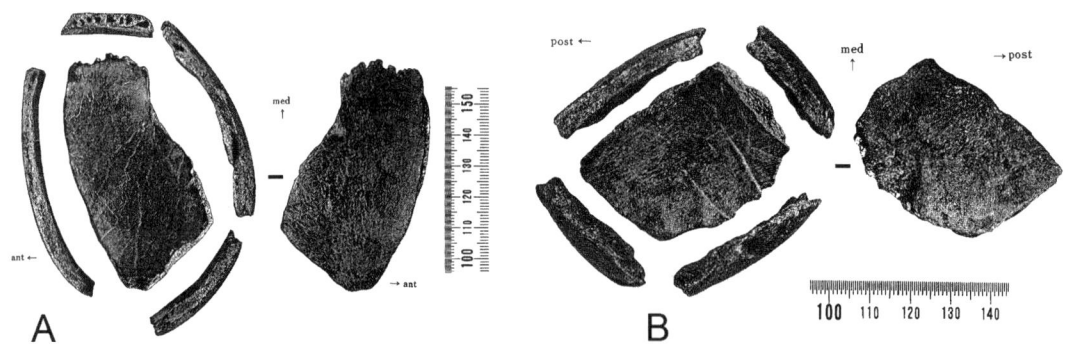

图 2.18　左镇人顶骨化石
A. 右侧顶骨残片的内面观和外面观;B. 左侧顶骨残片的内面观和外面观
(资料来源:修改自 Shikama, et al., 1976)

目前,在菜寮溪采集的左镇人化石共有 9 件,其中有 7 件是头骨残片,有 2 件是臼齿(一个为右上颌第一或第二臼齿,另一个为右下颌第一臼齿)(吴汝康 等,1999)。每件化石都代表单一的个体。Shikama Tokio 等将这些发现的现代型智人化石定名为"左镇人"(Shikama, et al., 1976)。

（二）文化特征

由于"左镇人"化石材料多系采集而得，因而已无法判断其准确的地层层位，也没有发现与人类化石伴存的文化遗物。但目前学界的看法是将"左镇人"与台湾西部旧石器时代晚期的"长滨文化"联系起来。因此，左镇人也可能已经会制造和使用石片和砾石工具以及骨角器，可能营狩猎和采集的生活模式。

第二节 主要的骨骼材料

新中国成立后，伴随着田野考古工作的深入展开，采集自各地区不同遗址和墓地的古代人骨数量不断增加，为探讨中国人种的起源、分布特点及其相互关系提供了可能性。不少学者已经在此方面做了大量的工作（颜訚，1965；韩康信 等，1976，1983；王令红，1986；潘其风，1987；朱泓，1990，1996，1998a，1998b，2002；刘武，1997；潘其风，朱泓，2001；李法军，2008；朱泓 等，2012）。

如前所述，由于有限的人类化石和骨骼遗存，使得体质人类学（生物人类学）家难以依据现有材料勾勒出南方地区古人类演化的清晰过程和生活的诸多细节。因此，发现并完整保存史前时期的人类化石和骨骼材料显得尤为重要。

到目前为止，华南地区主要的全新世史前时期人骨材料地点包括：福建闽侯昙石山（韩康信 等，1976）、广西桂林甑皮岩（张银运 等，1977；王明辉，2003）、广东增城金兰寺（吴新智，1978）、佛山河宕（韩康信，潘其风，1982）、广西柳州鲤鱼嘴（柳州市博物馆 等，1983）、广东南海灶岗（广东省博物馆，1984）、广东南海鱿鱼岗（黄新美，刘建安，1988）、广西邕宁顶蛳山（中国社会科学院考古研究所广西工作队 等，1998）、广东遂溪鲤鱼墩（冯孟钦，2004；李法军，冯孟钦，2010）和广西南宁灰窑田（李珍，黄云忠，2008）等。

近年来，李法军等一直与相关学者合作，重点对湛江遂溪鲤鱼墩和邕宁顶蛳山等遗址的人骨材料进行了持续性研究。鲤鱼墩人骨的相关研究已积累了初步的研究成果，这也是本书的研究基础。本书试图从生物人类学的角度梳理华南地区史前时期的人类化石和骨骼材料，并努力致力于厘清这些人群或个体间的亲缘关系和社会关系。

在华南地区，已发现的人骨保存较好的新石器时代遗址主要集中在珠江三角洲地区和西江水系。从现有的考古学文化分布来看，屈肢葬及其较为集中的埋葬行为是这一地区史前时期的突出特点。从目前掌握的材料看，珠江三角洲地区以西尚未见到拔牙习俗的存在，肢解葬俗主要分布在桂中地区。在该地区目前已经发掘的遗址中，桂林的甑皮岩、邕宁的顶蛳山、南宁的灰窑田、崇左的冲塘和湛江的鲤鱼墩所出人骨保存相对完好，且数量相对丰富，因而构建起了这一地区史前时期生物考古学研究的重要支点（图2.1）。

一、甑皮岩遗址

该遗址位于广西桂林市独山南麓，是华南地区已知新石器时代洞穴遗址中保存最为完整的一处（图2.1）。甑皮岩遗址于1965发现，历经了1973年和2001年两次发掘，出土了丰富的陶器、石器、骨器、角器、蚌器和人骨、动物遗骸。甑皮岩遗址奠定了桂林乃至华南及东南亚地区的史前文化序列。以甑皮岩遗址为标尺，参照桂林其他史前遗址的资料，可以初步构建桂东北地区35—3.5 ka B. P. 间的古代文化发展框架。

甑皮岩遗址是12—7 ka B. P. 间桂林先民生活的中心场所，比原来估计的9 ka B. P. 向前推进了3000年。然而，多学科的综合研究表明，在长达数千年的发展过程中，甑皮岩的史前居民不但没有发展稻作农业，也没有产生家畜饲养业（中国社会科学院考古研究所 等，2003）。上述事实表明，早期陶器的产生可能与农业的产生并无直接的关联。

但是，甑皮岩遗址在华南和东南亚地区史前考古学中的地位并没有因其稻作农业和家畜饲养业的缺乏而动摇。甑皮岩文化堆积丰厚，出土器物丰富，其经济形态和埋葬风俗都具有强烈的地方特色。甑皮岩遗址两次发掘均获重大考古发现，甑皮岩人早在12 ka B. P. 前就能制作大型陶器，其中"素面夹砂"陶器是迄今大陆考古发现最古老的陶器之一，在遗址发现的陶罐被证实为中国最原始的成型陶器之一。专家们据此推测，桂林有可能是陶器的起源地之一，这为研究中国制陶业的起源和新石器时代的开端提供了重要依据。

目前，依据已有的考古发现，甑皮岩遗址的史前文化可分为5个时期（中国社会科学院考古研究所 等，2003）。第一期文化遗存的年代约在12—11 ka B. P.，大体相当于全新世初期阶段。文化遗物包括陶器、打制石器、骨器和蚌器等。石器均以河砾石为原料，以石核石器为主，均为打制石器，加工技术比较简单，大部分为单面单向直接打击成型。石器器类包括石锤、砍砸器、盘状器、切割器、尖状器、棒形石凿和穿孔石器，以石锤和砍砸器为主。骨器和蚌器的数量较多。磨制工艺已经出现，但主要用于加工骨锥、骨铲和穿孔蚌器等，尚未发现其被应用于石器制作。此期另外一个重要的技术发展是陶器的出现。陶器主要是敞口、浅斜弧腹的和圜底的釜。这种器物中羼合了粗大的石英颗粒，手捏成型，在器物上部出现了滚压粗绳纹的痕迹。器型低矮，器壁极厚，器表开裂，烧成温度不超过250℃。根据考古学实验，这一时期以大量水生和陆生动物为主要生存资源的甑皮岩居民，每天花费在生计活动上的时间不会超过5个小时，因此，研究者推测他们有更多充裕的时间休闲或者从事非采集活动。

第二期文化遗存的年代约在11—10 ka B. P.，相当于全新世早期阶段。文化遗物包括陶器、打制石器、骨器和蚌器等。陶器数量比第一期明显增加，但器类仍旧单一，器型简单。器型主要是敞口、束颈、鼓腹和圜底的罐。陶器以夹杂方解石的灰褐色或褐色陶为主，部分羼合了粗大的石英颗粒，还有部分红褐陶。烧成温度仍然较低。器物表面有分段的多次重复滚压而成的绳纹，其中印痕较深、较为细密的中绳纹最具特点，还有少量在绳纹上加饰刻划纹。陶器仍为手捏成型，但出现了泥片贴筑技术。器型较第一期变高，器壁也变薄了。石器均以河砾石为原料，均为打制石器。加工技术大部分为单面单向加工。石器器类包括石锤、砍砸器、切割器和穿孔石器。骨器以骨锥为主，还有磨制的骨铲。蚌器多为穿单孔的蚌刀。这一时期仍以大量水生和陆生动物为主要生存资源。

第三期文化遗存的年代在 10—9 ka B.P.，相当于全新世中期阶段。文化遗物包括陶器、打制石器、骨器和蚌器等。陶器仍以敞口、束颈、鼓腹和圜底的罐为主，但出现了口部近直或略微外敞的敞口罐。陶器以夹杂方解石的红褐陶为主，夹杂石英的陶器减少。方解石的颗粒较多、较粗大、大小不均，形状不整。烧成温度仍然较低，胎质疏松。泥片贴筑技术进一步发展。有些陶器中因羼合的方解石或石英的比例较小，陶片起层，呈千层饼状，与泥片贴筑法形成的分层有很大不同。绳纹以中绳纹为主，还出现了刻划纹和捺压纹。刻划纹多在绳纹表面施加，纹样简单，刻画随意且划痕较深。石器原料以砂岩为主，均为打制石器。加工技术大部分为单面单向加工，可能出现了简单的磨制石器。石器器类包括石锤、砍砸器、切割器、棒形石凿、穿孔石器和锛形器。骨器除骨锥和骨铲外，还出现了骨针。这一时期人类仍以大量水生和陆生动物为主要生存资源。

第四期文化遗存的年代在 9—8 ka B.P.，相当于全新世中期阶段。文化遗物仍然包括陶器、打制石器、骨器和蚌器等。陶器数量较多，器类也较第三期明显增多。器型仍以敞口罐为主，但第二期和第三期流行的束颈较甚的敞口罐基本不见。新出现的器型有高领罐、敛口罐和敛口釜。这些器物的底部变薄、变缓。陶器以夹杂石英的红褐陶为主，夹杂方解石的陶器较少。石英和方解石的颗粒较粗大、大小不均，形状不整。泥片贴筑法仍为主要制作技术，此外还出现了分体制陶技术。大部分陶器胎壁较薄，但其烧成温度仍然较低，胎质疏松且易碎。只见有少量陶器的烧制火候有明显的提高。器表纹饰仍以中绳纹为主，其次为细绳纹，粗绳纹较少。打制的砾石工具仍然占主导地位，但可能存在磨制石器。骨器和蚌器数量减少，只发现有骨锥和蚌刀。这一时期人类仍以大量水生和陆生动物为主要生存资源。在这一期中发现了 2 座墓葬，葬式均为蹲踞葬，无随葬品，但人骨上发现了大小不等的自然石块，其中 BT2 M9 的人骨头部覆以 2 件大蚌壳（图 2.19）。这种在墓葬中摆放石头和以蚌覆面的现象，不仅反映了当时已经出现了关于死亡和丧葬的意识，而且反映了当时当地独特的埋葬习俗（中国社会科学院考古研究所 等，2003）。

第五期文化遗存的年代在 8—7 ka B.P.，相当于全新世中期阶段。文化遗物仍然包括陶器、石器和骨器，未见蚌器。陶器数量较多，器类包括敞口罐、高领罐、敛口釜、直口或敛口盘、盆、钵、支脚、圈足盘和豆，种类明显较前期丰富。陶器以夹杂细方解石的红褐陶为主，少部分夹杂石英。羼合料颗粒较为均匀，应是经过了仔细遴选的。新出现了泥质陶，但可以看出陶土并未经过淘洗，质地不纯，欠细腻。此外还发现了少量的灰、灰黄、橙黄、红、灰褐和白色陶器。部分陶器以泥片贴筑法制成，分体制陶技术有了进一步发展。大部分陶器器型规整，胎壁较薄。在口沿处常见慢轮修正痕迹，表明陶轮已经发明。陶器的烧成温度已经较高，胎质较硬。器表纹饰丰富，样式复杂。主要有细绳纹、扁草纹以及种类繁多、组合复杂的刻划纹、戳印纹、捺压纹。也发现了少量的素面陶。此时期的一个明显的文化特征是磨制石器明显增多。器型主要是磨制的斧、锛类。大部分通体磨光，制作精致。打制的砾石工具和骨器则明显减少。骨器以骨锥和骨针为主，不见蚌器。这一时期人类虽然仍以大量水生和陆生动物为主要生存资源，但从整体文化面貌考察，其与第四期相比已经产生了某种质的变化。

在甑皮岩遗址的历次发掘中共出土了 27 具新石器时代人骨，多为屈肢蹲葬和二次葬。该时期人群的平均死亡年龄为 27.2 岁（王明辉，2003）。在种族类型上，甑皮岩新石器时代居民属于"古华南类型"。在被研究的 19 例个体中，有 9 例个体存在不同程度的创

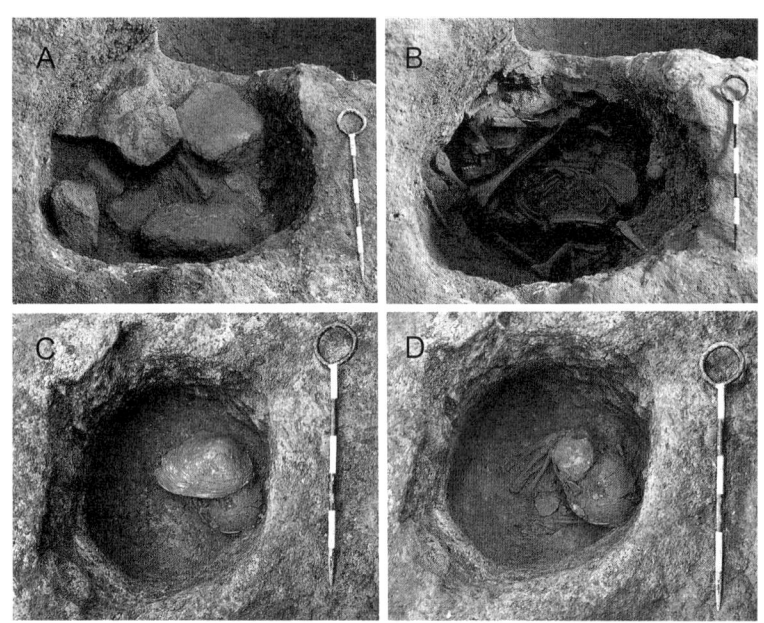

图 2.19　甑皮岩遗址第四期的墓葬
A. BT2 M8 上层石块；B. BT2 M8 人骨；C. BT2 M9 人骨上覆盖的蚌壳；D. BT2 M9 人骨
（资料来源：引自中国社会科学院考古研究所 等，2003）

伤痕迹，而且多分布于头部。该群体男性的平均身高为 164.06 厘米，明显高于柳江人的身高，与华南新石器时代的广东佛山河宕和福建闽侯县石山遗址人类的身高相似，但低于同时期的北方人群身高。无论男性还是女性，其肢骨均较为纤细，相对而言上肢的粗壮程度大于下肢的。男性股骨颈干角（124.75°）较之现代人的略小，可能无法达到现代人的行走姿态。

二、顶蛳山遗址

该遗址位于广西邕宁县蒲庙镇新新行政村九碗坡村东北约 1 公里处（图 2.1），是广西目前保存面积最大，出土遗物、遗迹最丰富，最有代表性的新石器时代的贝丘遗址之一（中国社会科学院考古研究所广西工作队 等，1998；蒋廷瑜，1998）。

1997 年 4 月，中国社会科学院考古研究所、广西壮族自治区文物队、南宁市博物馆联合对顶蛳山遗址进行了第一次发掘。其后至 2000 年又陆续进行了大规模考古发掘，获得了丰富的考古学信息。目前确定的遗址面积 5000 平方米，分为居住区和墓葬区。在墓葬区清理了包括顶蛳山文化在内的墓葬 331 座，出土人骨骸 400 多具。葬式包括仰身、侧身、俯身屈肢葬和屈肢蹲葬等多种形式的屈肢葬及肢解葬（图 2.20）。

顶蛳山文化的肢解葬是把人体从关节处肢解，分别放置在墓葬中。这类墓葬中的骨骼，尽管在关节处未见明显的切割痕迹，但是从未切割部分的人体关节，尤其是手、脚部关节均为脱离原位的情况看，肢解葬与我们所认知的二次葬有较大的差异。肢解葬更可能是在死者软组织尚未腐烂时有意肢解、摆放而成的（中国社会科学院考古研究所广西工

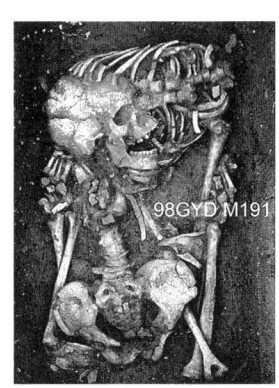

图 2.20 顶蛳山文化的肢解葬
（资料来源：傅宪国 提供）

作队 等，1998）。

出土的细小石器及数量较多的陶器均为广西同类贝丘遗址中首次发现。此外，还发现成排、有规律的柱洞，为长方形干栏式建筑，在广西史前考古中首次得以确定，对探讨广西史前人类的居住形式及干栏建筑的起源及发展具有重要的价值（中国社会科学院考古研究所广西工作队 等，1998；曹兵武，2001）。

文化遗存可分为四期。第一期文化距今万年左右，为棕红色黏土堆积，不含或含有少量螺壳，不见任何遗迹现象。出现了陶器，但数量较少，器类简单，仅见圜底罐或釜形器。陶土的羼合料不是天然的砂子，而是经过人为砸碎的粗石英砂粒，不见泥质陶。陶器皆为手制，制作和装饰手法均极原始，大部分陶器的内壁可见手指捺窝痕迹。陶色基本上属于灰黄陶，黑褐色胎。器壁厚薄不均，烧制火候不高。器表均施加粗绳纹，不见素面陶。纹饰为分段滚压而成，且绳索的扭结不紧，但印痕较深。部分器物底部也施加纹饰，但较为杂乱。器物口沿上多捺压花边，口沿下时见附加堆纹。该期还见有大量的由玻璃陨石制成的小石器、石核和少量穿孔石器。

第二期、第三期为"顶蛳山文化"，年代 8—7 ka B.P.，属新石器时代早期遗存。第二期堆积以螺壳为主，这与第一期堆积有明显的不同。陶器的数量明显增加，但器类简单，仅见直口、敞口或敛口的圜底罐，不见平底和圈足器。陶器仍为手制，器型较为规整，夹颗粒较大且大小不均的石英。陶器的烧制火候不高，陶色驳杂，但以灰褐色为主。器表均施加印痕较浅的蓝纹，另有极少量的由滚压法制成的绳纹。蚌器、骨器和磨制石器出土较多，但玻璃陨石制的细小石器仅有少量发现，上述现象与第一期的陶器纹饰特点以及玻璃陨石制的小石器分布明显不同。第二期的遗迹现象是墓葬，数量较少，葬式有仰身屈肢、侧身屈肢、俯身屈肢和蹲踞葬，不见肢解葬。

第三期堆积仍以螺壳为主。陶器数量较多，器类较第二期有所增加，除了第二期所见的圜底罐，还新出现了敛口或直口釜和高领罐。陶器仍为手制，器型较为规整，夹颗粒较细小的石英。陶器的烧制火候较高，陶色有灰褐色、红褐色和外红内黑等。器表纹饰多为规整和纤细的绳纹，蓝纹基本不见。虽然第二期和第三期均属于顶蛳山文化，但上述陶器特点使得第三期与第二期有了明显的差异性。蚌器、骨器和磨制石器出土较多。第三的遗迹现象以墓葬为主，还发现了数量较少的灰坑。墓葬的葬式除了有仰身屈肢、侧身屈肢、俯身屈肢和蹲踞葬外，目前还发现了至少64座肢解葬。肢解葬是目前华南首次发现的较为独特的埋葬方式。

第四期已进入新石器时代晚期，年代为6—5 ka B.P.。这一期的堆积主要分布在遗址的东部，叠压在螺壳层上，堆积本身不含螺壳。陶器主要有高领罐、圜底罐、釜和杯等，其中高领罐的器型较小，与第三期的有较大差异。虽然这一时期仍然存在手工制作的陶器，但制作技术较之前时期有了较大的进步。轮制技术已经出现。夹砂陶仍占主要地位，但出现了泥质陶。大部分夹砂陶中羼合了大小均匀的砂粒，泥质陶的陶土也经过了遴选和筛洗。陶色种类丰富，有灰褐色、黑色、红褐色和灰色等。器表以细绳纹为主，还出现了多线刻划纹。大部分绳纹是拍印而成的，纹饰致密规整，滚压的绳纹数量较少。第四期已不见蚌器，石器出土也较少。

顶蛳山遗址对认识广西及南方地区史前贝丘遗址文化的特征和内涵，构建这一地区史前文化的基本框架和序列，对揭示不同于黄河、长江流域的自然环境中人类如何生存发展的模式、探讨史前华南与东南亚地区的文化交流及人与自然的互动关系等均具有重要的意义。

三、冲塘遗址

2007年10月至2008年1月，广西文物考古研究所联合崇左市文物局在绥山秀水电站建设工程中，对冲塘新石器时代贝丘遗址进行抢救性考古发掘（何安益，陈曦，2008）。遗址位于崇左市江州区人平镇冲塘村东北面的贝丘岭，距崇左市市区约5公里（图2.1）。遗址所在地为左江西岸河湾的悬崖峭壁上，距左江水面垂直距离约21米，遗址分南、北两个区，大致成条带状分布，南北长约50米，东西宽约25米。北区呈斜坡状，东面高，最高处靠近河湾，西、南、北三面较低矮；南区由西南向东北倾斜，两个区之间有一因冲刷而形成的凹地。

此次发掘位置选在北区的东面，临近河岸边，共布5米×5米探方7个，计175平方米，实际发掘5个探方，揭露面积100平方米，获取一大批层位清楚的遗迹、遗物。遗迹主要有墓葬、烧土堆、饮食生活面等，遗物主要有石器、骨器、玻璃陨石器、贝类装饰品以及动植物样本。该遗址地层堆积共分七层，各层堆积含大量介壳类，总厚度0.55—1.85米。

第1、2层为后期扰乱层，第3—7层为新石器时代原生文化层。第1层，灰黑色现代耕土层，厚0.05—0.10米。第2层，灰褐色沙黏土，土质松散，厚0—0.38米。第3层，黄褐色沙黏土，局部松散，大部分有胶结块，较硬，内含大量的红烧土颗粒及细碎炭粒，厚0—0.25米。遗物有石器、少量玻璃陨石器、动物碎骨，出土遗迹有墓葬14座。第4层，灰黄褐色沙黏土，大部分松散，局部胶结块，较硬，内含大量的红烧土颗粒、灰烬及炭粒，厚度0—0.6米。出土遗物有石器、大量玻璃陨石器、动物碎骨；遗迹有墓葬5座、烧土堆2处等。第5层，红褐色沙黏土，松散，内含大量的红烧土颗粒及炭粒，厚0—0.45米。遗物有石器、大量玻璃陨石器、动物碎骨及植物碳化果核。遗迹仅有1处饮食生活面。第6层，黄褐色沙黏土，较疏松，内含少量的红烧土颗粒及炭粒，厚0—0.75

米。遗物有石器、大量玻璃陨石器、动物碎骨。第 7 层，黄色沙黏土，结构紧密，厚 0.05—0.45 米。基本不见文化遗物，遗迹仅有墓葬，共 7 座。第 7 层下面为基岩。

遗迹以墓葬为主，其次为红烧土堆。墓葬共 26 座，集中分布在发掘区的东南侧的第 3、4、7 层，均单个个体出土，头多朝向东北，没有发现墓坑，少量墓葬存在叠压关系。所见葬式均为仰身或侧身屈肢葬，侧身有左侧或右侧。所有墓葬中有 3 座墓葬有随葬装饰品串饰习俗，比较特殊，装饰品一般为淡水的贝类或海洋的贝类宝螺科。另外，在 NT11 探方第 5 层西北角一带，还揭露出当时的饮食生活面。在该生活面上，发现大量废弃的蚌壳、碳化的橄榄核、炭粒、石块、红烧土等，大致形成一处半圆形，外层主要为蚌壳，内层为橄榄核、炭粒、石块、红烧土等。

遗物主要为石器和玻璃陨石器，有极少量的骨器，没有发现陶器，另外也出土大量的动物碎骨。石器原料有砾石和灰岩，主要为打制，其次为磨制。打制除砍砸器和灰岩类石器外，一般用扁平形砾石加工成锛形器，周边及端刃有较多片疤。磨制有通体和磨刃两种方式，以通体为主。灰岩类石器一般是利用自然风化的石灰岩片石的锋利端作刀部直接使用，也有进行简单加工。石器类别有砍砸器、石锛、石锤、石片、条形研磨器。玻璃陨石器数量上较砾石和石灰岩类石器多，但多为直径不超过 1 厘米的细小的碎片，大剥片较少，玻璃陨石核数量也不多，有扁椭圆形和近似柱状。动物碎骨数量较多，其中水生动物目前可见主要有淡水螺、贝类、龟（或鳖）、鱼等，其中以鱼类最多；陆生动物目前可知的有山蜗牛、鹿、麂、长臂猿等。

根据地层堆积、遗迹和遗物特征，可将遗址初步划分为早晚两个时期，早期以第 5、6、7 层文化遗存为代表。流行使用磨制石器，比较规整、精细，器型整体偏小；墓葬多凌乱。晚期以第 3、4 层文化遗存为代表。流行简单打制石器，比较粗糙，器型整体偏大；墓葬比较规整，出现未成年人集中埋葬区域，盛行随葬装饰品。另外，从出土的动植物可知，该遗址早晚均流行采集和渔猎经济，而狩猎活动不盛行。

通过此次对该遗址的发掘，一方面初步了解广西左江流域新石器时代贝丘遗址的文化面貌，另一方面对建立该流域新石器时代晚期史前文化发展序列和当时生业模式具有重要参考意义。从墓葬习俗看，冲塘遗址与顶蛳山文化大致相同，二者具有明显的继承关系。从文化堆积看，二者也具有很大的共性，如均为临江河湾处介壳类堆积。但从二者具体的文化内涵看，则相差较大，如顶蛳山文化墓葬葬式多样，流行使用石器、骨器、蚌器，也使用陶器；而冲塘遗址墓葬葬式单一，流行使用石器，这种文化特征在左江流域贝丘遗址中比较常见，如与冲塘遗址同时期发掘的何村、江边遗址也具有类似特征。由此表明，左江流域史前贝丘遗址与同为贝丘遗址堆积的顶蛳山文化虽然在墓葬习俗上存在继承关系，但当属于不同的文化系统，其年代也远晚于顶蛳山文化。

根据对冲塘遗址文化遗物的观察，其出土的个别石器具有比较明显的晚期特征，与广西南部地区新石器时代晚期遗址具有相似性，因此冲塘遗址的相对年代大约为 5 ka B.P.。虽然如此，此次在冲塘遗址也取得重大突破，如在该遗址发现晚期墓葬随葬的装饰品，为广西史前考古重大发现，而所见随葬的海贝，为研究距今 5000 年内陆地区与沿海地区文化交流提供了重要的线索；墓葬所见的完整人骨，也是广西史前考古中少见，为广西新石器时代晚期的生物考古学研究提供了重要的样本。

2007—2008 年的发掘获得了少量保存较好的人骨，但钙质胶结严重。未成年人有 4

例，显示出较高的死亡率，而且比较集中分布在 NT11 东壁中部（图 2.21）。另外还发现 2 例特例墓葬，仅见颅骨（何安益，陈曦，2008）。

图 2.21　冲塘遗址 NT11 M5 的曲肢葬
（资料来源：何安益提供）

早在 1990 年 11 月，考古人员在崇左冲塘附近的新石器遗址已发现了 10 多个个体的人类遗骨。其中颅骨部分已作了观察和测量研究，并通过牙磨耗等情况作了年龄估计。可是尚有部分已确定为不同个体的肢骨，由于缺少牙齿和其他骨头的年龄依据，还未作出年龄估计。魏博源等（1994）对冲塘新石器时代的 4 个个体作了组织学切片的年龄鉴定，根据股骨、胫骨骨干的骨单位和骨间板数量的增龄变化证实 M02、M509 和 S10 的年龄分别是 32 岁、17 岁、35 岁左右。通过对牙齿牙骨质生长线的观察证实 S08 是 51 岁左右。

四、鲤鱼墩遗址

该遗址位于北部湾东岸的广东省湛江市遂溪县江洪镇北草村委会东边角村东南的鲤鱼墩（图 2.1）。1982 年被发现，1991 年被确立为湛江市文物保护单位。遗址面积约 1200 平方米。北草村委位于江洪镇镇区东南 1 公里处，属于半渔半农村委会，下辖柴埠、东边角、陈宅、卢宅、唐宅、徐宅、新村、里北、里南、水堀 10 个自然村。鲤鱼墩是一个东大西小的土墩，因形似鲤鱼而得名，相对高度约 2 米，现存面积约 1200 平方米；东西部多为灌木丛，荆棘丛生，中部空旷，有近现代坟堆。与东边角村相距约 50 米，其间为稻田。土墩南部约 200 米外有淡水河自东南向西北流入北部湾，该河同时也是遂溪县与雷州市的分界，河之南为雷州。

过去鲤鱼墩的贝壳堆积普遍比较厚。据村民反映，1958 年当地青年文艺宣传队为解决经费问题，曾刨挖该墩贝壳到村东头建窑烧灰卖钱，持续约一年的时间，对遗址造成了严重破坏。2002 年 11 月至 2003 年 1 月，广东省文物考古研究所、湛江市博物馆和遂溪县博物馆联合组队对该遗址进行了科学发掘，发掘区位于遗址中、东部，以第一象限正方向布 5 米 ×5 米探方 25 个，揭露面积 629 平方米。

文化堆积分为 6 层，除表土外，第 2—6 层为新石器文化层。其中，第 2—5 层为贝壳堆积，第 6 层为黄色沙土层。第 6 层陶片只有夹砂红陶，火候低，厚薄不均，纹饰凌乱、粗糙。第 5 层陶器为夹砂红褐陶，器型只见钵形釜，外饰绳纹再抹平，造成乳丁状效果。第 4 层陶器为夹砂褐陶，也只见钵形釜，外饰以毛蚶或泥蚶划出的或斜或竖的平行条纹。第 3 层出细砂磨光红衣陶，口沿被刻成锯齿状，颈部并有菱形交叉刻划纹。第 2 层出窄沿厚唇釜或罐。鲤鱼墩第 4—6 层与广西邕宁顶蛳山三期有较多相似处，而第 3 层则与顶蛳山四期和广东曲江石峡遗址一期有较多共同因素。鲤鱼墩第 2 层釜、罐与珠江三角洲已趋同。

目前测年数据只有两个：第 4 层贝壳 5050 ± 100 a B. P.，第 2 层贝壳 3120 ± 90 a B. P.。估计遗址的最早年代在 7—6 ka B. P.。发现的 8 座墓葬中（如图 2.22 所示，见本书彩页第 1 页），其中 03SL M6、03SL M7 和 03SL M8 三座地层关系最明确，都开口于第 5 层下，打破第 6 层。其余地层已被扰乱。

鲤鱼墩遗址位于北回归线以南的低纬度地带，属亚热带 – 热带海洋性季风气候过渡地带，降水充足。由于地处海陆交界处，自然条件复杂，景观生态类型颇多，包括陆生景观、海岸景观、沿岸浅海景观（王丽荣 等，2004）。多种景观造就了丰富的动植物资源。雷州半岛红树林滩涂底栖生物中以软体动物数量居第一位，甲壳动物居第二位，多毛类动物居第三位。按数量和出现频率，本海域滩涂底栖生物优势种有珠带拟蟹守螺、纵带滩栖螺、黑口滨螺、粗糙滨螺、紫游螺、单齿螺、中国绿螂、牡蛎、四角蛤蜊、真江蓠、条浒苔、曲浒苔等（梁超愉 等，2005）。

古地理学研究表明，整个华南沿海地带史前时期的气候与现在大致相似，甚至更加湿热，生物资源更为丰富，华南地区史前时期人类经济活动和文化的变迁与全新世以来的环境变化密切相关。考古学研究同样显示该区域史前时期气候环境优越，动植物资源充足，为当地史前人类提供了丰富的食物来源，使得当时的人们可以从事稳定的渔猎、采集活动。其中包括猎取陆上野生动物，如鹿、象、兔、鸟等；另外，包括捕捞水中的鱼虾和海生软体动物如牡蛎、文蛤、魁蛤，以及陆生水中软体动物如田螺、乌蜊等。同时，可能采集可食的植物根、茎、果实等（何乃汉，1985；黄光庆，1994；陈杰，1998；郑卓 等，2006；廖国一，2006）。

末次冰期以后，全球的环境和动植物面貌发生了根本变化。一方面，森林面积迅速扩大，增加了动物的活动范围，意味着古人捕杀动物难度的增加；另一方面，华南一带主要捕猎对象大熊猫 – 剑齿象动物群，大部分在冰期后灭绝。这对于以狩猎为主的古人来说是一场灾难，这迫使古人不得不寻求新的食物来源。一部分开始从事种植业和驯养业。全新世气候条件改善为农业的产生提供了良好的环境。另一部分则将注意力转向水域。冰期后，海平面迅速上升，华南沿海地区开始接受大规模海侵。河水和海水相互交汇，来自陆上和海洋的各种营养物质在浅海地区聚集，使得该区成为水生生物的良好栖息地，为先民提供了丰富的贝类和鱼类资源，吸引先民进入该区从事捕捞和采集业，从而产生了独特的华南沿海地区新石器贝丘文化（黄光庆，1996）。这种独特的贝丘文化主要是以采集、渔猎为主，可能也兼营原始农业，如种植薯、芋等块茎类作物等（赵志军，2006）。

然而，有学者对海相指示物的研究显示，在 4.5—4.0 ka B. P. 之间，华南沿海地区

（包括鲤鱼墩遗址所在区域）可能存在有一次突变性的海退事件，导致海边软体动物和鱼类骤然减少（黄光庆，1994）。这时，雷州半岛的沿海先民不得不更多地转向寻求其他的食物来源。与此同时，随着农业的产生和发展，采集、渔猎经济逐渐退居次要地位，环北部湾地区的贝丘文化发展到顶峰逐渐走向衰落，取而代之的是大石铲文化。"在大石铲文化遗址中，出土的新石器时代晚期的石铲、犁、锄、釜、锛、凿以及杵、磨棒、磨盘和橄榄核等，也表明这时已经出现了原始农业"（廖国一，2006）。

相关研究显示：一方面，华南沿海地区在 6.5—4.0 ka B. P. 之间，平均气温比现在要高，气候湿热，加上海侵的作用，海生生物格外繁盛，贝类和鱼类资源丰富，十分有利于古人发展水产捕捞业和采集业；另一方面，"这一时段气候热湿，南方涛动较弱，由其所引起的灾害性天气发生的频率较低，厄尔尼诺变化频率很弱，这也使沿海从事捕捞业的先民能够在一个相对稳定的气候环境下生活"（郑卓 等，2004）。由此可见，鲤鱼墩早期先民处于这样一种环境下，是非常有利于发展起稳定的海产捕捞业及采集业的。而考古发掘显示，鲤鱼墩遗址第 3 层的文化特征与邕宁顶蛳山相似。而植硅石分析显示（赵志军 等，2005），顶蛳山遗址第四期（年代为 6 ka B. P. 前后）出现数量可观的稻属植硅石，表明稻作农业已经进入顶蛳山人的生活。鲤鱼墩遗址与顶蛳山遗址距离不远，且第 3 层年代（5—3 ka B. P.）与顶蛳山第四期相比几乎晚了两千年。再加上考古学文化特征的相似以及古地理研究显示此阶段海生产品的骤减，尽管我们没有对鲤鱼墩遗址进行植硅石的分析，我们还是有理由相信鲤鱼墩遗址发展到第 3 层时期很有可能已经出现了稻作农业或者已经食用其他地方带来的水稻或是食用较多的块茎类植物而非大量的海产品。

本章参考文献

1. 曹兵武. 中国早期陶器与陶器起源. 中国文物报，2001 – 12 – 07.
2. 陈杰. 珠江三角洲史前经济形态试析. 南方文物，1998，（3）：31 – 36.
3. 陈靓，朱泓，郑丽慧. 内蒙古东大井东汉时期鲜卑墓葬人骨研究. 内蒙古文物考古，2003，（1）：77 – 86.
4. 陈山. 喇嘛洞墓地三燕文化居民人骨研究. 长春：吉林大学，2009.
5. 冯孟钦. 遂溪县鲤鱼墩新石器是时代贝丘遗址. 中国考古学年鉴（2003）. 北京：文物出版社，2004：264 – 265.
6. 傅宪国，李珍，周海，刘琦，贺战武. 桂林甑皮岩遗址发现目前中国最原始的陶器. 中国文物报，2002 – 09 – 06
7. 顾玉珉. 广东灵山洞窗调查报告. 古脊椎动物与古人类，1962，6（2）：193 – 199.
8. 广东省博物馆. 广东东兴新石器时代贝丘遗址. 考古，1961，（12）：644 – 688.
9. 广东省博物馆. 广东南海县灶岗贝丘遗址发掘简报. 考古，1984，（3）：203 – 212.
10. 广东省博物馆，曲江县博物馆. 纪念马坝人化石发现三十周年文集. 北京：文物出版社，1988.
11. 广西壮族自治区文物工作队，桂林市革命委员会文物管理委员会. 广西桂林甑皮岩新石器时代洞穴遗址的试掘. 考古，1976，（3）：175 – 160.
12. 韩康信，潘其风. 广东佛山河宕新石器时代晚期墓葬人骨. 人类学学报，1982，1（1）：42 – 52.
13. 韩康信，潘其风. 河姆渡新石器时代人骨的观察与研究. 人类学学报，1983，2（2）：124 – 131.
14. 韩康信，张振标，曾凡. 闽侯县石山遗址的人骨. 考古学报，1976，（1）：121 – 129.
15. 何乃汉. 广西史前时期农业的产生和发展初探. 农业考古，1985，（2）：90 – 129.
16. 黄光庆. 珠江三角洲新石器考古文化与古地理环境. 地理学报，1996，51（6）：508 – 517.

17. 郝思德, 王大新, 孙建平. 海南发现一万年前的"三亚人"遗址. 化石, 1993, (2): 29.
18. 郝思德, 王大新, 孙建平, 黄万波, 顾玉枰. 海南"三亚人"遗址 1992 年发掘报告. 人类学学报, 1994, 13 (2): 117-125.
19. 郝思德. 三亚人落笔洞洞穴遗址文化初探. 南方文物, 1997, (1): 94-99.
20. 何安益, 晨曦. 广西崇左冲塘新石器时代贝丘遗址发掘新收获. 中国文物报, 2008 年 5 月 9 日.
21. 黄新美, 刘建安. 广东南海县鱿鱼岗新石器时代晚期墓葬人骨. 人类学学报, 1988, 7 (2): 102-105.
22. 贾兰坡, 吴汝康. 广西来宾麒麟山人类头骨化石. 古脊椎动物与古人类, 1959, 1 (1): 16-18.
23. 蒋廷瑜. 广西考古四十年概述. 考古, 1998, (11): 1-10.
24. 金昌柱, 潘文石, 张颖奇, 蔡演军, 徐钦琦, 唐治路, 王頠, 王元, 刘金毅, 秦大公, R. Lawrence Edwards, Cheng Hai. 广西崇左江州木榄山智人洞古人类遗址及其地质时代. 科学通报, 2009, 54 (19): 2848-2856.
25. 李法军. 陶寺居民人类学类型的研究. 文物春秋, 2001, (4): 8-16, 53.
26. 李法军. 河北阳原姜家梁新石器时代人骨研究. 北京: 科学出版社, 2008.
27. 李法军, 冯孟钦. 鲤鱼墩新石器时代贝丘遗址出土人骨的研究意义. 见: 中山大学人类学系, 中国社会科学院边疆考古研究中心编. 边疆民族考古与民族考古学集刊 (第一集), 北京: 文物出版社, 2010: 82-91.
28. 李有恒, 吴茂霖, 彭书琳, 周石保. 广西柳江土博出土的人牙化石及共生的哺乳动物群. 人类学学报. 1984. 3 (4): 322-329.
29. 李有恒, 吴茂霖, 彭书琳, 周石保. 广西田东县祥周公社定模洞调查报告. 人类学学报, 1985, 4 (2): 127-131.
30. 李珍, 黄云忠. 南宁市灰窑田新石器时代遗址. 见: 中国考古学会编. 中国考古学年鉴 (2007). 北京: 文物出版社, 2008, 381-382.
31. 连照美. 台南县菜寮溪的人类化石, 国立台湾大学考古人类学刊, 1981, (42): 53-74.
32. 梁超愉, 张汉华, 颉晓勇, 邹发生. 雷州半岛红树林滩涂底栖生物多样性的初步研究. 海洋科学, 2005, 29 (2): 18-31.
33. 梁钊韬, 李见贤. 马坝人发现地点的调查及人类头骨化石的初步观察. 中山大学学报 (社科版), 1959, (1, 2): 137-146.
34. 廖国一. 环北部湾地区史前文化的考古发现和研究. 见: 中国社会科学院考古研究所编. 华南及东南亚地区史前考古-纪念甑皮岩遗址发掘 30 周年国际学术研讨会论文集. 北京: 文物出版社, 2006: 387-395.
35. 刘武. 蒙古人种及现代中国人的起源与演化. 人类学学报, 1997, 16 (1): 55-73.
36. 刘武, 吴秀杰, 汪良. 柳江人头骨形态特征及柳江人演化的一些问题. 人类学学报, 2006, 25 (3): 177-194.
37. 刘武, 吴秀杰, 李海军. 柳江人身体大小和形状-体重、身体比例及相对脑量的分析. 人类学学报, 2007, 26 (4): 295-304.
38. 柳州市博物馆, 广西壮族自治区文物工作队. 柳州市大龙潭鲤鱼嘴新石器时代贝丘遗址. 考古, 1983, (9): 769-774.
39. 潘其风. 中国古代居民种系分布初探. 见: 中国社会科学院考古研究所编. 考古学文化论集一. 北京: 文物出版社, 1987: 221-231.
40. 潘其风, 朱泓. 先秦时期我国居民种族类型的地理分布. 见: 宿白主编. 苏秉琦与当代中国考古学. 北京: 科学出版社, 2001: 525-535.
41. 宋方义, 邱立诚, 张镇洪, 邓增魁, 曾小浩, 陈青松. 广东封开黄岩洞遗址综述. 见: 封开县博物馆，广东省文物考古研究所，广东省博物馆，广东省文物博物馆学会编. 纪念黄岩洞遗址发现三十周年论文集. 广州：广东旅游出版社，1991：1-13.

42. 王丽荣，赵焕庭，覃朝峰. 雷州半岛灯楼角热带海岸的景观生态分类. 海洋通报，2004，23（1）：50-57.

43. 王玲红，彭书琳，陈远璋. 桂林宝积岩发现的古人类化石和石器. 人类学学报，1982，1（1）：30-35.

44. 王明辉. 辽河流域古代居民的种系构成及相关问题. 华夏考古，1999，（2）：56-66，77.

45. 王令红. 中国新石器时代和现代居民的时代变化和地理变异——颅骨测量性状的统计分析研究. 人类学学报，1986，5（3）：243-255.

46. 王明辉. 体质特征. 见：中国社会科学院考古研究所，广西在族自治区文物工作队，桂林市文物工作队，桂林甑皮岩遗址博物馆编. 桂林甑皮岩. 北京：文物出版社，2003：491-499.

47. 王元，金昌柱，张颖奇，秦大公. 广西崇左木榄山智人洞的鼠科化石. 人类学学报，2010，29（3）：303-316.

48. 魏博源，朱文，钟耳顺，陈文. 广西崇左冲塘新石器遗址人骨和牙齿年龄的组织学鉴定. 人类学学报，1994，13（2）：134-137.

49. 魏东. 圩墩遗址新石器时代居民的人种学研究. 文物春秋，2000，（5）：11-17.30.

50. 魏东，曾雯，常喜恩，朱泓. 新疆哈密黑沟梁墓地出土人骨的创伤、病理及异常形态研究. 人类学学报，2012，31（2）：176-186.

51. 吴汝康. 广西柳江发现的人类化石. 古脊椎动物与古人类，1959，1（3）：97-104.

52. 吴汝康. 马坝人化石在我国人类发展史上的重要意义. 见：广东省博物馆，曲江县博物馆编. 纪念马坝人化石发现三十周年文集. 北京：文物出版社，1988：1-2.

53. 吴汝康，吴新智，黄慰文，祁国琴. 中国古人类遗址. 上海：上海科技教育出版社，1999.

54. 吴新智. 广东增城金兰寺遗址新石器时代人类头骨. 古脊椎动物与古人类，1978，16（3）：201-204.

55. 吴新智. 马坝人在人类进化中的位置. 见：广东省博物馆，曲江县博物馆编. 纪念马坝人化石发现三十周年文集. 北京：文物出版社，1988：3-7.

56. 吴新智. 中国远古人类的进化. 人类学学报，1999，18（4）：312-321.

57. 吴新智，G. Brauer. 中国和非洲古老型智人颅骨特征的比较. 人类学学报，1994，31（2）：93-103.

58. 吴秀杰，刘武，董为，阙介民，王燕芳. 柳江人头骨化石的CT扫描与脑形态特征. 科学通报，2008，53（13）：1570-1575.

59. 颜訚. 从人类学上观察中国旧石器时代晚期与新石器时代的关系. 考古，1965，（10）：513-516.

60. 原思训，陈铁梅，高世君. 华南若干旧石器时代地点的铀系年代. 人类学学报，1986，5（2）：179-190.

61. 张银运，王令红，董兴仁. 广西桂林甑皮岩新石器时代遗址的人类头骨. 古脊椎动物与古人类，1977，15（1）：4-13.

62. 赵志军. 对华南地区原始农业的再认识. 见：中国社会科学院考古研究所编. 华南及东南亚地区史前考古——纪念甑皮岩遗址发掘30周年国际学术研讨会论文集. 北京：文物出版社，2006：145-156.

63. 赵志军，吕烈丹，傅宪国. 广西邕宁县顶蛳山遗址出土植硅石的分析与研究. 考古，2005，（11）：76-86.

64. 赵仲如，刘兴诗，王令红. 广西都安九楞山人类化石与共生动物群及其在岩溶发育史上的意义. 古脊椎动物与古人类，1981，19（1）：45-54.

65. 张兴永，李长青. 广西隆林发现人类化石. 人类学学报，1982，1（2）：199.

66. 郑卓，邓韫，张华. 华南沿海热带-亚热带地区全新世环境变化与人类活动的关系. 第四纪研究，

2004, 24 (4): 387 – 393.
67. 中国社会科学院考古研究所, 广西在族自治区文物工作队, 桂林市文物工作队, 桂林甑皮岩遗址博物馆. 桂林甑皮岩. 北京: 文物出版社, 2003.
68. 中国社会科学院考古研究所广西工作队, 广西壮族自治区文物工作队, 南宁市博物馆. 广西邕宁县顶蛳山遗址的发掘. 考古, 1998, (11): 11 – 33.
69. 朱泓. 山西省忻州市游邀遗址夏代居民牙齿的测量与观察. 人类学学报, 1990, 9 (2): 180 – 187.
70. 朱泓. 东灰山墓地人骨的研究. 见: 甘肃省文物考古研究所, 吉林大学北方考古研究室编. 民乐东灰山考古——四坝文化墓地的揭示与研究. 科学出版社, 1998.
71. 朱泓. 中国东北地区的古代种族. 文物季刊, 1998, (1): 54 – 64.
72. 朱泓. 内蒙古察右前旗庙子沟新石器时代颅骨的人类学特征. 人类学学报, 1994, 13 (2): 126 – 133.
73. 朱泓. 辽宁朝阳魏晋时期鲜卑墓葬人骨的研究. 辽海文物学刊, 1996, (2): 79 – 90.
74. 朱泓. 中国南方地区的古代种族. 吉林大学社会科学学报, 2002, (3): 5 – 12.
75. 朱泓, 曾雯, 张全超, 陈山, 周慧. 喇嘛洞三燕文化居民族属问题的生物考古学考察. 吉林大学社会科学学报, 2012, (1): 44 – 51, 159.
76. 朱泓. 体质人类学. 北京: 高等教育出版社, 2004.
77. Bacon A. M., F. Demeter, P. Duringer, C. Helm, M. Bano, T. L. Vu, K. T. Nguyen, P. -O. Antoine, T. M. Bui, M. H. Nguyen, Y. Dodo, F. Chabaux and S. Rihs. The Late Pleistocene Duoi U'Oi cave in northern Vietnam: Palaeontology, sedimentology, taphonomy and palaeoenvironments. Quat Sci Rev, 2008, 27 (15 – 16): 1627 – 1654.
78. Demeter F., E. Peyre and Y. Coppens. Le crâne humain préhistorique de Som Ron Sen (Canbofge). Comptee Rende de l'Académie des Sciences, Paris Series Iia, 1999, (328): 125 – 132.
79. Demeter F., E. Peyre and Y. Coppens. Présence probable de forms de type Wadjak dans la baie fossile de Quyhn Luu au Nord Viêt-nam sur le site de Cau Giat. Comptee Rende de l'Académie des Sciences. Paris Series Iia, 2000, (330): 451 – 456.
80. Demeter F., F. Manni and Y. Coppens. Late Upper Pleistocene human peopling of the Far East: multivariate analysis and geographic pattens of variation. Comptes Rendus Paleovolution, 2003, (2): 625 – 638.
81. Demeter F., A. M. Bacon, K. T. Nguyen, T. L. Vu, H. Matsumura, H. N. Ha, M. Schuster, M. H. Nguyen and Y. Coppens. An archaic Homo molar from Northern Viêtnam. Current Anthropology, 2004, 45 (4): 535 – 541.
82. Demeter F., A. M. Bacon, K. T. Nguyen, T. L. Vu, P. Duringer, Y. Coppens, H. Matsumura, Y. Dodo, M. H. Nguyen and A. Tomoko. Discovery of a second human molar and cranium fragment in the late Middle to Late Pleistoncene cave of Ma U'Oi (Northern Vietnam). Journal of Human Evolution, 2005, 48 (4): 393 – 402.
83. Hanihara T. Comparison of craniofacial features of major human groups. American Journal of Physical Anthropology, 1996, 99 (3): 389 – 412.
84. Liu W., C. Z. Jin, Y. Q. Zhang, Y. J. Cai, S. Xing, X. J. Wu, H. Cheng, R. L. Edwards, W. S. Pan, D. G. Qin, Z. S. An, E. Trinkaus and X. Z. Wu. Human remains from Zhirendong, South China, and modern human emergence in East Asia. PNAS, 2010, 107 (45): 19201 – 19206.
85. Nguyên Lân Cuòng. Đăc điêm nhăn chung: CƯ DÂN VĂN HÓA DÔNG SƠN Ở VIỆT NAM (越南东山文化人群的人类学特征). HÃ NÔI: NHÀ XUÂT BAN KHOA HOC XÃ HÔI, 1996.
86. Nguyên Lân Cuòng. Nghiên cuu vê đăc điêm hình thái, chung tôc và bênh ly: RĂNG NGƯỜI CÔ THUÔC

THỜI ĐẠI KIM KHÍ Ở MIỀN BẮC VIỆT NAM（越南北部铁器时代古人群牙齿形态学，种族特征及病理特征研究）. HÀ NỘI: NHÀ XUẤT BAN KHOA HOC XÃ HÔI, 2003.

87. Pietrusewsky M. Multivariate comparisons of recently excavated Neolithic human crania from the Socialist Republic of Vietnam. Internatonal Journal of Anthropology, 1988, 3 (3): 267 – 283.
88. Pietrusewsky M. Pacific-Asian relationships: a physical anthropological perspective. Oceanic Linguistics, 1994, 33 (2): 407 – 429.
89. Pietrusewsky M. and C. F. Chang. Taiwan aboriginals and peoples of the Pacific-Asia region: multivariate craniometric comparisons. Anthropological Science, 2003, 111 (3): 293 – 332.
90. Shikama T., C. C. Ling, N. Shimoda and H. Baba. Discovery of Fossil Homo Sapiens from Chochen in Taiwan. Journal of the Anthropological Society of Nippon, 1976, 84 (2): 131 – 138.
91. Turner II C. G. Major features of Sundadonty and Sinodonty. including suggestions about East Asian microevolution, population history, and late Pleistocene relationship with Australian Aboriginals. American Journal of Physical Anthropology, 1990, 82 (3): 295 – 317.
92. Wood B. A. Koobi For a research project IV: homind cranial remains from Koobi Fora. Oxford: Clarendon, 1991.

第三章 本书的方法论

李法军

随着研究视角的拓宽和科技水平的提高，蕴藏于人类骨骼上的诸多信息正在逐渐被提取和阐释。就中国而言，因人骨保存情况和数量等条件的不同，需要有针对性地进行人骨的提取、保护、运送、复原、记录和分析等工作。就中国南方地区而言，鉴于骨骼保存的情况普遍较北方差，因此更加需要拓宽研究的视角并努力提升科技水平，这样才能从人骨上实现更优化的"数据淘金"（李法军，2008）。

华南地区保存较好的史前时期人骨材料大多出自贝丘遗址、洞穴遗址或岩厦遗址，但往往又披覆着一层致密而胶结的黏土或矿物层（主要的成分是石灰岩、碳酸钙类或硅酸盐的胶结体）。在这种情况下，不用说无法进行骨骼复原和骨骼非测量特征的观察及研究，就连骨骼本身基本的形态都可能无法知晓。因此，我们深刻地认识到，进行区域人群的起源问题以及有关生物考古学研究的重要前提是如何对这些珍贵的人骨资料进行有效的复原而不是如何提取其中的有效信息。

目前，有两种方法可以去除骨骼表面的胶结物，即物理方法和化学方法。物理方法主要是用硬质的小型工具，配合蒸馏水或清水，对骨骼表面的胶结物进行细致清理，这种方法的优点是不会对骨骼内部结构造成破坏，但是有可能在骨骼表面造成人为的创痕，可能对后来的行为学和病理学研究造成干扰；化学方法是应用化学试剂（如去离子水加5%强碱弱酸性的 NaC_1O 或者15% H_2O_2 加甲醇等）去除骨表面的胶结物，虽然能够去除大部分的胶结体，但其同时也破坏了骨骼内部的结构和成分，如若进行微量元素或古DNA分析，这种方法就不能使用。因此，在实际工作中，应当根据当前研究旨趣的需要并且充分考虑到未来工作的可能性，尽可能地保留骨骼上的原有信息。

在获得了骨骼所蕴藏的丰富信息之后，如何科学地将这些信息进行有机的整合并发现其中的规律，如何科学地对这些信息进行解释，是生物考古学者需要面对的另一个重要问题。骨骼反映的形态特征、遗传特征、行为特征以及病理特征等都与其生前所居住的自然环境和社会环境密切相关。考虑到文化因素，我们还需要将上述这些特征与文化背景相联系，阐释当时人群的亲缘关系和文化互动。目前，已经有学者提出了相关的理论，在这些理论框架内，有利于我们科学地认识和阐释当时人群的起源和相互之间的亲缘性。而若对微观的信息进行解释，则需要与实际相结合，因地制宜地寻求客观的答案。

这一章重点介绍的是有关华南地区人类起源、演化和互动的理论，而涉及的具体研究方法则在后面的相关章节中加以详细说明。

第一节 与本书相关的学术理论

本书研究的旨趣在于充分了解华南地区第四纪以来的自然地理变迁，立足于鲤鱼墩新石器时代人骨的生物考古学研究。在此基础上，充分利用现有的相关资料来分析华南地区解剖学上的现代人起源、全新世以来人群的生物学亲缘关系以及人类社会复杂化过程中出现的种种文化现象。我们已充分认识探讨华南地区现代人类起源问题的重要性和局限性。

作为存在人类起源与演化极大可能性的东亚来说，华南地区正好处于东北亚和东南亚的交界处上。无论从体质特征还是从文化方面来考察，华南地区都具有一种复杂的特质。我们在探讨该地区人类生物学演化、文化变迁以及社会复杂化的时候，需要对现有的两种有关现代人起源的重要理论（即多地区起源论和非洲起源论）进行讨论。我们希望能够在对已有的材料进行分析后，提出对解剖学上的现代人起源问题的看法。但是，应当意识到，依据现有的极其有限的生物考古学线索来全面评价这两种理论是非常困难的。因此，我们只能在有限的范围内对上述两种理论进行分析和讨论。

一、解剖学上的现代人的起源理论

虽然学术界目前还没有明确生物考古学研究对象的时代上限，即最早的年代，但依据目前的研究需要，我们将之限定在第四纪更新世和全新世阶段。在对解剖学上的现代人起源问题进行分析时，我们关注的是更新世阶段的古人类化石材料；而在探讨生物考古学现象时，我们将更加关注更新世晚期以来的人类化石或骨骼材料。

所谓"解剖学上的现代人"（Anatomically modern Homo sapines）即晚期智人，在解剖学上这个阶段的化石材料在体质特征上已经与现代人比较一致了。根据现有的研究结果，从 130 ka B. P. 开始，人类已经由早期智人向晚期智人过渡了（Day, Stringer, 1982; Bräuer, 1989; White, et al., 2003）。解剖学上的现代人的起源问题就是关于现生人类直接祖先的起源问题。目前学术界有两个重要的理论用以阐释这个问题。这两个重要的理论是多地区起源论（the multiregional evolution model）和非洲起源论（the recent African origin model）（图 3.1）。

（一）多地区起源论和非洲起源论

多地区起源论也被称为直接演化论或系统论。持这种观点的人类学家认为现生的各大人种的性状在很久远以前便存在着差异，即各色人种是由各自当地的直立人演化而来，各色人种的祖先并行发展并不可避免地发生基因交流，最后演变成为现代的各色人种（Wolpoff, et al., 1984）。持此观点的人类学家认为，现生人种在 2 Ma B. P. 的非洲直立人阶段便已经产生，其中的部分成员先后进入亚洲和欧洲，此后在各自的大陆上持续演化为现生人类（李法军，2007）。目前，在西伯利亚发现的早期智人化石材料和木榄山智人

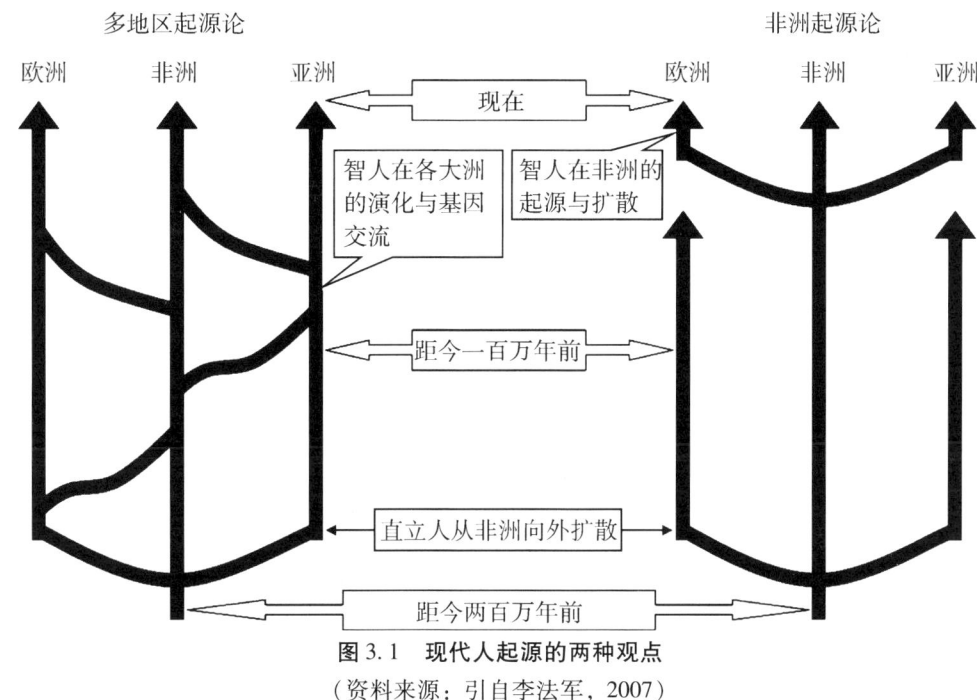

图 3.1 现代人起源的两种观点
（资料来源：引自李法军，2007）

洞晚期智人化石材料都进一步支持了这一理论。

非洲起源论又被称为入侵论、迁徙论或代替论。持这种观点的人类学家认为现生的各大人种共同拥有一个近期（100—50 ka B. P.）的直接祖先，最可能来自非洲，也就是说在早期人属成员当中只有一支成功地演化成为解剖学上的现代人（Darwin，1871）。

（二）化石证据

可以看出，这两种学说在解释解剖学上的现代人起源问题的时候是完全对立的。传统的古人类学研究方法主要依靠化石材料，因而我们可以根据目前已经发现的大量化石样本来检验这两种学说，也就是说，依据形态学和测量学的方法来比较不同地区的直立人、早期智人和晚期智人之间的亲缘关系。

现有的化石样本中，年代最早、数量最丰富的解剖学上的现代人均来自非洲。例如，在南非和以色列发现的化石样本都在 100 ka B. P. 左右（刘武，2006）。从 5.8 Ma B. P. 的地猿始祖种到 160 ka B. P. 的赫托化石，非洲拥有一个连续的人类演化链。

但来自中国的化石样本表明，非洲起源论尚存在很多不能解释的现象。例如，我国境内出土的包括从直立人至晚期智人的化石样本，具有诸多共同的且出现率很高的特征，例如矢状嵴、印加骨、铲型门齿、第三臼齿的退化规律、朝向前方的颧骨、扁塌的鼻骨、颧上颌骨下缘明显的转折等（吴新智，1990；吴新智，Brauer，1994；刘武，曾祥龙，1996）。这些特征在其他地区的古人类中出现率是很低的。吴新智（1998）提出了"连续进化附带杂交"的假说以支持多地区起源论。由此看来，不能轻易否认多地区起源论所坚持的各大人种的连续演化事实，它也在很大程度上弥补了非洲起源论在解释有关地区连续演化方面的不足。

近年来，随着木榄山智人洞古人类化石的发现与研究（金昌柱 等，2009；Liu, et al., 2010），以及诸多有关东南亚地区古人类的起源、演化与亲缘关系的"二元论"假说（Turner, 1987, 2000, 2006；Hanihara, 1996；Matsumura, Hudson, 2005；Pietrusewsky, 2008）（见本书十六章），都更加支持现代人起源的多元性和复杂性。

（三）分子生物学证据

较为著名的"分子钟理论"和"夏娃理论"均支持非洲起源说（李法军，2007）。而有关尼安德特人的研究结果均认为尼安德特人是人类进化过程中已经绝灭的成员，从而否认了长久以来尼安德特人作为欧洲现代人直接祖先的系统地位（Krings, et al., 1997；Ovchinnikov, et al., 2000）。也有学者认为非洲人群具有更古老的遗传学特征以及更丰富的遗传学变异累积（Jorde, et al., 1998；Relethford, 2008）。现代人类不同种族之间的遗传学差异是很小的，这一方面是由于人类频繁的流动，另一方面说明人类可能有一个共同的起源，这些研究成果都支持非洲起源论（Cavalli-Sforza, 1995；Relethford, 2000；Freeman, Herron, 2001；Wells, 2002）。

有研究表明，到了60—40 ka B.P.，世界人口出现了一次突增，被认为与现代人类的迁徙有关。但是这些研究中的推测成分仍然很大，因而还不能作为支持非洲起源论的直接证据（李法军，2007）。曾有学者通过研究线粒体DNA的变异来推算史前人口规模，研究结果认为在200 ka B.P. 前，世界上的智人约为1万人左右，这么小的人口规模可能会限制人类从非洲向其他各大洲的迁徙（Harpending, et al., 1993, 1998）。遗传学突变速率计算问题也一直困扰着遗传学家（Forster, 2004）。对于分子生物学来说，现代人类的起源也可能是非常复杂的事件，在某些地方可能是存在连续演化的，而在另一些地方，新的基因可能替代了原有的基因类型（Relethford, 2000）。

华南地区古人类的起源、演化及其类型分布问题一直是学术界悬而未决的问题，根本原因在于材料的匮乏。目前，随着该区域及邻近区域古人类材料的日渐丰富，国际学术界开始将目光再次转向中国南方地区和东南亚地区人类亲缘关系和人类起源的研究。

我们认为，华南地区以及中南半岛[①]是研究上述问题的核心区域。古人类学和旧石器考古学的研究表明，虽然以前该区域并没有发现丰富的考古学和古人类材料，但就目前所见的材料而言，年代都较早、较原始。而且，随着近年考古发掘的规模和数量的增加，上述地区的相关材料也逐渐丰富起来。这就为我们重新探讨人类起源的"南线"问题提供了可能。

二、中国古代人种坐标体系

朱泓建立了用以阐释中国古代居民体质类型和现代亚洲蒙古人种各类型之间关系的系

[①] 中南半岛（含马来半岛）亦称印度支那半岛或中印半岛，指亚洲东南部的半岛，东临南海，西濒印度洋。中南半岛通常特指曾经是法国殖民地的"法属印度支那"，包括今日的越南、柬埔寨、老挝三国，简称"越棉寮"；广义的中南半岛则指"东南亚大陆"，包括"越棉寮"及缅甸、泰国、马来西亚的马来亚地区及新加坡等地。

统理论（朱泓，1996，1998，1999，2002，2006）。他按照人类骨骼的形态学和遗传学联系，将中国汉代以前的古代人群划分为古东北类型、古华北类型、古中原类型、古西北类型和古华南类型。李法军（2008）曾将这种理论体系概括为"中国古代人种坐标体系"（The Coordinate System for Chinese Ancient Race，CSCAR）。朱泓提出的这种理论模式有效地揭示了先秦时期中国境内古人类的起源与演化过程，其中北方诸类型的研究所依据的材料较为充分，类型间的差异性和相似性都较为明确；但由于南方地区客观存在的古人类化石和骨骼缺乏的事实，使得古华南类型在整体上虽然能够阐释这一地区先秦时期古人类的一般性特点，然而就时间和空间而言，人骨材料的缺环还需要继续补充。本书希望能够依据"中国古代人种坐标体系"已有的理论框架，通过对包括鲤鱼墩新石器时代遗址出土人骨在内的华南地区古人类遗骸的分析，重点探讨"古华南类型"假说的诸多细节。这里仅就"中国古代人种坐标体系"中诸类型的主要特征加以简要介绍。

（一）古东北类型

其主要体质特征是颅型较高，面形较宽阔而且颇为扁平，其与现代亚洲蒙古人种东亚类型之间的接近程度也比较密切，所不同的主要是颧宽绝对值较大和较为扁平的面形，或许反映出现代东亚蒙古人种的某个祖先类型的基本形态。该类型居民在东北地区先秦时期的分布相当广泛，应该是东北地区远古时期的土著类型，至少也是该地区最主要的古代土著类型之一。该类型的中心分布区就在我国的东北地区。大南沟小河沿文化居民、大甸子第二组和第三组居民、水泉墓地的一部分居民以及白庙墓地Ⅱ组居民均属此类（朱泓，1998，2002）。

（二）古华北类型

其主要体质特征是高颅窄面，较大的面部扁平度，常常伴有中等偏长而狭窄的颅型。其与现代东亚蒙古人种的接近程度十分明显，但在面部扁平度上又存在着较大的差异，他们或许是现代东亚人种的一个重要源头。这种类型的居民在先秦时期的内蒙古长城地带广有分布，应是该地区最主要的原始土著，其中心分布区可能是在内蒙古中南部到晋北、冀北一带的长城沿线，如庙子沟新石器时代居民、姜家梁新石器时代居民、朱开沟早期青铜时代居民、毛庆沟和饮牛沟东周时期居民、白庙墓地Ⅰ组居民以及地域稍远的辽西夏家店上层文化居民（朱泓，1998，2002；李法军，2008）。

（三）古中原类型

其主要体质特征是中颅型、高颅、上面部较高，面宽中等，偏低的眶型和普遍的阔鼻倾向。该类型中心分布区内的典型代表是仰韶文化和大汶口文化居民。该类型分布的中心是黄河中下游地区，江汉平原和长江下游一带仅系此类型分布区的外延部分（朱泓，2002）。

（四）古西北类型

其主要体质特征是颅型偏长，高颅型和偏狭的颅型，中等偏狭的面宽，高而狭的面型，中等的面部扁平度，中眶型、狭鼻型和正颌型。这种体质特征与现代东亚蒙古人种中的华北类型显得颇为相似。该类型的先秦时期居民主要分布在黄河流域上游的甘青地区，向北可扩展到内蒙古额济纳旗的居延地区，向东在稍晚近的时期可渗透进陕西省的关中平原及其临近地区。在西北地区属于该类型的古代居民主要包括：菜园墓地的新石器时代居民，柳湾墓地的半山文化、马厂文化和齐家文化居民，杨洼湾墓地的齐家文化居民，阳山墓地的半山文化居民，火烧沟墓地、干骨崖墓地和东灰山墓地的早期青铜时代居民，核桃庄墓地的辛店文化居民，阿哈特拉山墓地的卡约文化居民等（朱泓，2006）。

（五）古华南类型

其主要体质特征是长颅型、低面、阔鼻、低眶、突颌、身材比较矮小。他们在体质特征上与现代华南地区的绝大多数居民（包括南方汉族和少数民族）均有所不同。代表人群包括浙江余姚河姆渡居民、福建闽侯昙石山居民、广东佛山河宕居民、广东南海鱿鱼岗居民、广西桂林甑皮岩居民和广东湛江鲤鱼墩居民，或许还包括了广东增城金兰寺居民。这种类型的居民在先秦时期可能是以我国南方沿海地区，即浙、闽、粤、桂一带为主要分布区的（朱泓，2002；李法军 等，2010）。

如前所述，虽然"古华南类型"具有区别于其他类型的特质，但是就目前我们所了解和认识的人骨材料而言，其本身人群体质的多样性和复杂性是较为明显的，我们希望今后能够继续积累这一地区的人骨材料，以便从更为微观的视角来揭示"古华南类类型"的人群特质。

三、其他相关理论

我们将在第十六章详细介绍几种较为著名的有关东南亚和日本的人类起源与演化的理论，例如"双层模式"（Two Layer Model）、"二重起源－混血说"（Dual Origin Hypothesis）、"二元群型"理论（Dualistic Groups）和"二重构造模式"（Dual Structure Model）（Turner，1987，2000，2006；Hanihara，1996；Matsumura，Hudson，2005；Pietrusewsky，2008）。不同学者试图跳出"单一地区起源说"和"多地区起源说"的限制，依据各自的实际研究来阐释东亚地区人类的起源和演化过程。这些理论模型在一定程度上有助于我们探讨华南地区人类起源、演化与交流等问题。

第二节 本书的研究内容

2007年，李法军开始主持广东湛江鲤鱼墩新石器时代人骨的研究工作，并指导部分中山大学人类学系的本科生参与了基础性研究工作。这些基础性研究工作为进一步分析华南地区史前时期人群的亲缘关系和揭示他们的生活史细节提供了扎实的基础资料。本书的研究内容主要包括四个大的部分：第一部分主要是探讨生物考古学的研究内容和意义，第二部分是有关鲤鱼墩人骨的生物考古学研究，第三部分是人群间的综合比较研究，第四部分是有关屈肢葬俗的探讨。我们也非常关注该地区考古学文化的演化过程，但由于基础材料的不足，在本书中只做有限的讨论。

理论问题探讨是我们此次研究的首要目的，这种理论探讨的基础是多学科的充分信任与合作。不难预见，未来有关复原人类生活史的工作将体现在多学科的密切合作上，其中考古学、生物考古学和骨骼形态学的相互支持和影响将是一种必然。骨骼形态测量学在探讨人类起源、演化和互动方面仍然具有独特的作用，这种方法是我们充分认识古代人群生物特征的基础手段，是不能被忽视的。骨骼形态测量学的作用并不能因为新的交叉学科的出现和新方法的应用而被替代。骨骼形态测量学的重要作用之一是能够使研究者全面而细致地了解被研究材料的基本形态学和遗传学信息，能够有效地识别出具有群体意义的人群差异性，也正因如此，以中国、美国和日本学者为代表的众多人类学者还依然重视这种方法的应用和完善（朱泓 等，2004；Pietrusewsky，2008；Hanihara, Ishida，2009）。

在理论探讨方面，我们首先关注的是古华南类型的起源问题。在目前该地区已知的古人类化石中，柳江人的年代和保存情况最适合与古华南类型进行比较和分析。那么，古华南类型的人群与柳江人之间是否存在着直接的演化关系，或者说柳江人是否确为古华南类型的直系祖先呢？

在古华南类型的演化方面，我们注意到古华南类型在体质特征上与现代华南地区的绝大多数居民（包括南方汉族和少数民族）均有所不同。在现代对比组中，他们一般和东南亚一带的居民，如越南和泰国史前时代居民、印度尼西亚人以及大洋洲的现代土著，如美拉尼西亚人等比较接近。这种现代人类在时间宽度上的变迁是因为群体自我微观演化的结果还是人群间基因交流造成的？由于史前时期缺乏文字资料的参考，因此我们必须借助多种研究理论和手段来推测自更新世晚期以来华南地区人类的体质演化过程。

另外的问题是，如果中国南方地区是古华南类型的分布中心，那么其真正的分布范围有多大？由于目前所知的华南地区古人类材料使我们还不足以对古华南类型居民进行更为清晰的描述和分析，因此从地缘上来讲，出土于东南亚地区的古人类材料可能会在一定程度上弥补我们目前因材料的制约而产生的某些研究上的不足。

由此也产生了另外一些疑问：东南亚特别是陆地东南亚北部的古代人群可否被视为是"古华南类型"？如果结论是肯定的，他们的祖先类型又是谁？是柳江人吗？还是起源于东南亚地区的远古人类？这将最终引出一个最为引人入胜的问题，那就是古华南类型和古代东南亚人群的起源和演化关系。到目前为止，尚没有关于古华南类型与东南亚古代人群关系的直接探讨。主要原因是，国外诸多从事东南亚地区古人类研究的学者尚未利用现有的发现于华南地区的骨骼形态测量学等数据特别是新近的数据进行分析（王明辉，2003；李法军 等，2009，2010）。同时，由于种种原因，我们也不能充分利用他们的研究数据。但是通过这些学者的研究结论，我们可以推断出他们对古华南类型人群与东南亚古代人群关系的看法。这些看法将有助于我们进一步分析二者的亲缘性。在本书中，我们尝试对古华南类型人群与东南亚古代人群的生物学亲缘关系进行初步的探讨。

应用生物学方法进行鲤鱼墩新石器时代人类遗骸的研究是本书的重点。我们遵循生物考古学的研究旨趣和范围，尽可能地介绍新材料，应用新方法，拓展新内容。例如形态学变异分析（morphological diversity），骨骼微观结构分析，进化和人群关系分析（evolution and population relationships），健康、疾病和生活质量分析（health, disease and quality of lift）等。就生物考古学研究的具体内容而言，本书则包括了如下部分：

1. **个体的性别和年龄判定**

年龄判定不仅有助于我们了解该遗址的人口学构成，还有助于我们了解样本人群的骨骼生长和发育等情况。目前，性别和年龄的判定方法非常多元和细致。

在本书中，我们主要依据乳齿萌出、乳-恒齿替换、骨骺愈合程度以及骨骼形态对未成年人年龄进行判定。依据耻骨联合面形态变化、耳状关节面形态变化、牙齿咬殆面磨耗、骨骺愈合程度、颅骨骨缝愈合情况以及其他骨骼的形态变化对成年人年龄进行判定。

性别鉴定除了依据两性在骨骼上表现出的生物学差异外，我们还应用针对不同骨骼而设计的判别公式和"性别的统计学判别程序"（A Tool for Probabilistic Sex Diagnosis，法文缩写为 Un Outil de Diagnose Sexuelle Probabiliste，DSP）进行具有统计学意义的性别判定。

2. **人口学分析**

人口学分析是考古学研究的重要基础，例如进行墓葬研究时，能够依据人口学信息进行多项有关文化习俗或社会分层等研究。依据性别和年龄判定的结果，应用人口统计学方法，对样本人群进行年龄分布、性别差异等进行统计和初步分析，用以考察样本人群的人口学特征。

3. **形态测量学**

对鲤鱼墩古人类头骨或颅骨进行传统测量学信息提取。为了提高测量的精度，我们还辅以三维化测量技术，即首先使用3D扫描仪将头骨或颅骨变为三维数字图像，使用专门软件进行数字测量。依照骨骼测量学标准对其进行线段、角度、围度和弧度的测量，最终将测量数据制成数据库。计算相数，记录非测量性形态，进行数据的统计分析，最后依据统计结果和形态描述对不同人群的头骨形态特征进行归类。晚更新世阶段研究以个体或者小样本差异性检验为主；新石器时代以来的研究则侧重于群体的多元统计分析。

我们还对鲤鱼墩新石器时代人骨的肢骨进行了测量学的细致分析，以便获得有关身高、骨骼发育与生长压力，健康状态，埋葬学信息以及功能压力等相关信息。

4. 齿学人类学分析

应用牙齿测量学基本理论、亚利桑那州立大学齿学人类学系统（ASU）和几何形态测量学技术对样本人群进行牙齿的形态学分析。对牙齿的基本形态进行描述，对牙齿尺寸进行测量和差异统计。基于牙齿非测量特征在进化过程中的明显指示作用和在不同地区人群中的表现特点，该研究有助于我们全面地考察样本人群的亲缘关系。应用体式显微镜和照相技术对牙齿表面的微痕进行磨耗的形态学分类和定量分析，以便获得鲤鱼墩新石器时代居民牙齿磨耗的微观特征及其分布规律。

5. 古病理学分析

对于某种疾病在古代的发展情况进行研究是古病理学（Paleopathology）的一项主要任务。在古病理学的研究中，对从考古发掘中出土的人骨材料进行病理的确认和分析是非常重要的，因为它们不仅为探索某些现代疾病起源和发展提供了重要材料，也为探索古代居民的生活方式、生存环境和健康状况提供了重要线索。骨骼创伤则可能反映古代政治、社会生活和习俗方面的内容。深入研究古代人骨，确认其中的病理材料，尽可能更多地为考古学工作者提供有关古代人类及其社会诸多方面的信息是非常重要的（李法军，2002，2008）。对这些信息进行有效的分析将有助于我们了解不同时期、不同样本人群的生产力发展水平、社会分层、人群间互动、个体发育状况及特殊习俗等社会和文化现象。

本次研究主要考察牙釉质发育不全、龋齿罹患率、牙周疾病、异形齿出现率、骨骼代谢疾病、骨骼创伤、滋养孔的形态与发育以及骨骼的功能压力特点。

6. 食谱分析

我们通过进行牙齿磨耗差异的宏观和显微分析以及骨化学分析来考察鲤鱼墩新石器时代居民的饮食结构和生业方式。采用不同生业方式的人群，在牙齿磨耗的程度和方式上是不同的，因此可以对样本人群的食物来源进行初步分析；鲤鱼墩人类骨骼的 C、N 稳定同位素分析有助于我们从更微观的角度考察样本人群的食物结构和生活方式。

第三节 开展华南地区生物考古学研究所面对的问题

我们首先面对的问题是如何认识和对待考古发掘中所获得的人类遗骸。正如在本书绪论中所讨论的那样，虽然许多人已经认识到骨骼研究的重要性，但当我们发现和面对人类骨骼遗存的时候，科学技术层面的困扰还远远小于来自文化传统和思想道德的困扰。这种困扰主要来自于两个方面，一方面是在自体文化中，作为逝者的躯体存留，这些骨骼遗存应当如何被对待？另一方面是面对文化冲突时，是否对躯体或骨骼进行研究？

李法军发现，目前中国考古学界对人类化石或者骨骼遗存的认识还存在分歧。在所有人看来，北京直立人头盖骨等人类化石无疑属于国家重要的文物，但是对全新世以来出自考古发掘的那些人类遗骸，我们该如何对待呢？一种较有代表性的看法是，从伦理学的角度讲，"人"（包括各种形式的遗骸）不能被看做是"物"，因此不能被称为"文物"或者"人工遗物"，也就是说通过考古发掘所获得的人类遗骸特别是骨骼不能被看做是"文物"或者"人工遗物"。那么，当我们克服了文化和思想的限制，对这些人类遗骸进行科学研究的时候，我们是将其视为"人"还是"物"呢？

在国家文物局颁布的 2009 版《田野考古工作规程》（以下简称《规程》）中将考古调查和发掘所采集的对象分为了"人工遗物"和"自然遗存"，"人类遗骸"被明确划分到"自然遗存"当中。显然，《规程》将人类遗骸视为一种具有自然属性而非文化属性的"物"。但是，这种划分方法存在一些问题。第一，从逻辑上来讲，人类遗骸是"人造"的，那么，他们理应被视为"人工的"而非"自然的"；第二，就埋藏方式来说，人类遗骸可分为两大类，一类是无人工埋藏的，一类是人工埋葬的（如墓葬中或建筑之中的），那么后者应当被归类为"人工遗物"而不是"自然遗存"，但即使是无人工埋藏人类骨骼的也不能归入"自然遗存"；第三，在墓葬或者其他人类遗迹中出土的人类遗骸若被视为自然遗存，就会丧失"他们"应有的文物价值。在墓葬中，所有与墓葬有关的人工行为都是以人类遗骸为中心进行的，所有的结构和陪葬品都是为这些死去的人类准备的。就人类遗骸本身来说，"他们"的埋藏姿势本身就是一种有意识的文化行为。也就是说，这些个体在被安葬的过程中，既是丧葬行为过程中的"人"，也是被赋予了文化意义的"物"。因此，李法军认为，来自考古学范畴的人类遗骸若按照现有认识被分类的话，那么"他们"应当被视为"人工遗物"而不是"自然遗存"，"他们"的地位应当被置于和其他人工遗物同等甚至更高的地位上。

这种对人类遗骸的认识关乎到如何对待他们的问题。因为这些人类遗骸所代表的曾经是一个个鲜活的个体，曾经是人类社会的一员；当他们逝去后，他们固有的"意识"或"灵魂"作为"人"的重要部分消失了，这时的他们变得"不完整"或者说失去了作为生人的"权利"。他们的遗骸该如何被对待？是"人"还是"物"？就考古学而言，这些人类遗骸具有"人"和"物"的双重特质。我们仍需要将"他们"视为"人"，但出于科学研究的目的，我们将之视为"人工遗物"。如果不明确将其定义为"人工遗物"，那么作为重要的信息载体，"他们"被全部采集和记录的必要性和可能性就会降低。

在本书中，我们还试图在以往相关研究的基础上做一些全新的尝试，有一些研究甚至是创新性的，但是在研究的过程当中，还是存在着诸多的不足。虽然样本量并不是限制生物考古学研究的最主要的瓶颈，但较少的样本量不足以代表当时人群的整体情况，因此在进行相关阐释的时候就显得缺乏全面性和代表性，这使得我们的相关结论往往是不确定的或者模糊的。虽然我们尽可能科学而规范地提取信息，尽可能全面地对某些现象进行解释，但整体上来说，结论当中的推测成分仍然是主要的。例如，鲤鱼墩遗址可供研究的人骨样本仅有 8 例，而且因为陈列的需要，03SL M8 的躯干骨和四肢骨依然保存在遂溪县博物馆。加之总体上这些骨骼保存得并不是非常完好，这样就使得样本从质量和数量方面都较为缺乏。这也是我们在从事华南地区生物人类学研究时所面对的一个非常突出的问题。

因为人骨保存情况欠佳，也对我们的信息提取和后续研究提出了更高的要求。虽然我们在对鲤鱼墩遗址人骨进行研究的过程中不断学习和引入更多元的判定和分析方法，但是因为能力和精力的限制，仍然感觉到有很多信息没有被提取或者被关注，也就是说，鲤鱼墩遗址人骨还存在着较大的研究价值。我们会继续学习和引入更多可行方法，进一步发掘这批人骨上的信息。

在中国，专门从事生物考古学研究的人员在考古学界是占少数的，从事华南地区生物考古学研究的人则更少。李法军在近年来一直重视对体质人类学和生物考古学人才的培养，鼓励本科生和硕士研究生直接参与其相关课题的研究。在共同的讨论与合作当中，初步拓展了相关的研究内容。但是，这些拓展性的研究还处于尝试性阶段，加之学生本身知识结构的局限性以及对比材料的匮乏，因此所获取的研究信息还很有限，得到的认识和结论还需要未来的相关研究加以检验。

以往的研究是必要的和基础的，没有这些研究，就无法对该地区古人类体质的一般性特征和文化特征进行初步的了解。但是随着研究理念和研究方法的不断发展，特别是新材料的出现，不仅存在于之前已发现的人类化石或骨骼上的更多信息能够被发掘出来，而且能够通过新的手段和方法获得更多的有效信息。比如，现在我们已经能够在一定程度上开展骨骼的可由头骨非测量形态所反映出来的遗传学特征的研究，能够进行骨化学分析和古 DNA 分析。近年来，我们进一步应用更加多元的性别和年龄鉴定方法作为人口学分析的重要基础，例如前面提到的"性别的统计学判别程序"（DSP），从而提高了鉴定的准确性。

以往的人类学研究较为关注古人类在华南地区的分布和起源问题，形态学和遗传学所反映的亲缘关系研究也不够深入。古病理学研究虽已引入"功能压力分析"的概念（李法军，2002）并出现了相关研究（魏东 等，2012），但作为研究古人类个人行为的重要手段，这种方法还远没有得到重视。

东南亚地区特别是大陆东南亚地区的全新世史前时期人骨研究较为全面和深入，相比而言，我国在地域和文化上与之相关的华南地区的人骨研究却显得单薄。这一方面是因为人骨材料所限，但更重要的是长期以来缺乏相关的研究。这就形成了在有关生物考古研究方面的话语不对称性。因此，我们希望此次研究成果的出版，在一定程度上改变这种话语不对称的状况。

本书在研究鲤鱼墩人骨材料的基础上，结合华南地区已发现的人类化石和人骨材料，尝试依据华南地区人类化石、骨骼及牙齿所反映的人口数量、形态特征与测量特征、表面痕迹、病理现象以及埋藏特征等方面的信息，结合各遗址的考古学背景、人类的生活方式、环境和气候的变化以及国内外全新世人类体质特征研究结果，分析我国华南地区人类的体质特征演化特点，为现代人群的形成与分化的研究提供证据。同时，也试图为重构当时人们的生活史做出一些新的尝试。

本章参考文献

1. 金昌柱，潘文石，张颖奇，蔡演军，徐钦琦，唐治路，王頠，王元，刘金毅，秦大公，R. Lawrence Edwards，Cheng Hai. 广西崇左江州木榄山智人洞古人类遗址及其地质时代. 科学通报，2009，54（19）：2848-2856.
2. 李法军. 中国北方地区古代人骨上所见骨骼病理与创伤的统计分析. 考古与文物（先秦考古专号），2002：361-366，375.
3. 李法军. 生物人类学. 广州：中山大学出版社，2007.
4. 李法军. 河北阳原新石器时代人骨研究. 北京：科学出版社，2008.
5. 李法军，王明辉，冯孟钦，朱泓. 鲤鱼墩新石器时代居民牙齿的非测量特征研究. 见：教育部人文社会科学重点研究基地吉林大学边疆考古研究中心编. 边疆考古研究（第8辑）. 北京：科学出版社，

2009：343 – 352.

李法军，冯孟钦. 鲤鱼墩新石器时代贝丘遗址出土人骨的研究意义. 见：中山大学人类学系，中国社会科学院边疆考古研究中心编. 边疆民族考古与民族考古学集刊（第一集）. 北京：文物出版社，2010：82 – 91.

6. 李法军，王明辉，冯孟钦，朱泓. 鲤鱼墩新石器时代头骨的非连续性形态特征观察与分析. 广州文博，2011，(4)：176 – 193.

7. 刘武. 更新世晚期人类演化及现代人群形成研究的一些问题. 自然科学进展，2006，16（7）：789 – 796.

8. 魏东，曾雯，常喜恩，朱泓. 新疆哈密黑沟梁墓地出土人骨的创伤、病理及异常形态研究. 人类学学报，2012，31（2）：176 – 186.

9. 刘武，曾祥龙. 陕西陇县战国时代人类牙齿形态特征. 人类学学报，1996，15（4）：302 – 314.

10. 王明辉. 体质特征. 见：中国社会科学院考古研究所，广西在族自治区文物工作队，桂林市文物工作队，桂林甑皮岩遗址博物馆编. 桂林甑皮岩. 北京：文物出版社，2003：491 – 499.

11. 吴新智. 中国远古人类的进化. 人类学学报，1990，9（4）：312 – 321.

12. 吴新智，Günter Brauer. 中国和非洲古老型智人颅骨特征的比较. 人类学学报，1994，13（2）：93 – 103.

13. 吴新智. 从中国晚期智人的颅牙特征看现代人起源. 人类学学报，1998，17（4）：276 – 282.

14. 朱泓. 建立具有自身特点的中国古人种学研究体系. 见：吉林大学社会科学研究处编. 我的学术思想：吉林大学建校 50 周年纪念. 长春：吉林大学出版社，1996.

15. 朱泓. 中国东北地区的古代种族. 文物（季刊），1998，(1)：54 – 64.

16. 朱泓. 中国古代居民种族人类学研究的回顾与前瞻. 史学集刊，1999，(4)：69 – 77.

17. 朱泓. 中国南方地区的古代种族. 吉林大学社会科学学报，2002，(3)：5 – 12.

18. 朱泓. 体质人类学. 北京：高等教育出版社，2004.

19. 朱泓. 中国西北地区的古代种族. 考古与文物，2006，(5)：60 – 65.

20. Bräuer G. The evolution of modern humans: a comparison of the African and non-African evidence. In: The human revolution: behavioural and biological perspectives in the origins of modern humans, edited by Mellars P. and C. Stringer. Edinburgh: Edinburgh University Press, 1989: 123 – 154.

21. Cann R. L., M. Stoneking and A. C. Wilson. Mitochondrial DNA and human evolution. Nature, 1987, 325: 31 – 36.

22. Cavalli-Sforza L. L., F. Cavalli-Sforza: The great human diasporas. Addison Wesley Publishing Company, 1995.

23. Day M. H. and C. B. S tringer. A reconsideration of the Omo Kibish remains and the erectus – sapiens transition. In: L'Homo erectus et la place de l'homme de Tautavel parmi les hominide's fossiles, edited by De Lumley H. and F. Nice. Paris: Centre National de la Recherche Scientifique/Louis-Jean Scientific and Literary, 1982: 814 – 846.

24. Darwin C. The descent of man, and selection in relation to sex (1st edition). London: John Murray, 1871.

25. Demeter F., E. Peyre and Y. Coppens. Le crâne humain préhistorique de Som Ron Sen (Canbofge), Comptee Rende de l'Académie des Sciences. Paris Series IIa, 1999, (328): 125 – 132.

26. Demeter F., E. Peyre and Y. Coppens. Présence probable de forms de type Wadjak dans la baie fossile de Quyhn Luu au Nord Viêt-nam sur le site de Cau Giat. Comptee Rende de l'Académie des Sciences. Paris Series IIa, 2000, (330): 451 – 456.

27. Demeter F., F. Manni and Y. Coppens. Late Upper Pleistocene human peopling of the Far East: multivariate analysis and geographic pattens of variation. Comptes Rendus Paleovolution, 2003, (2): 625

-638.
28. Demeter F., A. M. Bacon, K. T. Nguyen, T. L. Vu, H. Matsumura, H. N. Ha, M. Schuster, M. H. Nguyen and Y. Coppens. An archaic Homo molar from Northern Viêtnam. Current Anthropology, 2004, 45 (4): 535-541.
29. Demeter F., A. M. Bacon, K. T. Nguyen, T. L. Vu, P. Duringer, Y. Coppens, H. Matsumura, Y. Dodo, M. H. Nguyen and A. Tomoko. Discovery of a second human molar and cranium fragment in the late Middle to Late Pleistoncene cave of Ma U'Oi (Northern Vietnam). Journal of Human Evolution, 2005, 48 (4): 393-402.
30. Forster P. Ice Ages and the mitochondrial DNA chronology of human dispersals: a review. Philosophical Transactions of the Royal Society B. Lond, 2004, (359): 255-264.
31. Freeman S. and J. C. Herron. Evolutionary analysis. Upper Saddle River: Prentice Hall, 2001.
32. Forster P. L. Adaptive mutation in Escherichia coli. Journal of Bacteriol, (186): 4846-4852.
33. Hanihara T. Comparison of craniofacial features of major human groups. American Journal of Physical Anthropology, 1996, 99 (3): 389-412.
34. Hanihara T. and H. Ishide. Regional difference in craniofacial diversity and population history of Jomon Japan. American Journal of Physical Anthro-pdogy, 2009, 139 (3): 311-322.
35. Harpending H. C., M. A. Batzer, M. Gurven, L. B. Jorde, A. R. Rogers and S. T. Sherry. Genetic traces of ancient demography. Proceeding of the National Academy of Science, USA, 1998, (95): 1961-1967.
36. Jorde L. B., M. Bamshad and A. R. Rogers. Using mitochondrial and nuclear DNA markers to reconstruct human evolution. BioEssays, 1998, (20): 126-136.
37. Matsumura H. and M. J. Hudson. Dental perspectives on the population history of Southeast Asia. American Journal of Physical Anthropology, 2005, 127 (2): 182-209.
38. Liu W., Y. Y. Zhang and X. Z. Wu. Middle pleistocene human cranium from tangshan (Nanjing), Southeast China: a new reconstruction and comparisons with homo erectus from Eurasia and Africa. American Journal of Physical Anthropology, 2005, 127 (3): 253-262.
39. Liu W., C. Z. Jin, Y. Q. Zhang, Y. J. Cai, S. Xing, X. J. Wu, H. Cheng, R. L. Edwards, W. S. Pan, D. G. Qin, Z. S. An, E. Trinkaus and X. Z. Wu. Human remains from Zhirendong, South China, and modern human emergence in East Asia. PNAS, 2010, 107 (45): 19201-19206.
40. Ovchinnikov I. V., A. Götherström, G. P. Romanova, V. M. Kharitonov, K. Lidén and W. Goodwin. Molecular analysis of Neanderthal NDA from the Northern Caucasus. Nature, 2000, 404: 490-493,.
41. Pietrusewsky M. Multivariate comparisons of recently excavated Neolithic human crania from the Socialist Republic of Vietnam. Internatonal Journal of Anthropology, 1988, 3 (3): 267-283.
42. Pietrusewsky M. Pacific-Asian relationships: a physical anthropological perspective. Oceanic Linguistics, 1994, 33 (2): 407-429.
43. Pietrusewsky M. and C. F. Chang. Taiwan aboriginals and peoples of the Pacific-Asia region: multivariate craniometric comparisons. Anthropological Science, 2003, 111 (3): 293-332.
44. Pietrusewsky M. Craniometric variation in Southeast Asia and neighboring regions: a multivariate analysis of cranial measurements. Human Evolution, 2008, 23 (1-2): 49-86.
45. Relethford J. H. The human species: an introduction to bidogical anthropoloty. Mountain View: Mayfield Publishing Company, 2000.
46. Relethford J. H. Genetic evidence and the modern human origins debate. Heredity (Edinb), 2008, 100 (6): 555-563.

47. Turner II C. G. Late Pleistocene and Holocene population history of East Asia based on dental variation. American Journal of Physical Anthropology, 1987, 73 (3): 305-321。
48. Turner II C. G. Major features of Sundadonty and Sinodonty, including suggestions about East Asian microevolution, population history, and late Pleistocene relationship with Australian Aboriginals. American Journal of Physical Anthropology, 1990, 82 (3): 295-317.
49. Turner II C. G., Y. Manabe and D. E. Hawkey. The Zhoukoudian Upper Cave dentition. Acta Anthropology Sinica, 2000, 19 (4): 253-268
50. Turner II C. G. Dental morphology and the population history of the Pacific Rim and Basin: commentary on Hirofumi Matsumura and Mark J. Hudson. American Journal of Physical Anthropology, 2006, 130 (4): 455-458.
51. White T. D., B. Asfaw, D. Degusta, H. Gilbert, G. D. Richards, G. Suwa and F. C. Howell. Pleistocence Homo sapiens from Middle Awash, Ethiopia. Nature, 2003, (423): 742-747.
52. Willes S. The journey of man: A Genetic Odyssey. The Penguim Press, 2002.
53. Wolpoff M. H., X. Wu and A. G. Thorne. Modern homo sapiens origins: a general theory of hominid evolution involving the fossil evidence from East Asia. In: The origins of modern humans: a world survey of the fossil evidence, edited by Smith F. H. and F. Spencer. Liss, New York. 1984, 411-483.

第四章 人口学信息

李法军 刘畅 陈伟驹

鲤鱼墩新石器时代遗址出土的人类骨骼遗骸，除了03SL M8的体骨保存于广东省湛江市遂溪县博物馆外，目前大部分保存于中山大学人类学系体质人类学实验室（Human Evolutionary Analysis Room，HEAR）。在这一章中，我们首先对鲤鱼墩遗址出土的人类骨骼遗骸的埋葬学特征和骨骼保存情况进行细致的描述，然后介绍对这些个体进行性别和年龄判定的方法和依据，最后依据判定结果对鲤鱼墩遗址已知个体进行初步的人口学分析。

第一节 鲤鱼墩遗址人骨的保存情况

首先对墓葬中出土的人类骨骼的埋葬学信息和保存情况进行详细的描述和记录。除03SL M1无骨骼保存外，其他墓葬中均有人骨出土。

03SL M2 无头骨保存。骨骼较为破碎（如图4.1所示，见本书彩页第1页）。能够辨认出来的骨片包括肱骨、尺骨、腕骨、指骨、股骨、胫骨、跖骨以及肋骨残片。

03SL M3 埋葬的肢势是侧躺在右侧，下巴向下接近胸部（图2.22）。左臂在肩关节和肘关节处弯曲，右臂则完全伸展。双腿均在膝关节和股关节处弯曲。右脚和右小腿交叉在左脚踝的上面。左腿在股关节处比右腿更加弯曲。它的埋葬形态似乎与旁边石头的位置有联系。伸展开的右臂像是被放入遗体右边的两块石头之间。双腿则像是被遗体右下方的石头分开的。这样推测，03SL M3遗体在埋葬的时候可能是以双臂抱膝和绑着脚踝的形态被放入墓坑里，遗体在放入墓坑时意外地向右倒下导致右臂外伸进入二石间，双膝也同时被分开。

头骨相对完整（如图4.2所示，见本书彩页第2页）。额骨右侧眶上缘中部、眉弓部、颞部、左侧上颌骨额突、右侧上颌骨颧突、右侧上颌骨腭部后缘、右侧颧骨颞突及上颌突缺失。蝶骨仅存左右侧蝶骨大翼。左右侧颞骨颧突、右侧颞骨鳞部、左右侧顶骨顶孔部、枕骨人字缝区、枕骨大孔右侧后缘缺失及枕骨基部缺失，左右侧髁突不完整。下颌骨右侧下颌体及下颌枝前半部及冠突缺失。

共有30颗牙齿（包括已经脱离骨头的牙齿）被发掘出来（图4.3）。这些牙齿包括：10颗臼齿（5颗为上颌臼齿，5颗为下颌臼齿）；所有的8颗前臼齿；所有的4颗犬齿；所有的8颗门齿。

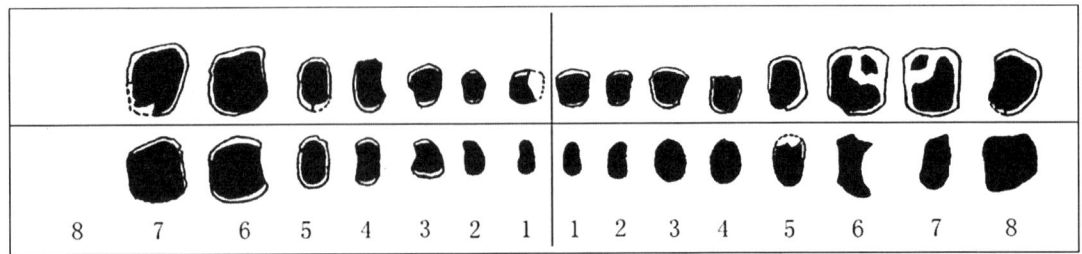
03SL M3

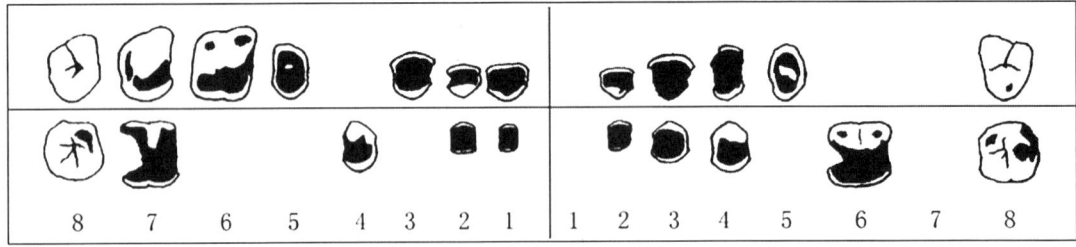
03SL M4

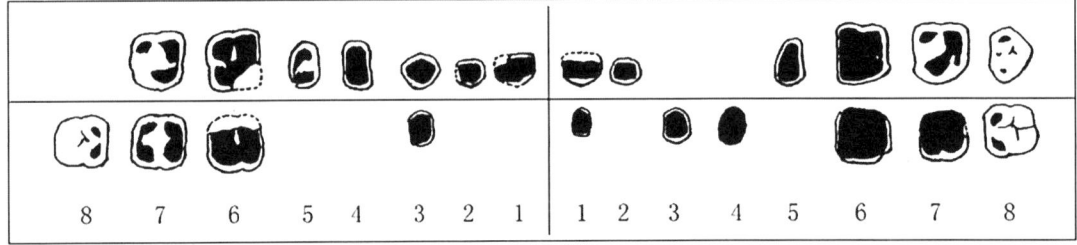
03SL M6

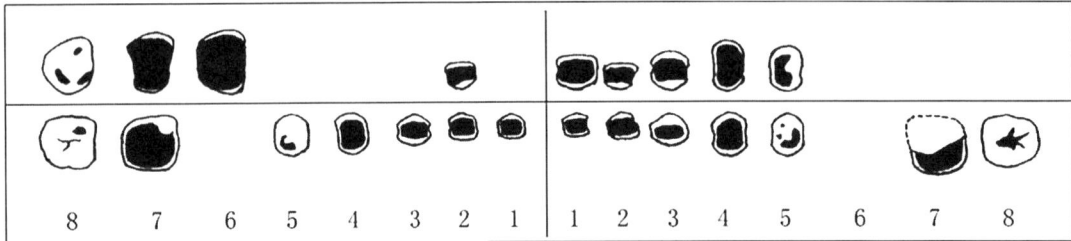
03SL M7

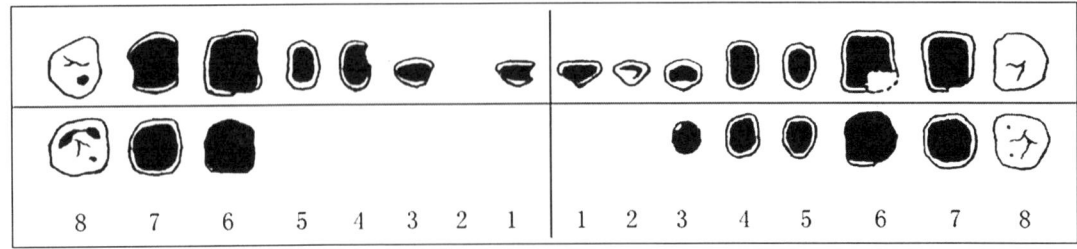
03SL M8

图 4.3　个体咬𬌗面牙齿磨耗状况示意图

黑色表示暴露的齿质；无色部位表示剩余的釉质；

若是实线则表示生前形态；虚线表示死后及发掘过程中所导致的破裂

（资料来源：陈伟驹绘制）

总体上来说，肢骨保存不甚完好（如图 4.4 所示，见本书彩页第 3 页）。保存有肩胛骨的残部，左侧肱骨残段，右侧尺骨残段，左右侧部分较完整的腕骨、掌骨和指骨残段。保有右侧股骨残段、股骨头残部、股骨骨干和远端残段、胫骨残段、两侧髌骨、较完整的左侧距骨以及部分跗骨和趾骨残段。

03SL M4 被发掘出来时处于全身弯曲向身体右侧类似抱膝的形态。右胫骨、右腓骨和右脚交叉地搭在左脚上，膝关节紧贴胸口头颅向下靠在双膝上（图 2.22）。左肱骨搭在右腿上，肱骨头朝向身体后侧。左肱骨的位置应与肋骨架的塌陷有关。由于身体内脏的腐化，肋骨架随之塌陷。如果双臂本来是放置在胸前的，那么在肋骨骨架塌陷后肱骨就会向下移到股骨上形成"抱膝"的假象。所以，相比起"抱膝"，03SL M4 更应该是以"抱胸"的肢势下葬的。03SL M4 的地点是原始状态的，在埋葬后到发掘前这些时间里并没有受到过多的外部因素影响。从身体紧缩的状态来分析，原始的埋葬坑有可能是圆形或者椭圆形，面积要比发掘坑小。

面颅大部分缺失（如图 4.5 所示，见本书彩页第 3 页），仅存有左右侧颧骨残部。保存了右侧上颌 M1、M2 齿槽残部。额骨大部保存，但眉间部分与左侧眶部移行部分缺失。保存了左右侧大部分顶骨、右侧大部分颞骨、左侧颞骨颞窝部分以及岩部残段。枕骨保留有枕鳞部分、右侧枕髁和舌下神经孔，枕外隆凸部分和上项线。下颌骨基本完整，缺失左侧髁突。

共有 22 颗牙齿（包括已经脱离骨头的牙齿）被发掘出来（图 4.3）。这些牙齿包括 8 颗臼齿（4 颗为上颌臼齿，4 颗为下颌臼齿）；5 颗前臼齿（3 颗为上颌前臼齿，2 颗为下颌前臼齿）；3 颗犬齿（2 颗为上颌犬齿，1 颗为下颌犬齿）；6 颗门齿（3 颗为上颌门齿，3 颗为下颌门齿）。

保存有比较完整的左右侧锁骨、残破的肩胛骨、左右侧肱骨残段。保存了右侧尺骨的近中和骨干，远端缺失。保存部分较为完整的腕骨，掌骨和指骨的残段。髋骨较残破，左右侧股骨骨干得以保存，但仅存残破的股骨头和股骨远端部分。左侧胫骨大部分保存，但较残破。右侧髌骨较为完整。右侧距骨较完整，左侧距骨较残破。跟骨、跗骨和趾骨仅留残部。保存了少量的椎骨和肋骨，除枢椎外，其余均较为残破（如图 4.6 所示，见本书彩页第 4 页）。

03SL M5 这个个体在埋藏过程中受到了严重的破坏。头骨和大部分上半身骨骼没有被保存下来。根据鲤鱼墩考古发掘记录的描述，03SL M5 墓葬在发掘前已经被现代的坑扰乱。保存得相对完整且能够辨认出来的上肢骨包括左侧肱骨头和右侧尺骨近侧端。下肢骨保存得要比上半身好，包括左侧股骨头、大段的股骨碎骨（分别来自左右两侧）、胫骨和腓骨残段。右侧髌骨较完整。右侧距骨较完整。左侧距骨上半部缺失。仅保存了少量较为残破的趾骨（如图 4.7 所示，见本书彩页第 4 页）。

03SL M6 发掘报告中描述到 03SL M6 的墓是一个长方形的墓坑，03SL M6 以屈肢的形态被埋葬，下肢蜷缩到胸前，头颅侧躺在膝盖上，整个身体靠在墓坑的右边，面朝东。

头骨保存不佳（图 4.2）。两侧颧骨相对完整，上颌骨大部分缺失，仅存有左侧腭部。鼻骨、蝶骨小翼、蝶骨体、枕骨基底部和枕骨大孔缺失。下颌骨保存较为完整。像其他的个体一样，03SL M6 也一样被油上了无色的保护漆。由于骨头比较碎加上外层的保护漆，头骨上的骨缝并不足够用来作为判定年龄的依据。在人字点下方的枕骨上能观察到两个完整对称的二分印加骨（bipartite Inca bone）由一条从矢状缝延长下来的垂直骨缝分开。

脱落的牙齿受破坏相对较严重，很多牙齿的根部都已经受到破坏，而且牙釉质的表面靠近牙颈的部位均被颜色较深（与下颌其他骨相比）的污垢覆盖着。

共保留有23颗牙齿（图4.3）。这些牙齿包括11颗臼齿（5颗为上颌臼齿，6颗为下颌臼齿）；4颗前臼齿（3颗为上颌前臼齿，1颗为下颌前臼齿）；3颗犬齿（1颗为上颌犬齿，2颗为下颌犬齿）；5颗门齿（4颗为上颌门齿，1颗为下颌门齿）。

体骨保存较多（如图4.8所示，见本书彩页第5页）。保存了肩胛骨残片，左侧锁骨的肩峰端和右侧锁骨的胸骨端缺失。左侧肱骨大部分保留，但不能完全复原为完整形态；右侧肱骨仅存远端关节面。左侧尺骨远端缺失，其他部分较完整；右侧尺骨近中端完整，骨干和远端残破。左右侧桡骨远端均缺失，其他部分较完整。保存了少量腕骨（如舟骨、月骨、小多角骨和钩骨）。除右侧第四掌骨外，其他掌骨和指骨不甚完整。左侧髋骨仅保存了部分髂骨翼、完整的耳状关节面、完整的坐骨大切关节面和髋臼部分；右侧髋骨仅保存了耳状关节面部分。左侧股骨相对完整，但远端残破；右侧股骨仅存有股骨头和骨体中部残段。右侧髌骨较为完整，左侧髌骨内侧缺失。右侧胫骨的近中端缺失，骨干中段及远端完整；左侧胫骨仅保存了骨干中段、远端内踝及远端关节面。腓骨仅存骨体残段。左右侧距骨较为完整，左侧跟骨较完整，但右侧跟骨体残缺。保存了左侧的三块楔骨。左侧第一跖骨、近节趾骨和远节趾骨、左右侧第三趾骨均完整。保存了其他跖骨和趾骨的残段。

03SL M7 被葬在一个椭圆形较深的墓坑里（图2.22）。上身和双膝均靠在身体右侧的墓壁上。双腿的股骨和胫骨完全在膝关节处弯曲。股骨在髋关节处弯曲与上半身形成直角。肩胛骨和脊椎的位置在发掘时显得意外地往下塌，可能是在腐化过程中由于体内内脏腐化身体失去支撑而下塌的。以此推断，03SL M7的身体可能是以一个上身垂直靠右、双腿在膝盖处完全弯曲而坐的形态下葬的。发掘时头颅面朝身体左下置于股骨和左肱骨上。这样的位置应该与肩胛骨和脊椎一样是因为躯干腐化腾出埋葬时没有的空间而失去支撑导致头颅倒塌转移到原来的躯干空间内。相反地，在鲤鱼墩考古报告中指出03SL M7的头颅是在埋葬前被砍下的，头颅在墓中的位置是被人为放置的而非自然形成的。不幸的是由于颈椎在腐化过程中受到破坏而未能进一步用来判断头颅是否在埋葬前被肢解。

头骨相对完整。额骨右侧颞突、蝶骨大翼眶板、左侧颧骨眶面和蝶骨大翼眶板稍残，保存了左右侧上颌骨眶下孔以及犬齿窝上部残。左右侧颞骨颧突、枕骨左侧髁后管缺失。下颌骨相对完整，仅缺失右侧冠突以及左侧下颌支上部。

共有23颗牙齿（包括已经脱离骨头的牙齿）被发掘出来（图4.3）。这些牙齿包括7颗臼齿（3颗为上颌臼齿，4颗为下颌臼齿）；6颗前臼齿（2颗为上颌前臼齿，4颗为下颌前臼齿）；3颗犬齿（1颗为上颌犬齿，2颗为下颌犬齿）；7颗门齿（3颗为上颌门齿，4颗为下颌门齿）。

体骨保存不佳（如图4.9所示，见本书彩页第5页）。左右侧肩胛骨均残破，仅保存了关节盂和少量残片。仅存有一小段锁骨骨体。右侧肱骨保存相对完好，左侧肱骨残破，但保存了肱骨头、骨干及远端滑车残部。保存了双侧尺骨的近中段和破碎的骨干以及左侧桡骨的近中段和远端残部。保存了部分头状骨、大多角骨、钩骨等腕骨。保存了完整的右侧第一掌骨、右侧第四近节指骨和左右侧中节指骨以及其他掌骨和指骨的残段。髋骨较为残破，但双侧耳状关节面保存完整，左右侧髋骨的部分髂骨翼得以保存。左侧坐骨基本保存。左右侧股骨大部分保存，但是左侧股骨的股骨头和股骨颈缺失，右侧股骨体近中三分之一部分缺失。双侧髌骨较为完整。左侧胫骨基本完整，唯远端外侧缺失；右侧胫骨虽然破碎，但能够拼合为较完整的形态。保存有双侧腓骨的非骨头和右侧腓骨的远端。保存了较完整的右侧距骨以及双侧足舟骨、双侧楔骨和骰骨。左侧第一跖骨、双侧第一近节趾骨和右侧第二跖骨较为完整，其他跖骨和趾骨较为破碎。保存了第二至第七颈椎，全部的胸椎，第一、第三、第四、第五腰椎以及部分骶骨。

03SL M8 从发掘时的形态来分析，该墓葬形式与其他的鲤鱼墩墓葬似乎在细节上有所不同：03SL M8 的墓是一个长方形的墓坑而其他墓葬以椭圆形墓坑居多；上肢是平躺在墓中，下肢向身体的右侧弯曲但并没有像其他墓葬那样完全弯曲，其他的墓葬上肢也多以弯曲的形态出现而且向身体右侧靠躺。其他的墓葬形式虽然都是屈肢葬，但是屈肢的程度都要比 03SL M8 的大，而且墓中骨骼的位置都是明显地靠在身体的右边。03SL M8 的头颅垂直向下朝着胸部倾斜，有可能是因为下葬时因墓坑过短导致头颅被墓壁往前推而朝下，也有可能因为下葬时头颅下有类似枕头的物品枕着而造成的。两侧的肩膀关节包括锁骨、肩胛骨和肱骨头均往胸腔里面倒塌。以此可以推断，这个墓是原始墓而非二次埋葬。脊椎从胸椎部分往下显得往右侧弯曲。盆骨两侧平躺在墓底的平面上。右侧的股骨在中轴处折断。左侧腓骨近端与胫骨近端分离，可能在腐化过程中受到移动而导致关节脱离。以此推论，03SL M8 在下葬的时候身体可能是一个上肢平躺，下肢膝盖处垂直弯曲，双脚平放在地面，膝盖与地面垂直或稍微右靠的肢势。下葬后双腿最后向身体右侧倒下时造成脊椎向身体右侧弯曲。左侧腓骨的位置同时也可以由这个双腿位置变化的假设来解释。肢骨保存在湛江市遂溪县博物馆进行陈列（图 2.22）。

头骨相对完整（图 4.2）。前囟部、右侧颧骨颞突、左右侧颧骨上颌突、蝶骨大部分、筛骨和泪骨缺失（图 4.2）。和大部分头骨一起被发掘出来的共有 24 颗牙齿（包括已经脱离骨头的牙齿）（图 4.3）。这些牙齿包括全部 12 颗臼齿；6 颗前臼齿（4 颗为上颌前臼齿，2 颗为下颌前臼齿）；3 颗犬齿（2 颗为上颌犬齿，1 颗为下颌犬齿）；3 颗上颌门齿。

第二节　人口学分析

主要依据李法军（2010）制定的《人类骨骼遗骸信息采集手册》中采用的相关判别方法进行个体的性别和年龄判定。通过对头骨、四肢骨和躯干骨的骨性特征及其变化进行性别和年龄的形态学和统计学判定（Todd，1920；吴汝康 等，1984；邵象清，1985；Lovejoy，1985；Meindl，Lovejoy，1985；Katz，Suchey，1986；任光金，1987；杨茂有 等，1988；刘武 等，1988，1989；Ubelaker，1989；Schimitt，2001；张继宗 等，2002；White，Folkens，2005）。

一、个体性别鉴定的依据

主要依据骨盆和头骨上所反映的性别差异特征（表 4.1）来鉴定。骨盆的性别差异十分明显（图 4.10）。一般说来，男性的骨盆粗壮，高而窄，坐骨大切迹窄而深，耻骨联合部较高，耻骨下角小；女性的骨盆浅而宽，骨面细腻，坐骨大切迹宽而浅，耻骨联合部较低，耻骨下角大，常有耳前沟。此外，胸骨和四肢长骨也可体现一定的性别差异。眶上缘形态、眉弓突度、额部倾斜度、乳突大小和枕外隆凸等结构也是性别鉴定的重要依据。

表 4.1　骨骼上主要的性别鉴定指标

项　目	男性（♂）	女性（♀）
头部特征	额部倾斜明显，眶上缘圆钝，乳突大，枕外隆凸发育	相反
骨盆整体	粗壮，肌嵴明显，较重	较细致，肌嵴不发达，较轻
骨盆入口（上口）	纵径大于横径，呈心脏形	横径大于纵径，呈椭圆形
骨盆出口（下口）	狭小，坐骨棘发达	宽阔，坐骨棘不发达
骨盆腔	高而窄，呈漏斗形	浅而宽，呈圆柱形
耻骨结节	钝圆靠近耻骨联合	锐利，距耻骨联合较远
耻骨弓	呈 V 字形，夹角较小，约 70°—75°	呈 U 字形，夹角较大，约 90°—110°
坐骨耻骨支	外翻不明显	明显外翻
耻骨联合	高	低
闭孔	大，较近卵圆形，内角较钝，约 100°—110°	较小，近三角形，内角较锐，约 70°
髋臼	较大，略向外侧方	较小，略向前方
坐骨大切迹	窄而深	宽而浅
髂骨	高而陡直，额翼较厚	较低，上部略向外张开，髂翼较薄而透光
耳状关节面	大而较直	小而较倾斜
耳前沟	不常有；如有，也窄而浅	常见，发育良好，宽而深
骶骨	长而窄，曲度明显而匀称	短而宽，上部曲度较小，较平直，下部明显向前弯曲
骶骨岬	显著	不甚显著
骶骨底部的第一骶椎上关节面	大，约占骶骨底部的 2/5 至 1/2	小，约占骶骨底部的 1/3
耻骨下支的下缘（内侧缘）	外凸（从耻骨下支的背侧面观察，该项特征更为明显）	凹入
耻骨联合面下端至耻骨下支内侧缘	为一平坦的骨面	为一锐薄的骨嵴
耻骨支移动部（联合部）	呈上宽下窄的三角形	呈上下宽度大致相等的方形

续表 4.1

项 目	男性（♂）	女 性（♀）
耻骨联合面腹侧缘附近与耻骨支内侧缘附近	有一骨嵴（通常与耻骨联合面腹侧缘相平行）	为一细弱的弧线结构，称为腹侧弧
耻骨支移行部（联合部）近联合面的下半部分	无特殊结构	有一呈直角三角形的小区
耻骨下支的起始部分（靠近联合部）	宽而粗壮	薄而细弱
胸骨体与胸骨柄的长度比例	胸骨体长度一般为胸骨柄长度的2倍以上	二者比例一般小于2倍
长骨	粗大、厚重，肌嵴和骨突较发达，关节端的头和髁均较大	较弱、轻巧，骨面较光滑，关节端的头和髁均较小

（资料来源：吴汝康，1984；邵象清，1985）

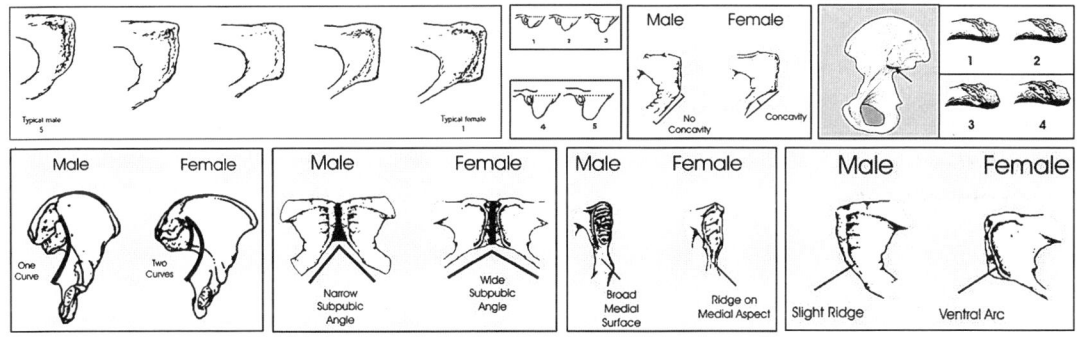

图 4.10　髋骨的性别判别图示

（资料来源：修改自 Steckel, et al., 2006）

我们还应用 DSP 髋骨性别判别程序（图 4.11）进行自动判别，其判别率可达95%以上。例如，我们在对 03SL M6 个体进行性别判定的时候，某些头骨上的骨性特征显示 03SL M6 应当是男性个体，但另一些特征则倾向女性特征，因此我们依照 DSP 程序的测量项目测得 03SL M6 左侧髋骨的相关值（表 4.2），结果其为男性的判别率为 100%。

依据《人类骨骼遗骸信息采集手册》，我们还根据鲤鱼墩新石器时代骨骼特别是长骨，选择相关的判别公式对鲤鱼墩新石器时代骨骼所代表的个体进行性别鉴定。

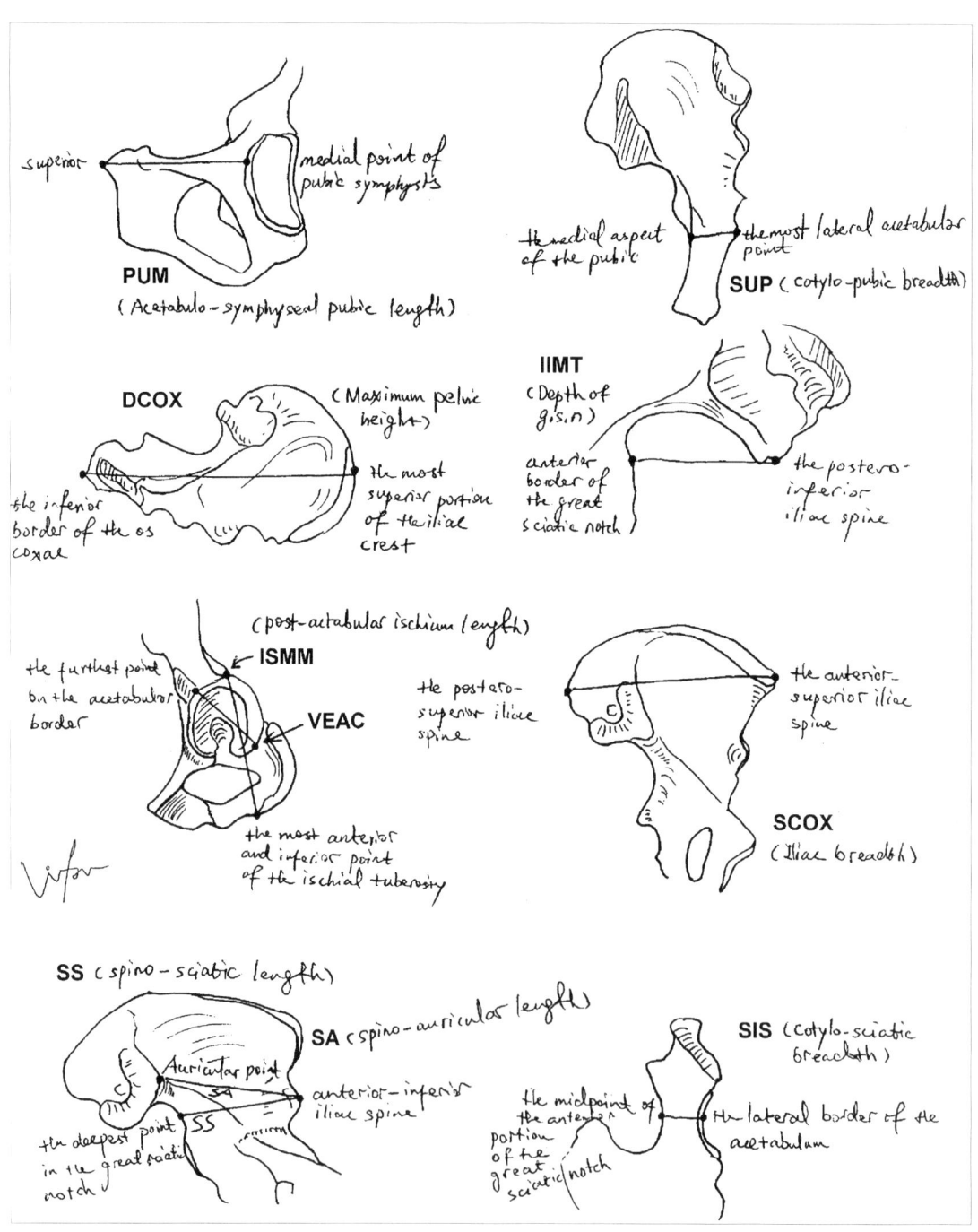

图4.11 基于髋骨的性别统计学判别程序测量点（DSP）
(资料来源：李法军绘制)

表 4.2　03SL M6 的 DSP 髋骨性别判别程序数据记录表

个体号	Pum	Spu	Dcox	Iimt	Ismm	Scox	Ss	Sa	Sis	Veac	P. F	P. M	结果
03SL M6	73.5*	37.5*	230.0*	41.9	102.5	144.0	62.2	77.5	36.2	55.5	0.00	100.00	男性

注：Pum—耻骨长；Spu—耻骨宽；Dcox—髋骨最大长；Iimt—坐骨大切迹宽；Ismm—髋臼后点至坐骨最大长；Scox—髂骨宽；Ss—髂骨最小宽；Sa—髂翼宽；Sis—坐骨最小宽；Veac—髋臼最大径。P. F—可能为女性；P. M—可能为男性。"*"表示估计值。

二、个体年龄鉴定的依据

未成年骨骼主要根据牙齿萌出时间（图 4.12）、四肢骨骨化点出现、骨骺愈合来判断（图 4.13）。成年人骨骼主要依据耻骨联合面年龄变化（图 4.14）、耳状关节面年龄变化（图 4.15）、牙齿磨耗程度（图 4.16）、颅骨骨缝愈合（图 4.17）以及肋骨软骨端（图 4.18）等情况进行综合分析。各年龄组判断具体依据如下：

（1）婴幼少年期：乳齿萌出、或乳恒牙齿并存、或除第三臼齿外的恒齿全部萌出且未有磨耗，颅骨骨缝没有开始愈合，四肢骨骨骺自 13 岁开始愈合。

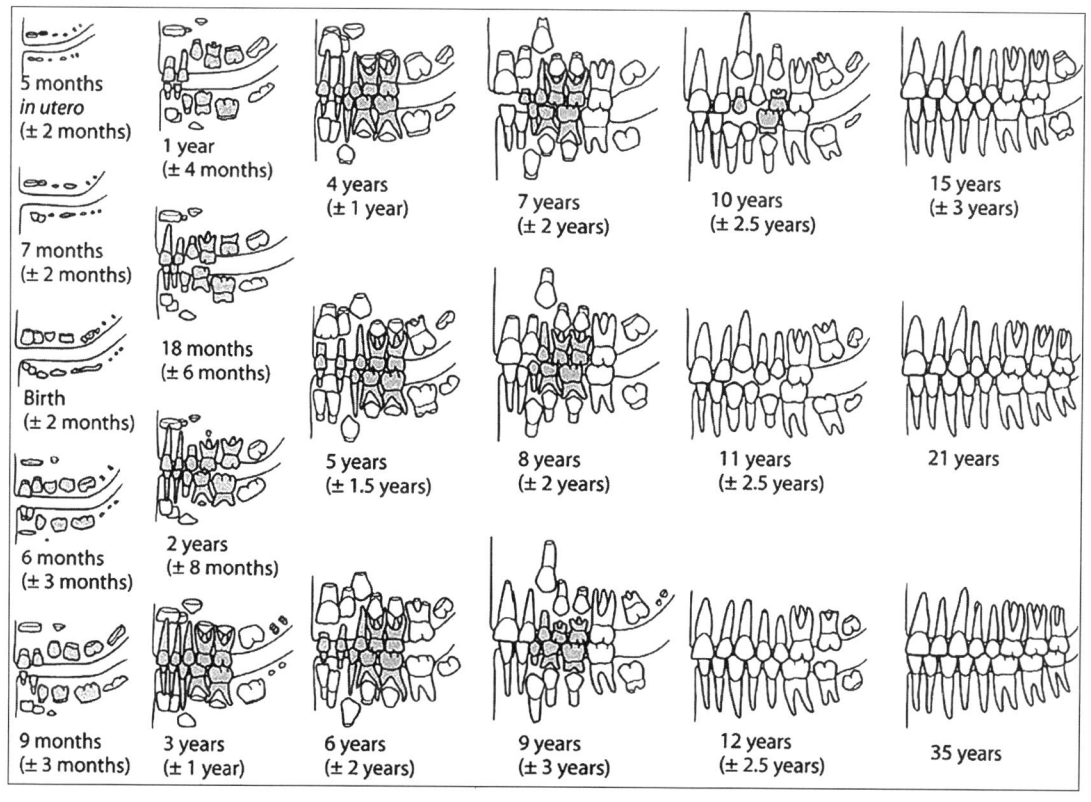

图 4.12　依据牙齿萌出时间进行年龄判定的图示
（资料来源：引自 Ubelaker，1989；White，Folkens，2005）

（2）青年期：耻骨联合面圆突，整个联合面由隆嵴和沟组成，嵴的高度可达 2—3 毫米，其后逐渐明显变平。联合面的边缘无界限边缘，背侧缘从中部开始出现。耳状关节面上分布着前后向的高嵴，关节面后区表面较光滑。第一臼齿和第二臼齿一般属于 I 级磨耗。颅基底缝和矢状缝未愈合或开始愈合。

（3）壮年期：耻骨联合面隆嵴逐渐消失至开始凹陷。背侧缘和腹侧缘完全形成，周缘完全形成并开始呈卵圆形倾向。耳状关节面上的高嵴开始减弱并趋向痕迹状，关节面后区表面开始趋向粗糙。第一臼齿属于 II—III 级磨耗，第二臼齿达 II 级磨耗。颅骨骨缝部分开始愈合，矢状缝几近完全愈合。

（4）中年期：耻骨联合面由轻度下凹转向波形起伏继而明显下凹。联合面呈卵圆形。腹侧缘和背侧缘有唇缘形成。耳状关节面上的高嵴消失，关节面边缘变得不规则，关节面出现小孔样变，关节面后区出现骨质隆起。第一臼齿属于 IV 级磨耗，第二臼齿达 III—IV 级磨耗。颅骨骨缝大部分愈合。

（5）老年期：整个耻骨联合面和耳状关节面骨质变得疏松，出现诸多退行性变化。牙齿齿冠全部磨耗，骨缝几乎全部愈合，骨质开始变薄。

三、年龄鉴定表示法

目前，在进行年龄鉴定时通常可以采用如下两种方法表述样本的年龄：

1. 具体数字表示法

用具体的数字记录判断出来的估计年龄或者估计年龄范围（如 6 岁，30—35 岁）。

2. 年龄分期表示法

采用阶段性的年龄分期来归纳鉴定结果。一般可划分为婴儿期（0—2 岁）、幼儿期（3—6 岁）、少年期（7—14 岁）、青年期（15—23 岁）、壮年期（24—35 岁）、中年期（36—55 岁）和老年期（56 岁以上）。

在实践上，现场鉴定时通常采用具体数字表示法，而在编写鉴定报告和撰写研究论文时则多习惯于采用年龄分期的方式来表达鉴定的结果（朱泓，1993；朱泓 等，2004；李法军，2008）。

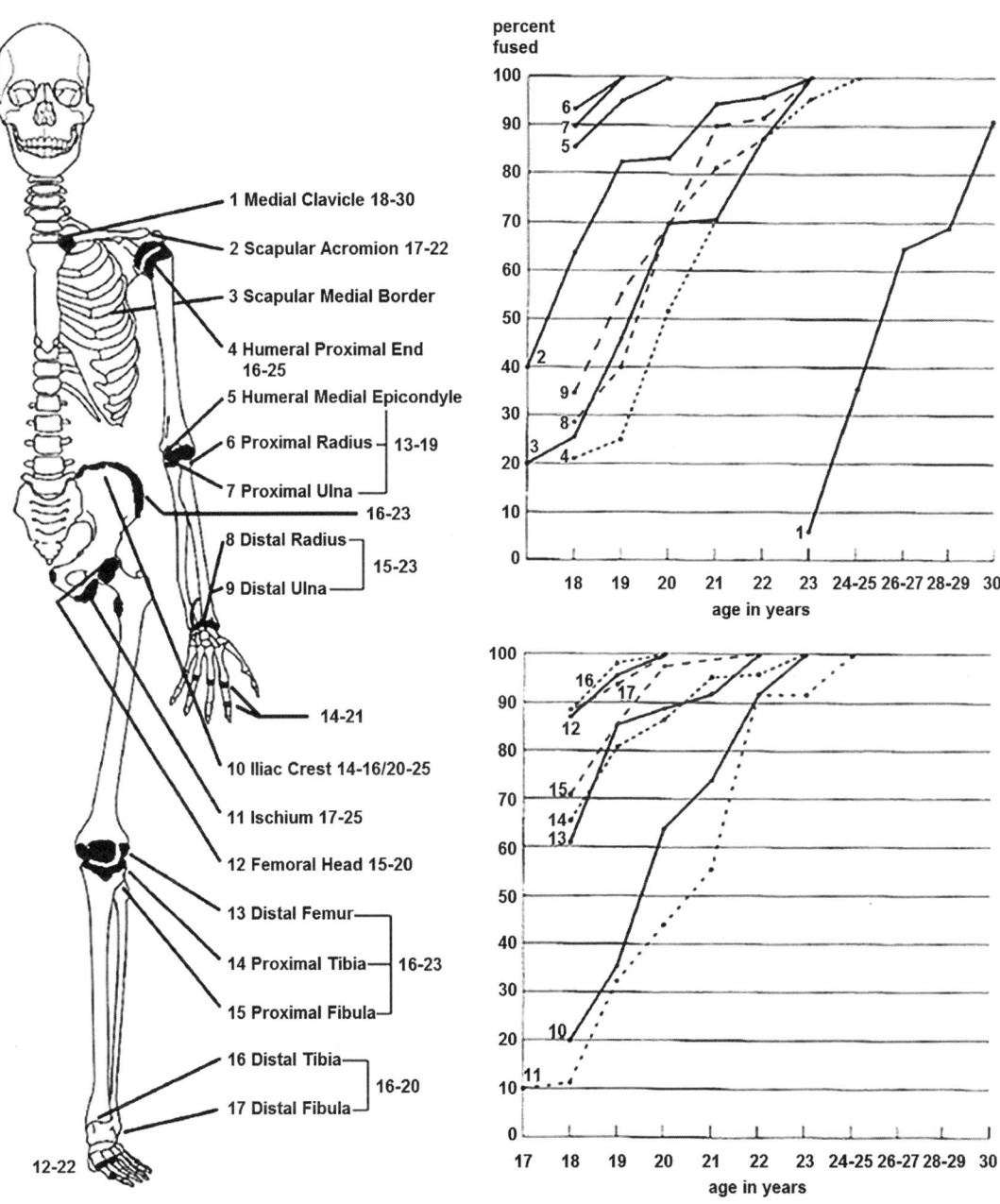

图4.13 依据骨骺愈合进行年龄判定标准的图示
(资料来源：引自 McKern, Stewart, 1957; White, Folkens, 2005)

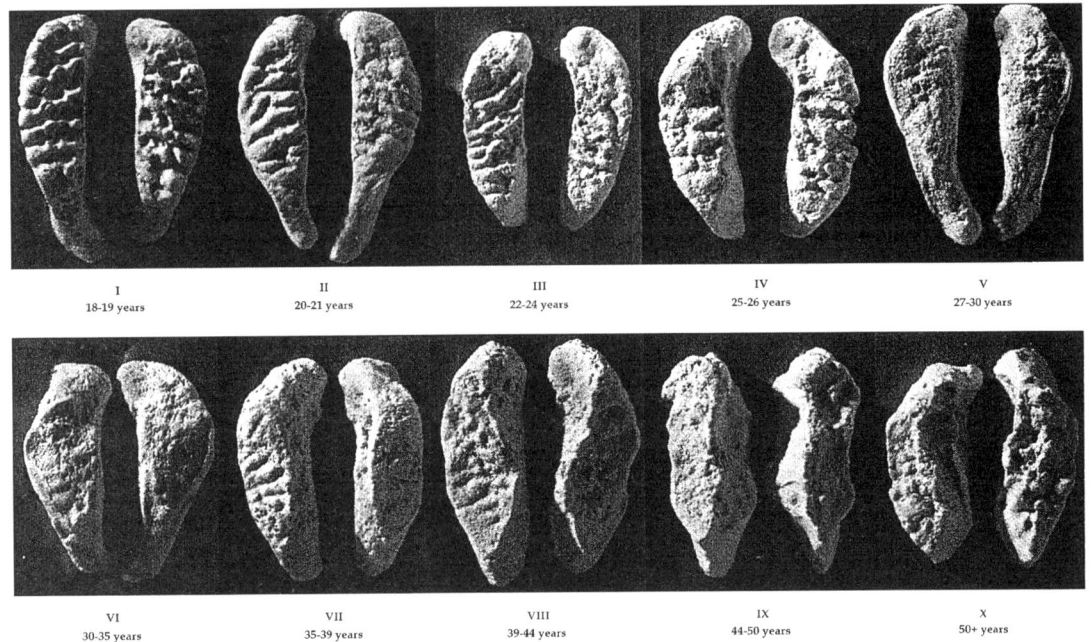

图 4.14 制定的耻骨联合面年龄判定标准的图示
（资料来源：引自 Todd, 1920; White, Folkens, 2005）

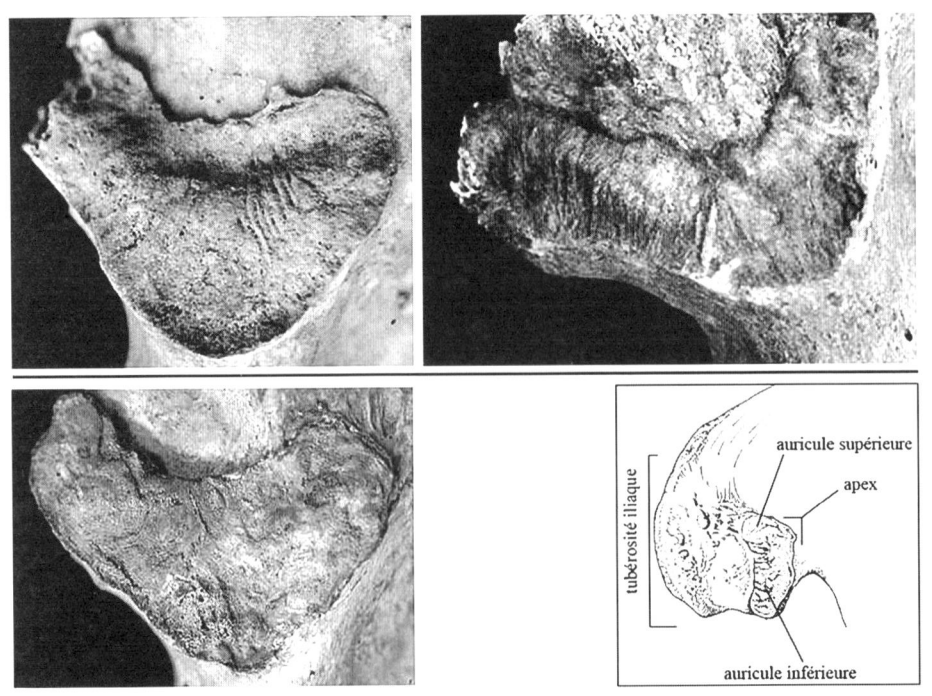

图 4.15 制定的耳状关节面年龄判定标准的图示
（资料来源：修改自 Schimitt, 2001）

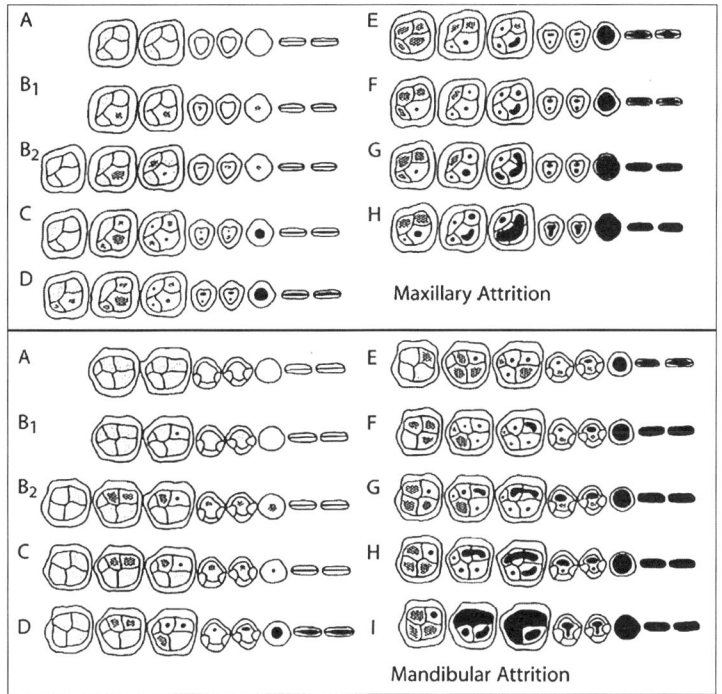

图 4.16 应用牙齿磨耗进行年龄判定标准的图示

（资料来源：引自 Meindl, Lovejoy, 1985; White, Folkens, 2005）

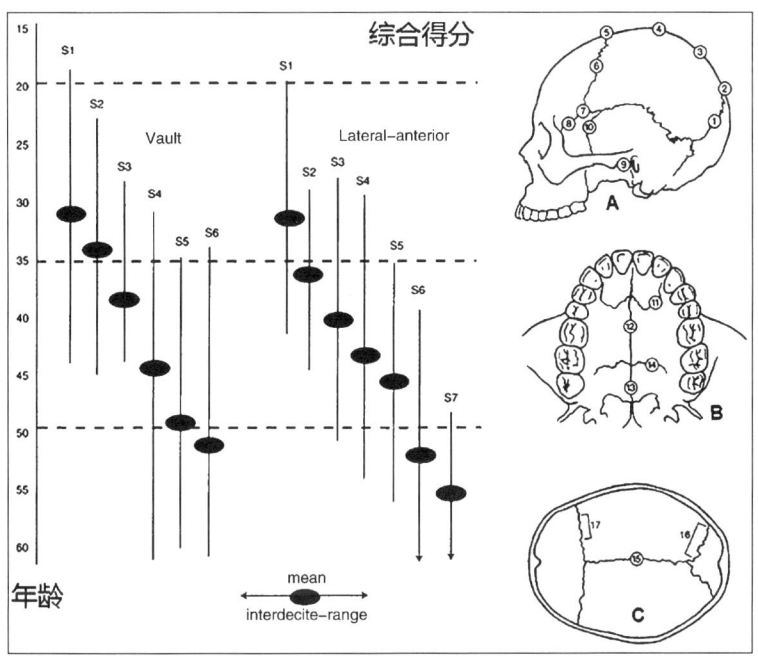

图 4.17 颅骨骨缝的年龄变化

（资料来源：修改自 Meindl, Lovejoy, 1985; White, Folkens, 2005）

CHILD (YOUNGER THAN MID-TEENS)
The rib end begins as a fairly flat surface. The edges are smoothly rounded and the surface is only slightly undulating (Stage 0).

TEENAGER+ (MID-TEENS TO EARLY TWENTIES)
The edges are sharper and have a scalloped appearance. The inner surface is beginning to look V-shaped (Stage 1–2).

YOUNG ADULT (MID-TWENTIES TO EARLY THIRTIES)
The edges are less regular and the centers project further than the superior and inferior edges. The V is deepening (Stage 3–4).

OLDER ADULT (AGE MID-THIRTIES TO MID-FIFTIES)
The superior and inferior edges have grown to the length of the centers. The V has expanded into a cup-shaped center (Stage 5–6).

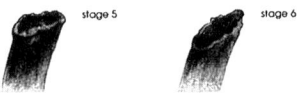

ELDERLY ADULT (OLDER THAN MID-FIFTIES)
The edges are elongated, ragged, and sometimes have a crab-claw appearance. The center is porous and irregular (Stage 7–8).

图 4.18　肋骨软骨端的年龄变化

（资料来源：引自 Burns，1999；Işcan，et al.，1985）

四、性别和年龄结果

表 4.3　鲤鱼墩人骨的年龄鉴定和性别鉴定

个体编号	性别	年龄	主要判断依据
03SL M2	男	成年	无头骨保存，因此根据头后骨进行判断；依据股骨的形态和粗壮程度
03SL M3	男	40—45 岁	依据相对完整的头骨和右侧髋骨进行判断；M1 和 M2 磨耗为 IV 级
03SL M4	男	20—25 岁	依据部分头骨和髋骨进行判断；UI2 磨耗为 II 级
03SL M5	男	成年	无头骨保存，因此根据头后骨进行判断；依据股骨的形态和粗壮程度
03SL M6	男	30 岁左右	依据相对完整的头骨和左侧髋骨进行判断；M1 和 M2 磨耗为 III 级
03SL M7	女	20 岁左右	依据相对完整的头骨和左侧髋骨进行判断；M1 和 M2 磨耗为 IV 级；保存较为完整的左侧耻骨联合面，基底缝愈合，胫骨近侧端骨骺没有愈合
03SL M8	男	35—40 岁	依据相对完整的头骨和头后骨进行判断；M1 和 M2 磨耗为 III 级强

五、死亡年龄段分布和性别比

依据表 4.3 可知，死亡年龄在青、壮年期的个体有 2 例，即 03SL M7（20 岁左右）和 03SL M4（20—25 岁）；死亡年龄在壮年期的个体有 1 例，即 03SL M6（30 岁左右）；死亡年龄在中年期的个体有 03SL M8（35—40 岁）和 03SL M3（40—45 岁）；03SL M2 和 03SL M5 均为男性，但只能判断为成年个体。性别比为 6∶1。

由于仅 1 例女性个体，所以在此仅就男性的年龄分布进行考察。我们发现，在 4 个有明确年龄判定值的男性个体当中，没有未成年和老年的个体，年龄的分布在 20—45 岁之间，平均死亡年龄为 33.13 岁。一方面不能排除没有发现未成年墓葬的可能，一方面说明该人群的寿命是比较短的，我们现在计算了6个男性成年个体的平均死亡年龄。

男性平均死亡年龄的计算方法是将只确定为成年人的平均年龄视为35岁，对于被确定为"可能是男性"或者"可能是女性"的个体视为"性别不详"之个体（李法军，2008）。根据性别和年龄鉴定结果计算整个人群的平均死亡年龄及男性的平均死亡年龄。这7个个体的平均死亡年龄是31.79岁，6个男性的平均死亡年龄计算结果为33.75岁。女性的死亡年龄明显低于全部7个个体的平均死亡年龄，更明显小于男性的平均死亡年龄。

本章参考文献

1. 李书祯. 遗传·性别·健康. 北京：北京师范大学出版社, 1984.
2. 李法军. 河北阳原姜家梁新石器时代人骨研究. 北京：科学出版社, 2008.
3. 李法军. 人类骨骼遗骸信息采集手册. 未刊稿, 2010.
4. 刘武, 杨茂有, 邰凤久. 应用判别分析法判断胸骨性别的研究. 中国法医学杂志, 1988, 3（2）：83–86.
5. 刘武, 杨茂有, 邰凤久. 下肢骨的性别判别分析研究. 人类学学报, 1989, 8（2）：147–154.
6. 刘铮, 邬沧萍, 查瑞传. 人口统计学. 北京：中国人民大学出版社, 1981.
7. 潘其风. 大甸子墓地出土人骨的研究. 大甸子–夏家店下层文化遗址与墓地发掘报告. 北京：科学出版社, 1996：224–322.
8. 任光金. 肩胛骨性别的判别分析. 人类学学报, 1987, 6（2）：144–146.
9. 邵象清. 人体测量手册. 北京：上海辞书出版社, 1985.
10. 吴忠观. 人口学. 重庆：重庆大学出版社, 1994.
11. 吴汝康, 吴新智, 张振标. 人体骨骼测量手册. 北京：科学出版社, 1984.
12. 杨茂有, 刘武, 邰凤久. 下颌骨的性别判别分析研究. 人类学学报, 1988, 7（4）：329–334.
13. 张继宗, 王北瑜, 张怀东. 中国人肱骨的性别判定的研究. 中国法医学杂志, 2002, 17（4）：214–217.
14. 朱泓. 体质人类学. 长春：吉林大学出版社, 1993.
15. 朱泓. 体质人类学. 北京：高等教育出版社, 2004.
16. Katz D. and J. M. Suchey. Age determination of the male Os pubis. American Journal of Physical Anthropology, 1986, 69（4）：427–435.
17. Lovejoy C. O. Dental wear in the Libben population: Its functional pattern and role in the determination of adult skeletal age at death. American Journal of Physical Anthropology, 1985, 68（1）：47–56.
18. Meindl R. S. and C. O. Lovejoy. Ectocranial suture closure: A revised method for the determination of skeletal age at death based on the lateral-anterior sutures. American Journal of Physical Anthropology, 1985, 68（1）：57–66.
19. Schimitt A. Variabilité de la sénescence du squelette humain. Réflexions sur les indicateurs de l'âge au décès à la recherché d'un outil performant. Thèse de l'Université Bordeaux I, 2001.
20. Schwartz J. H. Skeleton keys-an introduction to human skeletal morphology, development, and analysis. Oxford, New York: Oxford University Press, 1995, 257.
21. Steckel R. H., C. S. Larsen, P. W. Sciulli and P. L. Walker. The global history of health project: Data collection codebook. June 28, 2006.
22. Todd T. W. Age changes in the public bone I: The male white pubic. American Journal of Physical Anthropology, 1920, 3（3）：285–34.

23. Ubelaker D. H. Human skeletal remains: excavation, analysis, interpretation (2nd Ed.). Washaington, DC: Taraxacum, 1989.
24. White T. D. and P. A. Folkens. The human bone manual. London: Elsevier Inc., 2005.

第五章 鲤鱼墩新石器时代居民头骨测量学特征

李法军　陈博宇　王明辉　朱泓　冯孟钦

在这一章，我们运用骨骼测量学的方法（吴汝康 等，1984；邵象清，1985；朱泓，1993；朱泓 等，2004；席焕久 等，2010）对鲤鱼墩遗址诸个体的头骨进行了体质特征的观察和测量。在此基础上，对其头骨的测量特征和非测量特征（包括连续性形态和非连续性形态）进行了分析和总结。

第一节　头骨的测量特征

首先对鲤鱼墩头骨的线性、指数和角度值进行基本数据统计（表5.1 和表5.2）。表5.3 显示了颅骨角度和指数的形态分类。

表 5.1　鲤鱼墩男性头骨测量值

（单位：长度：毫米；角度：度；指数：%）

马丁号	测量项	测量项	例数	最大值	最小值	平均值	标准差	变异系数
1	g-op	颅骨最大长	3	190.00	177.00	185.00	7.00	3.78
8	eu-eu	颅骨最大宽	4	143.50	128.50	136.75	6.20	4.53
17	b-ba	颅高	3	135.50	132.30	133.43	1.79	1.34
21	po-po	耳上颅高	4	121.10	115.00	118.03	2.62	2.22
9	ft-ft	额最小宽	3	98.28	92.50	94.51	3.27	3.46
7	ba-o	枕骨大孔长	2	35.92	32.85	34.39	2.17	6.31
16	FOR. MA. B	枕骨大孔宽	2	29.80	29.18	29.49	0.44	1.49
25	n-o	颅矢状弧	3	398.00	358.00	380.67	20.53	5.39
26	n-b	额骨矢状弧	3	135.00	128.00	132.00	3.61	2.73
27	b-l	顶骨矢状弧	3	138.00	128.00	132.67	5.03	3.79
28	l-o	枕骨矢状弧	3	138.00	95.00	116.00	21.52	18.55
29	n-b	额骨矢状弦	3	116.04	112.78	114.82	1.78	1.55
30	b-l	顶骨矢状弦	3	121.24	112.78	117.31	4.26	3.63
31	l-o	枕骨矢状弦	3	109.00	80.82	94.13	14.15	15.04

续表 5.1

马丁号	测量项	测量项	例数	最大值	最小值	平均值	标准差	变异系数
23	g, op	颅周长	3	549.00	515.00	534.67	17.62	3.29
24	po-b-po	颅横弧	3	330.00	313.00	321.00	8.54	2.66
5	n-enba	颅基底长	3	101.00	100.00	100.40	0.53	0.53
40	pr-enba	面底长	2	107.28	104.00	105.64	2.32	2.20
48	n-pr	上面高	2	73.74	64.62	69.18	6.45	9.32
48	n-sd (av)	上面高	2	78.20	68.30	73.25	7.00	9.56
47	n-gn	全面高	3	127.54	109.38	116.79	9.53	8.16
45	zy-zy	面宽	3	144.80	139.78	141.46	2.89	2.04
46	zm-zm	中面宽	3	120.00	112.00	116.39	4.06	3.49
43 (1)	fmt-fmt	上面宽	3	123.82	104.88	112.29	10.12	9.01
50	mf-mf	前眶间宽	2	23.78	18.00	20.89	4.09	19.56
MH L	fmo-zm	颧骨高	4	49.60	45.30	47.85	1.92	4.00
MH R		颧骨高	2	46.48	43.00	44.74	2.46	5.50
MB L	zm-rim	颧骨宽	4	28.48	23.82	25.88	2.11	8.14
MB R		颧骨宽	3	34.40	22.04	28.29	6.18	21.85
54	nadal breadth	鼻宽	2	34.08	32.02	33.05	1.46	4.41
55	n-ns	鼻高	2	57.06	56.10	56.58	0.68	1.20
SC	simotik chord	鼻骨最小宽	2	7.10	6.80	6.95	0.21	3.05
SS	Sim. cho. to SC	鼻最小宽高	2	1.90	1.00	1.45	0.64	43.89
51	mf-ek L	眶宽	2	48.72	43.73	46.23	3.53	7.63
51	d-ekE R	眶宽	2	49.64	44.82	47.23	3.41	7.22
51a	d-ekT L	眶宽	2	44.34	40.08	42.21	3.01	7.14
51a	d-ekE R	眶宽	2	44.36	41.60	42.98	1.95	4.54
52	Orb. Brea. L	眶高	2	34.66	33.44	34.05	0.86	2.53
52	Orb. Brea. R	眶高	2	35.18	29.22	32.20	4.21	13.09
60	pr-alv	上颌齿槽弓长	3	60.50	51.70	56.42	4.43	7.86
61	ekm-ekm	上颌齿槽弓宽	3	69.00	61.22	63.98	4.35	6.81
62	ol-sta	腭长	3	50.28	39.18	46.53	6.36	13.68
63	enm-enm	腭宽	3	41.70	39.54	40.83	1.14	2.79
12	ast-ast	枕骨最大宽	3	115.90	105.86	112.23	5.54	4.93
11	au-au	耳点间宽	3	136.00	124.50	130.75	5.81	4.45

续表5.1

马丁号	测量项	测量项	例数	最大值	最小值	平均值	标准差	变异系数
44	ek-ek	两眶宽	3	111.80	106.60	108.55	2.83	2.61
FC	fmo-fmo	两眶内宽	3	110.00	96.28	105.03	7.60	7.23
FS	n to fmo-fmo	鼻眶内宽矢高	3	18.00	10.31	14.44	3.88	26.85
DC	d-d	眶间宽	2	27.81	25.34	26.58	1.75	6.57
32	∠n-m FH	额侧角Ⅰ	3	89.00	75.00	83.67	7.57	9.05
	∠g-m FH	额侧角Ⅱ	3	84.00	71.00	75.67	7.23	9.56
	∠g-b FH	前囟角	3	47.00	42.00	45.33	2.89	6.37
72	∠n-pr FH	面角	2	80.00	78.00	79.00	1.41	1.79
73	∠n-ns FH	中面角	2	83.00	82.00	82.50	0.71	0.86
74	∠ns-prFH	齿槽面角	2	59.00	57.00	58.00	1.41	2.44
75	∠n-rhiFH	鼻梁侧角	—	—	—	—	—	—
77	∠fmo-n-fmo	鼻颧角	3	148.00	143.80	145.93	2.10	1.44
SSA	∠zm-ss-zm	颧上颌角	2	134.50	130.00	132.25	3.18	2.41
	∠n-pr-ba	面三角Ⅰ	2	69.25	62.00	65.63	5.13	7.81
	∠pr-n-ba	面三角Ⅱ	2	76.50	72.45	74.48	2.86	3.85
	∠n-ba-pr	面三角Ⅲ	2	41.50	38.30	39.90	2.26	5.67
	72-75	鼻梁角	—	—	—	—	—	—
8:1		颅长宽指数	3	77.40	73.40	75.44	2.00	2.65
17:1		颅长高指数	3	74.86	70.37	72.18	2.37	3.28
17:8		颅宽高指数	3	96.72	94.43	95.67	1.16	1.21
9:8		额宽指数	3	68.49	49.34	56.69	10.32	18.20
16:7		枕大孔指数	2	90.72	81.24	85.98	6.70	7.80
40:5		面突指数	2	107.28	102.97	105.13	3.05	2.90
48:17 pr		垂直颅面指数	2	54.42	48.84	51.63	3.94	7.64
48:17 sd			2	57.71	51.63	54.67	4.30	7.87
48:45 pr		上面指数（K）	2	52.75	46.23	49.49	4.61	9.31
48:45 sd			2	55.94	48.86	52.40	5.00	9.55
48:46 pr		上面指数（V）	2	65.84	55.15	60.49	7.56	12.50
48:46 sd			2	69.82	58.29	64.05	8.16	12.73
54:55		鼻指数	2	59.73	57.08	58.40	1.87	3.21
52:51 L		眶指数	2	76.47	71.14	73.81	3.77	5.10

续表 5.1

马丁号	测量项	测量项	例数	最大值	最小值	平均值	标准差	变异系数
52∶51 R			2	70.87	65.19	68.03	4.01	5.90
52∶51a L		眶指数	2	83.43	78.17	80.80	3.72	4.61
52∶51a R			2	79.31	70.24	74.77	6.41	8.57
54∶51 L		鼻眶指数	2	73.22	69.95	71.59	2.31	3.23
54∶51 R			2	71.44	68.65	70.05	1.97	2.81
54∶51a L		鼻眶指数	2	79.89	76.86	78.38	2.14	2.73
54∶51a R			2	76.97	76.83	76.90	0.10	0.13
SS∶SC		鼻根指数	2	27.94	14.08	21.01	9.80	46.63
63∶62		腭指数	3	105.26	78.89	89.03	14.20	15.95
45∶(1+8)/2		横颅面指数	3	92.23	83.84	87.27	4.40	5.04
17∶(1+8)/2		高平面指数	3	74.86	70.37	72.18	2.37	3.28
65	cdl-cdl	下颌髁突间宽	4	154.40	122.06	133.22	14.50	10.89
66	go-go	下颌角间宽	4	108.74	97.58	103.22	4.68	4.54
67	bimental brea.	颏孔间宽	4	55.74	42.28	48.47	5.87	12.11
68	mandi. body. len.	下颌体长	4	92.70	73.30	84.18	8.37	9.94
68（1）		下颌体最大投影长	4	130.50	101.00	114.15	13.31	11.66
69		下颌联合高	4	38.00	30.60	33.56	3.18	9.48
MBH I L		下颌体高 I	4	37.06	28.60	31.70	3.92	12.38
MBH I R			4	39.10	28.48	32.12	4.77	14.85
MBH II L		下颌体高 II	4	32.80	24.12	28.88	3.59	12.44
MBH II R			4	32.78	26.92	29.59	2.43	8.20
MBT I L		下颌体厚 I	4	12.32	10.00	11.50	1.04	9.05
MBT I R			4	12.90	10.00	11.74	1.29	10.99
MBT II L		下颌体厚 II	4	17.60	12.88	14.49	2.21	15.23
MBT II R			4	15.66	12.20	13.31	1.59	11.92
70 L		下颌枝高	3	66.48	55.23	59.14	6.36	10.76
70 R			4	71.00	53.84	62.96	7.45	11.83
71 L		下颌枝宽	3	48.36	45.58	46.88	1.40	2.98
71 R			3	49.00	45.55	47.78	1.94	4.05
71a L		下颌枝最小宽	4	40.00	34.38	38.18	2.57	6.74
71a R			3	38.90	35.32	37.47	1.90	5.06

续表 5.1

马丁号	测量项	测量项	例数	最大值	最小值	平均值	标准差	变异系数
79		下颌角	4	126.50	110.00	115.65	7.76	6.71
68:65		下颌骨指数	4	71.21	47.47	64.03	11.14	17.40
71:70 L		下颌枝指数	3	86.82	70.25	79.87	8.60	10.77
71:70 R			3	84.60	68.73	78.12	8.32	10.65
	bimental bogen	颏孔间弧	4	70.00	50.00	58.00	9.09	15.68

表 5.2 鲤鱼墩女性头骨测量值

（单位：长度：毫米；角度：度；指数:%）

马丁号	测量项	测量项	测量值	马丁号	测量项	测量项	测量值
1	g-op	颅骨最大长	170.50	77	∠fmo-n-fmo	鼻颧角	141.20
8	eu-eu	颅骨最大宽	131.50	SSA	∠zm-ss-zm	颧上颌角	132.50
17	b-ba	颅高	138.00		∠n-pr-ba	面三角Ⅰ	74.50
21	po-po	耳上颅高	115.50		∠pr-n-ba	面三角Ⅱ	64.00
9	ft-ft	额最小宽	89.30		∠n-ba-pr	面三角Ⅲ	41.50
7	ba-o	枕骨大孔长	36.88	72–75		鼻梁角	—
16	FOR. MA. B	枕骨大孔宽	32.14	8:1		颅长宽指数	77.13
25	n-o	颅矢状弧	335.00	17:1		颅长高指数	80.94
26	n-b	额骨矢状弧	127.00	17:8		颅宽高指数	104.94
27	b-l	顶骨矢状弧	123.00	9:8		额宽指数	52.38
28	l-o	枕骨矢状弧	85.00	16:7		枕大孔指数	87.15
29	n-b	额骨矢状弦	110.42	40:5		面突指数	101.54
30	b-l	顶骨矢状弦	130.80	48:17 pr		垂直颅面指数	45.29
31	l-o	枕骨矢状弦	79.92	48:17 sd			49.64
23	g, op	颅周长	487.00	48:45 pr		上面指数（K）	54.59
24	po-b-po	颅横弧	307.00	48:45 sd			59.83
5	n-enba	颅基底长	89.50	48:46 pr		上面指数（V）	66.33
40	pr-enba	面底长	90.88	48:46 sd			72.69
48	n-pr	上面高	62.50	54:55		鼻指数	49.44
48	n-sd（av）	上面高	68.50	52:51 L		眶指数	71.40
47	n-gn	全面高	116.28	52:51 R			78.30
45	zy-zy	面宽	114.50	52:51a L		眶指数	76.80

续表 5.2

马丁号	测量项	测量项	测量值	马丁号	测量项	测量项	测量值
46	zm-zm	中面宽	94.23	52∶51a R			86.04
43（1）	fmt-fmt	上面宽	99.74	54∶51 L		鼻眶指数	59.99
50	mf-mf	前眶间宽	17.86	54∶51 R			59.31
MH L	fmo-zm	颧骨高	39.84	54∶51a L		鼻眶指数	64.53
MH R			–	54∶51a R			65.17
MB L	zm-rim	颧骨宽	19.76	SS∶SC		鼻根指数	26.67
MB R			19.38	63∶62		腭指数	95.62
54	nadal breadth	鼻宽	24.92	45∶(1+8)/2		横颅面指数	75.83
55	n-ns	鼻高	50.40	17∶(1+8)/2		高平面指数	80.94
SC	simotik chord	鼻骨最小宽	7.50	65	cdl-cdl	下颌颏突间宽	100.00
SS	Sim. cho-SC	鼻最小宽高	2.00	66	go-go	下颌角间宽	84.38
51	mf-ek L	眶宽	41.54	67	bimental brea.	颏孔间宽	46.98
51	d-ekE R		42.02	68	mandi. body. len	下颌体长	73.30
51a	d-ekT L	眶宽	38.62	68（1）		下颌体最大投影长	112.20
51a	d-ekE R		38.24	69		下颌联合高	31.58
52	Orb. Brea. L	眶高	29.66	MBH I L		下颌体高 I	32.00
52	Orb. Brea. R		32.90	MBH I R			26.10
60	pr-alv	上颌齿槽弓长	52.24	MBH II L		下颌体高 II	23.50
61	ekm-ekm	上颌齿槽弓宽	55.64	MBH II R			22.28
62	ol-sta	腭长	37.00	MBT I L		下颌体厚 I	10.30
63	enm-enm	腭宽	35.38	MBT I R			10.24
12	ast-ast	枕骨最大宽	97.14	MBT II L		下颌体厚 II	12.50
11	au-au	耳点间宽	113.54	MBT II R			11.60
44	ek-ek	两眶宽	96.24	70 L		下颌枝高	56.64
FC	fmo-fmo	两眶内宽	97.50	70 R			53.24
FS	n to fmo-fmo	鼻眶内宽矢高	15.20	71 L		下颌枝宽	36.00
DC	d-d	眶间宽	21.72	71 R			36.00
32	∠n-m FH	额侧角 I	84.00	71a L		下颌枝最小宽	29.06
	∠g-m FH	额侧角 II	79.00	71a R			29.06
	∠g-b FH	前囟角	45.00	79		下颌角	136.80
72	∠n-pr FH	面角	79.00	68∶65		下颌骨指数	73.30

续表 5.2

马丁号	测量项	测量项	测量值	马丁号	测量项	测量项	测量值
73	∠n-ns FH	中面角	82.00	71∶70 L		下颌枝指数	63.56
74	∠ns-prFH	齿槽面角	61.00	71∶70 R			67.62
75	∠n-rhiFH	鼻梁侧角	—	bimental bogen		颏孔间弧	60.00

表 5.3 颅骨角度和指数的形态分类

马丁号	测量项目	性别	例数	形态分类及出现率					
8∶1	颅长宽指数			特长颅型	长颅型	中颅型	圆颅型	特圆颅	超圆颅
		男	3		1(33.33%)	2(66.67%)			
		女	1			1(100.00%)			
17∶1	颅长高指数			低颅型	正颅型	高颅型			
		男	3		2(66.67%)	1(33.33%)			
		女	1			1(100.00%)			
17∶8	颅宽高指数			阔颅型	中颅型	狭颅型			
		男	3			3(100.00%)			
		女	1			1(100.00%)			
9∶8	额宽指数			狭额型	中额型	阔额型			
		男	3	3(100.00%)					
		女	1	1(100.00%)					
40∶5	面突指数			突颌型	中颌型	平颌型			
		男	2	2(100.00%)					
		女	1		1(100.00%)				
48∶45	上面指数 sd			阔上面型	中上面型	狭上面型	特狭上面		
		男	2	1(50.00%)		1(50.00%)			
		女	1				1(100.00%)		
54∶55	鼻指数			狭鼻型	中鼻型	阔鼻型	特阔鼻型		
		男	2			1(50.00%)	1(50.00%)		
		女	1		1(100.00%)				
52∶51	眶指数			低眶型	中眶型	高眶型			
		男	2	1(50.00%)	1(50.00%)				
		女	1	1(100.00%)					
63∶62	腭指数			狭腭型	中腭型	阔腭型			
		男	3	1(33.33%)	1(33.33%)	1(33.33%)			
		女	1			1(100.00%)			

续表 5.3

马丁号	测量项目	性别	例数	形态分类及出现率				
72	总面角	男	2	超突颌型	突颌型	中颌型	平颌型	超平颌
					1(50.00%)	1(50.00%)		
		女	1		1(100.00%)			
74	齿槽面角	男	2	超突颌型	特突颌型	突颌型	中颌型	平 颌
				2(100.00%)				
		女	1		1(100.00%)			

就男性来说，依颅指数分析，其特征为中等偏长的颅型。颅宽值较小，多数不超过140.00毫米，平均值为136.75毫米。颅长高指数显示以正颅型为主，其次为高颅型，不见低颅型。颅宽高指数显示全部为狭颅型。

额宽指数显示全部为狭额型。面突指数显示全部为突颌型。上面指数显示1例狭上面型和1例阔上面型。

鼻指数显示为阔鼻型和特阔鼻型，鼻根指数显示了极为扁宽的鼻部形态。

眶指数显示1例为低眶型和1例偏低的中眶型。

腭指数显示3例个体中，狭腭型、中腭型和阔腭型各占1例，但总体上显示为中、阔腭型。总面角显示为突颌型和接近突颌型的中颌型。

齿槽面角显示2例个体全部为超突颌型。反映上面部扁平度的鼻颧角的变异范围是143.80°—148.00°，平均值为145.93°，表明面部扁平度属于中等。

综合鲤鱼墩新石器时代男性头骨的测量特征，可以概括为具有中长颅型，伴以高颅型和狭颅型。明显的狭额型，上面部形态差异较大，面部扁平度中等。明显的阔鼻型和扁宽的鼻部形态，低眶型和偏低的中眶型。中、阔腭型。突颌特征非常明显。

女性只有1例。依颅指数分析，其特征为中颅型。颅宽值为131.50毫米。颅长高指数显示为高颅型。颅宽高指数显示为狭颅型。

额宽指数显示为狭额型。面突指数显示为接近突颌型的中颌型。上面指数显示为特狭的上面部形态。

鼻指数显示为非常接近阔鼻型的中鼻型，鼻根指数显示鼻部形态较为扁宽。

眶指数显示为低眶型。腭指数阔腭型。总面角显示为突颌型，齿槽面角显示为特突颌型。反映上面部扁平度的鼻颧角为141.20°，表明面部扁平度较小。

综合来看，鲤鱼墩新石器时代女性可以概括为具有中颅型，伴以高颅型和狭颅型。明显的狭额型，上面部特狭，面部扁平度较小。接近阔鼻型的中鼻型，鼻部形态较为扁宽。低眶型、阔腭型、突颌特征非常明显。

第二节　头骨的连续性形态观察

头骨的非测量特征包括头骨的连续性形态（continuous morphology）和非连续性形态（discontinuous morphology）。连续性形态是指具有多个分级或分型的非测量性状，非连续性形态是指头骨上的不具有多级分类条件的非测量特征，这些性状只适合用"存在/缺失"或者"有/无"来表示（王令红，1988；Schwartz，1995；张银运，1993；李法军，朱泓，2003）。我们将在第三节专门讨论非连续性形态特征问题。

一、头骨连续性形态观察的方法

头骨的连续性形态包括很多具体特征，这些项目一般包括：颅型、眉弓突度、眉弓范围、眉间突度、前额、额中缝、矢状缝前囟段、矢状缝顶段、矢状缝顶孔段、矢状缝后段、乳突、枕外隆凸、眶型、梨状孔、梨状孔下缘、鼻前棘、鼻根凹、翼区、腭形、颏形、下颌角形和下颌圆枕。观察方法主要依据吴汝康等以及邵象清的相关文献所确立的标准（吴汝康 等，1984；邵象清，1985）。

由于以往的学者在进行形态特征研究的时候，并没有意识到将形态特征划分为连续性形态和非连续性形态，因此在这些常用的或者说是经典的连续性形态中包括了某些非连续性形态，例如上颌中门齿铲型结构的出现与否和矢状嵴的有无。另外，有的特征既可作为连续性形态，也可以作为非连续性形态，只是考察的重点不同。作为连续性形态时重点考察该特征的发育程度；作为非连续性形态时只关注其是否出现，例如额中缝。

（一）颅型

颅型（top view of cranial shapes）的研究中最常用的是头骨顶面观。观察时将头骨保持在法兰克福平面的位置上。以颅顶面观（superior aspect）视之，头骨一般可分为 6 型（图 5.1），即椭圆形、卵圆形、圆形、五角形、楔形和菱形。

（二）眉弓

眉弓（superciliary arch）是位于眶上缘上方突出的骨嵴。由于晚期智人和现代人眉弓的发达程度远较直立人和早期智人为低，因此，眉弓形态的观察在研究人类进化问题时意义重大。此外，眉弓的发达程度在性别差异上也较为明显，通常男性眉弓的发达程度强于女性。

（1）眉弓突度（superciliary arch projection）。眉弓突度分为 5 级，即弱、中等、显著、特显和粗壮。

（2）眉弓范围（superciliary arch range）。眉弓范围分为 5 级（图 5.2A），即 0 级、1

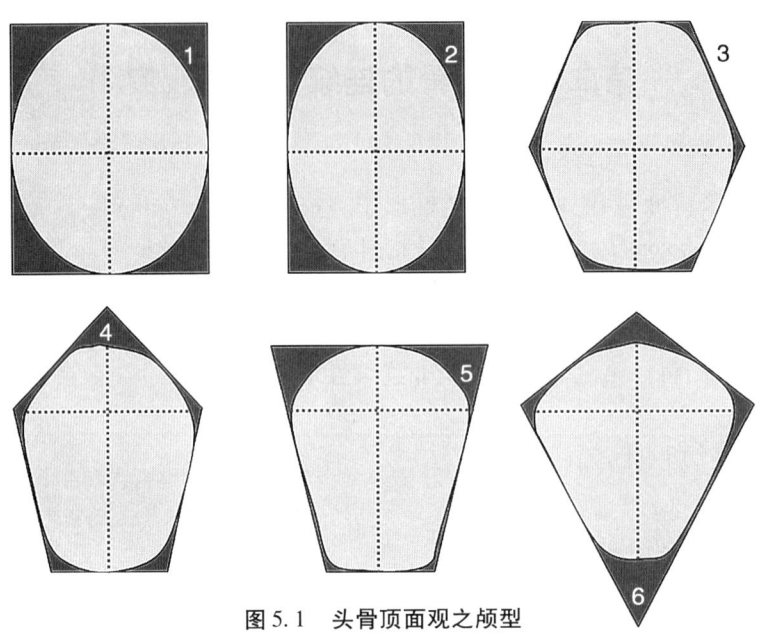

图 5.1　头骨顶面观之颅型
1. 椭圆形；2. 卵圆形；3. 圆形；4. 五角形；5. 楔形；6. 菱形
（资料来源：李法军绘制）

级、2 级、3 级和 4 级。

（三）眉间突度

眉间突度（glabella projection）指眉间因人类进化阶段和性别的不同而表现为不同程度的突度。Broca 将其分为 6 级（图 5.2B），即不显、微显、中等、显著、极显和粗壮。

（四）前额

性别的差异、年龄的差异以及种族的差异均会造成人类头骨额骨前部的形态差异。一般来说，男性前额（anterior part of frontal bone）较女性的倾斜，儿童的额部比较丰满，远东和南亚蒙古人种比西伯利亚和北极蒙古人种的前额更陡直些。通常，将前额分为平直、中等和倾斜 3 种类型（图 5.2C）。

（五）额中缝

人类的额骨形成于两个骨化中心，左右各一，大约在 1 周岁时开始愈合。至 2 周岁时，大部分额中缝（metopic suture）已经愈合，仅在眉间部分保留一小段此缝（图 5.2D）。至 6 周岁，额中缝完全愈合。但亦有少数人在此之后仍部分或者全部保留此缝。一般认为，额中缝与遗传因素、地理环境或者种族变异有关，但我们认为个体变异也是重

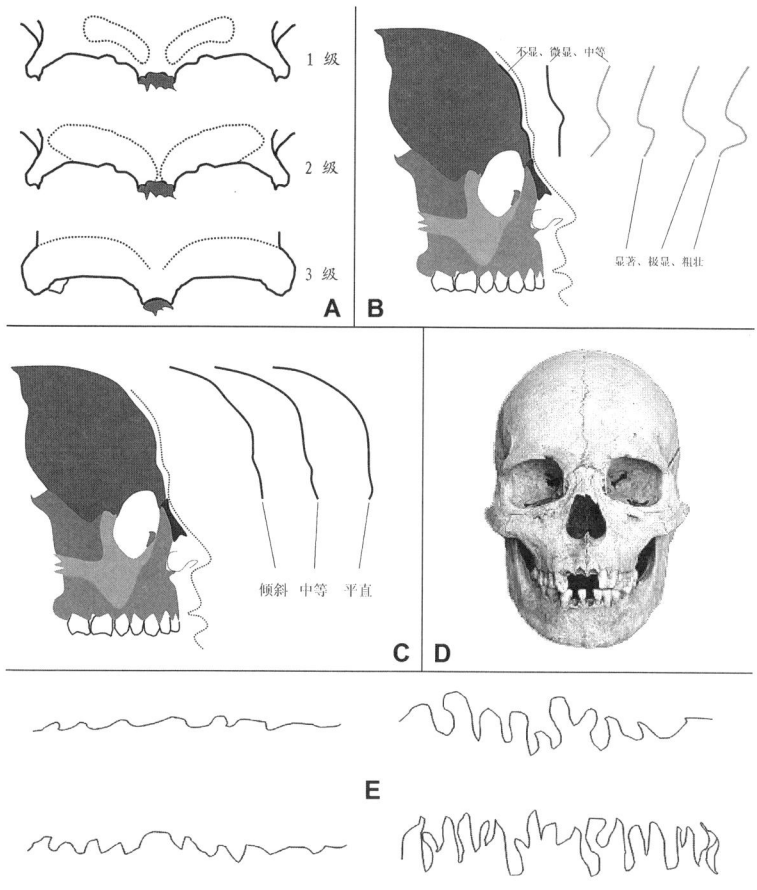

图 5.2 部分头骨连续性形态图示
A. 眉弓范围；B. 眉间突度的等级；C. 前额的类型；D. 额中缝；E. 颅顶缝的形态
（资料来源：李法军绘制）

要的原因之一。

（六）颅顶矢状缝

颅顶矢状缝（cranial sagittal suture）各段的形态常不一致，描述时分为前囟段、顶段、顶孔段和后段 4 段记录。形态一般可分为微波形、深波形、锯齿形和复杂形（图 5.2E）。

（八）乳突

以往的人类学研究普遍认为，男女两性在乳突（mastoid process）的发育程度上存在差异，男性乳突通常发育的较为粗大，女性发育的较为弱小（图 5.3）。

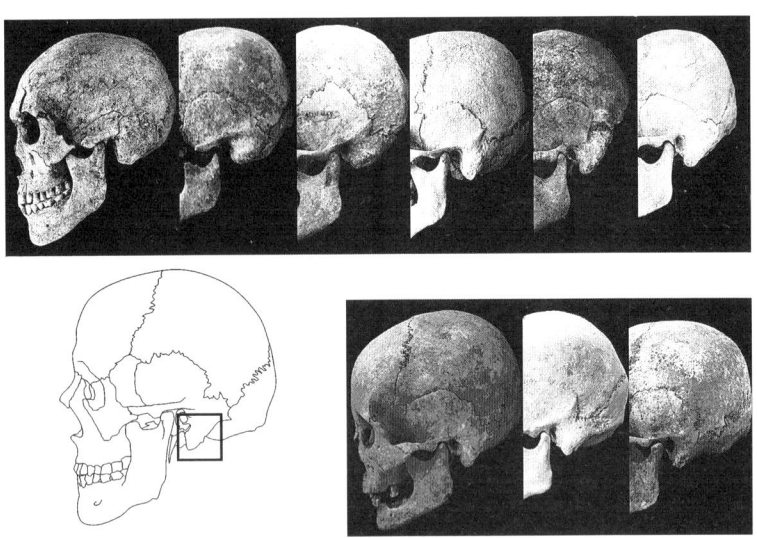

图 5.3 乳突的发育程度
（资料来源：李法军摄制）

（八）枕外隆凸

枕外隆凸（external occipital protuberance）一直作为性别鉴定的重要标准。就一般情况而言，男性发育得较为明显，女性的则少有发育或者发育得较为微弱（图5.4）。

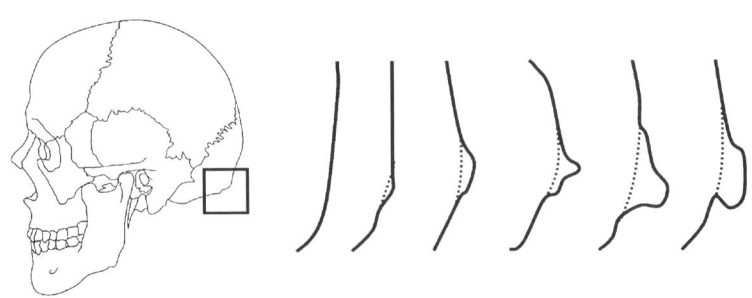

图 5.4 枕外隆凸的发育程度
（资料来源：李法军摄制）

（九）眶形

眶形（orbit shapes）一般分为 6 种（图5.5）：圆形、椭圆形、斜椭圆形、方形、长方形和斜方形。

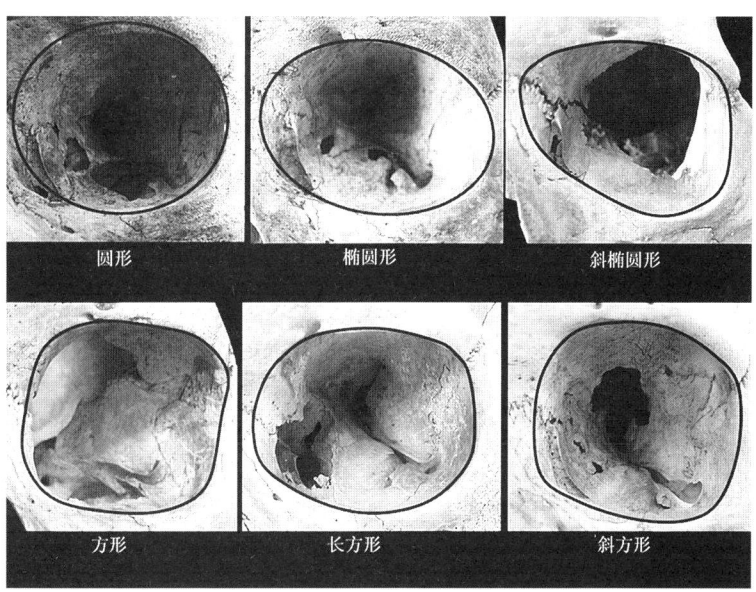

图 5.5　眶形的分类
（资料来源：刘武提供）

（十）梨状孔

梨状孔（shapes of piriform aperture）一般分为 3 种形态：心形、梨形和三角形（图 5.6），其中前两种较为常见。

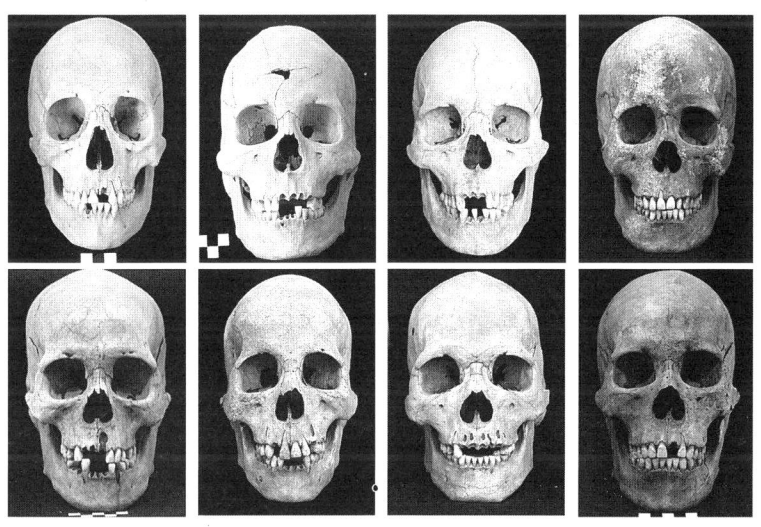

图 5.6　梨状孔的形态
（资料来源：修改自李法军，2008）

（十一）梨状孔下缘

梨状孔下缘（shapes of inferior edge of piriform aperture）一般分为4种形态：锐型（人型）、钝型（婴儿型）、鼻前沟型和鼻前窝型（图5.7）。

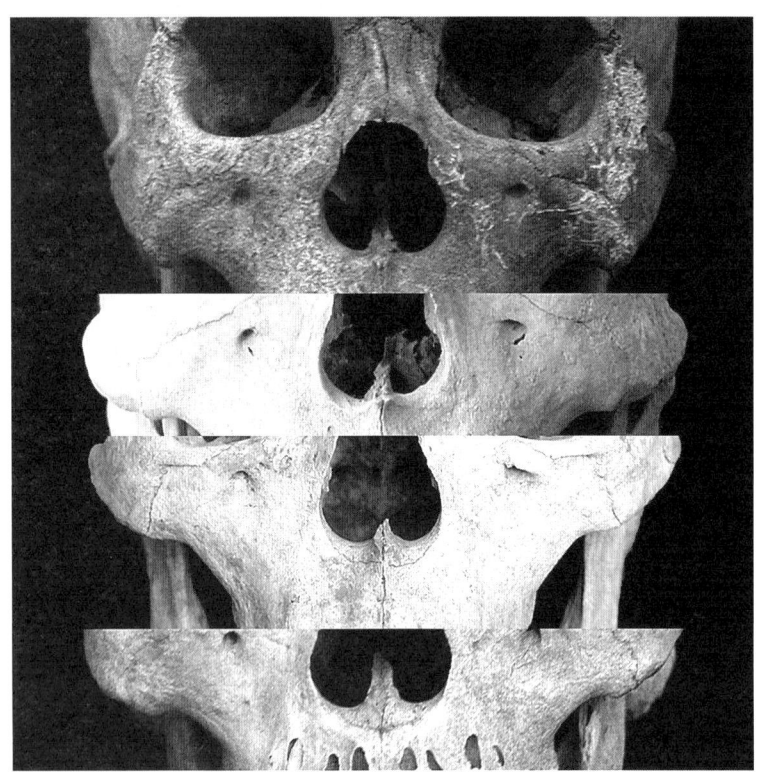

图5.7　梨状孔下缘的形态
（资料来源：修改自李法军，2008）

（十二）鼻前棘

鼻前棘（anterior nasal spine）的发育程度与鼻骨的高突程度密切相关。依据白洛嘉（Broca）的分类可分为5级：不显、稍显、中等、显著和特显（图5.8）。

（十三）鼻根凹

鼻根凹（hollow extent of nasal bone）即鼻根点凹陷，一般分为0—5级（图5.9）：1级（略有凹陷）；2级（凹陷明显）；3级（凹陷极为明显）；4级（鼻根点极深，深陷明显）；5级（鼻根点深陷极明显）。

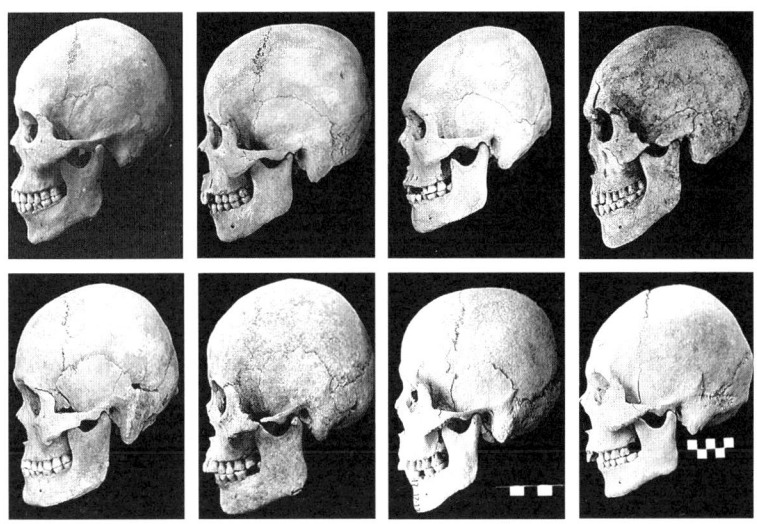

图 5.8　鼻前棘的发育程度

（资料来源：修改自李法军，2008）

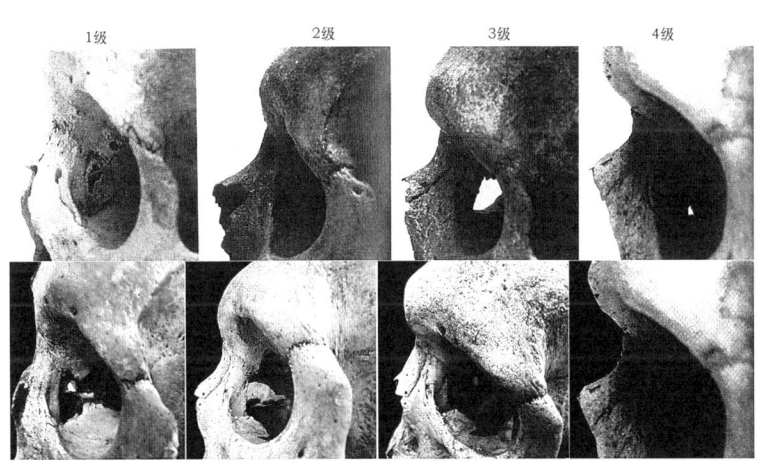

图 5.9　鼻根凹的发育程度

（资料来源：刘武提供）

（十四）翼区

翼区（pterion area）是指蝶骨大翼、顶骨、额骨和颞骨相交界的区域，除了这 4 块骨的骨缝可有多种衔接方式外，还可以观察到独立的翼上骨（epipteric bone）的存在。翼区包括 4 种类型：H 型（蝶顶型）、I 型（额颞型）、X 型（点型）和翼上骨型（图 5.10）。

（十五）腭形

腭形（shapes of palatine）一般可分为 U 型、V 型和椭圆形。

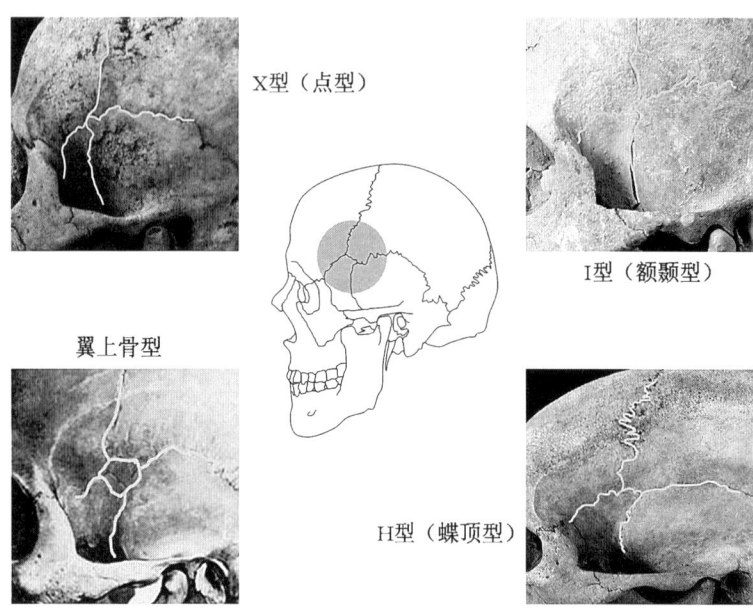

图 5.10 翼区的衔接方式
（资料来源：李法军绘制）

（十六）颏形

颏形（Mental shapes）一般分为方形、圆形、尖形、角形和杂形。两性的颏部形态有明显的差异，男性通常以方形和圆形为主，女性则以尖形为主。

（十七）下颌角形

下颌角形（shapes of angle of mandible）一般分为 3 种形态：外翻型、直型和内翻型。

三、结果与分析

首先对每个个体头骨的连续性形态进行描述，然后分析该群体在这些形态上的表现特点。表 5.4 列举了鲤鱼墩新石器时代头骨的连续性形态的总体分布情况。

03SL M3 该个体颅型为卵圆形，眉弓突度中等，眉间突度显著，前额中等。颅顶缝前囟段为微波形，顶段为微波形。乳突大，枕外隆凸显著。眶型为斜方形，梨状孔为心形，梨状孔下缘为鼻前窝型。犬齿窝显著，鼻根凹为 1 级。颞线至冠状缝处。腭形为椭圆形。颏形为方形，左右各一个颏孔。下颌角内翻。

03SL M4 该个体颅型为卵圆形，眉弓突度显著，眉间突度中等，前额中等。颅顶缝前囟段为微波形，顶段至后段均为深波形。乳突中等，枕外隆凸显著。眶型为椭圆形。上颌中门齿铲型。鼻根凹为 1 级。颏形为圆形，左右各一个颏孔。下颌角外翻。

03SL M6 该个体颅型为卵圆形，眉弓突度较弱，眉弓范围为1级，眉间突度稍显，前额中等。颅顶缝前囟段和顶段为深波形，顶孔段和后段为微波形。乳突中等，枕外隆凸缺如。眶型为椭圆形。上颌中门齿非铲型。犬齿窝较弱。鼻根凹为1级。翼区为H型，颞线不显。腭形为椭圆形。颏形为圆形，左右各一个颏孔。下颌角外翻。

03SL M7 该个体颅型为卵圆形，眉弓范围为1级，眉间突度不显，前额平直。颅顶缝前囟段为微波形，顶段和顶孔段为深波形，后段为锯齿形。乳突小，枕外隆凸缺如。眶型为斜方形。梨状孔为心形，梨状孔下缘为鼻前窝型，鼻前棘为II级。上颌中门齿非铲型。犬齿窝较弱。鼻根凹为0级。翼区为H型，颞线至冠状缝处。腭形为椭圆形。颏形为尖形，左右各一个颏孔。下颌角外翻。

03SL M8 该个体颅型为卵圆形，眉弓突度中等，眉弓范围为2级，眉间突度中等，前额倾斜。颅顶缝前囟段、顶段和后段均为微波形，顶孔段为深波形。乳突大，枕外隆凸稍显。眶型为方形。梨状孔为心形，梨状孔下缘为鼻前窝型。上颌中门齿非铲型。犬齿窝较弱。鼻根凹为1级。翼区为H型，颞线不显。腭形为椭圆形。颏形为方形，左右各一个颏孔。下颌角外翻。

表5.4 鲤鱼墩遗址头骨连续性形态观察统计表

项目	性别	例数	形态分类及出现率					
颅型			椭圆形	卵圆形	圆形	五角形	楔形	菱形
	男性	4	0.00%（0）	100.00%（4）	0.00%（0）	0.00%（0）	0.00%（0）	0.00%（0）
	女性	1	0.00%（0）	100.00%（1）	0.00%（0）	0.00%（0）	0.00%（0）	0.00%（0）
	合计	5	0.00%（0）	100.00%（5）	0.00%（0）	0.00%（0）	0.00%（0）	0.00%（0）
眉弓突度			弱	中等	显著	特显	粗壮	
	男性	4	25.00%（1）	50.00%（2）	25.00%（1）	0.00%（0）	0.00%（0）	
	女性	1	100.00%（1）	0.00%（0）	0.00%（0）	0.00%（0）	0.00%（0）	
	合计	5	40.00%（2）	40.00%（2）	20.00%（1）	0.00%（0）	0.00%（0）	
眉弓范围			0级	1级	2级	3级	4级	
	男性	3	0.00%（0）	33.33%（1）	66.67%（2）	0.00%（0）	0.00%（0）	
	女性	1	0.00%（0）	100.00%（1）	0.00%（0）	0.00%（0）	0.00%（0）	
	合计	4	0.00%（0）	50.00%（2）	50.00%（2）	0.00%（0）	0.00%（0）	
眉间突度			不显	微显	中等	显著	极显	粗壮
	男性	4	0.00%（0）	25.00%（1）	50.00%（2）	25.00%（1）	0.00%（0）	0.00%（0）
	女性	1	100.00%（1）	0.00%（0）	0.00%（0）	0.00%（0）	0.00%（0）	0.00%（0）
	合计	5	20.00%（1）	20.00%（1）	40.00%（2）	20.00%（1）	0.00%（0）	0.00%（0）

续表5.4

项目	性别	例数	形态分类及出现率				
			平　直	中　等	倾　斜		
前额	男性	4	0.00%（0）	75.00%（3）	25.00%（1）		
	女性	1	100.00%（1）	0.00%（0）	0.00%（0）		
	合计	5	20.00%（1）	60.00%（3）	20.00%（1）		
			无	小于1/3	1/3—2/3	大于2/3	全
额中缝	男性	4	100.00%（4）	0.00%（0）	0.00%（0）	0.00%（0）	0.00%（0）
	女性	1	100.00%（1）	0.00%（0）	0.00%（0）	0.00%（0）	0.00%（0）
	合计	5	100.00%（5）	0.00%（0）	0.00%（0）	0.00%（0）	0.00%（0）
			微波形	深波形	锯齿形	复杂形	
矢状缝前囟段	男性	4	75.00%（3）	25.00%（1）	0.00%（0）	0.00%（0）	
	女性	1	100.00%（1）	0.00%（0）	0.00%（0）	0.00%（0）	
	合计	5	80.00%（4）	20.00%（1）	0.00%（0）	0.00%（0）	
			微波形	深波形	锯齿形	复杂形	
矢状缝顶段	男性	4	50.00%（2）	50.00%（2）	0.00%（0）	0.00%（0）	
	女性	1	0.00%（0）	100.00%（1）	0.00%（0）	0.00%（0）	
	合计	5	40.00%（2）	60.00%（3）	0.00%（0）	0.00%（0）	
			微波形	深波形	锯齿形	复杂形	
矢状缝顶孔段	男性	3	33.33%（1）	66.67%（2）	0.00%（0）	0.00%（0）	
	女性	1	0.00%（0）	0.00%（1）	0.00%（0）	0.00%（0）	
	合计	4	25.00%（1）	75.00%（3）	0.00%（0）	0.00%（0）	
			微波形	深波形	锯齿形	复杂形	
矢状缝后段	男性	3	66.67%（2）	33.33%（1）	0.00%（0）	0.00%（0）	
	女性	1	0.00%（0）	0.00%（0）	100.00%（1）	0.00%（0）	
	合计	4	50.00%（2）	25.00%（1）	25.00%（1）	0.00%（0）	
			极　小	小	中　等	大	特　大
乳突	男性	4	0.00%（0）	0.00%（0	50.00%（2）	50.00%（2）	0.00%（0）
	女性	1	0.00%（0）	100.00%（1）	0.00%（0）	0.00%（0）	0.00%（0）
	合计	5	0.00%（0）	20.00%（1）	40.00%（2）	40.00%（2）	0.00%（0）

续表 5.4

项目	性别	例数	形态分类及出现率					
枕外隆凸			缺 如	稍 显	中 等	显 著	极 显	喙 嘴
	男性	4	25.00%（1）	25.00%（1）	0.00%（0）	50.00%（2）	0.00%（0）	0.00%（0）
	女性	1	100.00%（1）	0.00%（0）	0.00%（0）	0.00%（0）	0.00%（0）	0.00%（0）
	合计	5	40.00%（2）	25.00%（1）	0.00%（0）	40.00%（2）	0.00（0）	0.00%（0）
眶形			圆 形	椭圆形	方 形	长方形	斜方形	
	男性	4	0.00%（0）	50.00%（2）	25.00%（1）	0.00%（0）	25.00%（1）	
	女性	1	0.00%（0）	0.00%（0）	0.00%（0）	0.00%（0）	100.00%（1）	
	合计	5	0.00%（0）	40.00%（2）	20.00%（1）	0.00%（0）	40.00%（2）	
梨状孔			心 形	梨 形	三角形			
	男性	2	100.00%（2）	0.00%（0）	0.00%（0）			
	女性	1	100.00%（1）	0.00%（0）	0.00%（0）			
	合计	3	100.00%（3）	0.00%（0）	0.00%（0）			
梨状孔下缘			锐 型	钝 型	鼻前沟型	鼻前窝型		
	男性	2	0.00%（0）	0.00%（0）	0.00%（0）	100.00%（2）		
	女性	1	0.00%（0）	0.00%（0）	0.00%（0）	100.00%（1）		
	合计	3	0.00%（0）	0.00%（0）	0.00%（0）	100.00%（3）		
鼻前棘			不显（Ⅰ）	稍显（Ⅱ）	中等（Ⅲ）	显著（Ⅳ）	特显（Ⅴ）	
	男性	—	—	—	—	—	—	
	女性	1	0.00%（0）	100.00%（1）	0.00%（0）	0.00%（0）	0.00%（0）	
	合计	1	0.00%（0）	100.00%（1）	0.00%（0）	0.00%（0）	0.00%（0）	
鼻根凹			0 级	1 级	2 级	3 级	4 级	
	男性	4	0.00%（0）	100.00%（4）	0.00%（0）	0.00%（0）	0.00%（0）	
	女性	1	100.00%（1）	0.00%（0）	0.00%（0）	0.00%（0）	0.00%（0）	
	合计	5	20.00%（1）	80.00%（4）	0.00%（0）	0.00%（0）	0.00%（0）	
翼区			H 型	I 型	X 型	缝间骨型		
	男性	2	100.00%（2）	0.00%（0）	0.00%（0）	0.00%（0）		
	女性	1	100.00%（1）	0.00%（0）	0.00%（0）	0.00%（0）		
	合计	3	100.00%（3）	0.00%（0）	0.00%（0）	0.00%（0）		

续表 5.4

项目	性别	例数	形态分类及出现率				
腭形			U 型	V 型	椭圆形	变形	
	男性	3	0.00%（0）	0.00%（0）	100.00%（3）	0.00%（0）	
	女性	1	0.00%（0）	0.00%（0）	100.00%（1）	0.00%（0）	
	合计	4	0.00%（0）	0.00%（0）	100.00%（4）	0.00%（0）	
颏形			方形	圆形	尖形	角形	杂形
	男性	4	50.00%（2）	50.00%（2）	0.00%（0）	0.00%（0）	0.00%（0）
	女性	1	0.00%（0）	0.00%（0）	100.00%（1）	0.00%（0）	0.00%（0）
	合计	5	50.00%（2）	40.00%（2）	100.00%（1）	0.00%（0）	0.00%（0）
下颌角形			外翻	直型	内翻		
	男性	4	75.00%（3）	0.00%（0）	25.00%（1）		
	女性	1	100.00%（1）	0.00%（0）	0.00%（0）		
	合计	5	80.00%（4）	0.00%（0）	20.00%（1）		
下颌圆枕			无	弱	明显	极显	
	男性	4	100.00%（4）	0.00%（0）	0.00%（0）	0.00%（0）	
	女性	1	100.00%（1）	0.00%（0）	0.00%（0）	0.00%（0）	
	合计	5	100.00%（5）	0.00%（0）	0.00%（0）	0.00%（0）	

男性（4 例）和女性（1 例）颅型均为卵圆形，均未出现额中缝，梨状孔均为心形，梨状孔下缘均为鼻前窝型，翼区均为 H 型，腭形均为椭圆形。

男性（4 例）中，2 例的眉弓突度为中等（占 50.00%），弱者和显著者各 1 例（各占 25.00%），无其他等级出现。女性 1 例，为弱级，无其他等级出现。

男性（3 例）的眉弓范围以 2 级为主（2 例，占 66.67%），1 级次之（1 例，占 33.33%），无其他等级出现。女性（1 例）为 1 级。综上所述，总体来看，男性在眉弓这一特征的发达程度上是明显高于女性的，男性眉弓的发育程度以中等偏弱者为主，女性为弱等级。

男性（4 例）中，眉间突度中等的 2 例（占 50.00%），微显和显著的各 1 例（各占 25.00%），无不显者、极显者和粗壮者出现。女性（1 例）为不显等级。不难看出，该特征的分布程度在两性间有明显差异：男性以中等为主，总体趋势是显著突出优势的增强，而女性则是以较弱的眉间突度为特征。

男性（4 例）的前额以中等为主（3 例，占 75.00%），倾斜者 1 例（占 25.00%）。女性 1 例，为平直型。这种结果说明，两性前额的形态分布符合性别差异的一般规律。

颅顶矢状缝方面。在前囟段，男性（4 例）中以微波形为主（3 例，占 75.00%），1 例深波形，无锯齿形和复杂形出现，表明此段在男性是以简单形为主的；在顶段，男性（4 例）中微波形和深波形各 2 例（各占 50.00%），表明此段在男性表现得趋于复杂；在顶孔段，男性（3例）中微波形1例（占33.33%），深波形2例（占66.67%），表明此段男性以复杂形为主；在后段，男性（3例）以微波形为主（2例，占66.67%），锯齿形1例（占33.33%），表明此段在男性较为简单。女性1例，在各段的表现如下：前囟段为微波型，顶段为深波形，顶孔段为深波形，后段为锯齿形。总体看来，女性的颅顶缝表现较男性复杂。

男性（4例）中，中等和较大乳突的个体各为2例（各占50.00%）。女性1例，为小的发育等级。这表明在乳突的发育程度上，的确存在着明显的性别差异。

男性（4例）的枕外隆凸以极显者为主（2例，占50.00%），缺如和稍显者各1例（各占25.00%）。女性1例，为缺如形。可见，枕外隆凸确实存在着明显的性别差异。

男性（4例）的眶形以椭圆形者为主（2例，占50.00%），方形和斜方形各1例（各占25.00%）。女性1例，为斜方形。

只有1例女性的鼻前棘可供观察，为稍显等级。

男性（4例）的鼻根凹均为1级（略有凹陷）。女性（1例）为0级。表明该群体中男女两性鼻根凹发育程度均为较弱的等级。

男性（4例）中方形颏形和圆形颏形各2例（各占50.00%）。女性（1例）颏形为尖形。

男性（4例）中，下颌角形为外翻型的有3例（占75.00%），1例内翻型（占25.00%）。女性1例，为外翻型。

综上所述，鲤鱼墩新石器时代头骨具有如下连续性形态：男性颅型以卵圆形者为主，眉间突度和眉弓发育以中等偏弱为主，颅顶缝以简单为主，眶型以椭圆形为主，眶角圆钝，梨状孔均为心形，鼻根凹以浅平为主，腭型均以椭圆形为主；女性除眉间突度和眉弓发育较男性弱外，其他特征与男性相近。此外，这批头骨的上颌骨转角明显，犬齿窝发育以弱为主，颧骨缘突发育也以弱为主。以上这些特征表明，鲤鱼墩新石器时代人群应属于蒙古大人种的范畴。

第三节　头骨的非连续性形态观察[①]

如前所述，头骨非连续性形态（discontinuous morphology）是相对于头骨连续性形态而言的。人类学界对其有多种称法，如：头骨小变异（minor skeletal variants）、非测量特征（nonmetrical traits）、非测量变异（monmetric variation）、非测量特征描述（delineation of nonmetric traits）、非连续性特征（discontinuous traits）和离散性特征（discrete traits）等（李法军，2008）。

有关头骨非连续性形态的研究多倾向于记录骨骼形态学细节上不同个体的差异性和相

[①] 本章第三节"头骨的非连续性形态特征"的主要部分原载于《广州文博》2001年第4期，本书对原有内容做了适当的修改和调整。参见：李法军，王明辉，冯孟钦，朱泓. 鲤鱼墩新石器时代头骨的非连续性形态特征观察与分析. 广州文博，2011，(4)：176–193。

似性，这种研究的动机有两个：一是试图描述群体之间所记录性状出现率的相对频率；二是试图判定一个群体相对于另一群体而言，它们之间的关系到底有多近或多远（Schwartz，1995）。因此，头骨非连续性形态特征研究在探讨群体间关系方面具有重要意义。

欧美和日本学者在非连续性形态的研究方面做了很多工作，进一步证实了该方面研究的意义（Dodo，1974，1986，1990，1998；Yamaguchi，1985；Ishida，1995；分部哲秋，1999；Ossenberg, et al.，2006）。我国学者在头骨非连续性形态方面的研究始于20世纪80年代末（王令红，1988），其他学者相继进行了有关的研究（王令红 等，1988；郑靖中 等，1988；张振标 等，1992；张银运，1993；张振标，1996；张君，2001；谭婧泽，2002；周文莲 等，2001，2002；李法军，朱泓，2003；张桦，2006；李法军，2008，2009；张建波 等，2011；李法军 等，2011）。

可以看出，国内学者已在此项研究上进行了有益的尝试，但由于国内研究成果积累得不够以及研究观点和侧重点的不同而造成了比较资料的缺乏，目前所做工作仍然处于积累阶段。这种状况产生的原因一方面是没有对头骨非连续性形态产生足够的重视，另一方面也说明这种研究还没有为考古学和其他相关学科的研究带来有力的信息。

为了积累有关中国的头骨非连续性形态研究资料，我们通过对鲤鱼墩墓地出土的5例个体头骨的非连续性形态进行观察，拟对其进行群体间亲缘关系的比较分析。

一、观察方法及观察项目

我们列出64项观察特征（详见表5.5），这些非连续性形态的观察标准均参照王令红、张银运以及李法军等所作描述（中国解剖学会，1982；王令红，1988；张银运，1993；刘执玉，1998；李法军，2008）。记录的方式包括：①无侧别记录；②双侧观察记录。出现用"＋"表示，未出现用"－"表示，不可观察用"／"表示。

表5.5 非连续性形态及其记录标准

形态特征	描述以及观察标准
缝骨（sutural bones）	
1. 前囟骨（bregmatic bone）	前囟点处的缝间骨
2. 冠状缝小骨（coronal ossicle）	冠状缝上的缝间骨，除前囟点处
3. 人字点小骨（ossicle at lambda）	人字点处的缝间骨
4. 人字缝小骨（lambdoid ossicle）	人字缝的缝间骨上，除人字点和星点处
5. 印加骨（inca bone）	出现在颅骨后部，是较大的独立骨
6. 星点小骨（ossicle at asterion）	星点处的缝间骨
7. 枕乳缝间骨（occipito-mastoid wormian）	出现在枕乳缝上
额、眶区（frontal and orbital regions）	
8. 额中缝（metopic suture）	由额骨鼻根处向前囟点方向出现的骨缝，在2岁之前愈合，少数人终生保存

续表 5.5

形态特征	描述以及观察标准
9. 眶上切迹/孔（supraorbital notch/foramen）	出现在眶上部，近眶上正中
10. 额切迹/孔（supraobital norch/foramen）	眶上切迹/孔内侧的结构
11. 滑车上切迹/孔（supratrochlear norch/foramen）	存在于眶内侧缘与眶上缘的转角处的结构
12. 眶上神经孔（supraorbital nerve foramen）	在眶内有开口的穿越眶上神经任何分支的眶上缘孔都包括在内
13. 眶上神经沟（supraorbital nerve groove）	是眶上神经的分支在额鳞外面的外侧部留下的一条或多条印痕，长度超过 10 毫米者记
14. 滑车棘（stsrochlear spine）	存在于眶内侧缘与眶上缘的转角处的骨棘
15. 筛前孔上位（anterior ethmoid foramen exsutural）	筛前孔处于筛额缝的上方
16. 筛后孔缺如（posterior ethmoid foramen absent）	筛后孔没有出现
17. 二分视神经管（double optic forammina）	视神经管中央存在骨质联结
18. 脑膜眼眶孔（meningo-orbital foramen）	脑膜动脉分支在眼眶内的开口
上颌、颧、颞区（maxillo-malar and temporal regions）	
19. 眶下缝（infraorbital suture）	由眶下缘与向颧上颌缝交点向上颌延伸的骨缝
20. 副眶下孔（accessory infraorbital foramen）	眶下孔旁侧的小孔
21. 二分颧骨（os japonicum）	颧面上由颧颞缝向颧上颌缝延伸的骨缝
22. 颧横缝痕迹（trace of transverse zygomatic suture）	颧面上由颧颞缝向颧上颌缝延伸的骨缝，但没有到达颧上颌缝
23. 颧面孔缺如（zygomatico-facial foramen absent）	颧面没有滋养孔的存在
24. 外耳道骨肿（auditory exostoses）	外耳门以及外耳道鼓板边缘存在的明显的骨质隆起
25. 胡施克孔（foramen of Huschke）	又称胡施克氏孔或颞骨鼓部孔。出现区域在颅底面颞骨鼓板至岩部之间，多在鼓板近中 1/3 处出现，形状有圆形、椭圆形和不规则形，同侧可能出现单个或多个，出现多个时存在主孔和变异孔
26. 鼓板边缘孔（marginal foramen of tympanic plate）	鼓板外侧缘中部上下行的沟之两侧骨针汇合形成的直径 1—3 毫米的骨管
27. 乳突孔上位（mastoid foramen exsutural）	乳突孔在枕乳缝的上方
28. 乳突孔缺如（mastoid foramen absent）	乳突孔不存在
顶、枕区（pariental and occipital regions）	

续表 5.5

形态特征	描述以及观察标准
29. 额颞式连接翼区（frontotemporal articulation）	额骨和颞骨相连
30. 翼上骨（epipteric bone）	存在于蝶囟处的缝间骨
31. 顶切迹骨（parietal norch born）	顶骨凸入颞骨之鳞部与乳突部之间的部分成一小骨块，大于 5 毫米者记
32. 顶孔缺如（parietal foramen absent）	顶孔不存在
33. 最上项线（highest nuchal line）	位于枕骨上项线之上的弱嵴
34. 枕横缝残存（remain of biasterionic suture）	由人字缝向枕骨鳞部延伸的骨缝，大于 10 毫米者记
35. 枕外隆凸区导孔（emissary foramen in inion region）	枕外隆凸附近的滋养孔
36. 二分枕髁关节面（condylar facet double）	枕髁表面存在前后两个部分小关节面
37. 髁前结节（precondylar tubercle）	为一骨性结节，紧靠枕髁之前内侧。若结节位于中央，则可看作是两个结节融合在一起
38. 第三髁（骨面型）[3rd occipital condyle（f）]	枕骨基底部下面后端中央一个具光滑或粗糙表面的骨性隆起
39. 第三髁（骨突型）[3rd occipital condyle（p）]	枕骨大孔前缘正中处向后缘的骨性隆起
40. 髁前沟（precondylar groove）	枕髁前面的舌下神经压迹
41. 髁管显著（condylar canal patent）	髁后管发育良好，不存在闭锁现象
42. 髁中间管（intermediate condylar canal）	由横跨过紧靠枕髁外侧的沟的骨桥形成
43. 旁髁突（paracondylar process）	在枕骨大孔外侧出现的骨质隆起
44. 二分髁管（condylar canal double）	髁后管被一骨质分隔为两个部分
45. 二分舌下神经管（hypoglossal canal bridging）	该管贯穿枕髁之前部，为舌下神经通道。因胚胎时舌下神经由数支组成，故使舌下神经管之一段或全段呈二分状。由枕大孔向内侧视之，即可记录此性状
46. 颈静脉孔骨桥（bony bridging of jugular foramen）	跨过颈静脉孔的骨质联结
47. 左横窦优势（left side dominance of trans. sinus）	枕骨颅腔内的左侧横窦沟较为发育
48. 枕骨基底正中管（canalis basilaris medianus）	枕骨基底部通向颅腔的小管
蝶、腭区（sphenoidal and palatal regions）	
49. 卵圆孔不全（foramen ovale incomplete）	卵圆孔之外后壁不全，故卵圆孔与棘孔相连接
50. 棘孔开放（foramen spinosum open）	棘孔之后壁不全，其与蝶岩裂相通

续表 5.5

形态特征	描述以及观察标准
51. 岩孔（foramen petrosum）	鼓室盖的前侧有两个小孔，其中内侧的较大，称为面神经管裂孔，有岩大神经穿出；外侧的较小，称为岩小神经管内口，即岩孔，又称为阿尔诺无名小管（canaliculus innominatus of Arnold），有岩小神经通过
52. 维萨里孔（foramen petrosum）	维萨里孔即静脉孔，是蝶骨卵圆孔内侧的小孔，通行导静脉
53. 翼棘孔（pterygospinous foramen）	蝶骨的角棘与翼突外侧板之间，由于有骨桥（为骨化的翼棘韧带）跨过而成一孔，称为翼棘孔
54. 颞颊孔（porus ceotaphitico-buccinatorius）	在蝶骨大翼的颞面出现的滋养孔
55. 床突间骨桥（clinoid bridging）	在颅底内面，蝶骨小翼上的前床突与蝶骨体鞍背上的中床突或位于岩部的后床突形成的骨性连接
56. 腭圆枕（palatine torus）	存在于上颌硬腭上的骨质隆起
57. 腭中骨（median palatine bone）	腭中缝上的缝间骨
58. 副腭小孔（accessory lesser palatine foramen）	腭小孔旁侧的小孔
59. 内侧腭管（medial palatine canal）	腭大孔前面有骨桥形成，近内侧的为内侧腭管
60. 外侧腭管（lateral palatine canal）	腭大孔前面有骨桥形成，近外侧的为外侧腭管
下颌骨（mandible）	
61. 下颌圆枕（mandible torus）	在下颌体的舌面上出现的较为发育的骨质突起
62. 多颏孔（multiple mental foramen）	一般个体正常的颏孔数为两个，即两侧各一个，但有时候会在主颏孔附近出现较小的副颏孔
63. 下颌舌骨沟骨桥（mylohyoid bridging）	有两种：①近中型，由于蝶颌韧带的骨化，下颌小舌向后延伸成骨桥；②远中型，下颌小舌下后缘形成的小棘，它与下颌小舌相对应。不管何种类型均记录
64. 摇椅式下颌（rocker mandible）	由于下颌体下缘的曲度过大而造成下颌前后摇摆，这样的下颌被称为摇椅式

二、部分非连续性形态的图示说明

为了更为清晰地描述本报告所进行的非连续性形态的观察标准，我们在此列出部分比较容易引起歧义，或者以往未曾有过或者较为重要的图示（图 5.11 和图 5.12），主要参考了李法军（2003，2008）和张桦（2006）的相关定义和研究。

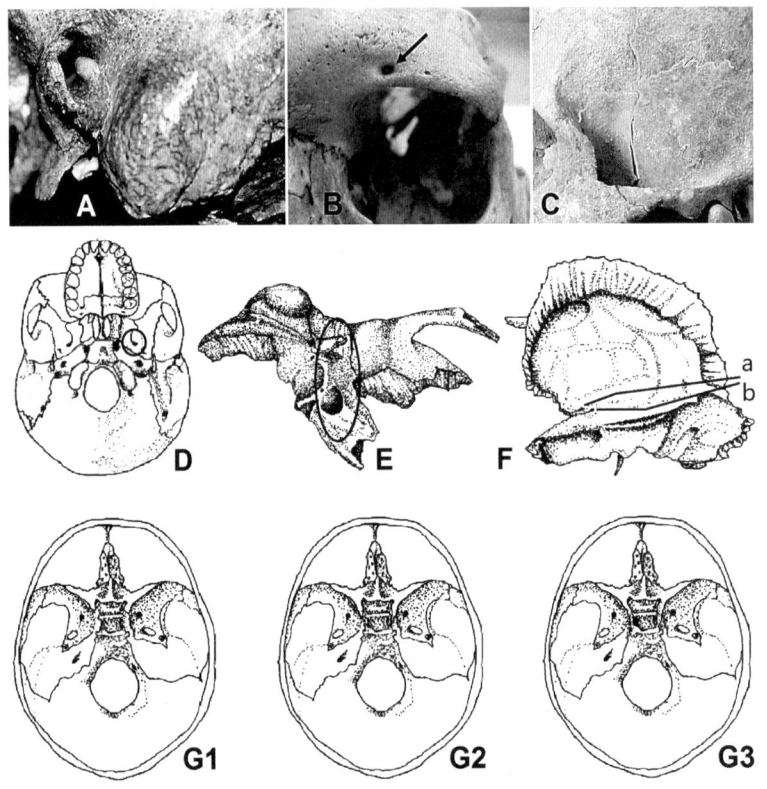

图 5.11 非连续性形态图示（一）
A. 外耳道骨肿 Auditory exostoses；B. 眶上孔 Supraorbital foramen；
C. 额颞式连接翼区 Frontotemporal articulation；D. 维萨里孔 Foramen petrosum；
E. 胡施克孔 Foramen of Huschke；F. 岩孔 Foramen petrosum，a 为岩大孔，b 为岩小孔；
G. 床突间骨桥 Clinoid bridging，G1 为颅底内正常形态，G2 为不完全形态，G3 为形成床突间骨桥）
（资料来源：A 修改自 http://dsc.discovery.com；B 修改自 http://en.bestpicturesof.com；
C 由李法军绘制；D—G3 修改自李法军，2008）

三、观察结果

我们首先对鲤鱼墩遗址的每个个体进行头骨非连续性形态的逐一描述。没有提及的特征表示其不可观察。特征的观察和记录依据特征分类和分布区域进行。

1. 03SL M3

（1）缝骨：无前囟骨、印加骨和枕乳缝间骨；存在冠状缝小骨；左侧星点小骨存在，右侧缺失。

（2）额、眶区：无额中缝、额切迹/孔、滑车上切迹/孔和眶上神经沟；左右侧均存在眶上孔和眶上神经孔；左侧滑车棘存在，右侧缺失。

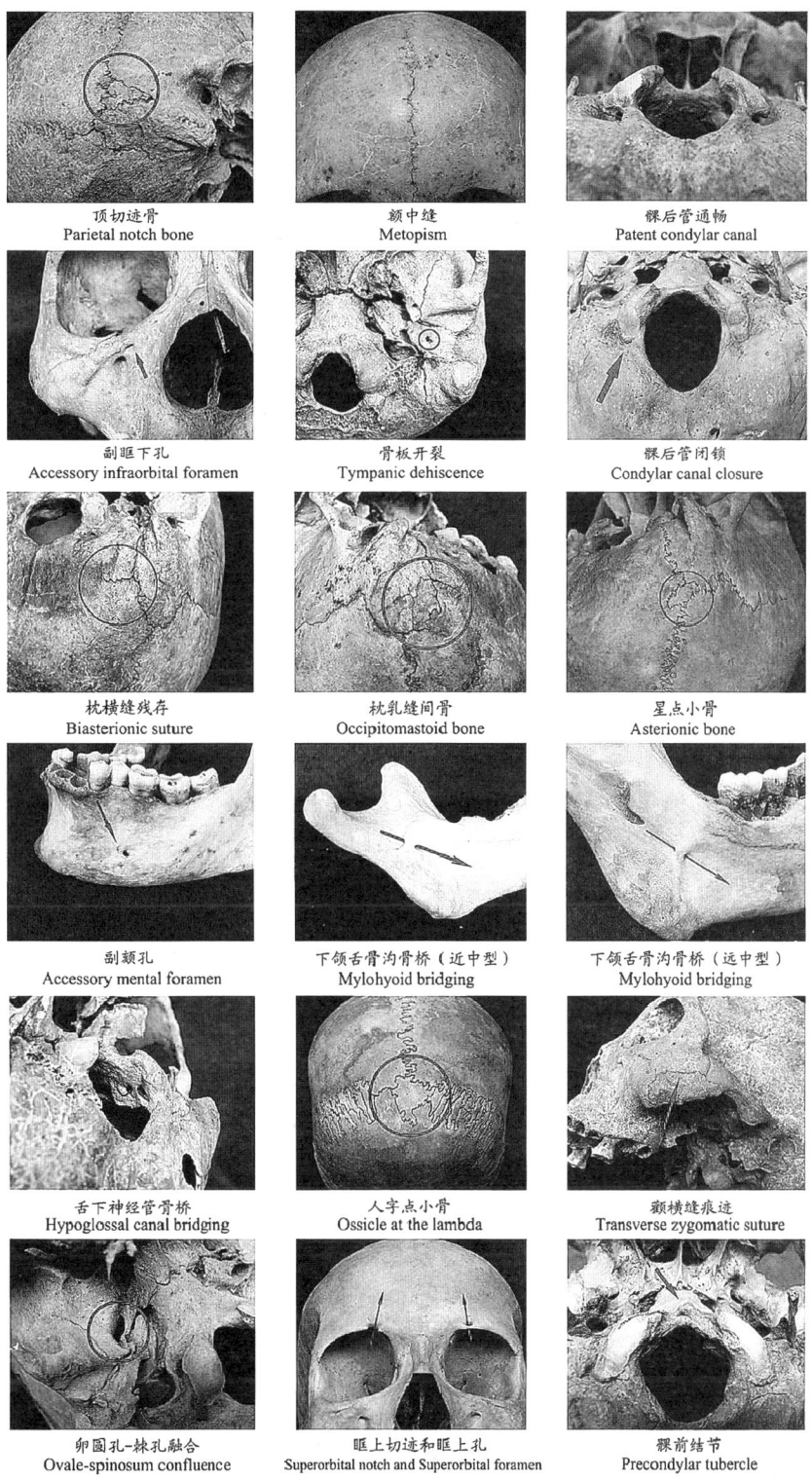

图 5.12 非连续性形态图示（二）
（资料来源：修改自张桦，2006）

(3) 上颌、颧、颞区：无眶下缝、胡施克孔、鼓板边缘孔和乳突孔上位；存在左侧副眶下孔、二分颧骨、颧横缝痕迹和颧面孔缺如，右侧未知；存在左侧上颌圆枕，右侧缺失；存在外耳道骨肿和乳突孔缺如。

(4) 顶、枕区：有矢状嵴；无顶切迹骨、最上项线、枕横缝残存、枕外隆凸区导孔、第三髁（骨面型）、第三髁（骨突型）、旁髁突、二分髁管、二分舌下神经管、颈静脉孔骨桥和左横窦优势；存在左侧二分枕髁关节面，右侧未知；存在左侧髁管显著，右侧缺失。

(5) 蝶、腭区：不存在岩孔和腭中骨；存在颥颊孔；存在左侧腭圆枕，右侧缺失。

(6) 下颌骨：不存在下颌圆枕、多颏孔和摇椅式下颌；左侧下颌舌骨沟骨桥缺失，右侧未知。

2. 03SL M4

(1) 缝骨：存在人字点小骨；存在左侧人字缝小骨，右侧未知；存在印加骨、左侧星点小骨和枕乳缝间骨，右侧未知。

(2) 额、眶区：无额中缝；存在眶上孔、眶上神经孔；不存在额切迹/孔、眶上神经沟和脑膜眼眶孔。

(3) 上颌、颧、颞区：不存在二分颧骨、颧横缝痕迹和颧面孔缺如；不存在右侧外耳道骨肿和乳突孔缺如，左侧未知；存在右侧乳突孔上位，左侧未知。

(4) 顶、枕区：顶孔缺失，有矢状嵴；存在右侧顶切迹骨、髁前沟和二分舌下神经管，左侧未知；存在顶孔缺如和最上项线；不存在枕外隆凸区导孔、髁前结节。

(5) 蝶、腭区：不存在右侧卵圆孔不全、棘孔开放、岩孔，左侧未知。

(6) 下颌骨：不存在下颌圆枕、多颏孔和摇椅式下颌；存在左侧下颌舌骨沟骨桥，右侧未知。

3. 03SL M6

(1) 缝骨：存在冠状缝小骨、人字点小骨和印加骨；存在左侧人字缝小骨，右侧缺失；不存在星点小骨；存在左侧枕乳缝间骨，右侧未知。

(2) 额、眶区：无额中缝；存在眶上切迹；无眶上神经孔和眶上神经沟。

(3) 上颌、颧、颞区：无上颌圆枕和外耳道骨肿；不存在左侧颧横缝痕迹和乳突孔上位，右侧未知；存在左侧颧面孔缺如，右侧缺失；存在左侧乳突孔缺如，右侧未知。

(4) 顶、枕区：顶孔缺失，无矢状嵴。不存在额颞式连接翼区、顶切迹骨、最上项线和枕外隆凸区导孔；存在翼上骨、顶孔缺如；不存在左侧枕横缝残存、二分枕髁关节面、髁前结节、髁前沟、二分舌下神经管和颈静脉孔骨桥，右侧未知；存在左侧旁髁突，右侧缺失。

(5) 蝶、腭区：不存在左侧卵圆孔不全、棘孔开放、维萨里孔、腭中骨、副腭小孔、内侧腭管和外侧腭管，右侧未知；不存在颥颊孔和腭圆枕。

(6) 下颌骨：不存在下颌圆枕和多颏孔；存在右侧下颌舌骨沟骨桥，左侧缺失；存在摇椅式下颌。

4. 03SL M7

（1）缝骨：不存在前囟骨、冠状缝小骨、印加骨和枕乳缝间骨；存在左侧人字点小骨，右侧缺失；存在右侧星点小骨，左侧缺失。

（2）额、眶区：不存在额中缝、滑车上切迹/孔、眶上神经沟、滑车棘和脑膜眼眶孔；存在眶上孔、额切迹；存在右侧眶上神经孔，左侧缺失。

（3）上颌、颧、颞区：存在左侧眶下缝，右侧缺失；不存在副眶下孔、上颌圆枕、二分颧骨、颧横缝痕迹、外耳道骨肿、胡施克孔、鼓板边缘孔和乳突孔缺如；存在颧面孔缺如和乳突孔上位。

（4）顶、枕区：右侧有一顶孔，无矢状嵴；不存在额颞式连接翼区、翼上骨、顶切迹骨、最上项线、枕横缝残存、二分枕髁关节面、第三髁（骨面型）、第三髁（骨突型）、髁前沟、髁中间管、二分髁管、颈静脉孔骨桥、左横窦优势和枕骨基底正中管；存在左侧顶孔缺如、髁前结节，右侧缺失；存在枕外隆凸区导孔和旁髁突；存在左侧髁管显著，右侧缺失；存在右侧二分舌下神经管，左侧缺失。

（5）蝶、腭区：不存在卵圆孔不全、棘孔开放、岩孔、翼棘孔、颞颊孔、腭圆枕和腭中骨；存在左侧维萨里孔，右侧缺失。

（6）下颌骨：不存在下颌圆枕和多颏孔；存在下颌舌骨沟骨桥和摇椅式下颌。

5. 03SL M8

（1）缝骨：不存在冠状缝小骨、人字点小骨、人字缝小骨、印加骨、星点小骨和枕乳缝间骨。

（2）额、眶区：不存在额中缝、滑车上切迹/孔、眶上神经孔、眶上神经沟和滑车棘；存在眶上切迹和额切迹；不存在右侧二分视神经管和脑膜眼眶孔，左侧未知。

（3）上颌、颧、颞区：不存在眶下缝、颧面孔缺如、外耳道骨肿、胡施克孔、鼓板边缘孔、乳突孔上位和乳突孔缺如；不存在右侧上颌圆枕，左侧缺失；不存在左侧二分颧骨和颧横缝痕迹。

（4）顶、枕区：顶孔缺如，有矢状嵴；不存在额颞式连接翼区、翼上骨、顶切迹骨、枕横缝残存、枕外隆凸区导孔、二分枕髁关节面、髁前结节、第三髁（骨面型）、第三髁（骨突型）、髁前沟、髁管显著、髁中间管、旁髁突、二分髁管、颈静脉孔骨桥和枕骨基底正中管；存在顶孔缺如、最上项线和左横窦优势；存在左侧二分舌下神经管，右侧缺失。

（5）蝶、腭区：存在卵圆孔不全、棘孔开放、维萨里孔和颞颊孔；不存在岩孔、翼棘孔、床突间骨桥、腭圆枕、腭中骨、副腭小孔和外侧腭管；不存在右侧内侧腭管，左侧未知。

（6）下颌骨：不存在下颌圆枕、多颏孔、下颌舌骨沟骨桥和摇椅式下颌。

四、鲤鱼墩居民头骨非连续性形态的分布规律

我们首先依据特征分类和分布区域对鲤鱼墩居民头骨非连续性形态进行归纳，然后提

取出这个群体的头骨非连续性形态的分布规律。分布规律按照"出现率为零"、"出现率极低"、"出现率中等"和"出现率较高"四个等级进行描述。"出现率为零"是指某项特征在所有个体中均未出现;"出现率极低"是指只有 1 个个体存在某项特征;"出现率中等"是指有 2 个个体存在某项特征;"出现率较高"是指有 3 个或者 3 个以上的个体存在某项特征。

(1) 缝骨:所有个体均无前囟骨;除 03SL M6 外均无印加骨;除 03SL M4 外均不存在枕乳缝间骨;03SL M3 和 03SL M6 存在冠状缝小骨,而 03SL M7 和 03SL M8 不存在此缝间骨;03SL M3、03SL M4 和 03SL M7 存在星点小骨,03SL M6 和 03SL M8 不存在此缝间骨;除 03SL M8 外,03SL M4、03SL M6 和 03SL M7 均存在人字点小骨;03SL M4 和 03SL M6 存在人字缝小骨,03SL M8 不存在此缝间骨;03SL M4 和 03SL M7 存在星点小骨,03SL M6 和 03SL M8 不存在此缝间骨。

(2) 额、眶区:可观察的 4 例个体均不存在额中缝(03SL M4 不可观察);03SL M3 和 03SL M4 无额切迹/孔,03SL M7 和 03SL M8 存在额切迹/孔(03SL M6 不可观察);可观察的 3 例个体均不存在滑车上切迹/孔(03SL M4 和 03SL M6 不可观察);所有个体均不存在眶上神经沟和脑膜眼眶孔;所有个体均存在眶上切迹/孔;03SL M3 存在滑车棘,03SL M7 和 03SL M8 不存在此特征。

(3) 上颌、颧、颞区:所有个体均不存在胡施克孔、鼓板边缘孔、二分颧骨、颧横缝痕迹;03SL M4 和 03SL M7 存在乳突孔上位,其他个体不存在此特征;03SL M3 和 03SL M6 存在乳突孔缺如,其他个体不存在此特征;03SL M3、03SL M6 和 03SL M7 存在颧面孔缺如,03SL M4 和 03SL M8 不存在此特征;除 03SL M3 外,均不存在上颌圆枕(03SL M4 不可观察)。

(4) 顶、枕区:除 03SL M4 外,其他个体均不存在顶切迹骨、枕横缝残存、第三髁(骨面型)、第三髁(骨突型)、二分髁管、颈静脉孔骨桥;03SL M4 和 03SL M8 存在最上项线,其他个体均不存在此特征;除 03SL M7 外,均不存在枕外隆凸区导孔和髁前结节;03SL M6 和 03SL M7 存在旁髁突,03SL M3 和 03SL M8 不存在此特征(03SL M4 未知);03SL M4、03SL M7 和 03SL M8 存在二分舌下神经管,03SL M3 和 03SL M6 不存在此特征;除 03SL M3 外,其他个体均不存在二分枕髁关节面(03SL M4 不可观察)。

(5) 蝶、腭区:所有个体均不存在岩孔、腭中骨;除 03SL M8 外,均不存在卵圆孔不全、棘孔开放和颞颊孔;除 03SL M7 外,均不存在维萨里孔;除 03SL M3 外,均不存在腭圆枕。03SL M7 和 03SL M8 不存在翼棘孔(其他个体不可观察)。

(6) 下颌骨:所有个体均不存在下颌圆枕和多颏孔特征;03SL M3、03SL M4 和 03SL M8 不存在摇椅式下颌,03SL M4 和 03SL M6 存在此特征;03SL M3、03SL M4 和 03SL M7 存在下颌舌骨沟骨桥,03SL M6 和 03SL M8 不存在此特征。

综上所述,该人群头骨的非连续性形态特征表现为:

(1) 出现率为零的特征包括:前囟骨、额中缝、眶上神经沟、脑膜眼眶孔、滑车上切迹、胡施克孔、鼓板边缘孔、二分颧骨、颧横缝痕迹、岩孔、腭中骨、下颌圆枕和多颏孔特征。

(2) 出现率极低的特征包括:印加骨、枕乳缝间骨、上颌圆枕、顶切迹骨、枕横缝残存、第三髁(骨面型)、第三髁(骨突型)、二分髁管、颈静脉孔骨桥、枕外隆凸区导孔、髁前结节、二分枕髁关节面、卵圆孔不全、棘孔开放、颞颊孔、维萨里孔和腭圆枕。

（3）出现率中等的特征包括：冠状缝小骨、人字缝小骨、星点小骨、额切迹/孔、乳突孔上位、乳突孔缺如、最上项线、旁髁突、二分舌下神经管、摇椅式下颌和下颌舌骨沟骨桥。

（4）出现率较高的特征包括：眶上孔、人字点小骨和颧面孔缺如。

本章参考文献

1. 李法军. 河北阳原姜家梁新石器时代人骨研究. 北京：科学出版社，2008.
2. 李法军. 头骨三项非测量特征在中国古代人群中的分布差异. 人类学学报，2009，28（1）：32-44.
3. 李法军，朱泓. 河北阳原姜家梁新石器时代遗址头骨非连续性形态特征的观察与研究. 人类学学报，2003，22（3）：206-217.
4. 李法军，王明辉，冯孟钦，朱泓. 鲤鱼墩新石器时代头骨的非连续性形态特征观察与分析. 广州文博，2011，（4）：176-193.
5. 刘执玉. 英汉解剖学词汇. 北京：中国医药科技出版社，1998.
6. 邵象清. 人体测量手册. 上海：上海辞书出版社，1985.
7. 谭婧泽. 中国古代人骨眶上孔和舌下神经管二分发生率的调查与日本人起源问题的讨论. 人类学学报，2002，21（1）：14-22.
8. 王令红. 华北人头骨非连续性形态特征的观察. 人类学学报，1988，7（1）：17-25.
9. 王令红，孙凤喈. 太原地区现代人头骨的研究. 人类学学报，1988，7（3）：206-214.
10. 汪洋. 日本绳纹人人种研究. 见：吉林大学考古系编. 青果集——吉林大学考古系建系十周年纪念文集. 北京：知识出版社，1998.
11. 吴汝康，吴新智，张振标. 人体骨骼测量方法. 北京：科学出版社，1984.
12. 席焕久，陈昭. 人体测量方法（第二版）. 北京：科学出版社，2010.
13. 张桦. 中国北方古代居民颅骨非测量性状研究. 长春：吉林大学硕士学位论文，2006.
14. 张建波，巫新华，李黎明，金力，李辉，谭婧泽. 新疆于田流水墓地青铜时代人类颅骨的非连续性特征研究. 人类学学报，2011，30（4）：379-404.
15. 张君. 从头骨非连续性形态特征看青海李家山卡约文化居民的种族类型. 考古，2001，（5）：80-84.
16. 张银运. 人类头骨非连续性形态特征述评. 人类学学报，1993，12（4）：394-397.
17. 张振标. 福建历史时期人骨的种族特征. 人类学学报，1996，15（4）：324-334.
18. 张振标. 从野店人骨论山东三组新石器时代居民的种族类型. 古脊椎动物与古人类. 1980，13（1）：65-75.
19. 郑靖中，张怀瑫，杨玉田，党汝霖. 西安地区现代人颅骨非测量性研究. 人类学学报，1988，7（3）：219-224.
20. 中国解剖学会. 中国人体解剖学名词. 上海：上海科技出版社，1982.
21. 周文莲，吴新智. 现代人头骨面部几项非连续性形态特征的观察. 人类学学报，2001，20（4）：288-294.
22. 周文莲，吴新智. 中国和西方化石人头骨面部三项非连续性形态特征的比较. 人类学学报，2002，21（2）：111-115.
23. 朱泓. 体质人类学. 长春：吉林大学出版社，1993.
24. 朱泓. 体质人类学. 北京：高等教育出版社，2004.
25. 分部哲秋. 江南地方古人骨の頭蓋小変異. 見中橋孝博主編. 渡来系弥生人の中国江南起源に関する人類学の研究－平成8年度－平成10年度科学研究費補助金（国際学術研究）研究成果報告書. 平

成 11 年（1999 年）3 月.

26. Dodo Y. Non-metrical cranial traits in the Hokkaido Ainu and the Northern Japanese of recent time. Journal of Anthropological Society of Nippon, 1974, 82 (1): 31-51.
27. Dodo Y. A population study of the jugjuar foramen bridging of the human cranium. American Journal of physical Anthropology, 1986, 69 (1): 15-19.
28. Dodo Y. and H. Ishida. Population history of Japan as viewed from cranial nonmetric variation. Journal of Anthropological Society of Nippon, 1990, 98 (3): 269-287.
29. Dodo Y., Doi N and Kondo O. Ainu and Ryukyuan cranial nonmetric variation: evidence which disputes the Ainu-Ryukyuan common origin theory. Journal of Anthropological Society of Nippon, 1998, 106 (2): 99-120.
30. Ishida H. and Y. Dodo. Cranial morphology of the Siberians and East Asians. In: prehistoric Mongoloid Dispersals, edited by Akazawa T. and E. J. E. Szathmary. Oxford: Oxford University Press, 1995: 113-124.
31. Ossenberg N. S., Y. Dodo, T. Maeda and Y. Kawakubo. Ethnogenesis and craniofacial change in Japan from the perspective of nonmetric traits. Anthropological Science, 2006, 114 (2): 99-115.
32. Schwartz J. H. Skeleton Keys-An Introduction to Human Skeletal Morphology, Development, and Analysis. Oxford. New York: Oxford University Press, 1995: 257.
33. Yamaguchi. The incidence of mior non-metric cranial variants in the Protohistoric human remains from eastern Japan. National Science Museum. Tokyo: Ser. D. 11, December. 1985, (22): 13-24.

第六章 鲤鱼墩新石器时代居民牙齿测量学研究

王婷婷 李法军 王明辉 朱泓 冯孟钦

一般认为，牙齿是人体中矿化度最高、最坚硬的组织，不易腐烂及风化，往往在肢骨、躯干骨及头骨均已腐蚀消失的情况下得以留存下来，是体质人类学及考古学研究中的重要材料。在人类漫长的进化历史中，伴随着人们饮食习惯及体质特征的逐渐演化，其牙齿的形态和尺寸也表现出了时间性和地域性的变化，加之牙齿容易进行准确的测量研究，故而成为了古人类文化及体质研究的重要研究对象（Brace et al.，1991；龚怡 等，2006）。

近年来，随着古人类研究材料的日益丰富及其研究水平的逐步提高，齿学人类学的研究亦逐渐向纵深发展，研究方法日益科学和规范，研究成果亦日渐丰富。早在20世纪末，国外的许多学者便已就人类牙齿的演化规律开展过大量的讨论，并普遍认为，人类牙齿演化的规律主要表现为牙齿形态结构趋于简单化、牙齿萌出故障及牙齿尺寸缩小等退化现象（Manabe，1992；刘武，曾祥龙，1996；Teaford，Ungar，2000；龚怡 等，2004；皮昕，2007；黄世友 等，2009）。但是，由于受到不同饮食习惯、生活习俗、文化传统及自然环境等因素的影响，不同地区居民牙齿开始退化的时间和速度有所不同，因而牙齿的形态和尺寸等特征在不同的种群间产生了明显的差异（Brace，1967；Brace，Mahler，1971；魏博源，1986；Bailit，Friedlaender，1966；刘武 等，1999；李法军，朱泓，2006；李法军 等，2008）。而这种差异则主要体现在牙齿的非测量特征和测量特征两个方面。

从以往的研究来看，目前学术界在这两个方面的研究都已经取得了显著的成果，并探索出了一系列科学的研究范式，它们各有自己的研究重点及研究方法，但是又互相关联、密不可分。我国的齿学人类学研究起步虽晚，但是在这两个方面的研究却同样取得了长足的发展，尤其是北方地区的齿学人类学研究，更是因其在古人类研究材料方面的优越性而快速和全面地发展起来。相比之下，华南地区由于酸性土壤广布、四季多雨潮湿，古人类遗骸往往难以得到良好的保存，故而其齿学人类学研究的进展亦非常有限。然而，华南地区东临太平洋，北接东亚大陆腹地，处于东南亚向中国内陆过渡的重要位置，亦是东南亚和东北亚的交界处，在文化人类学和古人类研究中具有非常重要的研究价值。

对于古人类研究材料十分匮乏的华南地区来讲，鲤鱼墩遗址人类遗骸的发现无疑起到了资料补充的重要作用。鉴于长期以来，南方地区古人类材料的齿学人类学研究，尤其是牙齿测量特征方面的分析极少（李法军 等，2009），相关研究成果亦十分匮乏，因此我们选择了这批材料的牙齿测量学分析作为研究课题，希望能够为南方地区的齿学人类学研究积累材料，也希望能够通过这些材料探索鲤鱼墩遗址居民在体质进化、族群特征、饮食习惯及社会复杂化等方面的特点。

就研究材料来说，鲤鱼墩遗址居民的牙齿测量样本量明显不足，无法进行性别间的差异分析。此外，由于能够用来进行人群外部差异比较的研究材料非常有限且缺乏原始数据材料，所以我们只能从已有的少量研究中选择更具代表性的材料来进行差异比较。

第一节 牙齿的测量特征

一、材料与方法

（一）本研究所用牙齿样本

本研究的研究样本现保存于中山大学体质人类学实验室。其中 03SL M1、03SL M2 和 03SL M5 未见牙齿保存，所以实际的牙齿测量数据主要来自于 03SL M3、03SL M4、03SL M6、03SL M7 和 03SL M8 这 5 个个体。由于样本中多个个体的牙齿散乱，因此我们依据 Bass（1987）的相关方法对鲤鱼墩遗址出土的牙齿样本进行了牙位复原，并选取其中保存较好的牙齿样本进行了测量。对于有缺损的或磨耗较重的牙齿样本，凡是影响某项测量者，则不采集此项牙齿数据。采集自各墓葬单位的牙齿样本例数分别为：03SL M3 28 个，03SL M4 23 个，03SL M6 24 个，03SL M7 20 个，03SL M8 24 个。共选择了 118 个牙齿作为测量样本，其中上颌牙齿 62 个，下颌牙齿 56 个（表 6.1）。

表 6.1 鲤鱼墩新石器时代遗址的牙齿数量分布情况

（单位：个）

样本	I1	I2	C	P3	P4	M1	M2	M3	总计
上颌	7	8	8	9	7	8	8	7	62
下颌	7	5	8	7	5	7	8	9	56
合计	14	13	16	16	12	15	16	16	118

注：I 为门齿，C 为犬齿，P 前臼齿，M 为臼齿。下同。

为了进行对比分析，本书选择了临潼姜寨、渭南北流及渭南史家等仰韶文化遗址的牙齿测量数据，陕西西安少陵原西周墓地的牙齿测量数据以及湖北郧县乔家院墓地东周 - 西汉时期的牙齿测量数据为对比对象（王惠芸，1959；Brace，Nagai，1982；魏博源，1987；刘武，1999；刘武，曾祥龙，1996；刘武，杨茂有，1999；张银运，刘武，2002；李霞，2006；黄凤春，黄旭初，2007；李涛 等，2008；黄世友，2009；周密，黄玉洪，2010）。

（二）研究方法

1. 测量方法

依据邵象清（1985）的牙齿测量方法，应用中山大学体质人类学实验室李法军设计的牙齿测量表（mental metric form），采用个体记录法分别采集了鲤鱼墩遗址各牙齿样本的齿全长、齿冠长、齿冠近远中径、齿冠颊舌径、齿颈近远中径、齿颈颊舌径及齿根长7项测量数据。门齿和臼齿的测量方法示意图见图6.1。各项测量特征的测量标准如下：

齿全长（total length of teeth）：切脊或牙尖到根尖的垂直距离。

齿冠长（height of the dental crown）：切脊或牙尖到牙颈线的垂直距离。

齿冠近远中径（mesial-distal diameter of the dental crown，MD）：牙冠近、远中面接触点之间的水平距离。

齿冠颊舌径（buccal-lingual diameter of the dental crown，BL）：牙冠唇舌径或颊舌径最突出点之间的水平距离。

齿颈近远中径（mesial-distal diameter of the dental neck）：近、远中牙颈线之间的水平距离。

齿颈颊舌径（buccal-lingual diameter of the dental neck）：牙冠唇舌颈线或颊舌颈线之间的水平距离。

齿根长（length of the dental root）：牙颈线到根尖的垂直距离。

测量仪器是精确度为0.02毫米的游标卡尺，目读误差为±0.04毫米。

2. 统计方法

本研究使用的全部牙齿测量数据以毫米为单位。分析过程中，上下颌牙齿数据分开统计，当以各部位牙齿为研究对象时采用原始数据；当以各墓葬个体为研究对象时，则取左右侧同部位牙齿的平均值，若其中一侧数据缺失，则以存在的一侧为代表；当以牙齿齿冠面积的累计值作为分析对象时，则先对原始数据进行缺失值替换处理，以免因为数据不足而造成牙齿齿冠累计面积过多偏离真实值。

出于对比分析的需要，为避免数据缺失为比较研究带来的统计误差，依据原始测量数据，我们使用 SPSS® Statistics 17.0 的"替换缺失值"功能，采用"点处的线性趋势"对缺失值进行了估计和替换。

3. 分析方法

牙齿测量特征的研究中，往往需要选择合适的标准作为代表性特征进行分析。一般来说，齿冠的形态较齿根规则，易于采集数据和分析，也更能代表牙齿尺寸的大小，所以齿学人类学研究中常以齿冠长、齿冠近远中径及齿冠颊舌径作为牙齿测量研究中的重要参考因素。但是，由于齿冠易于磨损，往往存在不同程度的磨耗，所测齿冠数据难以确定其实际代表性，故常常为分析研究带来诸多不确定性。

考虑到齿冠代表性的问题，美国学者 Brace 提出了以齿冠横切面积作为衡量牙齿尺寸

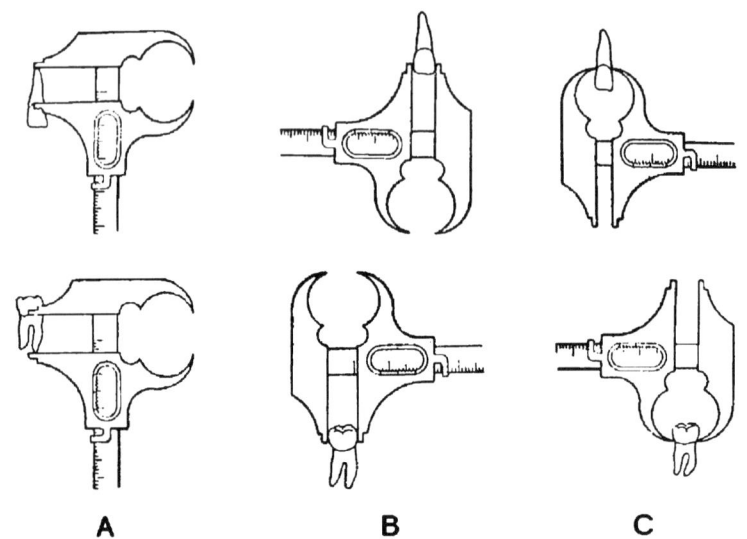

图 6.1　门齿和臼齿的测量方法示意图
A. 齿根测量；B. 齿冠测量；C. 齿颈测量。
（资料来源：修改自邵象清，1985）

最优标准的方法（Brace，1967；Garn，1977），并以此为基础设计了若干不同的牙齿面积标准用于人类演化和群体对比的研究（Brace，1980；Brace，et al.，1987）。这些牙齿面积标准主要包括平均牙齿面积、上颌牙齿面积、下颌牙齿面积、牙齿组合面积及牙齿总面积等。具体计算方法如下：

（1）平均牙齿面积（mean cross-sectional areas, or average cross-sectional areas）：为上下颌全部 32 个牙齿齿冠面积的平均值，计算方法为：

$$Xi = \sum (MD \times BL) / Ni$$

式中，Ni 为牙齿的例数，i 为上下颌牙齿。

（2）上颌牙齿面积（cross-sectional areas of upper teeth）：为各上颌牙齿平均齿冠面积之和。

（3）下颌牙齿面积（cross-sectional areas of lower teeth）：为各下颌牙齿平均齿冠面积之和。

（4）牙齿组合面积（composite cross-sectional areas）：为各上下颌对应牙齿平均齿冠面积之和。

（5）牙齿总面积（summary tooth size，TS）：为上下颌全部 32 个牙齿齿冠面积之和。

其中，牙齿总面积这一标准最为简单方便，亦最具代表性，但是由于鲤鱼墩遗址牙齿样本数据存在缺失值，牙齿总面积指标并不能完全代表该遗址居民的牙齿尺寸。因此，本研究除进行齿冠长、齿冠近远中径及齿冠颊舌径的直接对比外，在使用牙齿总面积标准的同时，还以其他几种牙齿面积标准作为辅助指标进行分析。

此外，鉴于鲤鱼墩遗址样本个体数不足，仅由牙齿面积标准并不能全面地分析出这批数据所代表的统计学意义。因此，本研究在计算出各牙齿样本 7 项基本测量特征的平均值、标准差、最小值、最大值及例数等基本数据后，还将对有关鲤鱼墩先民牙齿尺寸表现特点、分布规律、比较特征等问题进行统计学分析。各项测量数据使用 SPSS® Statistics 17.0 进行统计和分析，其中主要包括计算数据平均值、标准差及分布范围，统计样本例数，绘制数据情况分布图以及进行聚类分析和比较等。

二、结果

鲤鱼墩遗址牙齿测量数据的基本统计结果见表 6.2 至表 6.6。样本数据的平均值见表 6.7。

表 6.2　03SL M3 牙齿数据记录表

（单位：毫米）

	齿全长	齿冠长	齿冠近远中径	齿冠颊舌径	齿颈远中径	齿颈颊舌径	齿根长
URI1	—	5.06	3.94	6.84	5.54	6.64	—
URI2	—	1.96	4.86	6.92	4.52	6.56	—
URC	23.26	4.68	6.54	8.24	6.22	8.06	18.58
URP3	—	2.94	6.38	9.72	5.04	9.52	—
URP4	—	4.42	6.72	9.70	5.14	9.30	—
URM1	—	2.92	10.42	13.14	7.76	12.96	—
URM2	—	4.76	10.42	13.14	7.76	12.96	—
URM3	—	—	—	—	—	—	—
ULI1	—	4.44	6.42	7.20	5.90	6.84	—
ULI2	—	2.82	4.86	7.04	4.48	6.74	—
ULC	26.94	5.14	7.44	8.14	6.46	7.96	21.80
ULP3	—	4.02	6.48	7.56	4.48	9.32	—
ULP4	—	4.54	7.18	10.52	4.32	10.40	—
ULM1	22.62	3.94	10.94	12.42	8.76	12.00	17.68
ULM2	24.10	4.14	10.84	13.08	8.04	11.74	19.96
ULM3	—	3.94	10.42	11.90	8.14	10.84	—
LRI1	13.58	1.38	3.92	6.32	3.32	5.88	12.20
LRI2	12.56	2.34	3.46	6.38	2.96	6.14	10.22
LRC	—	4.96	6.08	7.76	5.50	7.96	—
LRP3	—	3.12	4.80	8.58	4.92	7.72	—

续表 6.2

	齿全长	齿冠长	齿冠近远中径	齿冠颊舌径	齿颈远中径	齿颈颊舌径	齿根长
LRP4	—	4.50	5.54	9.56	5.12	7.96	—
LRM1	—	3.64	9.44	12.22	9.32	9.78	—
LRM2	—	4.32	10.58	10.90	8.80	9.60	—
LRM3	—	—	—	—	—	—	—
LLI1	10.22	1.84	3.32	5.86	2.78	4.72	8.38
LLI2	—	1.22	3.94	6.70	3.04	5.86	—
LLC	—	1.24	7.48	6.94	5.02	7.90	—
LLP3	—	0.92	5.44	8.38	4.86	7.64	—
LLP4	—	2.72	6.72	8.74	4.70	7.84	—
LLM1	—	—	—	—	—	—	—
LLM2	—	—	—	—	—	—	—
LLM3	—	1.320	10.56	10.32	10.12	9.62	—

（备注：UR 为上颌右侧，UL 为上颌左侧，LR 为下颌右侧，LL 为下颌左侧。下同。）

表 6.3　03SL M4 牙齿数据记录表

（单位：毫米）

	齿全长	齿冠长	齿冠近远中径	齿冠颊舌径	齿颈远中径	齿颈颊舌径	齿根长
URI1	20.98	6.88	7.62	6.90	6.02	6.38	14.10
URI2	20.72	6.08	6.24	6.82	5.08	6.40	14.64
URC	19.20	5.88	7.90	8.78	6.74	8.58	12.32
URP3	19.42	5.22	6.84	10.16	5.24	8.72	14.20
URP4	8.60	4.80	6.52	9.92	4.78	8.64	3.80
URM1	20.48	6.70	10.74	13.84	8.28	12.36	13.78
URM2	20.50	7.72	9.96	13.52	7.60	12.46	12.78
URM3	16.42	6.32	9.22	12.32	7.92	11.18	10.10
ULI1	—	—	—	—	—	—	—
ULI2	21.16	7.16	6.18	6.88	4.88	6.40	14.00
ULC	21.92	6.90	8.02	9.10	6.20	8.16	15.02
ULP3	21.86	4.24	7.16	9.96	5.22	8.34	17.62
ULP4	—	—	—	—	—	—	—
ULM1	—	—	—	—	—	—	—
ULM2	—	—	—	—	—	—	—

续表6.3

	齿全长	齿冠长	齿冠近远中径	齿冠颊舌径	齿颈远中径	齿颈颊舌径	齿根长
ULM3	16.22	6.78	9.94	12.70	8.24	11.40	9.44
LRI1	18.78	3.44	4.76	6.40	4.62	6.78	15.34
LRI2	—	—	—	—	—	—	—
LRC	—	5.38	6.92	9.58	5.46	8.12	—
LRP3	—	—	—	—	—	—	—
LRP4	—	—	—	—	—	—	—
LRM1	8.64	4.78	9.78	12.12	8.42	10.68	3.86
LRM2	—	6.34	11.74	11.78	9.54	10.32	—
LRM3	17.52	5.70	11.78	12.16	10.48	9.48	11.82
LLI1	15.90	2.62	3.82	5.68	3.86	5.60	13.28
LLI2	—	3.20	4.86	6.50	3.36	6.30	—
LLC	—	5.86	6.34	8.38	4.18	8.38	—
LLP3	—	4.52	7.28	9.66	5.40	7.86	—
LLP4	—	—	—	—	—	—	—
LLM1	16.20	5.46	10.94	12.04	9.72	9.62	10.74
LLM2	—	—	—	—	—	—	—
LLM3	17.60	5.52	11.90	11.48	9.90	8.92	12.08

表6.4　03SL M6 牙齿数据记录表

（单位：毫米）

	齿全长	齿冠长	齿冠近远中径	齿冠颊舌径	齿颈远中径	齿颈颊舌径	齿根长
URI1	18.68	5.76	7.04	6.06	5.44	5.42	12.92
URI2	18.42	4.42	5.48	6.18	3.92	5.82	14.00
URC	—	3.94	7.26	6.94	5.12	6.12	—
URP3	—	4.46	6.04	8.62	4.30	7.08	—
URP4	—	—	—	—	—	—	—
URM1	—	4.16	9.44	10.94	7.26	9.94	—
URM2	17.88	4.10	11.08	9.72	10.44	7.60	13.78
URM3	—	—	—	—	—	—	—
ULI1	17.90	3.98	6.50	5.96	5.34	5.78	13.92
ULI2	—	4.84	5.42	6.14	3.96	5.70	—
ULC	—	—	—	—	—	—	—

续表6.4

	齿全长	齿冠长	齿冠近远中径	齿冠颊舌径	齿颈远中径	齿颈颊舌径	齿根长
ULP3	—	4.18	5.70	8.90	4.20	7.32	—
ULP4	—	4.14	5.62	8.82	4.22	7.20	—
ULM1	—	3.50	9.08	10.92	6.64	10.20	—
ULM2	—	4.42	9.72	10.96	7.14	9.44	—
ULM3	—	3.90	7.94	9.90	5.34	7.92	—
LRI1	—	—	—	—	—	—	—
LRI2	—	—	—	—	—	—	—
LRC	—	3.12	4.32	6.66	4.18	6.38	—
LRP3	—	—	—	—	—	—	—
LRP4	—	—	—	—	—	—	—
LRM1	—	4.74	10.50	9.72	8.32	8.80	—
LRM2	—	4.32	9.48	9.76	7.56	7.88	—
LRM3	—	3.98	9.96	9.46	7.70	5.64	—
LLI1	15.02	2.50	3.62	5.38	3.30	5.34	12.52
LLI2	—	—	—	—	—	—	—
LLC	19.18	4.44	4.96	6.56	4.18	6.32	14.74
LLP3	17.82	1.82	4.80	6.28	3.62	6.84	16.00
LLP4	—	—	—	—	—	—	—
LLM1	—	4.36	10.64	9.74	7.72	7.28	—
LLM2	—	3.86	9.56	9.22	7.32	6.62	—
LLM3	19.62	5.32	9.78	8.36	7.66	7.22	14.30

表6.5　03SL M7 牙齿数据记录表

（单位：毫米）

	齿全长	齿冠长	齿冠近远中径	齿冠颊舌径	齿颈远中径	齿颈颊舌径	齿根长
URI1	—	—	—	—	—	—	—
URI2	—	6.32	5.08	6.54	5.10	6.08	—
URC	—	—	—	—	—	—	—
URP3	—	—	—	—	—	—	—
URP4	—	—	—	—	—	—	—
URM1	—	2.42	8.64	10.94	6.44	10.76	—
URM2	—	2.64	8.04	10.64	6.14	9.62	—

续表6.5

	齿全长	齿冠长	齿冠近远中径	齿冠颊舌径	齿颈远中径	齿颈颊舌径	齿根长
URM3	—	4.62	9.78	10.38	7.38	9.32	—
ULI1	—	—	—	—	—	—	—
ULI2	—	—	—	—	—	—	—
ULC	—	—	—	—	—	—	—
ULP3	—	5.40	6.54	9.06	4.80	7.82	—
ULP4	—	3.32	5.12	9.46	4.42	8.56	—
ULM1	—	—	—	—	—	—	—
ULM2	—	—	—	—	—	—	—
ULM3	—	—	—	—	—	—	—
LRI1	—	5.48	4.36	6.06	3.04	5.72	—
LRI2	—	5.50	4.82	6.42	3.70	6.08	—
LRC	18.94	6.70	6.44	7.46	4.66	7.10	12.24
LRP3	—	3.54	5.74	8.24	4.72	6.86	—
LRP4	—	4.82	6.52	7.94	4.04	6.54	—
LRM1	—	—	—	—	—	—	—
LRM2	—	3.24	9.86	10.44	8.08	7.9	—
LRM3	—	6.46	10.64	9.76	8.82	6.72	—
LLI1	—	5.62	4.94	6.20	2.88	5.82	—
LLI2	—	6.12	5.20	6.38	3.22	5.70	—
LLC	—	6.78	6.48	4.50	4.52	6.94	—
LLP3	—	3.94	5.94	8.10	4.54	6.92	—
LLP4	—	4.66	6.34	7.04	4.72	6.72	—
LLM1	—	—	—	—	—	—	—
LLM2	—	2.90	10.28	6.50	6.50	5.86	—
LLM3	—	6.74	10.28	9.78	8.44	8.14	—

表6.6 03SL M8牙齿数据记录表

（单位：毫米）

	齿全长	齿冠长	齿冠近远中径	齿冠颊舌径	齿颈远中径	齿颈颊舌径	齿根长
URI1	21.74	6.72	6.74	6.56	6.76	6.74	15.02
URI2	—	—	—	—	—	—	—
URC	—	5.62	7.10	6.70	6.40	6.90	—

续表 6.6

	齿全长	齿冠长	齿冠近远中径	齿冠颊舌径	齿颈远中径	齿颈颊舌径	齿根长
URP3	—	2.88	5.86	9.24	4.20	7.56	—
URP4	—	3.18	6.74	9.24	3.12	8.24	—
URM1	—	2.58	9.54	11.36	7.58	10.42	—
URM2	—	3.52	9.22	11.46	6.58	10.74	—
URM3	—	3.58	9.26	10.96	7.16	9.64	—
ULI1	—	7.54	8.34	6.06	5.66	5.68	—
ULI2	—	8.24	5.84	6.52	4.52	5.74	—
ULC	—	6.22	7.74	7.10	6.24	7.44	—
ULP3	—	4.20	5.72	9.34	4.82	7.84	—
ULP4	—	3.26	6.38	8.92	4.10	7.94	—
ULM1	—	2.78	9.46	11.74	7.14	10.58	—
ULM2	—	3.22	9.36	11.44	9.56	11.50	—
ULM3	—	4.60	9.78	10.50	6.52	9.66	—
LRI1	—	—	—	—	—	—	—
LRI2	—	—	—	—	—	—	—
LRC	—	—	—	—	—	—	—
LRP3	—	—	—	—	—	—	—
LRP4	—	—	—	—	—	—	—
LRM1	—	2.12	9.52	9.46	9.28	8.78	—
LRM2	—	3.74	10.44	10.36	8.54	9.42	—
LRM3	—	4.76	11.16	10.44	10.00	8.42	—
LLI1	—	—	—	—	—	—	—
LLI2	—	—	—	—	—	—	—
LLC	—	—	—	—	—	—	—
LLP3	—	3.40	5.86	7.66	4.20	6.20	—
LLP4	—	3.30	6.38	7.94	4.12	6.92	—
LLM1	—	3.10	9.82	10.10	8.84	7.96	—
LLM2	—	3.56	10.96	10.42	8.50	7.40	—
LLM3	—	4.84	10.82	10.20	10.10	8.84	—

表 6.7 鲤鱼墩遗址牙齿测量基本数据平均值

（单位：毫米）

	齿全长	齿冠长	齿冠远中径	齿冠颊舌径	齿颈远中径	齿颈颊舌径	齿根长
上　颌							
I1	19.83	5.77	6.66	6.51	5.81	6.21	13.99
I2	20.10	5.23	5.50	6.63	4.56	6.18	14.21
C	22.83	5.48	7.43	7.86	6.20	7.60	16.93
P1	20.64	4.17	6.30	9.17	4.70	8.17	15.91
P2	8.60	3.95	6.33	9.51	4.30	8.61	3.80
M1	21.55	3.63	9.78	11.91	7.48	11.15	15.73
M2	20.83	4.32	9.83	11.75	7.91	10.76	15.51
M3	16.32	4.82	8.78	11.24	7.24	9.99	9.77
下　颌							
I1	14.70	3.27	4.04	5.99	3.40	5.69	12.34
I2	12.56	3.68	4.98	6.48	3.26	6.02	10.22
C	19.06	4.81	5.97	7.23	4.71	7.39	13.49
P1	—	3.04	5.80	8.13	4.61	7.15	16.00
P2	—	4.00	7.08	8.24	4.54	7.20	—
M1	12.42	4.03	10.25	10.77	8.80	8.99	7.30
M2	—	4.04	10.33	9.92	8.11	8.13	—
M3	18.25	4.96	10.76	10.22	9.25	8.11	12.73

首先选取鲤鱼墩居民牙齿的齿冠长、齿冠近远中径及齿冠颊舌径三项特征作为其尺寸大小的参考标准并进行初步的统计分析，统计结果见表 6.8。

表 6.8 鲤鱼墩遗址齿冠数据的基本情况

（单位：毫米）

		I1	I2	C	P1	P2	M1	M2	M3
					上　颌				
齿冠长	平均值	5.77	5.23	5.48	4.17	3.95	3.36	4.32	4.82
	标准差	1.34	2.14	0.99	0.86	0.68	1.39	1.54	1.25
	范围	3.98–7.54	1.96–8.24	3.94–6.90	2.88–5.40	3.18–4.80	2.42–6.70	2.64–7.72	3.58–6.78
	例数	7	8	7	9	7	8	8	7

续表 6.8

		I1	I2	C	P1	P2	M1	M2	M3
近远中径	平均值	6.66	5.50	7.43	6.30	6.33	9.78	9.83	8.78
	标准差	1.38	0.55	0.52	0.51	0.71	0.82	0.98	2.10
	范围	3.94–8.34	4.86–6.24	6.54–8.02	5.70–7.16	5.12–7.18	8.64–10.94	8.04–11.08	3.92–10.4
	例数	7	8	7	9	7	8	8	8
颊舌径	平均值	5.77	5.23	5.48	4.17	3.95	3.36	4.32	4.82
	标准差	1.34	2.14	0.99	0.86	0.68	1.39	1.54	1.25
	范围	3.98–7.54	1.96–8.24	3.94–6.90	2.88–5.40	3.18–4.80	2.42–6.70	2.64–7.72	3.58–6.78
	例数	7	8	7	9	7	8	8	7
下　颌									
齿冠长	平均值	3.27	3.68	4.81	3.04	4.00	4.03	4.04	4.96
	标准差	1.69	2.08	1.88	1.25	0.93	1.15	1.05	1.61
	范围	1.38–5.62	1.22–6.12	1.24–6.78	0.92–4.52	2.72–4.82	2.12–5.46	2.90–6.34	1.32–6.74
	例数	7	5	8	7	5	7	8	9
近远中径	平均值	4.04	4.98	5.97	5.80	7.08	10.25	10.33	10.76
	标准差	0.65	0.77	1.13	0.75	1.33	0.54	0.81	0.74
	范围	3.32–4.94	3.94–6.08	4.32–7.48	4.80–7.28	6.34–9.44	9.52–0.94	9.48–11.74	9.78–11.90
	例数	7	5	8	7	5	7	7	9
颊舌径	平均值	5.99	6.48	7.23	8.13	8.24	10.77	9.92	10.22
	标准差	0.37	0.13	1.49	1.02	0.95	1.28	1.57	1.11
	范围	5.38–6.40	6.38–6.70	4.50–9.58	6.28–9.66	7.04–9.56	9.46–12.22	6.50–11.78	8.36–12.16
	例数	7	5	8	7	5	7	8	9

从表 6.8 的数据分布情况来看，鲤鱼墩遗址新石器时代居民的牙齿齿冠磨损非常严重，且上颌牙齿磨损更甚。其中，上颌牙齿齿冠残长平均值约为 4.64 毫米，下颌牙齿齿冠残长平均值仅为 4.00 毫米左右，均远低于现代人的正常齿冠长数据。胡耀武等（2010）通过对鲤鱼墩遗址的人骨遗存进行 C、N 稳定同位素分析探讨了该遗址先民的生活方式，认为鲤鱼墩先民以食用海生类食物为主，陆生资源在其食物结构中仅居次要位置。海生类动植物中往往夹杂着大量泥沙，一般的处理难以完全去除。泥沙的硬度较高，长期食用夹沙的海生类食物使得鲤鱼墩先民的牙齿被迅速磨损，且磨损平面较为光滑（参见图 6.2）。

此外，从鲤鱼墩先民齿冠长数据在各牙位的分布来看，其前牙齿冠长数据明显高于后牙，且由中央门齿逐渐向远中端递减。总的来看，鲤鱼墩居民牙齿齿冠的磨耗主要集中于臼齿，且以第一臼齿磨损最为严重，这可能与海生类食物的食用习惯有关。一般来说，海

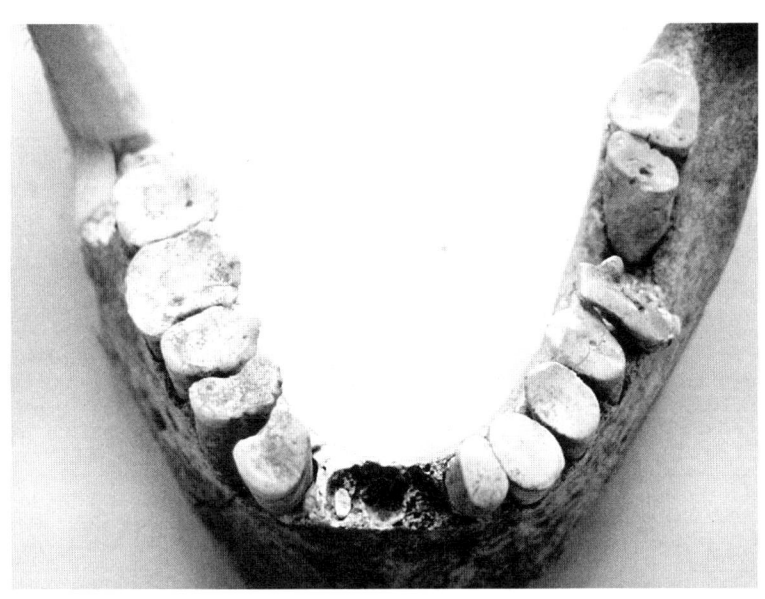

图 6.2　03SL M3 下颌牙齿的磨耗情况
（资料来源：王婷婷摄制）

生类食物的肌腱、纤维类组织较少，食用时不需要门齿频繁地发挥其切割和撕咬的作用，而主要依靠臼齿的咀嚼功能来完成食物的分离。长期食用海生类食物必然使得臼齿因为功能压力而加速磨损，并最终导致后牙齿冠的磨损甚于前牙的结果（毛燮均，1953）。

鲤鱼墩先民各牙位齿冠近远中径和齿冠颊舌径的分布范围比较大，大多数牙齿齿冠颊舌径大于齿冠近远中径（参见表6.8）。从齿冠近远中径及齿冠颊舌径所代表的牙齿尺寸来看，上颌臼齿的尺寸多以第三臼齿最大，第一臼齿最小，即 M3 > M2 > M1。从标准差和数据分布范围来看，单个牙齿尺寸变异以下颌犬齿、上下颌第二臼齿和第三臼齿较为明显。

三、讨论

（一）鲤鱼墩遗址居民在牙齿尺寸上表现出的内部差异

表6.9列出了鲤鱼墩遗址不同个体各部位牙齿的齿冠平均面积、组合面积及总面积等数据。从表6.9来看，鲤鱼墩遗址各墓葬单位的牙齿面积数据存在着明显的差异，但是这种差异尚未达到显著性差异的水平。其中，03SL M4 各牙位的牙齿面积值最高，03SL M6 最低，二者的差异比例约为30%，应认真考虑 03SL M4 的样本代表性问题。通过对各墓葬单位上下颌同一牙位的齿冠面积数据进行比较，发现鲤鱼墩遗址各墓葬单位上颌牙齿的平均面积普遍高于下颌牙齿，其中上颌牙齿齿冠累积面积约为 584.02 平方毫米，下颌牙齿累积面积约为 567.25 平方毫米，上颌牙齿累积面积约高出3%。为了方便统计和计较，

对该表使用的原始数据进行平均值处理得到表6.10。

表6.9 鲤鱼墩遗址新石器时代居民的齿冠面积数据

(单位：毫米²)

	03SL M3	03SL M4	03SL M6	03SL M7	03SL M8	平均面积	总面积
上　　颌							
I1	36.36	52.58	40.69	46.89	47.58	44.82	
I2	33.92	42.54	33.57	33.22	38.08	36.27	
C	57.25	71.16	50.38	50.23	51.20	56.04	
P1	55.56	70.42	51.42	59.25	53.79	58.09	584.02
P2	70.26	64.68	49.57	48.44	59.56	58.50	
M1	136.49	148.64	101.21	94.52	109.73	118.12	
M2	139.36	134.66	107.54	85.55	106.37	114.69	
M3	85.32	119.85	78.61	101.52	102.15	97.49	
下　　颌							
I1	20.65	25.91	19.48	28.50	75.90	34.09	
I2	32.77	31.59	63.29	32.06	78.91	47.73	
C	45.13	59.54	30.67	38.63	81.99	51.19	
P1	46.56	70.32	30.14	47.71	44.89	47.92	567.25
P2	73.93	99.82	69.81	48.16	50.66	68.48	
M1	129.29	125.15	102.85	66.83	94.57	103.74	
M2	92.98	138.30	90.34	85.29	111.17	103.62	
M3	108.98	139.95	87.94	102.19	113.42	110.50	
合计	1164.80	1395.10	1007.51	969.00	1219.96	1151.27	

表6.10 鲤鱼墩遗址新石器时代居民齿冠组合面积

(单位：毫米²)

	I1	I2	C	P3	P4	M1	M2	M3	总计
03SL M3	57.01	66.69	102.38	102.11	144.20	265.78	232.34	194.30	1211.18
03SL M4	78.49	74.13	130.70	140.74	164.50	273.79	272.96	259.79	1359.96
03SL M6	60.16	96.87	81.05	81.57	119.38	204.06	197.88	166.55	957.55
03SL M7	75.39	65.29	88.86	106.97	96.60	161.35	170.84	203.71	966.71
03SL M8	123.48	116.99	133.18	98.68	110.22	204.30	217.54	215.57	1120.01

续表 6.10

	I1	I2	C	P3	P4	M1	M2	M3	总计
平均值	78.91	83.99	107.23	106.01	126.98	221.86	218.31	207.98	1123.08
标准差	26.60	22.37	23.83	21.64	27.23	47.20	38.26	34.15	170.10

根据表 6.10 绘制了鲤鱼墩各墓葬单位不同部位牙齿组合面积及其平均值的折线图（图 6.3）。从图 6.3 的折线趋势及表 6.10 中标准差一项的数据来看，鲤鱼墩遗址诸个体在齿冠组合面积上的差异并不大，其标准差控制在合适的范围内，折线趋势亦基本相同。但是，在整体趋同的同时，局部仍然存在可视差异。

从折线的分布情况来看，03SL M4 各牙位的组合面积普遍偏高，表明其牙齿尺寸相对较大。结合考古发掘中的地层情况及表 6.10 中的具体数据来看，03SL M4 的地层扰乱，开口位置不明，牙齿尺寸明显高于其他墓葬个体，其数据真实的代表性仍需认真考虑和衡量。此外，图 6.3 还揭示了 03SL M7 不同牙位在组合面积上的特殊之处。较之 03SL M3、03SL M6 等个体，03SL M7 在犬齿、第二前臼齿及第二臼齿 3 个牙位上有明显不同。考虑到 03SL M7 的墓主人为本研究中唯一的女性，因此推测这样的差异性可能与性别有关。

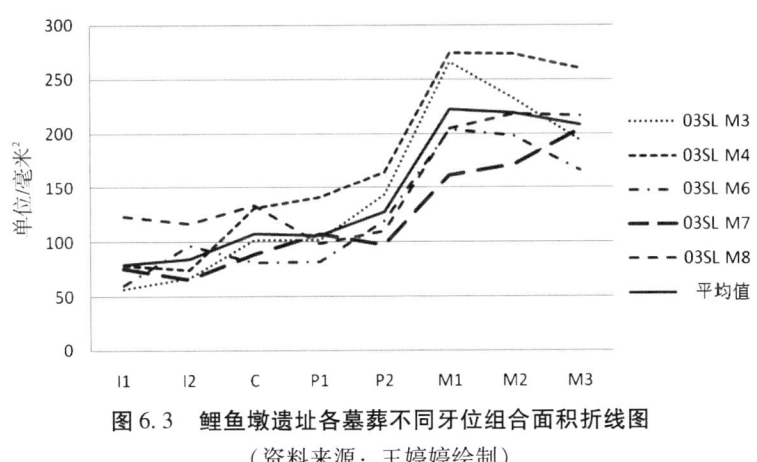

图 6.3 鲤鱼墩遗址各墓葬不同牙位组合面积折线图
（资料来源：王婷婷绘制）

（二）鲤鱼墩遗址居民在牙齿尺寸上表现出的进化特点

为了进一步了解鲤鱼墩先民牙齿尺寸在人类演化进程中所处的位置，对鲤鱼墩先民和中国直立人、早期智人、晚期智人、新石器时代居民、青铜时代居民以及现代人进行了牙齿齿冠组合面积及总面积两项特征的比较（表 6.11）。依据表 6.11 绘制了鲤鱼墩遗址与不同时代中国人牙齿齿冠组合面积的折线分布图（图 6.4），以考察鲤鱼墩遗址居民在牙齿齿冠组合面积上的分布特点及其与其他时代人群的关系。考虑到各时代中国人牙齿测量数据的内部离散程度较小，表中使用的数据均为各时代牙齿样本测量数据的平均值。

表6.11 鲤鱼墩遗址与不同时代中国人的牙齿组合面积和总面积数据

（单位：毫米²）

样本	组合面积								总面积
	I1	I2	C	P1	P2	M1	M2	M3	
直立人	126.10	116.70	172.80	186.20	181.10	303.30	299.50	146.60	1632.30
早期智人	—	—	167.40	—	181.20	173.10	167.30	—	—
晚期智人	86.90	76.30	135.90	133.80	136.40	255.40	142.20	215.90	1282.80
新石器时代	96.00	85.10	121.20	128.20	22.80	244.60	230.10	108.50	1236.00
青铜时代	90.80	81.40	118.20	121.90	116.70	135.60	221.30	205.10	1191.00
现代人	91.90	82.60	120.10	124.500	121.20	231.70	220.70	217.30	1210.00
鲤鱼墩	78.90	84.00	107.20	106.00	127.00	221.90	218.30	208.00	1123.10

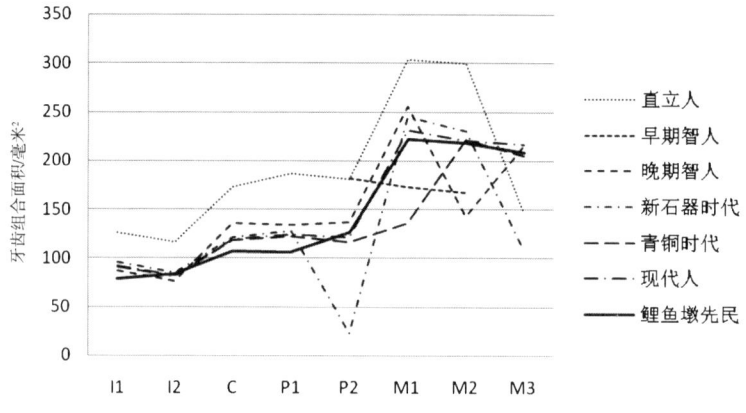

图6.4 鲤鱼墩遗址与不同时代中国人牙齿组合面积折线图

（资料来源：王婷婷绘制）

从图6.4的折线趋势来看，自史前时代至今，中国人的牙齿齿冠组合面积总体上呈现出逐渐变小的趋势，但是不同时代中国人的齿冠组合面积折线并不存在明显的重合，表明他们之间仍然存在着明显的差异。从鲤鱼墩遗址和其他时代人群的牙齿数据比较结果来看，鲤鱼墩遗址居民的牙齿齿冠面积明显低于直立人和晚期智人，但是与新石器时代、青铜时代及现代人的的牙齿数据则存在多处交叉。相比于其他新石器时代居民，鲤鱼墩先民的犬齿、第一前臼齿和第一臼齿尺寸略小，第三臼齿尺寸较大，第二前臼齿的尺寸则明显偏大，但与青铜时代和现代中国人的第二前臼齿尺寸相近；同青铜时代中国人的牙齿尺寸相比，鲤鱼墩先民的犬齿和第一前臼齿略小，第一臼齿则明显偏大；与现代人的测量数据相比，鲤鱼墩先民的第一臼齿和第三臼齿较小，第二门齿、第二前臼齿及第二臼齿的尺寸略大。

经过综合的比较和分析，考虑到新石器时代中国人牙齿组合面积数据差异较大的问题，我们认为鲤鱼墩遗址居民的牙齿尺寸与现代人最为接近。这种相似性主要表现在两个方面：其一，鲤鱼墩先民与现代人的前牙齿冠面积折线拟合良好，走向一致且数据接近，表现出明显的同步性；另一方面，鲤鱼墩居民牙齿测量数据在第一臼齿、第二臼齿及第三臼齿间的相对大小比例关系上正在逐渐向现代人靠拢，折线走向渐趋一致。

（三）鲤鱼墩先民和其他人群在牙齿测量特征上所表现出的亲缘关系

为了考察鲤鱼墩遗址居民与中国不同地域的其他人群在牙齿尺寸上的差异，我们将鲤鱼墩新石器时代居民与中国南北方代表性群体上下颌各牙位牙齿齿冠平均面积及组合面积的数据比较情况如表 6.12 所示。

表 6.12　鲤鱼墩居民与不同地区中国人牙齿齿冠面积数据比较情况

（单位：毫米^2）

		例数	I1	I2	C	P3	P4	M1	M2	M3	总计
半坡	上颌	382	98.32	64.80	73.75	51.60	45.22	69.53	69.16	59.58	531.96
	下颌	368	38.85	48.74	63.60	38.72	39.31	69.48	66.82	68.91	434.43
	组合面积		137.17	113.54	137.35	90.33	84.52	139.00	135.98	128.50	966.39
郧县	上颌	201	61.98	46.27	62.21	66.37	63.94	114.70	108.28	96.51	620.28
	下颌	259	32.55	36.90	55.28	55.96	68.27	120.97	120.72	108.40	599.04
	组合面积		94.53	83.17	117.49	122.33	132.21	235.67	229.01	204.91	1219.32
少陵园	上颌	743	59.89	43.89	61.74	66.55	60.18	113.77	107.36	97.87	611.25
	下颌	859	35.35	37.28	53.00	56.94	58.92	117.01	110.77	105.74	574.98
	组合面积		95.24	81.17	114.74	123.49	119.10	230.78	218.13	203.58	1186.23
鲤鱼墩	上颌	62	44.82	36.27	56.04	58.09	58.50	118.12	114.69	97.49	584.02
	下颌	56	34.09	47.73	51.19	47.92	68.48	103.74	103.62	110.50	567.27
	组合面积		78.91	84.00	107.23	106.01	126.98	221.86	218.31	207.99	1151.29

考虑到中国古人类牙齿测量研究的文献较少，此处仅选取少数样本量丰富的具有统计学代表性的对比组进行比较分析。用以比较的中国人牙齿测量数据主要来自陕西省新石器时代各仰韶文化遗址（750 例）、湖北郧县乔家院东周－汉代墓地（460 例）以及陕西少陵园西周墓地（1602 例）。其中，半坡居民代表了与鲤鱼墩遗址同时代的中国北方对比组，湖北郧县居民代表了与鲤鱼墩遗址地域较为接近的中国南方地区晚期人群的对比组，陕西省少陵原居民的数据则代表了与半坡居民同地区而与湖北郧县居民同时代的对比组。经过标准差分析，发现各居民群体内部的牙齿尺寸差异保持在合理的范围内，因此此处采用数据平均值进行统计分析。

根据表 6.12 绘制了鲤鱼墩先民与中国南北方代表性人群的上、下颌各牙位齿冠平均面积及组合面积折线图（图 6.5、图 6.6 和图 6.7）。

图 6.5 为鲤鱼墩居民与其他几个人群的上颌牙齿齿冠面积折线图。从该图的折线走向及表 6.12 的数据来看，鲤鱼墩居民上颌牙齿齿冠组合面积折线图的走向与半坡居民、湖

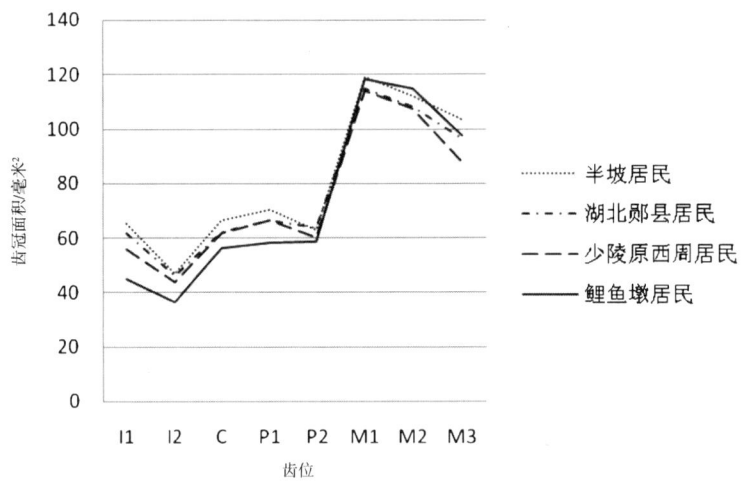

图 6.5　鲤鱼墩居民与不同地区中国人的上颌牙齿齿冠面积折线图
（资料来源：王婷婷绘制）

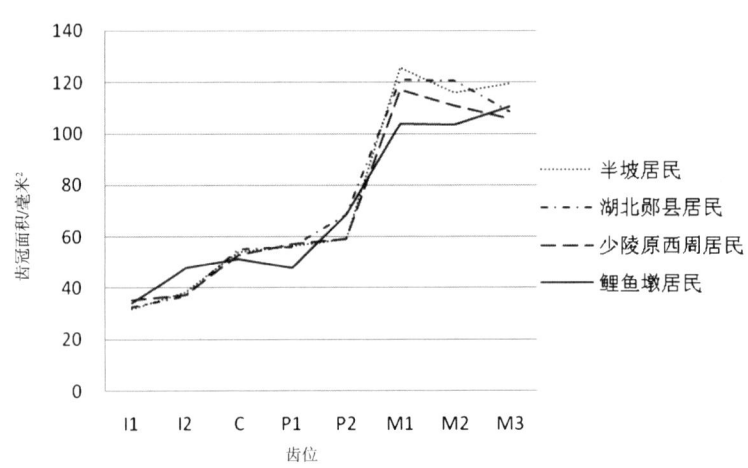

图 6.6　鲤鱼墩居民与不同地区中国人的下颌牙齿齿冠面积折线图
（资料来源：王婷婷绘制）

北郧县居民及陕西少陵园居民大体一致，整体上表现出明显的一致性。但是各人群上颌牙齿齿冠面积的折线线条并没有完全重合，局部的差异仍甚为显著。一方面，鲤鱼墩居民前牙上颌齿冠面积明显低于其他人群，前臼齿齿冠面积折线基本重合，臼齿齿冠面积又明显高于其他人群；另一方面，鲤鱼墩先民不同牙位上颌牙齿齿冠组合面积间的比例系数亦不同于其他人群，其中表现最为明显的是 P1/P2、M2/M3 等项。

图 6.6 为鲤鱼墩居民与其他几个代表性人群的下颌牙齿齿冠面积分布折线图。从该图的折线趋势及表 6.12 的数据来看，鲤鱼墩先民下颌牙齿的齿冠面积折线基本上与其他人群走势一致，但是它们之间的差异性明显比上颌牙齿更大，折线线条之间存在较大波动。就下颌牙齿尺寸来看，鲤鱼墩遗址的数据与半坡居民的差异最大，其中侧中央门齿、第一前臼齿、第一臼齿及第二臼齿的数据离散度较大，第一前臼齿、第二前臼齿及第二臼齿的

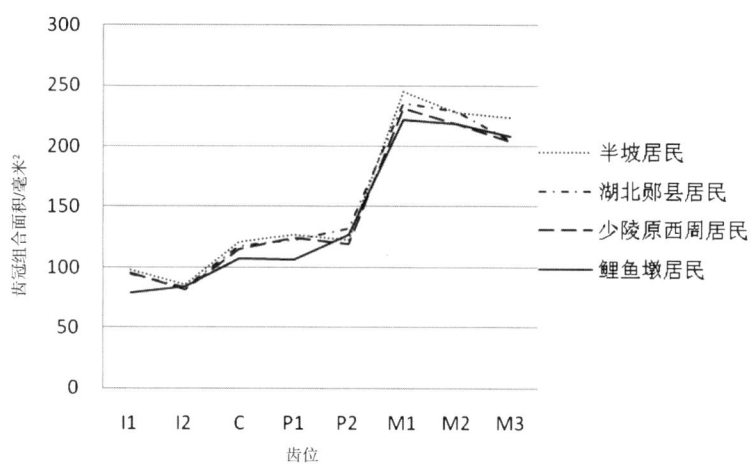

图 6.7　鲤鱼墩居民与不同地区中国人的齿冠组合面积折线图
（资料来源：王婷婷绘制）

相对大小差异明显。此外，郧县居民与少陵原居民的下颌牙齿齿冠面积折线拟合良好，二者间存在多处重合，相似性较高。

图 6.7 为鲤鱼墩居民与其他几个代表性人群的上下颌牙齿齿冠组合面积对比折线图。该图中各折线间数据差异最小，线条走向更趋一致。但是仍能观察到彼此之间的差异。鲤鱼墩先民牙齿齿冠组合面积与半坡居民差异最大，与郧县居民及少陵原居民间亦有不同。

总的来看，鲤鱼墩遗址居民牙齿齿冠组合面积在各牙位上的分布及比例与其他几个比较组基本一致，多项数据表现出较好的拟合性，进一步肯定了鲤鱼墩居民在牙齿尺寸特征方面与新石器时代以来不同地区中国人群的一致性。

Hanihara 和 Ishida（2005）在对全球 7 个地域的 72 个成人群体进行牙齿形态的地域分布特点进行研究时，主张将中国人的牙齿数据分为南北两个群体，即中国南方人和中国北方人。为了进一步验证鲤鱼墩遗址居民牙齿尺寸特征在中国南北差异上的分布和归属，我们以表 6.12 中的组合面积数据作为指标，对半坡居民、湖北郧县居民、陕西少陵原居民及鲤鱼墩居民进行了层序列聚类分析，得出了各人群牙齿齿冠面积数据的近似矩阵（表 6.13），并使用 Ward 法绘制各人群聚类分析树状关系图（图 6.8）。

表 6.13　鲤鱼墩居民与不同地区中国人群体的齿冠组合面积近似矩阵

对比组	近似矩阵（平方 Euclidean 距离）			
	半坡	郧县	少陵原	鲤鱼墩
半坡	0.000	550.897	725.035	1770.182
郧县	550.897	0.000	329.340	958.329
少陵原	725.035	329.340	0.000	797.770
鲤鱼墩	1770.182	958.329	797.770	0.000

根据表 6.13 的数据和图 6.8 的树状图来看，同属于西周－汉代的湖北郧县居民和陕

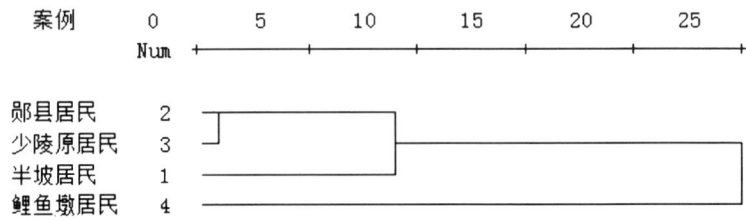

图 6.8　鲤鱼墩居民与不同地区中国人群体的牙齿尺寸的聚类分析树状图
（资料来源：王婷婷绘制）

西少陵原居民在牙齿尺寸上最为接近，而同属于距今六七千年的新石器时代的鲤鱼墩居民与半坡居民之间则最为疏远。考虑到陕西同湖北在地域上相距并不远，且二者长期以来一直存在基因和文化上的交流，可能导致其牙齿尺寸逐渐接近。

鲤鱼墩居民的牙齿尺寸当属于中国人这一大群体，而又明显不同于陕西半坡、湖北郧县及陕西少陵园这三个小群体。我们推测，鲤鱼墩居民的牙齿测量特征表现出与以关中地区居民为主要代表的中国北方人牙齿尺寸的差异性。鲤鱼墩居民的牙齿尺寸更接近于中国南方人的牙齿尺寸。

四、结论

作为高等生物的人类，因其具有高度的灵活性和良好的适应性，其进化是在自然选择的作用下，伴随着生存环境的改变而发生的。同样，作为人类众多体质特征之一的牙齿形态也在环境变化这一因素的影响下不断演化（毛燮均，1956）。一方面，遗传因素在决定人类牙齿尺寸的变化中起到了基础性的作用，在短期内的代际遗传中发挥着决定性的作用；另一方面，从人类长期的演化历程来看，生存环境的变迁，尤其是人类文明的进步，往往能够在更大的程度上影响人类牙齿尺寸的演化特点及其速度（龚怡 等，2006）。通过对不同地域、不同群体的牙齿尺寸特点进行研究和比较，不仅可以为我们提供关于其进化特点的相关信息，还可以帮助我们了解其生活方式变迁、饮食习惯变化、食物加工技术进步以及食物结构更换等方面的信息，可以更好地帮助我们复原古代人类的生活环境（Dahlberg，1963；Anderson et al.，1975；Wolpoff，1975）。

根据前文的论证，就目前发现的研究材料来看，鲤鱼墩遗址居民在牙齿测量研究方面的特征主要表现在以下几个方面：

首先，鲤鱼墩居民的牙齿齿冠普遍存在严重的磨耗，磨损平面较为光滑，推测因长期食用那些沙粒难以完全清除的海生类食物所致。此外，就齿冠磨耗的程度来看，鲤鱼墩居民上颌牙齿齿冠磨耗大于下颌牙齿，后牙齿冠磨耗大于前牙，可能是不同牙位牙齿在人们生活中的功能机制差异所致。

其次，鲤鱼墩遗址尚有牙齿保存的 5 个墓葬个体中，03SL M4 层位不明，牙齿尺寸明显大于其他个体；03SL M7 为唯一的女性，在各牙位的尺寸比例上明显不同于其他几个男性个体，表现出了鲤鱼墩遗址诸个体在牙齿尺寸方面的性别差异。

再次，就鲤鱼墩遗址居民与不同时代中国人牙齿齿冠面积的比较结果来看，鲤鱼墩先民在前牙齿冠面积及后牙尺寸比例关系上与中国现代人最为接近。

最后，通过将鲤鱼墩居民的牙齿尺寸数据与不同地区中国人进行比较，发现鲤鱼墩居民的牙齿尺寸数据与整个中国人群体存在极大的相似性，但是与参与比较的几个代表性的北方群体间存在明显的差异。参考聚类分析的结果，我们认为鲤鱼墩居民的牙齿尺寸与中国南方群体更为接近。

在对鲤鱼墩遗址的牙齿测量数据进行分析和比较时，我们尚存在许多疑惑和思考。

其一是关于我国目前的齿学人类学研究现状的问题。一方面是牙齿测量学研究中存在的测量项目标准化的问题。我们翻阅了许多相关的论文和书籍，发现牙齿测量学研究中使用的专业术语及研究项目缺乏一致性，不但为不同研究的综合比较带来了许多困难，而且影响了牙齿测量学在深度和广度上的发展。建议在以后的牙齿测量学研究中，能够更加全面地采集各牙位的齿全长、齿冠长、齿冠近远中径、齿冠颊舌径、齿颈近远中径、齿颈颊舌径及齿根长 7 项测量数据，统一学术界对于牙齿的近远中径、颊舌径、齿冠高和齿冠厚等测量项目的认识。此外，还有学者提出可以使用牙釉质厚度及宽度作为牙齿测量学研究的一个新指标（杨香菊，2008）。另一方面的问题是，目前国内的齿学人类学研究往往集中于对牙齿的非测量形态进行研究，而关于各时代、各遗址、各群体的牙齿的测量学研究却非常有限。因此，在今后的研究中，应该注意牙齿测量数据的积累和研究。

其二，就牙齿人类学研究的内容来讲，除了牙齿非测量特征和测量特征的研究外，牙体的釉质结构、磨耗程度及颌骨生物力学的研究也是其非常重要的研究视角。我们认为应该考察上述方面的研究成果来考虑鲤鱼墩居民的牙齿遗存所包含的历史信息和文化内涵。

第二节 牙齿的非测量特征[①]

近年来，中国的齿学人类学研究取得了很大的进展，特别是牙齿非测量特征的研究受到了越来越多的重视（朱泓，1993；张振标，1993；刘武，1995；刘武，朱泓，1995；刘武，曾祥龙，1996a，1996b；Hanihara，1996；张银运，刘武，2002；刘武，杨茂有，1999；李法军，朱泓，2006；李法军，张敬雷 等，2008；郑宏，邵金陵 等，2006；龚怡，李金陆 等，2006）。

但是，从以往研究中可以看到，由于受研究资料的限制，南方地区齿学人类学的研究一直停滞不前，而北方地区以及东南亚地区的齿学人类学却朝向深入研究的方向发展（Hanihara，1991，1992；Turner，1986，1987，1990；朱泓，1993；刘武，1995；刘武，朱泓，1995；李法军，朱泓，2006；李法军，张敬雷 等，2008）。

鲤鱼墩遗址处于东北亚和东南亚的过渡位置上，考古学文化与广西桂林甑皮岩、邕宁顶蛳山相近。当然，如果我们考察鲤鱼墩遗址与越南北部的考古学文化联系，也会有类似

---

① 本节主要部分原载于《边疆考古研究（第 8 辑）》2009 年，本书对原有内容作了适当的修改和调整。参见：李法军，王明辉，冯孟钦，朱泓. 鲤鱼墩新石器时代居民牙齿的非测量特征研究. 见：教育部人文社会科学重点研究基地吉林大学边疆考古研究中心编. 边疆考古研究（第 8 辑）. 北京：科学出版社，2009：343 - 352.

的结论。这就使得鲤鱼墩遗址具有了可供我们从国际视野中考察新石器时代早期东北亚与东南亚文化交流的意义。

在这一节,我们将应用由美国亚利桑那州立大学人类学系 Turner 教授等建立的"亚利桑那州立大学齿学人类学系统"(Arizona State University Dental Anthropology System,ASU)(Turner et al.,1991;Scott,Turner II,2000),对鲤鱼墩遗址出土的人类牙齿进行形态学观察,通过与其他东北亚和东南亚已经发表的资料进行对比,以期获得有关鲤鱼墩人与其他群体亲缘关系的信息。

一、观察方法

根据以往的研究经验,当可供观察的个体太少时,不宜采用个体记录法对牙齿特征的出现率进行统计,应当采用牙齿记录法(刘武,朱泓,1995)。但是,由于本次研究的个体还不足10例,而且牙齿本身的磨耗又较重,且保存残破,牙齿咬𬌗面、齿冠和齿根部都存在不同程度的缺失,加之牙齿数量过少,因此既不能使用个体记录法也不能使用牙齿记录法进行研究。即便如此,我们仍然可以应用ASU系统观察量表对鲤鱼墩每个个体的牙齿进行逐项观察和记录,然后采用总结特征的方法了解鲤鱼墩新石器时代居民牙齿的非测量特征。

以往国内有关牙齿非测量特征的研究往往只列出部分特征进行对比分析,这使得其他研究者很难看到原始的观察记录;有些文献没有列出具体的观察记录标准,或者只列出部分牙齿非测量特征的观察记录标准,这使得其他的研究者不能确认提供文献者所进行观察的具体标准是什么,因此影响了这些文献的使用价值。

近年来,国外很多学者都开始逐项列举其所观察的具体特征及其记录标准。这样做的好处是,能够让其他研究者各取所需,依据各自的研究内容选取不同特征的观察结果,因此大大增加了学术交流的可能性。

本文对这次所观察的全部个体的牙齿按照ASU记录标准进行了全部非测量特征的列举,并附有观察记录标准、观察图示和观察说明。具体观察项目以及记录标准详见表6.14,牙齿非测量特征的图示及特征说明详见表6.15。

表 6.14 鲤鱼墩牙齿非测量特征及其记录标准

观察特征	记录标准	观察特征	记录标准
上颌中央门齿扭转 (UI1 3winging)	1	上颌侧门齿先天缺失 (UI2 congenital absence)	1
上颌门齿唇面曲度 (UI1 labial curvature)	2—4	上颌第二前臼齿先天缺失 (UPP congenital absence)	1
上颌中央门齿铲形 (UI1 shoveling)	3—6	上颌第三臼齿先天缺失 (UM3 congenital absence)	1
上颌侧门齿铲形 (UI2 shoveling)	2—7	下颌犬齿远中副嵴 (LC distal accessory ridge)	2—5

续表 6.14

观察特征	记录标准	观察特征	记录标准
上颌犬齿铲形（UC shoveling）	2—6	下颌第一前臼齿舌侧齿尖变异（LAP lingual cusp variation）	2—9
上颌中央门双齿铲形（UI1 double shoveling）	2—6	下颌第二前臼齿舌侧齿尖变异（LPP lingual cusp variation）	2—9
上颌侧门齿双铲形（UI2 double shoveling）	2—6	下颌第一臼齿齿沟类型（LM1 groove pattern）	Y
上颌犬齿双铲形（UC double shoveling）	2—6	下颌第二臼齿齿沟类型（LM2 groove pattern）	Y
上颌第一前臼齿双铲形（UAP double shoveling）	2—6	下颌第三臼齿齿沟类型（LM3 groove pattern）	Y
上颌中央门齿中断沟（UI1 interruption groove）	+	下颌第一臼齿齿尖数（LM1 cusp number）	6+
上颌侧门齿中断沟（UI2 interruption groove）	+	下颌第二臼齿齿尖数（LM2 cusp number）	4+
上颌中央门齿齿结节（UI1 tuberculum dentale）	2—6	下颌第三臼齿齿尖数（LM3 cusp number）	4+
上颌侧门齿齿结节（UI2 tuberculum dentale）	2—6	下颌第一臼齿转向皱纹（LM1 deflecting wrinkle）	2—3
上颌犬齿齿结节（UC tuberculum dentale）	2—6	下颌第二臼齿转向皱纹（LM2 deflecting wrinkle）	2—3
上颌犬齿近中嵴（UC mesial ridge）	1—3	下颌第三臼齿转向皱纹（LM3 deflecting wrinkle）	2—3
上颌犬齿远中副嵴（UC distal accessory ridge）	2—5	下颌第一臼齿远中三角嵴（LM1 C1-C2 distal trigonid crest）	1
上颌第一前臼齿近中和远中副尖（UAP mesial & distal accessory cusps）	1	下颌第二臼齿远中三角嵴（LM2 C1-C2 distal trigonid crest）	1
上颌第二前臼齿近中和远中副尖（UPP mesial & distal accessory cusps）	1	下颌第三臼齿远中三角嵴（LM3 C1-C2 distal trigonid crest）	1
上颌第一臼齿后尖（UM1 metacone）	2—5	下颌第一臼齿原副尖（LM1 protostylid）	1—7
上颌第二臼齿后尖（UM2 metacone）	2—5	下颌第二臼齿原副尖（LM2 protostylid）	1—7
上颌第三臼齿后尖（UM3 metacone）	2—5	下颌第三臼齿原副尖（LM3 protostylid）	1—7
上颌第一臼齿次尖（UM1 hypocone）	2—5	下颌第一臼齿下次小尖（LM1 hypoconulid, Cusp 5）	1—5
上颌第二臼齿次尖（UM2 hypocone）	2—5	下颌第二臼齿下次小尖（LM2 hypoconulid, Cusp 5）	1—5

续表 6.14

观察特征	记录标准	观察特征	记录标准
上颌第三臼齿次尖（UM3 hypocone）	2—5	下颌第三臼齿下次小尖（LM3 hypoconulid, Cusp5）	1—5
上颌第一臼齿第五尖（UM1 cusp 5）	1—5	下颌第一臼齿下内小尖（LM1 entoconulid, Cusp 6）	1—5
上颌第二臼齿第五尖（UM2 cusp 5）	1—5	下颌第二臼齿下内小尖（LM2 entoconulid, Cusp 6）	1—5
上颌第三臼齿第五尖（UM3 cusp 5）	1—5	下颌第三臼齿下内小尖（LM3 entoconulid, Cusp 6）	1—5
上颌第一臼齿卡氏尖（UM1 carabelli's Cusp）	2—7	下颌第一臼齿下后小尖（LM1 metaconulid, Cusp 7）	1—4
上颌第二臼齿卡氏尖（UM2 carabelli's Cusp）	2—7	下颌第二臼齿下后小尖（LM2 metaconulid, Cusp 7）	1—4
上颌第三臼齿卡氏尖（UM3 carabelli's Cusp）	2—7	下颌第三臼齿下后小尖（LM3 metaconulid, Cusp 7）	1—4
上颌第一臼齿前副尖（UM1 parastyle, Cusp 2）	1—5	下颌第一前臼齿釉质延伸（LAP enamel extentions）	1—3
上颌第二臼齿前副尖（UM2 parastyle, Cusp 2）	1—5	下颌第二前臼齿釉质延伸（LPP enamel extentions）	1—3
上颌第三臼齿前副尖（UM3 parastyle, Cusp 2）	1—5	下颌第一臼齿釉质延伸（LM1 enamel extentions）	1—3
上颌第一前臼齿釉质延伸（UAP enamel extentions）	1—3	下颌第二臼齿釉质延伸（LM2 enamel extentions）	1—3
上颌第二前臼齿釉质延伸（UPP enamel extentions）	1—3	下颌第三臼齿釉质延伸（LM3 enamel extentions）	1—3
上颌第一臼齿釉质延伸（UM1 enamel extentions）	1—3	下颌中央门齿齿根数（LI1 root number）	2 +
上颌第二臼齿釉质延伸（UM2 enamel extentions）	1—3	下颌侧门齿齿根数（LI2 root number）	2 +
上颌第三臼齿釉质延伸（UM3 enamel extentions）	1—3	下颌犬齿齿根数（LC root number）	2 +
上颌中央门齿齿根数（UI1 root number）	2 +	下颌第一前臼齿齿根数（LAP root number）	2 +
上颌侧门齿齿根数（UI2 root number）	2 +	下颌第二前臼齿齿根数（LPP root number）	2 +
上颌犬齿齿根数（UC root number）	1	下颌第一臼齿齿根数（LM1 root number）	3

续表6.14

观察特征	记录标准	观察特征	记录标准
上颌第一前臼齿齿根数 （UAP root number）	1	下颌第二臼齿齿根数 （LM2 root number）	1
上颌第二前臼齿齿根数 （UPP root number）	1	下颌第三臼齿齿根数 （LM3 root number）	1 +
上颌第一臼齿齿根数 （UM1 root number）	3 +	下颌第一前臼齿牙瘤 （LAP odontome）	+
上颌第二臼齿齿根数 （UM2 root number）	3	下颌第二前臼齿牙瘤 （LPP odontome）	+
上颌第三臼齿齿根数 （UM3 root number）	3 +	下颌中央门齿先天缺失 （LI1 congenital absence）	1
上颌侧门齿钉型缩小 （UI2 peg <7 mm /reduce）	2	下颌第一前臼齿先天缺失 （LPP congenital absence）	1
上颌第三臼齿钉型缩小 （UM3 peg <7 mm /reduce）	2	下颌第三臼齿先天缺失 （LM3 congenital absence）	1
上颌第一前臼齿牙瘤 （UAP odontome）	1	下颌第一前臼齿汤姆氏根 （LAP tomes's root）	3—5
上颌第一前臼齿牙瘤 （UPP odontome）	1	下颌第一臼齿前窝 （LM1 anterior fovea）	2—4

表6.15 鲤鱼墩牙齿非测量特征的图示及特征说明

特征	图示	特征说明
上颌中央门齿扭转 （UI1 winging）		包括：1. 双外侧扭转；2. 单外侧扭转；3. 无扭转；4. 内侧扭转。记录标准为"1"，即两侧中门齿向近中舌面扭转，殆面观呈"V"型，扭转角大于20°者记为1A，小于者为1B
上颌门齿唇面曲度 （UI1 labial curvature）		包括：0. 平坦；1. 微弱；2. 轻度；3. 中度；4. 明显。记录标准为"2—4"
上颌中央门齿铲型 （UI1 shoveling）		包括：0. 非铲型；1. 微弱；2. 弱；3. 半铲型；4. 强半铲型；5. 铲型；6. 显著铲型；7. 桶型。记录标准为"3—6"

续表 6.15

特征	图示	特征说明
上颌侧门齿中断沟（UI2 interruption groove）	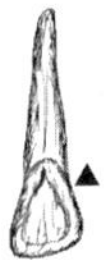	包括：0. 无；M. 近中舌侧边缘出现中断沟；D. 远中舌侧边缘出现；MD. 近、远中舌侧边缘同时出现；Med. 基底中部出现。记录标准为"+"
上颌侧门齿齿结节（UI2 tuberculum dentale）		包括：0. 无；1. 微弱嵴；2. 轻度嵴；3. 较强嵴；4. 显著嵴；5. 形成轻度的独立突起；6. 形成较强的独立突起。记录标准为"2—6"
上颌犬齿近中嵴（布须曼犬齿）（UC mesial ridge）	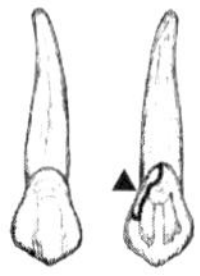	包括：0. 近、远中嵴相等，均不接触齿结节；1. 近中嵴长于远中嵴，并轻触齿结节；2. 近中嵴长于远中嵴，并中度接触齿结节；3. 近中嵴明显长于远中嵴，并与齿结节融合。记录标准为"1—3"
上颌犬齿远中副嵴（UC distal accessory ridge）	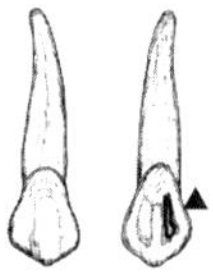	出现在齿尖与远中舌侧边缘嵴之间的远中舌窝内。包括：0. 无；1. 微弱；2. 轻度；3. 中度；4. 强烈；5. 显著。记录标准为"2—5"
上颌臼齿后尖（UM Metacone）		又称为"远中颊尖"或"第三尖"。包括：0. 无；1. 在后尖处出现一条小嵴，但未成独立齿尖；2. 稍显；3. 小；4. 大；5. 很大。记录标准为"2—5"
上颌臼齿次尖（UM Hypocone）		又称为"远中舌尖"或"第四尖"。包括：0. 无；1. 在次尖处出现一条小嵴；2. 出现似尖弱嵴；3. 出现小尖；3.5. 中等；4. 大；5. 很大。记录标准为"2—5"
上颌臼齿第五尖（UM cusp 5）		位于上颌臼齿后尖和次尖之间的远中小窝内，又称"后小尖"，两条远中沟可供判断。包括：0. 无；1. 微显小尖；2. 较小的小尖；3. 小尖；4. 小型齿尖；5. 中型齿尖。记录标准为"1—5"
上颌臼齿卡氏尖（UM Carabelli's cusp）		出现在原尖的舌面上。包括：0. 无；1. 小沟；2. 小窝；3. 小的"Y"型凹；4. 大的"Y"型凹；5. 不完全独立小尖；6. 中型齿尖，接触舌面沟；7. 独立大型齿尖。记录标准为"2—7"
上颌臼齿前副尖（UM parastyle, cusp 2）		位于前尖颊面上。包括：0. 无；1. 颊面沟小窝；2. 小尖；3. 中等独立尖；4. 较大独立尖；5. 前后尖颊面大型独立尖；6. 钉型齿冠。记录标准为"1—5"

续表 6.15

特征	图示	特征说明
釉质延伸 （UP，UM enamel extentions）		是牙釉质分泌过渡而向齿根溢出的部分。大于 2 毫米者记
齿根数 （root number）	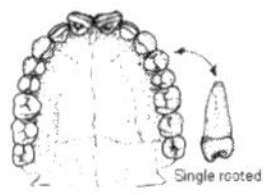	前臼齿：1. 单根；2. 双根；3. 三根。记录标准为"1"。臼齿：1. 单根；2. 双根；3. 三根；4. 四根。记录标准：UM1 和 UM3 为"3+"；UM2 为"3"
钉型或缩小 （peg <7 mm /reduce）	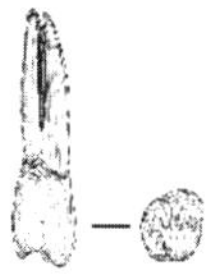	包括：0. 正常大小；1. 尺寸缩小，颊舌颈减至 7—10 毫米；2. 尺寸更小，颊舌颈小于 7 毫米。记录标准为"2"
前臼齿牙瘤 （odontome）		包括：0. 无；1. 有。记录标准为"1"。
第三臼齿先天缺失 （congenital absence）	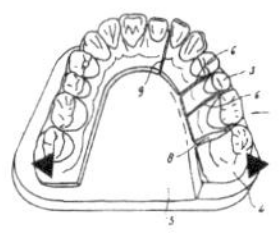	仅适用于 17 岁以上个体。包括：0. 牙齿存在；1. 牙齿先天缺失。记录标准为"1"
下颌前臼齿舌侧齿尖变异 （LP lingual cusp variation）	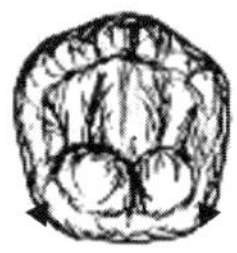	包括：A. 无齿尖；0. 一个尖；1. 一个或两个尖；2. 双尖，近中尖明显大于远中尖；3. 双尖，近中尖大于远中尖；4. 双尖，大小相当；5. 双尖，远中尖大于近中尖；6. 双尖，远中尖明显大于近中尖；7. 双尖，远中尖显著大于近中尖；8. 三尖，大小相当；9. 三尖，近中尖最大。记录标准为"2—9"
下颌臼齿齿沟 （LM groove pattern）	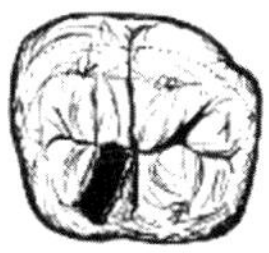	主要记录 LM1 和 LM2。包括：Y 型：第二尖和第三尖相连；X 型：第一至第四尖相连；十型：第一尖和第四尖相连。记录标准为"Y 型"
下颌臼齿齿尖数 （LM cusp number）		主要记录 LM1 和 LM2。包括：4. 四尖型（第一至第四尖）；5. 另出现第五尖（下次小尖）；6. 另出现第六尖（下内小尖）。记录标准：LM1 为"6"，LM2 和 LM3 为"4"
下颌臼齿转向皱纹 （LM deflecting wrinkle）		下后尖的中央嵴向远中的下内尖扭转。观察 20 岁以下个体。包括：0. 无；1. 下后尖中央嵴直型，但中点缩窄；2. 下后尖向远中扭转，但不与下内尖相连；3. 两尖有嵴相连。记录标准为"2—3"

续表 6.15

特征	图示	特征说明
下颌臼齿远中三角嵴（LM C1 – C2 distal trigonid crest）		连接下原尖和下后尖的嵴。包括：0. 无；1. 有。记录标准为"1"
下颌臼齿原副尖（LM Protostylid）		多见于下原尖的颊面上，下原尖和下次尖之间的颊面沟附近。包括：0. 无；1. 颊面沟出现小坑；2. 颊面沟向远中弯曲；3. 一次生沟由颊面沟向近中扩展；4. 次生沟略显；5. 次生沟发育；6. 次生沟扩展，成一小尖；7. 独立尖出现。记录标准"1—7"
下颌臼齿下次小尖（LM Hypoconulid, Cusp 5）		也称为"第五尖"。包括：0. 无；1. 很小；2. 小；3. 中等；4. 大；5. 很大。记录标准为"1 – 5"
下颌臼齿下内小尖（LM Entoconulid, Cusp 6）		也称为"第六尖"，在远中窝内，下次小尖舌侧。包括：0. 无；1. 明显小于下次小尖；2. 小于下次小尖；3. 与下次小尖相当；4. 大于下次小尖；5. 明显大于下次小尖。记录标准为"1—5"
下颌臼齿下后小尖（LM Metaconulid, Cusp 7）	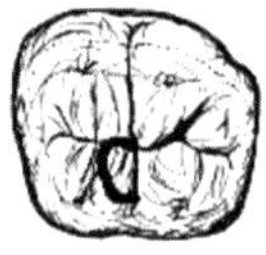	也称为"第七尖"，在下后尖和下内尖的舌面沟内。包括：0. 无；1. 微弱尖，舌面沟变为两浅沟；1A. 下后尖舌面有一微弱、圆钝突起；2. 小；3. 中等；4. 大。记录标准为"1—4"
齿根数（root number）	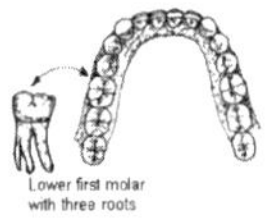	犬齿：1. 单根；2. 双根，每根达齿根全长的 1/4—1/3。记录标准为"2"。臼齿：1. 单根；2. 双根，每根达齿根全长的 1/4—1/3；3. 三根。记录标准：UM1、UM2 和 UM3 为"3"，LM1 为"3"，LM2 为"1"，LM3 为"1 +"
下颌第一前臼齿汤姆氏根（LAP Tomes's root）	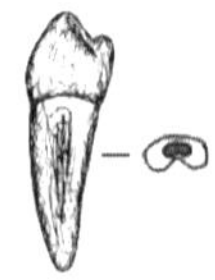	齿根近中面上的发育沟。包括：0. 无；1. 浅 V 型发育沟；2. 中等 V 型发育沟；3. 深度 V 型发育沟，占齿根全长的 1/3；4. 发育沟的近远中边缘深陷；5. 出现两个独立齿根，分叉超过齿根全长的 1/4—1/3。记录标准为"3—5"
下颌第一臼齿前窝（LM1 Anterior fovea）		只存在于下颌第一臼齿𬌗面前部区域。包括：0. 无；1. 联接 cusp 1 和 cusp 2 的近中面处的微弱的嵴变为浅沟；2. 浅沟变深；3. 浅沟较"2"级变得宽深；4. 沟边的狭长，近中嵴发育。记录标准为"2—4"

二、观察结果

在这里，我们将每个个体的牙齿非测量特征按其 ASU 量表的记录逐一进行描述。如果在描述某颗牙齿的非测量特征时，某项非测量特征没有被提及，则表示该特征不可观察。

（一）03SL M3

1. 上颌牙齿

中央门齿（I1）无扭转，存在中等的唇面曲度。由于中央门齿的磨耗非常严重，齿冠大部分已经被磨去，所以不能判定该个体是否存在铲型门齿特征。我们注意到，其中央门齿的舌侧近远中嵴于近齿颈部分不甚发育，其他个体的上颌中门齿也存在这样的情况。但李法军曾经观察过广西顶蛳山人骨的上颌中央门齿铲型特征，发现大部分个体都具有典型的铲型门齿特征，但是他们近齿颈处的近远中嵴都不甚发育。因此，我们推测鲤鱼墩人也存在铲型门齿特征。中央门齿双铲型特征以及侧门齿的铲型和双铲型特征也可能存在。中门齿和侧门齿均不存在齿结节，侧门齿不存在钉型缩小或者先天缺失情况。

犬齿不具有双铲型特征和齿结节。第一前臼齿和第二前臼齿均不存在釉质延伸现象。第一、第二和第三臼齿的次尖（也叫第四尖或者远中舌尖）非常发育。臼齿均不存在第五尖（也叫后小尖）。第一和第三臼齿存在发育中等的卡氏尖，而第二臼齿不存在此尖。第二臼齿存在较小的前副尖，而第一和第三臼齿不存在此尖。臼齿不存在釉质延伸的现象。臼齿齿根均为三根。第三臼齿无钉型、缩小或者先天缺失的现象。

2. 下颌牙齿

中央门齿无先天缺失现象。前臼齿无舌侧齿尖变异现象。第一前臼齿无汤姆氏根。第二前臼齿无先天缺失现象。第一、第二臼齿存在釉质延伸现象。第一、第二臼齿为双根。第三臼齿无先天缺失现象。

（二）03SL M4

1. 上颌牙齿

中央门齿不存在唇面曲度和中断沟。侧门齿存在齿结节，无钉型或者缩小现象。犬齿无双铲型特征，无齿结节。右侧第前臼齿双根，其他前臼齿均为单根。

第一、第二臼齿后尖（也叫第三尖或者远中颊尖）较大。第一臼齿次尖（也叫第四尖或者远中舌尖）很大，但第二臼齿次尖发育较小。臼齿均不存在第五尖（也叫后小尖）。第二臼齿存在不完全独立的卡氏尖，而第一臼齿不存在此尖。臼齿不存在前副尖。臼齿不存在釉质延伸的现象。第一臼齿三根，第二臼齿则为双根。

2. 下颌牙齿

中央门齿无先天缺失现象。右侧第一前臼齿舌侧存在两个齿尖，远中尖明显大于近中尖。第二前臼齿有牙瘤，无先天缺失现象。第一、第三臼齿存在 Y 型沟（第二和第三尖相连）。第二、第三臼齿均为四尖型。臼齿无原副尖。无第五、第六和第七尖存在。臼齿不存在釉质延伸现象。第一、第二和第三臼齿均为双根。第三臼齿无先天缺失现象。

（三）03SL M6

1. 上颌牙齿

中央门齿无扭转，不存在中断沟和齿结节。侧门齿无齿结节、钉型或者缩小以及先天缺失现象。犬齿无铲型和双铲型特征，无齿结节和近中嵴。前臼齿无双铲型特征。前臼齿无舌侧齿尖变异，无釉质延伸现象。

第一、第二臼齿后尖（也叫第三尖或者远中颊尖）较大，第三臼齿的较小。右侧第一臼齿次尖（也叫第四尖或者远中舌尖）较小，左侧的很大，左侧第二臼齿次尖发育较小，第三臼齿无次尖。臼齿均不存在第五尖（也叫后小尖）、卡氏尖和前副尖。臼齿不存在釉质延伸现象。臼齿均为三根。第三臼齿无钉型缩小和先天缺失现象。

2. 下颌牙齿

中央门齿无先天缺失现象。第一前臼齿无汤姆氏根和釉质延伸现象。第一和第二臼齿齿沟为十型（第一和第四尖相连），第三臼齿存在 Y 型沟。臼齿均为四尖型。第二和第三臼齿无转向皱纹出现。臼齿无远中三角嵴，无原副尖，无第五、第六和第七尖存在。臼齿存在轻度的釉质延伸现象。臼齿均为双根。第三臼齿无先天缺失现象。

（四）03SL M7

1. 上颌牙齿

中央门齿无扭转，不存在中断沟、齿结节。中央门齿为单根。侧门齿不存在中断沟、齿结节、钉型或者缩小以及先天缺失现象。侧门齿也为单根。犬齿无铲型和双铲型特征，无齿结节、近中嵴和远中副嵴。犬齿为单根，无先天缺失现象。前臼齿无双铲型特征和舌侧齿尖变异。无釉质延伸现象和先天缺失现象。均为单根。

第一、第二臼齿后尖（也叫第三尖或者远中颊尖）较大，第三臼齿无后尖。臼齿次尖（也叫第四尖或者远中舌尖）均很大。臼齿均不存在第五尖（也叫后小尖）、卡氏尖和前副尖。臼齿不存在釉质延伸现象。第一和第二臼齿均为三根，第三臼齿为单根。第三臼齿无钉型缩小和先天缺失现象。

2. 下颌牙齿

中央门齿无先天缺失现象。门齿均为单根。犬齿无远中副嵴，均为单根。前臼齿均无舌侧齿尖变异现象。第一前臼齿无汤姆氏根。前臼齿均无釉质延伸现象。均为单根。

第三臼齿齿沟为 X 型（第一至第四尖均相连）。第三臼齿为五尖型（出现第五尖）。第三臼齿无转向皱纹和远中三角嵴出现。第二和第三臼齿无原副尖出现。第三臼齿第五尖发育中等，无第六和第七尖存在。第一和第二臼齿不存在釉质延伸现象，而第三臼齿存在轻度的釉质延伸现象。第二臼齿为双根，第三臼齿为单根。第三臼齿无牙瘤，无先天缺失现象。

（五）03SL M8

1. 上颌牙齿

中央门齿无扭转，存在微弱的舌面曲度，不存在中断沟、齿结节，为单根。侧门齿不存在中断沟、齿结节以及先天缺失现象。右侧门齿存在钉型或者缩小现象，颊舌径小于 7 毫米。侧门齿也为单根。犬齿无双铲型特征，无齿结节和近中嵴。犬齿为单根。前臼齿无双铲型特征和舌侧齿尖变异。无釉质延伸现象。

第一、第二臼齿后尖（也叫第三尖或者远中颊尖）较大，第三臼齿的后尖较小。第一和第二臼齿次尖（也叫第四尖或者远中舌尖）均很大，第三臼齿次尖发育中等。臼齿均不存在第五尖（也叫后小尖）、卡氏尖和前副尖。臼齿不存在釉质延伸现象。第一和第二臼齿均为三根，右侧第三臼齿为单根，左侧为双根。第三臼齿无钉型缩小和先天缺失现象。

2. 下颌牙齿

门齿均为单根。犬齿无远中副嵴，均为单根。前臼齿均无舌侧齿尖变异现象。前臼齿均无釉质延伸现象。均为单根。第三臼齿齿沟为 Y 型（第二和第三尖均相连）。第三臼齿为四尖型。第三臼齿无转向皱纹和远中三角嵴出现。第一和第二臼齿无原副尖出现，第三臼齿在颊面上出现一个小坑。臼齿均无第五尖，无第六和第七尖存在。臼齿均不存在釉质延伸现象。臼齿均为双根。第三臼齿无先天缺失现象。

三、鲤鱼墩居民牙齿非测量特征的一般表现特点

由于鲤鱼墩组的样本量不足以进行群体出现率的统计，因此在这里，我们通过归纳的方法来把握鲤鱼墩居民牙齿形态特征的一般表现特点。

1. 上颌牙齿

我们在前面的观察结果部分曾经提到，由于鲤鱼墩居民中央门齿的磨耗非常严重，齿冠大部分已经被磨去了，所以不能判定该个体是否存在铲型门齿特征。所有个体中央门齿

的舌侧近远中嵴于近齿颈部分不甚发育，鉴于曾经观察过广西顶蛳山人骨的上颌中央门齿铲型特征，发现大部分个体都具有典型的铲型门齿特征，但是他们近齿颈处的近远中嵴都不甚发育。因此，我们推测鲤鱼墩人也存在铲型门齿特征。中央门齿双铲型特征以及侧门齿的铲型和双铲型特征也可能存在。

中门齿和侧门齿均不存在中断沟和齿结节，侧门齿不存在钉型缩小或者先天缺失情况。中门齿一般具有微弱的唇面曲度。犬齿均无铲型结构，也不存在齿结节、近中嵴和远中副嵴，均为单根。前臼齿均不存在釉质延伸现象，大部分为单根，无铲型结构，均无舌侧齿尖变异。

臼齿的后尖均很大，次尖大多数较为发育，均不存在第五尖（后小尖）。03SL M3 和 03SL M4 的第二臼齿存在卡氏尖，占全部个体的 40%。大多数个体不存在前副尖。均不存在釉质延伸现象。第一臼齿均为三根；第二臼齿中除 03SL M4 的为双根外，其他个体的均为三根；第三臼齿多为单根，均无先天缺失或者钉型或缩小现象。

2. 下颌牙齿

中央门齿均无先天缺失现象。犬齿无远中副嵴，均为单根。第一前臼齿无汤姆氏根和釉质延伸现象，大部分无舌侧齿尖变异，只有 03SL M4 右侧第一前臼齿舌侧存在两个齿尖。大多数臼齿不存在釉质延伸现象。第一臼齿齿沟既有 Y 型，也有十型；大多数第三臼齿齿沟为 Y 型。除 03SL M7 第三臼齿为五尖型（出现第五尖）外，其他个体的第三臼齿均为四尖型。臼齿均无转向皱纹、远中三角嵴、原副尖、第六和第七尖存在。除 03SL M7 外，均不存在第五尖。臼齿存在微弱的釉质延伸现象。03SL M7 除第三臼齿为单根外，其他臼齿均为双根。第三臼齿无先天缺失或者钉型或缩小现象。

结合第一节对 03SL M4 和 03SL M7 的论述，我们认为需要重视对 03SL M4 年代上的考察。由 03SL M7 表现出来的牙齿测量学特征表明，鲤鱼墩新石器时代居民在牙齿特征上存在明显的性别差异。

本章参考文献

1. 龚怡，杨圣辉，曾祖隆. 新石器时期人类与现代人类第三磨牙牙体测量及阻生情况的比较研究. 北京口腔医学，2004，12（2）：77-79.
2. 龚怡，李金陆，杨圣辉. 新石器时期人类牙齿解剖学观察分析及与现代人类比较研究. 北京口腔医学，2006，14（4）：244-246.
3. 胡耀武，李法军，王昌燧，Michael P. Richards. 广东湛江鲤鱼墩遗址的 C、N 稳定同位素分析：华南新石器时代先民生活方式初探. 人类学学报，2010，29（3）：264-269.
4. 黄凤春，黄旭初. 郧县乔家院墓群. 湖北省南水北调工程重要考古发现 I. 北京：文物出版社，2007.
5. 黄世友，邵金陵，刘呆运，文凯新. 三千年前人牙齿形态测量. 临床口腔医学杂志，2009，25（6）：345-348.
6. 黄世友. 人牙齿测量特征的研究进展. 牙体牙髓牙周病学杂志，2009，19（5）：290-293.
7. 黄世友. 西安地区三千年来人牙齿测量特征演化的研究. 西安：中国人民解放军第四军医大学硕士学位论文，2009.
8. 李法军，朱泓. 河北阳原姜家梁新石器时代人类牙齿形态特征的观察与研究. 人类学学报，2006，25（2）：87-101.

9. 李法军, 张敬雷, 原海兵, 朱泓. 天津蓟县明清时期居民牙齿形态特征研究. 见: 董为主编. 第十一届中国古脊椎动物学学术年会论文集. 北京: 海洋出版社, 2008: 145-166.
10. 李法军, 王明辉, 冯孟钦, 朱泓. 鲤鱼墩新石器时代居民牙齿的非测量特征研究. 见: 教育部人文社会科学重点研究基地吉林大学边疆考古研究中心编. 边疆考古研究 (第8辑). 北京: 科学出版社, 2009: 343-352.
11. 李涛, 邵金陵, 刘呆运, 杨香菊, 吴昊. 少陵原西周墓遗址3000年前人牙齿形态学研究. 牙体牙髓牙周病学杂志, 2008, 18 (6): 324-326.
12. 李霞. 半坡新石器时代成人牙颌状况分析. 西安: 中国人民解放军第四军医大学, 2006.
13. 刘武. 华北新石器时代人类牙齿形态特征及其在现代中国人起源与演化上的意义. 人类学学报, 1995, 14 (4): 360-380.
14. 刘武, 朱泓. 庙子沟新石器时代人类牙齿非测量特征. 人类学学报, 1995, 14 (1): 8-20.
15. 刘武, 曾祥龙. 陕西陇县战国时代人类牙齿形态特征. 人类学学报, 1996a, 15 (4): 302-313.
16. 刘武, 曾祥龙. 第三臼齿退化及其在人类演化上的意义. 人类学学报, 1996b, 15 (3): 185-199.
17. 刘武, 郑良, 姜础. 元谋古猿牙齿测量数据的统计分析及其在分类研究上的意义. 科学通报, 1999, 44 (23): 2481-2488.
18. 刘武. 中国第四纪人类牙齿大小的演化及其意义. 第四纪研究, 1999, (2): 125-138.
19. 刘武, 杨茂有. 中国古人类牙齿尺寸演化特点及东亚直立人的系统地位. 人类学学报, 1999, 18 (3): 176-192.
20. 毛燮均. 从口腔正畸学方面理解理解大自然. 中华口腔杂志, 1953, (1): 1-16.
21. 毛燮均. 演化途中的人类口腔. 中华口腔科杂志, 1956, (2): 75-84.
22. 皮昕. 口腔解剖生理学 (第6版). 北京: 人民卫生出版社, 2007: 41.
23. 邵象清. 人体测量学. 上海: 上海辞书出版社, 1985: 54-55.
24. 王惠芸. 牙体解剖学. 北京: 人民卫生出版社, 1957: 9-12.
25. 王惠芸. 我国人牙的测量和统计. 中华口腔科杂志, 1959, (3): 149-155.
26. 魏博源, 张文光. 牙齿大小与颅骨大小的相关研究——上颌牙齿大小与颅围长等的相关研究. 人类学学报, 1986, 5 (4): 362-367.
27. 魏博源, 陆旭光. 现代华南人恒齿测量和齿尖形态观察研究. 人类学学报, 1987, 6 (2): 139-143.
28. 邢松, 刘武. 中国人牙齿形态测量分析——华北近代人群臼齿齿冠及齿尖面积. 人类学学报, 2009, 28 (2): 179-191.
29. 杨香菊. 两千年前人与当代人牙釉质厚度和密度的对比研究. 西安: 中国人民解放军第四军医大学硕士学位论文, 2008.
30. 张银运, 刘武. 中国直立人与早期智人的牙齿形态鉴别. 人类学学报, 2002, 21 (2): 87-101.
31. 张振标. 长阳青铜时代与大同北魏朝代人类牙齿的形态变异. 人类学学报, 1993, 12 (2): 103-112.
32. 郑宏, 邵金陵, 段清波. 秦始皇帝陵区出土人第三磨牙的萌出情况. 牙体牙髓牙周病学杂志, 2006, (3): 159-161.
33. 周密, 黄玉洪. 郧县乔家院墓地东周-汉代居民牙齿的形态观察与测量. 江汉考古, 2010, (116): 106-112.
34. 朱泓, 周立臣, 侯桂华. 内蒙古察右前旗庙子沟新石器时代人类牙齿的形态观察. 人类学学报, 1993, 12 (3): 283-284.
35. Anderson D. L., G. W. Thompson and F. Popovich. Evolutionary dental changes. American Journal of physical Anthropology, 1975, 43 (1): 95-102.
36. Bailit H. L. and J. S. Friedlaender. Tooth size reduction: a hominid trend. American Anthropologist,

1966, 68 (3): 665-672.
37. Bass W. Human Osteology: A laboratory and field manual. Springfield: Missouri Archaeological Society, special publication, 1987: 260-290.
38. Berry A. C. and R. J. Berry. Epigenetic variation in the human cranium. Journal Anatomy, 1967, 101 (2): 361-379.
39. Brace C. L. Environment, tooth form and size in the Pleistocene. Journal Dental Research, 1967, 46: 809-816.
40. Brace C. L. and P. E. Mahler. Post-Pleistocene changes in the human dentition. American Journal of physical Anthropology, 1971, 34 (2): 191-203.
41. Brace C. L. Australian tooth-size clines and the death of a stereotype. Current Anthropology, 1980, 21 (2): 141-164.
42. Brace C. L. and M. Nagai. Japanese tooth size: past and present. American Journal of physical Anthropology, 1982, 59 (4): 399-411.
43. Brace C. L., K. R. Rosenberg and K. D. Hunt. Gradual change in human tooth size in the late pleistocene and post-pleistocene. Evolution, 1987, 41 (4): 705-720.
44. Brace C. L., K. R. Rosenberg and K. D. Hunt. What big teeth you had grandma! Human tooth size, past and present. In: Advances in Dental Anthropology, edited by Kelly M. A. and C. S. Larsen. New York: Wiley-Liss, 1991: 33-57.
45. Dahlberg A. A. Materials for the establishment of standards for classification of tooth characteristics, attributes, and techniques in morphological studies of the dentition. Zoller Laboratory of Dental Anthropology, University of Chicago, 1956.
46. Dahlberg A. A. Dental evolution and culture. Human Biology, 1963, 35: 237-249.
47. Garn S. M., C. L. Brace and P. E. Cole. Use of crown areas in odontometric analyses. Journal Dental Research, 1977, 56 (7): 876-876.
48. Hanihara T. and H. Ishida. Metric dental variation of major human populations. American Journal of physical Anthropology, 2005, 128 (2): 287-298.
49. Manabe Y., A. Rokutanda and Y. Kitaqawa. Nonmetric tooth crown traits in the Ami tribe, Taiwan aborigines: comparisons with other east Asian populations. Human Biology, 1992, 64 (5): 717-726.
50. Teaford M. F. and P. S. Ungar. Diet and the evolution of the earliest human ancestors. Process National Academic Science USA, 2000, 97 (25): 13506-13511.
51. Hanihara T. The origin and microevolution of Ainu as viewed from dentition: The basic populations in East Asia. Journal of Anthropological Society of Nippon, 1991, 99 (3): 345-631.
52. Hanihara T. Dental and cranial affinities among populations of east Asia and the Pacific: The basic populations in East Asia. American Journal of physical Anthropology, 1992, 88 (2): 163-182.
53. Hanihara T. Comparison of craniofacial features of major human groups. American Journal of physical Anthropology, 1996, 99 (3): 389-412.
54. Scott G. R. and C. G. Turner II. The Anthropology of Modern Human teeth: dental morphology and its variation in recent human populations. Cambridge University Press, 2000.
55. Turner II C. G. Dental evidence on the origin of the Ainu and Japanese. Science, 1976, 193 (4256): 911-913.
56. Turner II C. G. Dentochronological separation estimates for Pacific Rim populations. Science, 1986, 232 (4754): 1140-1142.
57. Turner II C. G. Late Pleistocene and Holocene population history of East Asia based on dental variation.

American Journal of physical Anthropology, 1987, 73 (3): 305 - 321.
58. Turner II C. G. Major features of Sundadonty and Sinodonty, including suggestions about East Asian microevolution, population history, and late Pleistocene relationship with Australian Aboriginals. American Journal of physical Anthropology, 1990, 82 (3): 295 - 317.
59. Turner II C. G., R. N. Christian and G. R. Scott. Scoring procedures for key morphological traits of the permanent dentition: The Arizona State University Dental Anthropology System. Advances in Dental Anthropology, 1991, 13 - 31.
60. Wolpoff M. H. Dental reduction and the probablemutation effect. American Journal of physical Anthropology, 1975, 43 (2): 307 - 308.

第七章 牙齿磨耗和口腔健康分析

陈伟驹 李法军

人类牙齿磨耗指由牙齿相互间直接接触或牙齿与食物等外来物质接触所造成的牙釉质、牙本质甚至牙骨质的磨耗（樊明文，周学东，2000）。前者包括相邻的牙齿及上下颌对应的牙齿相互接触造成的磨耗，后一种情况是由于牙齿与食物、食物中的颗粒物质或非食物性物质接触导致的牙齿磨耗（Scott，Turner，1988；刘武 等，2005）。牙齿磨耗是人类最为常见的生理或功能现象之一。影响牙齿磨耗的因素有很多，其中包括年龄、性别、食物结构、食物加工技术、饮食偏好、特殊文化行为以及口腔健康状况等。因此，我们可以根据牙齿磨耗的程度及其方式反过来考察这些影响因素。除年龄因素外，食物结构是影响牙齿磨耗的恒定因素，与牙齿磨耗有着直接的联系。而特定人群的食物结构最主要是由这些人群的社会经济类型决定的。所以，我们还可以根据牙齿磨耗间接地推断特定人群的经济类型（刘武 等，2005）。此外，在性别鉴定的基础上，我们还可以通过分析牙齿磨耗的性别差异来考察男女两性饮食结构等差异，从而分析男女两性的食物分配以及劳动分工甚至社会组织形态。

牙齿由于其结构的特殊性能长久地保存，因此在考古发掘中往往很容易被发现，加上其具备上述的研究优势，早已为国内外研究者所青睐。国外的学者对此已有深入的研究（Molnar，1972；Smith，1984；Scott，Turner，1988），除了确定由牙齿磨耗所制定的年龄判定标准外，他们还通过研究并确立各种分级标准以及在此基础上探索经济方式的差异和农业起源等重要问题在世界范围内产生了重大影响。国内的古人类学家以及法医工作者对牙齿磨耗也早有研究。吴汝康（1965）、莫世泰（1983）和魏博源（1984）等学者分别对华北人和华南人的白齿磨耗进行研究，他们通过对华北人和华南人的牙齿磨耗与年龄的关系进行研究，确定了不同的根据牙齿磨耗进行年龄判定的标准。这些开创性的工作也成为了国内其他体质人类学学者及法医工作者进行研究和工作的基础。如宋宏伟、贾静涛等（宋宏伟，贾静涛，1986a，1986b，1987a，1987b，1988；李春彪，纪贵金，1991；李法军，盛立双，2011）就做了不少这方面的研究。

上述国内研究的重点都集中在牙齿磨耗与年龄判定的关系上。然而，我们知道，牙齿磨耗承载着的信息远不止年龄这一项。食物结构、文化行为、经济方式等都可以在牙齿磨耗上反映出来（Scott，Turner，1988）。而在考古学研究中，并不是每一个遗址都会出土如食物残骸或生产生活用具等反映食物结构及经济方式等的遗物。而在没有这些信息的情况下，牙齿磨耗的研究就显得非常重要。即使是存在这些信息，牙齿磨耗的研究也是必不可少的证据。因此，我们必须重视利用牙齿磨耗来考察食物结构及经济方式等方面的研究。

早在20世纪80年代末，张银运（1989）通过对安徽巢湖早期智人的牙齿磨耗进行研究，初步探讨了牙齿磨耗与饮食和咀嚼习惯的关系。后来，何嘉宁（2000）对金牛山人牙齿也做了类似的研究。然而，由于材料有限或其他各种原因，这些研究并没有深入地探讨被研究人群具体的饮食结构，只就其磨耗方式对食物的粗糙程度或牙齿工具机能说进行初步推论。但这些工作对我们做进一步的研究是有很好的参考作用的。近年来，刘武等（2005）收集了新疆、内蒙古以及内地等不同地区的人骨材料，对这些材料的牙齿磨耗、龋齿、牙齿脱落、颌骨骨质隆起等各种情况进行了详细的考察，从而辨别这些情况在不同的经济类型中的差异。

这一工作成为国内这个领域研究的典范，后来的研究工作多有参照。龚怡等（2005）也专门就石器时期人类牙齿磨耗与饮食习惯进行了研究。其他的研究还包括对半坡博物馆馆藏 6000 年前人骨（张璇，邵金陵，2005）、修筑秦始皇陵的劳工遗骸（韩迎星，2005）、穷科克古墓出土的人骨（孟宪安 等，2007）、现代新疆哈萨克族人群（何惠宇 等，2007）、陕西长安出土的唐代人骨（孟勇，2008）甘肃西山遗址早期秦人（尉苗 等，2009）的研究以及北京东林胡 4 号人骨（薛进庄，郝守刚，2010）的研究。此外，魏博源（1988）对同口牙齿磨耗级的比较研究、何嘉宁（2007）对不同经济类型人群人牙的磨耗速率的研究、刘东秀（2007）对牙齿磨耗程度的研究等都对相关的研究有着非常重要的启示作用。

我们知道，研究古代人群的饮食结构与经济方式等不是仅仅由牙齿磨耗一项就能说明的。实际上，口腔状况的其他方面如龋齿、牙齿生前脱落、上下颌骨表面骨质隆起等都在某种程度上反映了饮食结构和经济方式（Scott, Turner, 1988；刘武 等，2005；尉苗 等，2009）。而且在很多情况下，这些因素都是相互影响的。如重度龋齿会导致牙齿生前脱落（Scott, Turner, 1988；Tayles, et al., 2000），过度的磨耗会对龋齿的发病产生影响[①]（Tayles, et al., 2000；毛燮均，颜誾，1959）。

因此，在研究过程中必须综合考虑各种因素。在上述影响因素中，龋齿反映饮食结构和经济方式的作用显得尤为突出。对此，世界各地的学者针对不同经济类型做了相关研究。如 Larsen（1983）对美洲土著人群进行研究，发现随着人工种植玉米的普及，龋齿病的发病率在提高。颇为著名的研究是 Turner（1979）对狩猎-采集型经济、混合型经济以及农业型经济等不同经济类型人群龋齿情况的研究，他提出随着农业的发展龋齿发病率在提高。尽管东南亚学者以史前东南亚的稻作农业为例得出的却是相反的结论（Tayles, et al., 2000），但并不能就此否定龋齿在研究饮食结构与经济类型方面的指示作用。国内以往的人骨研究报告以及上述关于牙齿的综合研究往往都会涉及龋齿罹患率的统计。近来国内也有学者就古代的人牙材料进行龋齿的专题研究，如何嘉宁（2004）对中国古代北方人群的研究、张全超等（2009）对内蒙古中南部地区青铜-早期铁器时代居民的研究等，为我们认识龋齿病与饮食结构、经济类型和文化的关系提供了广阔的视野，也为考古学文化的研究提供了不可或缺的证据。

我国利用牙齿磨耗及其他口腔健康状况来考察古代人类的食物结构及经济类型等的研究还十分欠缺。而且已有的研究主要集中在北方地区。这些地区的经济类型主要是狩猎-采集型经济及旱作农业经济。而以稻作农业为主的南方地区在这方面的研究尚未起步。本次研究的人牙材料出自广东湛江鲤鱼墩新石器时代遗址，该遗址为一地处滨海地区的贝丘

[①] 重度的磨耗会磨去牙齿表面原有的齿窝或齿沟，而这些部位往往容易积累食物残留物，最容易导致龋齿发病。

遗址。为此，人们理所当然地认为当时人群肯定以海产品为主要食物。但实际上，在没有证据之前我们不能确定当时的人群的饮食结构。除此之外，我们不清楚是否还存在其他食物来源以及这些食物在当时人群的饮食中所占的比例。而且，上文也提到不同的发展阶段或社会模式可能存在不同的饮食结构和经济方式。本次研究的意义在于：

第一，目前已有学者对该遗址的人骨材料（所用材料只有03SL M6 和03SL M7）进行 C、N 稳定同位素分析（胡耀武 等，2010），提出鲤鱼墩遗址先民主要以海生类资源作为食物，而陆生的食物（如块茎植物）只占据次要地位。这里必须说明的是，只有03SL M6、03SL M7 和03SL M8 的层位关系明确，都是开口于第5层下并打破第6层。而我们不能排除 03SL M3 和03SL M4 属于其他层位的可能性。若是如此，据上文分析，这5个个体可能属于不同饮食结构和经济方式的人群。在这种情况下，利用 C、N 稳定同位素方法研究所得的结论只能说明鲤鱼墩遗址第6层时期的居民的饮食结构，而不能代表鲤鱼墩遗址整个发展过程中所有居民的饮食结构。C、N 稳定同位素的分析受到材料污染程度的影响，而对牙齿磨耗或其他口腔健康状况的研究则不存在这种情况。因此，应用牙齿磨耗或其他口腔健康状况来分析食物结构就具有一种优势，即可以在骨骼受到污染的情况下独立进行相关分析，而且能保证更大的样本量。此外，这些研究还可以间接地判定 03SL M3 和 03SL M4 的大致层位。

第二，通过对该遗址的人牙材料进行牙齿磨耗及其他口腔健康状况的分析，还可将这种方法运用到华南的古人类、古代社会饮食及经济方式的研究。重要的是，以往的研究让我们大体了解陆生肉类和淀粉类作物对牙齿的影响（刘武 等，2005；何嘉宁，2007；尉苗 等，2009），但对于食用海产品对牙齿磨耗的速率和方式及其他口腔健康的影响尚属未知。本研究对于我们了解这种饮食结构对口腔健康的影响具有开创性的意义。

第三，由于自然埋藏条件的原因，长江以南特别是岭南地区很难发现保存完整的古代人骨样本。这种状况严重制约了南方地区人种学的发展，而鲤鱼墩遗址出土的保存较好的人骨材料则在某种程度上弥补了这种缺陷（李法军，冯孟钦，2009）。有学者更是将湛江鲤鱼墩与邕宁顶蛳山、桂林甑皮岩三个遗址所出的人骨并列为雷州半岛和西江水系的三个人种学坐标（李法军，冯孟钦，2009），可见其定位的重要性。牙齿作为人骨研究中非常重要的一部分，其反映的古代社会信息是相当丰富的。特别是对于没有文字记载的新石器时代遗址的考古学文化研究来说，其意义更是无可替代的。

第一节　材料与方法

一、研究材料及其分类讨论

鲤鱼墩遗址共出土8例人骨遗骸，其中 03SL M3，03SL M6，03SL M7 和 03SL M8 保存有完好的头骨。附于颌骨上或散牙共 122 颗，其中 03SL M3 为 30 颗、03SL M4 为 22 颗、03SL M6 为 23 颗、03SL M7 为 23 颗、03SL M8 为 24 颗。以往的很多研究大多将老年和未成年的个体剔除以减少年龄因素对研究结果的影响（刘武 等，2005；尉苗 等，2009；何嘉宁，2007；Tayles, et al., 2000）。此次的研究材料中仅 1 例为女性，其余 4 例均为男性，且年龄分布在 20—45 岁之间，正好是作为研究的最佳年龄段——青壮年期①。

在这些个体中，03SL M6，03SL M7 和 03SL M8 的层位关系明确，都开口于第 5 层下并打破第 6 层，而 03SL M3 和 03SL M4 的层位皆被破坏。通过对这 5 个个体的牙齿和口腔情况进行仔细观察发现，03SL M3 无论是牙齿磨耗程度、牙齿磨耗方式以及龋齿患病率等各种情况都与 03SL M6，03SL M7 和 03SL M8 相似，而 03SL M4 在以上三个方面都与其他 4 个个体差异很大。此外，我们还观察到，03SL M4 与其他 4 个个体的头骨颜色明显不同。由于埋藏土质的影响，03SL M4 的头骨颜色偏灰白，而其他 4 个个体头骨颜色则偏黄或褐色，这可能说明 03SL M4 与其他 4 个个体的埋藏层位是不一样的。另外，03SL M4 的头骨保存情况很差也在某种程度上说明了这一点。因此，为了避免差异过大的不同个体混在一起统计对结果造成太大影响，下文中会将鲤鱼墩遗址的这 5 个个体分为两组，03SL M3，03SL M6，03SL M7 和 03SL M8 为一组（编为鲤鱼墩一组），03SL M4 单独为一组（编为鲤鱼墩二组）。尽管 03SL M4 的层位可能与其他 4 个个体不同，但目前没有更多的信息来说明 03SL M4 的具体层位，甚至还不能排除 03SL M4 与其他 4 个个体同层的可能性。因此，后面的讨论要分三种情况：第一，鲤鱼墩二组晚于一组；第二，鲤鱼墩二组与一组同时；第三，鲤鱼墩二组早于一组。

二、牙齿磨耗观察分级标准

牙齿磨耗的观察分级标准有很多，国内学者在进行现代人群年龄判断的时候多用吴汝康等（1965）所定的六级标准。而六级标准中，第 6 级往往很少出现。60 岁以上的老人最多不过是 5 级（即齿冠磨去一半以上，齿髓腔暴露）。然而，这种标准往往不适用于考古遗址中出土的人牙材料。因为考古遗址特别是新石器时代遗址出土的人牙材料，处于青壮年期的个体牙齿磨耗级别也可以高达 8 级（既齿冠全部磨去，只剩下齿根）。因此，国内很多学者的研究多采用 Smith（1984）制定的 7—8 级标准（表 7.1）。鲤鱼墩遗址年代属于新石器时代，且初步观察牙齿磨耗等级有高达 8 级者。因此，我们也同样采用 Smith 制定的八级标准。对于我们所使用的人牙材料磨耗等级的判定严格按照 Smith（1984）的标准观察和记录，并且对每个个体的牙齿磨耗情况进行绘图，以方便观察和对照（图 4.3）。

三、特殊磨耗的观察与记录

牙齿磨耗包括牙齿的咀嚼性磨耗与非咀嚼性磨耗（Scott, Turner, 1988）。Smith

---

① 未成年个体的牙齿磨耗尚不明显，而老人个体磨耗过重（比如都是 6 级或 6 级以上），对这些个体进行牙齿磨耗考察时，无法很好地分开级别。而青壮年个体，牙齿磨耗较为明显，且由于食物结构不同会有所不同，因此是研究的最佳材料。

(1984)的方法及其标准主要是对牙齿的磨耗面进行考察、对牙齿部分咀嚼性磨耗的研究,但这种标准没有很好地涉及邻齿之间的咀嚼与非咀嚼性磨耗,更没有涉及除磨耗面以外的舌面、唇面或颊面等的非咀嚼性磨耗。牙齿的咀嚼性磨耗较好地反映了食物结构和农业经济类型,而非咀嚼性磨耗更多的是反映牙齿的工具使用情况、特定的饮食习惯和文化行为(Scott, Turner, 1988)。因此,对特殊磨耗的观察与研究是对Smith(1984)方法的一种补充,也是对牙齿进行综合研究必不可少的一部分。我们对于这5个个体所有的牙齿存在特殊磨耗的情况进行逐一记录和描述,并对其中有代表性的个例进行拍照记录,以达到探讨牙齿工具机能、饮食习惯及文化行为的目标。

表7.1 牙齿磨耗分级标准

磨耗级别	门齿和犬齿	前臼齿	臼齿
1	未磨耗,或略有磨耗,出现小的磨耗面,但无齿质暴露	未磨耗,或略有磨耗,出现小的磨耗面,但无齿质暴露	未磨耗,或略有磨耗,出现小的磨耗面但无齿质暴露
2	点状或头发丝状齿质暴露	中度齿尖磨耗缺失,齿尖呈圆钝状	中度齿尖磨耗缺失,齿尖呈圆钝状。磨耗面釉质变薄(似人乳齿或黑猩猩臼齿状)或在齿尖部可呈现一个小点状齿质暴露
3	出现明显的线状齿质暴露	整个齿尖磨耗消失,或中度齿质片状暴露	整个齿尖磨平,或出现若干点状或中度的齿质暴露
4	中度齿质暴露,已不呈线状	至少一侧齿尖大片状齿质暴露	出现若干大的齿质暴露,但彼此仍各自独立
5	齿质大片状暴露,但围绕齿冠的环釉仍完整存在	出现两个大的齿质暴露区,并可能轻度融合	两个齿质暴露区互相融合
6	齿质大片暴露,一侧环状釉质缺失,或仅保留有非常细的釉质环	齿质暴露区完全融合,但环绕四周的釉质环仍完整	三个齿质暴露区互相融合或四个齿质暴露区相互融合,出现咬𬌗面中央釉质岛
7	釉质环两侧缺失,或仅残存齿冠釉质	齿质完全暴露,至少一侧釉质环缺失	整个咬𬌗面齿质暴露,周围的釉质环大致完整
8	齿冠全部磨耗缺失,无釉质残存;齿冠表面呈齿根形态	齿冠重度磨耗,高度明显减低;齿冠表面呈齿根形态	齿冠严重磨耗,高度减低,釉质环丧失;齿冠表面呈齿根形态

(资料来源:刘武 等,2005)

四、其他口腔健康状况的观察及其标准

前文已经提及,口腔健康状况除牙齿磨耗外,往往还包括龋齿、牙齿生前脱落、上下

颌骨表面隆起和第三臼齿萌出等情况，且很多情况下这些因素都是相互影响的。对于牙齿的特殊磨耗的记录，我们对每一颗有异常磨耗情况的牙齿进行记录并对具有代表性的进行拍照。龋齿被定义为齿冠或齿根上可以用肉眼看到的坏死的窝或腔。若是龋病已经毁坏了齿冠（包括齿质）的大部分则被定义为"重度"龋齿（Tayles, et al., 2000）。我们会对龋齿发病的具体位置和严重程度进行必要的说明。

至于牙齿生前脱落，它不同于死后埋藏或发掘工作导致的丢失或折断，若是生前脱落齿槽一般会吸收甚至完全闭合成突起的棱嵴状。而牙齿生前脱落还包括饮食过程中导致的意外脱落和由于某种习俗决定的有意识的使之脱落，前者一般呈现不规律、非对称性的脱落，后者多呈规律或对称性的。为此，我们在对那些已确定为牙齿生前脱落的情况进行记录的时候，特别注意它们的齿槽是否有吸收现象以及是否是对称或有规律的。

所谓的颌骨骨质隆起，主要表现为下颌颌骨舌侧面及上颌骨颊侧面齿槽部位的骨骼质隆起。这种骨质隆起既包括颌骨表面连续性发育显著的隆起，也包括局限独立发育的小骨质隆起及短的纵向隆起的骨嵴。国内学者刘武等（2005）对新疆、内蒙出土的人骨进行过观察，发现了较为明显的颌骨骨质隆起的情况。对于该遗址所出人骨的颌骨骨质隆起情况的观察和记录，我们参照刘武等（2005）的工作进行记录。

"牙齿萌出"是指牙齿自齿冠出龈至上下颌牙齿咬合接触的全过程，牙齿萌出时间以出龈时间为准（邵象清，1985）。此外，我们还可根据其他的特征，例如根据齿冠的高度或者根据它们上下颌的咬合和磨耗情况来判断第三臼齿是否萌出。

五、统计学方法

以往研究所使用的人牙数量往往很多，而且个体差异大。例如同是犬齿，某个个体的磨耗等级可能只有1级，而另外一个甚至有可能是8级。也就是说，在同一个位置的牙齿，它们的磨耗等级从1—8级都会出现。对于这种材料庞杂、个体差异大的情况，前人往往采用加权平均的方法计算各牙齿的平均磨耗等级。即：

$$牙齿的平均磨耗等级 = \sum (各磨耗等级级别百分比的出现率 \times 相对应的磨耗级别)$$

这种计算方法在个体差异大的情况下，能较好地统筹各种情况，最终的结果能较好地反映样本组的总体情况，使得最后得出的研究结果更为合理。本次研究的特殊之处是，研究样本只有5个个体，并且还分为两组。某一牙位上的牙齿数量很少，如果考虑到生前脱落或埋藏丢失的情况，样本量就更少了。此外，第一组的4个个体磨耗情况较为一致，第二组只有1个个体（03SL M4）。一方面，这种个体差异小、情况相当一致的材料更能说明材料较少的这4个个体是具有代表性的；另一方面，在这种特定位置牙齿磨耗较为一致且个体数又少的情况下，我们没有必要采取加权平均对不同磨耗等级的出现率进行统计。因此，我们只需要计算它们的平均数。即：

$$牙齿平均磨耗等级 = 所有牙齿磨耗等级之和 / 牙齿数$$

以往的工作对于反映前后部牙齿磨耗差别的指数进行计算时，多采用 I^1/M^1 及 I_1/M_1 分别代表上下颌中门齿与第一臼齿的磨耗差别。$I^1 - C/M^1 - M^3$ 及 $I_1 - C/M_1 - M_3$ 分别代表上下颌前部三个牙齿与后部三个牙齿的磨耗差别。其中，I1 – C 表示中门齿、侧门齿和犬齿三个平均磨耗级别的相加值，M1 – M3 则表示三个臼齿平均磨耗级别的相加值。在本次的研究材料中，除 03SL M3 外，其他的 4 个个体的年龄多在 20—30 岁。与其他牙齿相比，第三臼齿由于萌出的时间晚而参与磨耗的时间较短，若用 I1 – C/M1 – M3 则不能在同等条件下探讨前后部牙齿磨耗的差别。

此外，我们注意到 I1 – C 的萌出时间跨度为 6—13 岁，M1 – M2 的萌出时间跨度为 6—14 岁，而 M3 的萌出时间则要晚至 20 岁左右或更晚。为此，我们再对 I1 – C/M1 – M3 的计算方法进行修改以更加适合本材料的研究。将 M3 剔除，先算出 I1、I2、C 三颗牙齿的平均磨耗等级平均数和 M1、M2 的平均磨耗等级的平均数，再将其所得结果相除，即 $[(I1 + I2 + C)/3]/[(M1 + M2)/2]$。但对于 I1/M1 的计算予以保留。

此外，我们还对龋齿罹患率和第三臼齿萌出率进行计算，与国内外的其他样本组进行对比分析。

六、分析方法

在对上述的所有指标进行观察、记录和统计的基础上，将所得结果与国内外的其他样本组进行对比分析。在推断该遗址两组样本所代表人群（也可能代表同一人群）的饮食结构和经济方式时，结合该遗址的考古学文化研究，C、N 稳定同位素的食谱分析（胡耀武 等，2010）以及该遗址所在地区和周边地区的考古学文化和古地理的研究成果进行综合分析。此外，我们还参考这些人骨材料的性别、年龄鉴定结果，对各项指标的性别差异进行初步分析。

第二节 结　果

从图 4.3 中可以看出 5 个个体的牙齿保存情况，而且通过对照 Smith（1984）的标准我们还可以清楚地知道它们具体的牙齿磨耗等级、特殊磨耗以及生前或死后的破坏情况。而对于龋齿、牙齿生前脱落、颌骨骨质隆起等情况我们将在下文一一统计和描述。此外，我们还对一些代表性特征进行拍照，以方便读者更直观地了解具体情况。

一、总体特点

对鲤鱼墩遗址出土的每一颗牙齿进行磨耗等级的记录（表 7.2），将计算后所得的数据制成表 7.4。

表 7.2　鲤鱼墩遗址各个牙齿的磨耗等级

墓 号	颌位	M3	M2	M1	P2	P1	C	I2	I1	I1	I2	C	P1	P2	M1	M2	M3
					右			侧					左		侧		
03SL M3	上	—	7	7	6	7	7	8	7	7	8	6	7	6	6	6	7
	下	—	7	7	6	7	7	8	8	8	8	8	8	7	8	8	8
03SL M4	上	2	4	5	6	—	6	5	5	—	5	7	7	5	—	—	3
	下	3	6	—	—	5	—	7	7	7	6	5	—	5	—	—	3
03SL M6	上	—	5	6	5	6	5	6	6	6	6	—	—	6	7	5	4
	下	4	5	6	—	—	6	—	7	—	6	8	—	7	7	—	4
03SL M7	上	3	7	7	—	—	—	7	6	7	5	6	5	—	—	—	—
	下	3	—	—	4	—	5	6	—	5	—	6	4	—	7	—	2
03SL M8	上	3	7	7	6	6	—	6	—	—	6	7	5	—	6	7	2
	下	4	7	8	—	—	—	—	—	—	—	6	6	8	7	—	2

表 7.4　鲤鱼墩两组间的牙齿磨耗比较

牙 位	I1	I2	C	P1	P2	M1	M2	M3
鲤鱼墩一组（03SL M3，03SL M6，03SL M7 和 03SL M8）	上颌牙齿							
	6.30	6.60	5.70	6.30	5.70	6.70	6.30	3.00
	下颌牙齿							
	7.00	7.30	6.20	6.80	5.40	7.30	6.90	3.20
鲤鱼墩二组（03SL M4）	上颌牙齿							
	5.00	5.00	6.50	7.00	5.50	5.00	4.00	2.50
	下颌牙齿							
	7.00	7.00	6.50	5.00	—	5.00	6.00	3.00

总体来说，该遗址新石器时代人群的牙齿磨耗的第一个特点是非常严重。除了第三臼齿由于萌出时间较晚、参与咀嚼的时间短而磨耗较轻外，其他部位的牙齿磨耗等级大体为 5—8 级。若按照吴汝康等（1965）所定的标准，这些个体的年龄至少是 46 岁以上，有的甚至是 56 岁以上。然而，参照第三臼齿的磨耗情况及头骨各方面的情况（李法军 等，2009），我们知道这些个体的年龄只有 20—30 岁（除了 03SL M3 年龄较大外，其为 40—45 岁）。这些个体磨耗的第二个特点是，前部和后部的牙齿磨耗程度都非常严重。按照 Smith（1984）所定的标准，这 5 个个体前后部的牙齿磨耗程度大致呈现同一级别或相差一级。由于个体情况的差异，也有特殊的情况。第三个特点是，这些个体的前部牙齿及后部的个别牙齿的齿间邻面釉质多有崩裂或磨耗。相比之下，舌面和唇面或颊面釉质保存则较好，这与饮食结构必定有紧密的联系。

此外，鲤鱼墩一组与二组之间的差异也十分明显。第一组的 03SL M3，03SL M6，03SL M7 和 03SL M8 磨耗程度与方式较为一致，都是磨耗程度较重，磨耗面大体呈平面，很少出现龋齿。而二组的 03SL M4 尽管磨耗也较重，但相对一组来说磨耗是稍轻的。03SL M4 的磨耗方式较之其他个体也有所不同，前部牙齿磨耗面略微下凹，而后部牙齿的磨耗面较不规则。

二、鲤鱼墩遗址牙齿磨耗程度与其他人群的比较

不同地区、不同文化和不同经济人群之间的牙齿磨耗程度的差异比较见表7.4。

表7.5 不同人群的牙齿平均磨耗等级

样本组	I1	I2	C	P1	P2	M1	M2	M3
	上 颌							
鲤鱼墩一组	6.30	6.60	5.70	6.30	5.70	6.70	6.30	3.00
鲤鱼墩二组	5.00	5.00	6.50	7.00	5.50	5.00	4.00	2.50
新疆*	4.40	3.80	3.80	3.70	4.30	5.30	3.80	2.50
水泉*	3.90	3.60	3.60	3.90	3.90	5.90	4.70	3.00
饮牛沟*	3.10	3.00	3.80	3.60	3.50	5.00	4.30	3.50
遨游*	3.10	3.60	4.30	4.50	4.50	5.00	3.50	2.50
下王岗*	3.50	3.10	3.60	3.30	3.50	4.60	3.40	2.50
西山**	3.90	3.50	3.50	3.20	2.40	3.50	3.30	1.30
	下 颌							
鲤鱼墩一组	7.00	7.30	6.20	6.80	5.40	7.30	6.90	3.20
鲤鱼墩二组	7.00	7.00	6.50	5.00	—	5.00	6.00	3.00
新疆*	4.10	3.90	4.00	3.60	3.60	5.00	4.00	3.10
水泉*	3.80	3.80	3.10	4.00	3.90	5.40	4.50	3.10
饮牛沟*	3.20	3.40	3.50	3.50	3.30	5.00	4.50	2.70
遨游*	4.10	3.90	4.10	4.40		5.10	4.60	2.60
下王岗*	3.70	3.50	3.80	3.20	3.40	4.50	4.00	2.70
西山*	3.20	3.30	2.90	2.50	2.60	4.30	3.30	2.00

注："*"数据引自刘武 等，2005；"**"数据引自尉苗 等，2009。

首先，我们来对比一下鲤鱼墩遗址一组与二组样本的磨耗差异。从总体情况来说，鲤鱼墩一组的牙齿磨耗要比二组略重。同时，我们也注意到一些例外的情况，如二组 03SL M4 上颌的 C，P1 的磨耗程度要重于一组同一部位的牙齿。但我们必须了解的是，这些牙齿都是患有重度龋齿的，齿冠环釉并不是磨耗掉的，而是由于重度龋齿所致。这也说明利

用 Smith（1984）牙齿磨耗分级标准来判断磨耗等级时的一个缺点——没有很好地顾及到磨耗以外的其他因素。我们仍然可以大体判断鲤鱼墩遗址一组的牙齿磨耗要略重于二组，从中我们可以了解到鲤鱼墩遗址一组与二组的饮食结构可能存在差异。

其次，我们再将鲤鱼墩两组样本与国内其他样本进行比较。对比组包括耕作农业型经济方式的人群、狩猎或畜牧业经济的人群以及混合型经济方式的人群。其中新疆组人群以游牧或狩猎为主；山西遊游组和下王岗组农业较为发达；而内蒙古水泉与饮牛沟组经济方式较为复杂，但更偏向于以游牧业为主。我们发现，山西遊游组人群的牙齿磨耗程度较重，而甘肃西山组人群的牙齿磨耗相对最轻。山西遊游组人群可能更倾向于食用较多的淀粉类作物，而在这些组中该组的龋齿患病率是最高的也证明了这一点（刘武 等，2005）。甘肃西山组人群总体以食用陆生肉为主，植物性食物也占一定比例（尉苗 等，2009）。而鲤鱼墩遗址两组人群的牙齿磨耗程度比这些组的都要高，特别是鲤鱼墩一组。这一方面显示鲤鱼墩遗址两组样本与其他样本组的差异，另一方面也显示了鲤鱼墩遗址的两组样本间也有着共同的特征。

三、前后部牙齿磨耗程度的差异

为了更好地区分出该遗址不同时期人群前后部牙齿磨耗程度的差异，这里同样将该遗址的两组分开计算。具体计算前后部牙齿磨耗差别的指数如下（依表7.3）。

1. 鲤鱼墩一组

上颌中门齿/第一臼齿（I1/M1）＝6.3/6.7＝0.94（编号为上颌指数 A）

下颌中门齿/第一臼齿（I1/M1）＝7/7.3＝0.96（编号为下颌指数 B）

上颌前部牙齿与后部的两个臼齿：［（I1＋I2＋C）/3］/［（M1＋M2）/2］＝0.95（编号为上颌指数 a）

下颌前部牙齿与后部的两个臼齿：［（I1＋I2＋C）/3］/［（M1＋M2）/2］＝0.96（编号为下颌指数 b）

2. 鲤鱼墩二组

上颌中门齿/第一臼齿（I1/M1）＝1.0（指数 A）

下颌中门齿/第一臼齿（I1/M1）＝1.4（指数 B）

上颌前部牙齿与后部的两个臼齿：［（I1＋I2＋C）/3］/［（M1＋M2）/2］＝1.2（指数 a）

下颌前部牙齿与后部的两个臼齿：［（I1＋I2＋C）/3］/［（M1＋M2）/2］＝1.2（指数 b）

此外，为了更好地探讨这种前后部牙齿磨耗等级的差异在各种不同饮食结构和经济类型人群中的差异，我们将上述的指数值与旱作农业比例较高的山西遊游组和畜牧业比例突出的甘肃西山组进行比较。用我们的计算方法对这两个对比组进行4个指数的计算（图7.1）。

山西遊游组：指数 A＝0.62，指数 B＝0.80，指数 a＝0.86，指数 b＝0.83。

甘肃西山组：指数 A = 1.11，指数 B = 0.74，指数 a = 1.07，指数 b = 0.82。

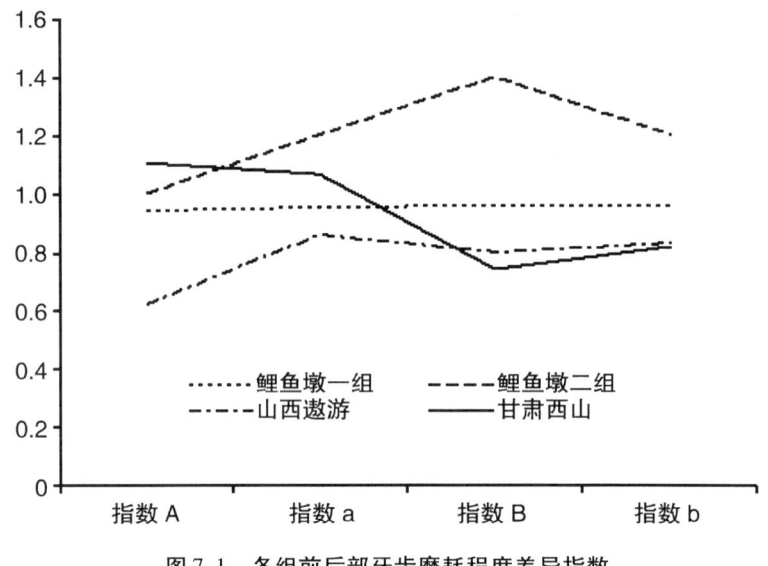

图 7.1 各组前后部牙齿磨耗程度差异指数
（资料来源：陈伟驹绘制）

这 4 个指数值实际上是不同情况下前部牙齿磨耗程度与后部牙齿磨耗程度的比值。也就是说，若是指数值落在 1 值之上，则表明前部牙齿较后部牙齿磨耗较重；若指数值落在 1 值之下，则表明后部牙齿较前部牙齿磨耗较重。指数越靠近 1 值，表示前部牙齿与后部牙齿的磨耗等级越趋于相同。

首先，我们看到鲤鱼墩遗址一组的指数线，该组表示前后部牙齿磨耗程度差异的 4 个指数较为统一，都落在 1 值之下，且非常接近 1 值。这种情况我们可以认定鲤鱼墩一组人群前后部牙齿磨耗程度是大致相当的。这表明该组样本的人群前后部牙齿所承担的任务总量也是大致相等的。

其次，我们看到，鲤鱼墩遗址二组人群与一组相比，前后部牙齿的角色似乎有了较大的变化。4 个指数大体都在 1 值或 1 值之上，表明鲤鱼墩二组人群的前部牙齿较后部牙齿来说可能承担更多的任务。

最后，我们可以观察饮食结构有所不同的山西遨游组和甘肃西山组。刘武等（2005）研究认为，山西遨游组前部牙齿较后部牙齿磨耗程度严重，但可能是由于对比样本的不同和计算方法的不同，山西遨游组在我们的 4 组样本中表现出相对较轻的前部牙齿磨耗。

在本研究中，我们认为，相对于其他 3 组样本，山西遨游组的前部牙齿磨耗程度较后部牙齿磨耗程度相对较轻。甘肃西山组的样本较为特殊，单看上颌牙齿的指数（指数 A、指数 a），它们的值都落在 1 值之上，表明上颌前部牙齿较后部牙齿磨耗严重；但再观察下颌的情况，指数 B 与指数 b 都落在 1 值之下，甚至比山西遨游组下颌的同样指数值还要低，这表明甘肃西山组人群下颌的前部牙齿较后部牙齿磨耗轻。

依据表 7.4，我们计算出甘肃西山组上颌前部平均磨耗等级为 3.63，后部牙齿平均磨耗等级为 3.40；而下颌前部牙齿平均磨耗等级为 3.31，后部牙齿平均磨耗等级为 3.80。

我们发现下颌后部牙齿较上颌后部牙齿磨耗较重，而下颌前部牙齿较上颌前部牙齿磨耗则较轻，这也解释了为什么相对于上颌牙齿来说，下颌前部牙齿较后部牙齿磨耗差异的指数会低于1值。一方面，这种上下颌磨耗差异可能是由于样本代表性差异所造成的；另一方面，这也可能是由饮食习惯所造成的。

四、牙齿特殊磨耗

对牙齿特殊磨耗的考察是对单纯的对磨耗等级计算的一个补充。一般的统计方法往往会掩盖一些特殊情况以及个体之间的细微差异。而就牙齿磨耗来说，这种特殊情况和个体的细微差异，往往会反映出群体或个人使用牙齿和饮食习惯及个体之间的差异。为此，我们将在分组考察的同时，分别对每个个体进行逐一的观察记录。此外，对于个体内牙齿磨耗的上下颌之间以及左右侧之间的差异也会在这部分提及，这也是考察个体差异和咀嚼偏好的一个重要方面。

对于这部分的研究，以往的工作都会提到一个较为典型的例子，即 Turner 等曾报道的史前印第安人出现一种叫"上颌前部牙齿舌侧磨耗"（lingual surface attribution of maxillary anterior teeth，LSAMAT）的磨耗现象（Scott，Turner，1988；刘武 等，2005；尉苗 等，2009）。这种磨耗主要表现为上颌前部牙齿舌侧面釉质，甚至本质过度磨耗，而对应的下颌牙齿没有同等程度的磨耗发生。Turner 等认为这种方式的磨耗可能是由于处理或食用富含颗粒或粗纤维的食物（如用上颌前部牙齿剥离木薯类根茎的外皮）所致。

我们通过对鲤鱼墩两组样本进行观察发现，鲤鱼墩一组的4个个体也存在比较轻微的类似情况的磨耗，但总体情况不明显。这4个个体的磨耗面大体呈现水平平面。而第二组 03SL M4 的却出现了类似的相对明显磨耗情况，特别是上颌中门齿（图7.2）。这再次表明 03SL M4 与第一组4个个体无论是磨耗等级还是特殊磨耗方式的差异都是相当大的，这也暗示将 03SL M4 独立于其他个体进行观察是合理的。此外，我们也发现了一些不同于以上情况的较为细微、特殊的磨耗。

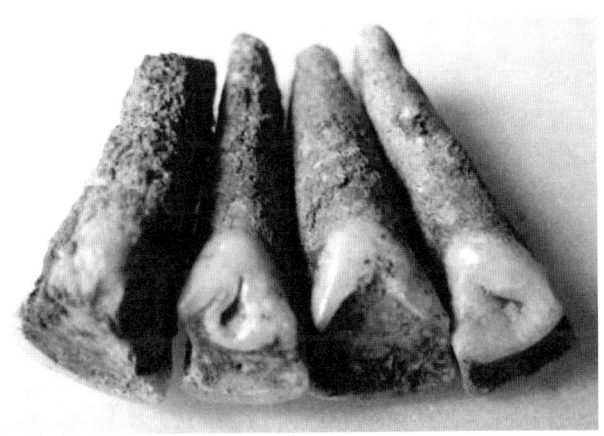

图7.2　鲤鱼墩 03SL M4 的上颌前部牙齿舌侧磨耗
（资料来源：陈伟驹摄制）

1. 鲤鱼墩一组

03SL M3 该个体是发现特殊磨耗情况最多的一个。此个体的下颌前部牙齿（除右侧犬齿）以及左侧牙齿磨耗非常严重，齿冠全部磨耗，甚至齿根也有一部分已经被磨耗掉，磨耗等级属于8级或8级以上（参见图4.3、图7.3-1，图7.3见本书彩页第6页）。而且，其中前部牙齿的磨耗面非常光滑且略有上凸。这绝非正常的饮食咀嚼所能造成的。另外，下颌左侧牙齿的磨耗面稍微向颊侧倾斜，其中以第一前臼齿（P1）和第二前臼齿（P2）较为典型（图7.3-2）。

此外，下颌左侧臼齿也有不同程度的颊侧倾斜，但形式较为特殊（图7.3-3）。一方面，第一臼齿（M1）、第二臼齿（M2）各自已经脱落一半，形状较为特殊。这也是导致对应位置的上颌左侧第一、第二臼齿（M1，M2）齿冠面一侧磨耗较轻的原因（图7.3-5）。

上述各种情况都是个人饮食习惯和行为特点的反映。另外，还有单独的某颗牙齿出现非常独特的磨耗形式。如上颌左侧的第一前臼齿（P1）（图7.3-4），它的颊侧似被用利器切去一部分，从齿冠直达齿根，且"切面"较为平滑。目前尚不确定03SL M3这个个体到底是出于什么原因对牙齿进行如此修饰。由于是个例，也无法判断是否为群体性的文化行为。与上颌左侧P1相似，下颌左侧的第三臼齿（M3）同样呈现非常特殊的磨耗（图7.3-6）。只不过这种磨耗不是位于颊侧，而是位于咬𬌗面。它的磨耗面起伏状较为特殊，近中-远中剖面大致呈"⌒"状，而舌-颊剖面大致呈"⌒"状。这种磨耗面起伏如此大的情况很有可能是长期的一种饮食习惯或人为摩擦造成。另外，下颌右侧犬齿的远中唇侧受到明显的磨耗（图7.3-7），似是长期的剔牙习惯造成。

03SL M6 通过观察目前没有发现类似上述或其他情形的特殊磨耗。

03SL M7 若是相对于同组内的其他3个个体来说，我们观察到该个体存在着一些较为特殊的磨耗情况。首先，就保存情况较好的下颌牙齿而言，前、后部牙齿磨耗相对较轻，齿冠保留比较多（图7.4-1）。这跟该组的其他3个个体是不同的。此外，上述所提到的"上颌前部牙齿舌侧磨耗"在03SL M7身上表现出细微的特征，但不是很明显。但较其他3个个体而言，与03SL M4的舌侧磨耗比较接近。

另外，这些牙齿还有一个较为特殊的特征是，近中、远中侧及咬𬌗面釉质已经不存在，但舌侧与唇侧的釉质却保留较好（图7.4-2）。在深入探讨这些相对来说较为特殊的磨耗的原因之前，我们必须知道两点：①03SL M7经过鉴定是5个个体中唯一的一位女性；②03SL M7是5个个体中年龄最小的，20岁左右。了解了这两点，我们似乎可以知道为什么03SL M7这么"特殊"。其中的具体的原因将会留在讨论性别差异时再结合其他因素综合分析。

03SL M8 该个体所有牙齿磨耗重，我们注意到上颌左侧的侧门齿较为"特殊"。它的磨耗相对很轻（可参见图4.3、图7.5），磨耗面只有条状的齿质暴露。这与大部分牙齿都呈整体的块状暴露是很不一样的。因为就单独一颗，考虑到正常的咀嚼是不会出现这种情况的，唯一的原因只有可能是对应位置的下颌侧门齿意外断裂或脱落，致使上下颌之间的该位置无法相互磨耗。确实，我们发现下颌左侧的侧门齿已经断裂，残存齿根。考虑到其断裂面的不规则，该牙齿很有可能是生前意外断裂的。

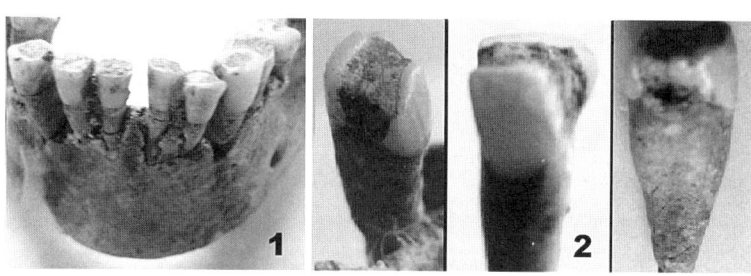

图 7.4　03SL M7 牙齿磨耗

1. 下颌牙齿磨耗情况；2. 上颌前部牙齿磨耗情况

（资料来源：陈伟驹摄制）

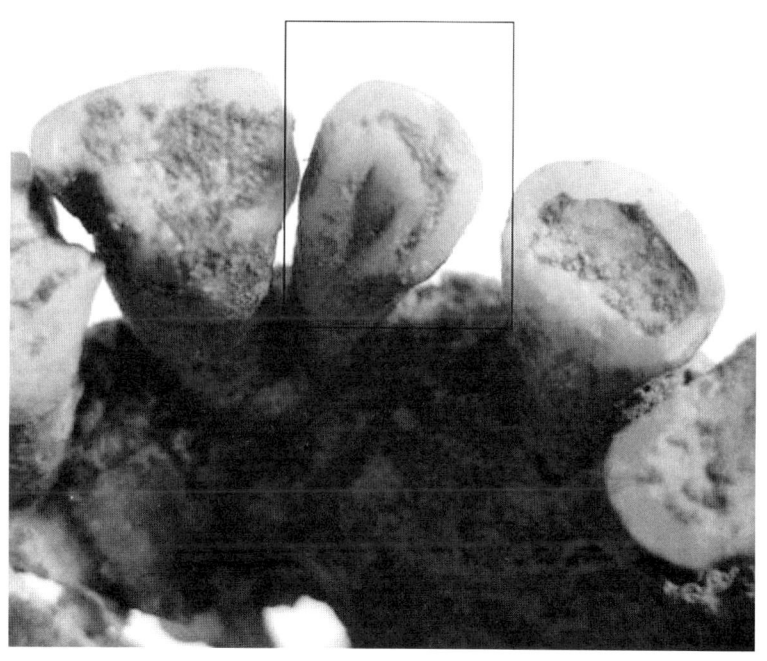

图 7.5　03SL M8 的特殊磨耗

（资料来源：陈伟驹摄制）

2. 鲤鱼墩二组

03SL M4　该个体除了存在上文提到的"上颌前部牙齿舌侧磨耗"的情况外，还存在其他相对第一组样本来说较为不一样的磨耗情况。例如，该个体的牙齿磨耗面不够平整，普遍存在中心相对四周（环釉）下凹的情形（图 7.6），特别是左下颌第一臼齿（M1），更是呈不规则的凹面。而第一组的 4 个个体磨耗面除个别情况外都较为平整。鲤鱼墩不同组的这种磨耗面的差异，说明这两组样本所代表人群的饮食可能存在差异。

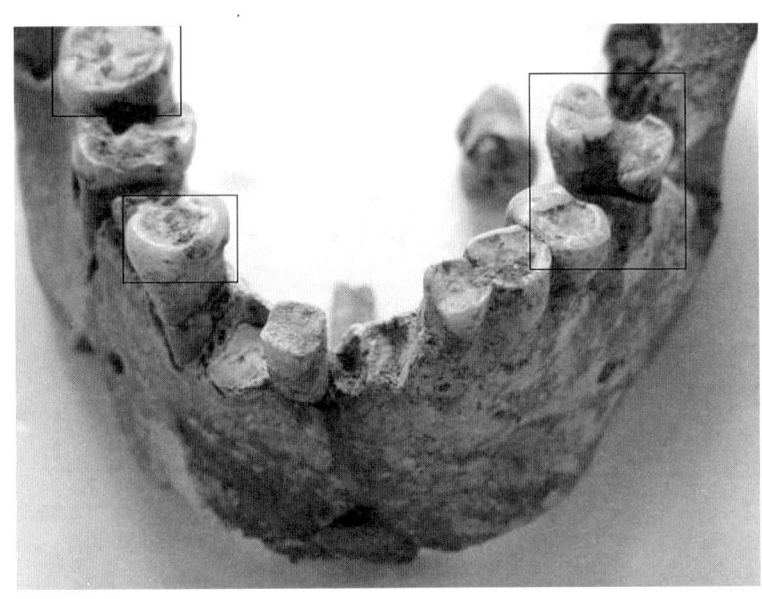

图 7.6　03SL M4 的牙齿磨耗面
（资料来源：陈伟驹摄制）

五、龋病分析

首先，我们对鲤鱼墩一组 4 个个体的龋齿状况进行介绍。所有个体的龋病情况见图 7.7。

03SL M3　该个体现保存的 30 颗牙齿中发现 3 颗可能存在龋齿的牙齿，一为上颌右侧第一臼齿（M1），发病位置位于咬合面上，龋病程度非常低。另外两颗在下颌左侧第一臼齿、第二臼齿的咬合面上，龋病程度也非常低。

03SL M6　该个体保存的 23 颗牙齿中尚未发现患龋齿的牙齿。

03SL M7　该个体保存的 23 颗牙齿中，发现 4 颗患有龋齿。分别是下颌左侧第三臼齿，患病程度较为严重，是一个位于咬合面中心的龋洞；其次是下颌右侧第三臼齿，龋病见于咬合面的牙釉质上，患病程度较轻；另外的两颗是上颌左侧侧门齿和犬齿，龋病都是见于远中面。这导致远中侧的牙釉质被腐蚀而无存，其中犬齿尤为明显，龋洞已经深入牙釉质。

03SL M8　该个体保存有 24 颗牙齿，发现右侧上下颌的第三臼齿和左侧上颌第三臼齿患有龋病，这 3 颗牙齿的龋病都见于咬合面上，患病程度很轻。

若对龋齿的出现率进行统计，这 4 个个体保存的 100 颗牙齿中，共发现 10 颗患龋病的牙齿。龋齿患病率为 10%。患龋病的位置大都位于后部牙齿（多为第三臼齿）的咬合面上，除了 03SL M7 患龋程度相对严重外，其他的每一个个体的患病程度都非常低。此外必须说明的是，这些个体的牙齿由于在埋藏中缺失了不少牙齿，且大部分为前部牙齿和前臼齿（较为脆弱），而前部牙齿患龋的机率是很小的。在以上 4 个个体中也没有发现前

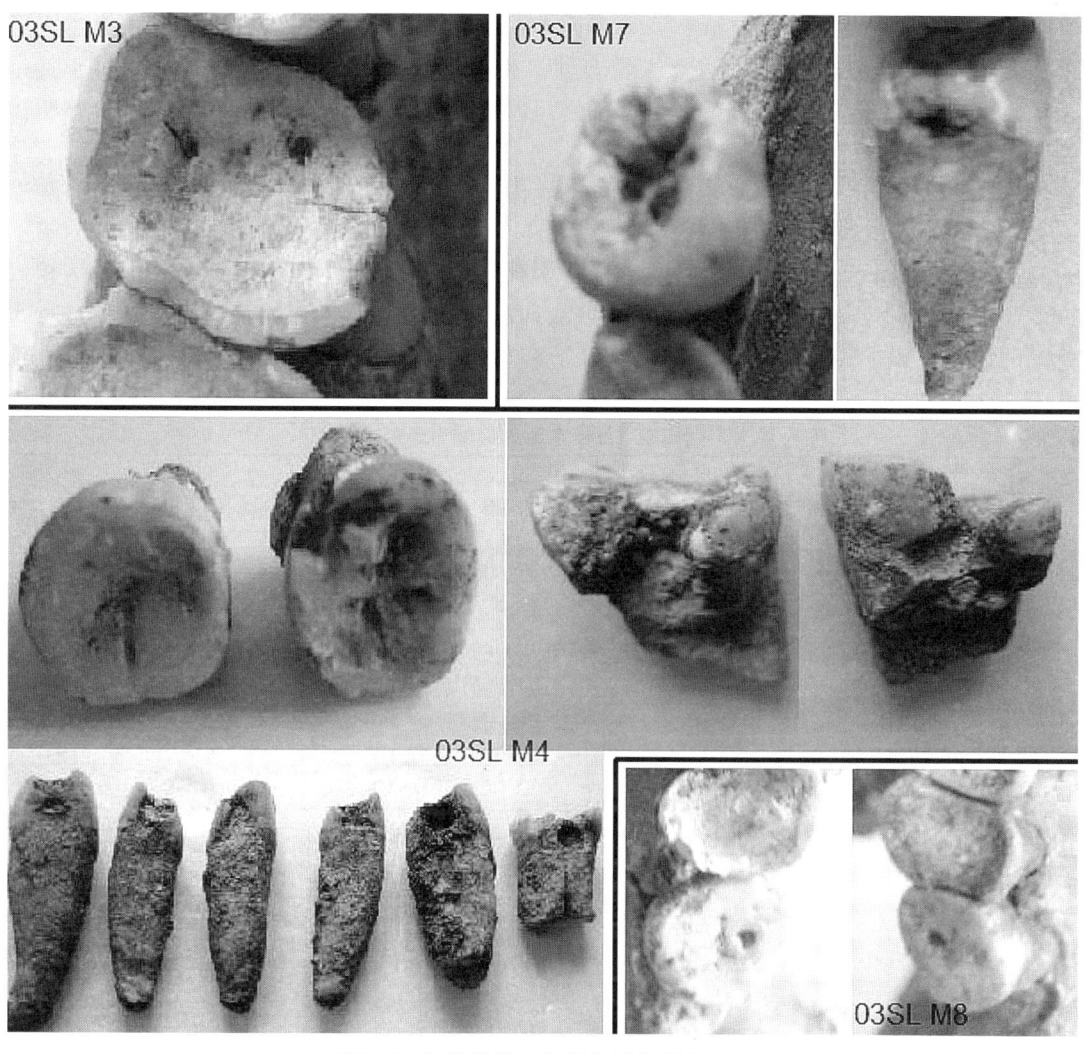

图 7.7　鲤鱼墩样本组部分牙齿龋患情况
（资料来源：陈伟驹摄制，李法军修改）

臼齿罹患龋病的。也就是说，该群体的实际患龋率可能要低于10%。如果我们将丢失的前部牙齿和前臼齿计算进来（共22颗），那么患龋率则是8.2%（10/122）。我们可以把鲤鱼墩一组的患龋率看作是8.2%—10%之间。

我们对鲤鱼墩二组的03SL M4的龋病情况进行观察记录如下：

03SL M4　该个体实际保存牙齿数为23颗，由于其中1颗患有重度龋齿，磨耗面已无法识别，因此没有将其绘入磨耗图中。该个体的龋患情况非常严重，保存的23颗牙齿中，共有11颗牙齿患龋病。上颌现保存的前部牙齿全部患有龋病，其中不乏较为严重者。患病位置皆在近中或远中侧，如左上颌犬齿。其余患龋病的牙齿包括前臼齿和臼齿，且所患的牙齿患病程度都很严重。患病位置包括咬𬌗面和近中–远中侧。位于咬𬌗面的包括下颌左右侧的第三臼齿。位于近中或远中侧的包括上颌左侧的第一前臼齿，下颌左侧第一臼齿，下颌右侧的第一、第二臼齿，后二者患病最为严重，为一大且深的龋洞。有些牙齿已经断裂，无法判断其是否患有龋病，如下颌左右侧的第二前臼齿，不排除由于患有过于严重的龋齿病而断裂的可能性。该个体的患龋率为48%。当然，由于个体单一，对于其是否可以代表鲤鱼墩二组的所有个体是可疑的。但从其患龋病的严重程度来看，该个体所代表的人群也很有可能患有较为严重的龋病。

到这里，我们对比一下该遗址两组样本龋齿患病的情况。我们发现，无论是总体龋患率、个体之间的患病情况或是患病的程度等，这两组样本都有极大的不同。这再一次暗示03SL M4 与其他4个个体的不同以及对其独立观察的可行性。为了更好地与其他地区相似或不同饮食结构的人群的患龋情况进行对比，我们对国内外多组样本患龋率的数据进行大范围的比较（表7.5），选取饮食结构或经济方式较为清楚的样本组制作图7.8。

表7.5 国内外各样本组人群龋齿患病率情况

样本组	患龋率	备 注
桂林甑皮岩（朱芳武，卢为善，1997）	6.07%	9.0—7.5 ka B.P.
渑池笃忠（孙蕾，2011）	男11.1%，女12.7%	仰韶晚期遗址
Khok Phanom Di（Tayles, et al., 2000）	11.4%	4.0—3.5 ka B.P.，食物有贝、鱼、甲壳、野生植物类及水稻等
Ban Lum Khao（Tayles, et al., 2000）	4.4%	3.0—2.5 ka B.P.，食物包括水稻
Noen U-Loke（Tayles, et al., 2000）	3.8%	23.0—1.7 ka B.P.，稻作农业发达
山西遨游（刘武 等，2005）	8.0%	晚期龙山
河南下王岗（刘武 等，2005）	6.8%	"粗耕"农业阶段
新疆（刘武 等，2005）	2.5%	农牧并举，兼营狩猎
内蒙古水泉（刘武 等，2005）	4.6%	经济类型较为混杂
内蒙古饮牛沟（刘武 等，2005）	4.7%	经济类型较为混杂
新店子组（张全超 等，2009）	3.3%	以畜牧业为主
板城组（张全超 等，2009）	5.4%	以畜牧业为主
毛庆沟组（张全超 等，2009）	10.7%	农牧兼营
饮牛沟组（张全超 等，2009）	6.1%	农牧兼营
西麻青组（张全超 等，2009）	9.6%	农牧兼营
将军沟组（张全超 等，2009）	17.8%	农业
土城子组（张全超 等，2009）	12.5%	农业
安阳殷代人（毛燮均，颜訚，1959）	4.3%	商代，农业
甘肃西山（尉苗 等，2009）	10.7%	农牧兼营
秦始皇劳工（韩迎星，2005）	6.63%	战国晚期，农业
罗泊湾西汉墓（魏博源 等，1988）	3.64%	广西西汉初期的殉葬人
陕西长安唐代人（孟勇，2008）	14.58%	农业

我们将图7.8中的各组按照数值的高低分成三组（表7.6）。

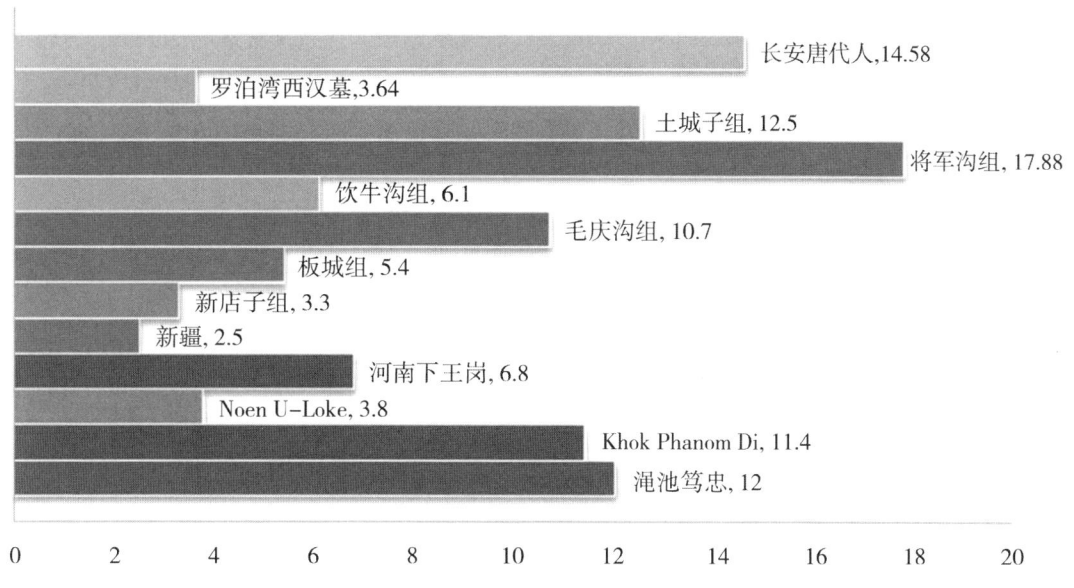

图 7.8 国内外各样本组人群龋齿患病率情况
（资料来源：陈伟驹绘制）

表 7.6 按龋患率所分的高中低三组

高数值组	中间值	低数值组
渑池笃忠	饮牛沟	罗泊湾
Khok Phanom Di	毛庆沟	板城
将军沟	下王岗	新店子
土城子		新疆
长安唐代人		Noen U-Loke

何嘉宁（2004）通过对比中国北方地区不同经济类型人群的龋齿患病情况指出，龋齿的发病率和经济文化类型存在密切的联系。其中，相对较发达农业文化的人群，龋齿率较高，其变化范围是 4.3%—14.8%，平均值为 9.2%；以游牧为主的人群龋齿率最低，为 0.2%—0.9%；原始农业经济形态人群的龋齿率居中，范围为 1.2%—8.3%，一般在 5% 左右；半农半牧的人群，龋齿率的变异范围很大，介于 0.5%—10.7% 之间，平均值约为 6%，发病率低者仅为游牧人群水平，而高者与农业人群的发病率相当。应该说，这种研究龋齿的发病率和经济文化类型之间的关系的工作是十分有意义的。但同时我们注意到，上述的数据除了游牧人群的变动范围小外，其他组的发病率变化范围过大，而且不同经济类型之间多有重叠，指示性不强。在指出问题出自何处之前，我们再关注一下其他学者类似的研究。

张全超等（2009）通过对比内蒙古中南部地区不同经济类型人群的龋齿发病率也提供了一套指示性数据，以板城组、新店子组为代表的以畜牧业经济为主体的古代人群龋病的患病率最低，为5%左右；其次是毛庆沟组、饮牛沟组和西麻青组以农牧兼营经济为主体的古代人群，其患病率大体在5%—10%左右；将军沟组和土城子组等农业居民龋病的患病率则是最高的，均超过10%。我们看到，张全超等（2009）所得出的数据指示性相对较强，且无重叠数值。

高数值组中都为农业较为发达或食用较多淀粉类作物的人群，但我们注意到，Khok Phanom Di组并非农业十分发达的人群组，其饮食结构包括大量贝类、鱼类、甲壳类、块茎芋薯类以及可能存在的少量的水稻（Tayles, et al., 2000）。而在低数值组中，我们却发现了时间较晚的广西西汉罗泊湾组和Noen U-Loke。前者是食用较多稻米的人群，而后者据作者介绍出土了大量的水稻，且时间比Khok Phanom Di要晚，稻作农业较为发达。这样说来，用Noen U-Loke与Khok Phanom Di组对比发现，食物中的稻米并不是致龋的主要原因，块茎芋薯类的致龋能力可能更高一些。而在中数值组中，原本以为有着较为发达的"粗耕农业"的河南下王岗组龋齿发病率应该归入高数值组，但其龋齿发病率只有6.80%。

我们注意到，下王岗地区较为靠近长江中游地区，与北方其他地区相比，种植更多的水稻[①]。Screebny通过对比世界范围食用不同谷类作物的DMFT率[②]得出的结论是：水稻与龋病的产生没有联系，玉米则是负相关关系，小麦呈正相关关系（Screeny, 1983）。据上述的比较研究，可见水稻的致龋能力并不高。其实，关于这一点，Tayles等（2000）通过收集中国及东南亚地区以水稻为主食的人群中儿童的患龋率数据发现[③]，这些人群的患龋率波动范围在0.27%—4.74%之间，这是一个非常低的数值。

Tayles等（2000）还发现随着稻作农业的发展，人们的患龋率在降低。这与Turner（1979）的研究结论——认为人们的患龋率会随着农业的发展而提高的观点是相反的。应该指出，这里的"农业"应该区分开来，就中国而言就有北方的旱作农业与南方的稻作农业。何嘉宁（2004）所区分的几种经济类型的组中，除游牧组外，其他的发达的农业组、半农半牧组等其龋患率的变动范围都特别大，这可能是因为其中的农业混杂了北方的旱作农业人群及靠近南方的稻作农业人群。而张全超等（2009）研究所得数据并不存在这种问题，可能是因为他们所研究的内蒙古中南地区的农业仅指北方的旱作农业（麦作或粟作）。

因此，我们在探索鲤鱼墩这个华南沿海地区的遗址时，应该区分其中的农业成分。此外，所用的与该遗址对比的数据应该是来自南方或东南亚地区的数据，而不包括北方旱作农业的数据。因为，现在我们了解到小麦或粟与水稻的致龋能力是不同的，水稻的致龋能力很低，而小麦或粟要高得多（Screeny, 1983）。因此，在对比时我们只用南方特别是华南、东南亚的数据。我们发现，鲤鱼墩一组人群的患龋率在8.2%—10%之间，基本落在

[①] 下王岗遗址中包括了仰韶、屈家岭、龙山、二里头、西周五种文化，而早在"下王岗遗址仰韶文化三期房基草拌泥块中，专家鉴定有稻的残留，表明当时居民已经学会种植产量较高的稻谷"。详见：李绍连. 试从淅川下王岗文化遗存考察文明起源的历史过程. 中原文物, 1995, (2)：21-26.

[②] 英文全称为"Rates of decayed, missing and filled teeth"，意为"因龋齿导致的牙齿腐蚀、丢失和填充率"，简称"龋失补率"。

[③] 特别是农村孩子食用的较多为粗糙稻米，这种米加工不精细且不粘牙，还会刺激唾液的分泌及时清除牙缝或牙窝的淀粉残留物，致龋能力很低。

桂林甑皮岩组（6.07%，9—7.5 ka B.P.）与 Khok Phanom Di 组（11.4%，4—3.5 ka B.P.）之间。而鲤鱼墩二组（尽管只有1个个体）的龋患率高达48%，这种高龋患情况说明这可能并不只是个体之间的差别，而可能是整个社会文化或经济类型已经发生变化。

六、牙齿生前脱落

这里所记录的牙齿生前脱落者不包括死后由于埋藏导致断裂或丢失，因为这种情况不反映人类生前的饮食或行为。牙齿生前脱落包括生前牙齿的意外折断和人为的拔牙或凿齿。人为的凿齿或拔牙一般呈对称或规则状态，而意外的脱落一般不具备上述情况。通过对鲤鱼墩遗址出土的5个个体进行观察，我们也发现一些牙齿生前脱落的情况，且不同个体情况也不一样。03SL M6 的牙齿中没有发现明显的生前脱落。这里仅对 03SL M3，03SL M4，03SL M7 和 03SL M8 牙齿生前脱落现象进行考察。

03SL M3 下颌左侧第一臼齿和第二臼齿各有一半牙齿生前脱落，脱落的部分对应的齿槽已经发现吸收现象（图7.3-3）。

03SL M4 上颌颌骨无存，无法判断。但下颌左右侧的第二前臼齿皆已断裂，仅残存齿根于齿槽之中（图7.9）。由于这两颗牙齿相邻的第一臼齿的近中侧皆患有重度龋病，因此，这两颗前臼齿很有可能是由于患有龋病导致了牙齿断裂。

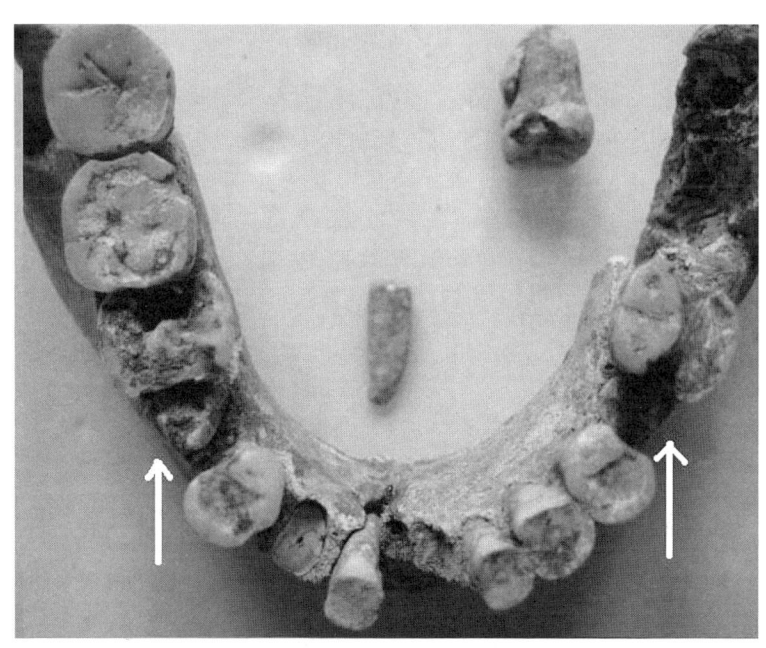

图7.9　03SL M4 下颌第二前臼齿的断裂
（资料来源：陈伟驹摄制）

03SL M7 下颌牙齿左右侧的第一臼齿是典型生前脱落。脱落牙齿部位的齿槽已经完全吸收，且呈棱嵴状凸起（图7.10）。这种情形与其他个体牙齿断裂的情况不同，应属于人为拔牙或者其他遗传或病理性的脱落现象，考虑到该个体是一位20岁左右的女性，而且是 5 个个体中唯一的一位女性，属于前者的可能性更大。这种行为可能反映当时的一种文化习俗，但由于属于孤例，无法确定。

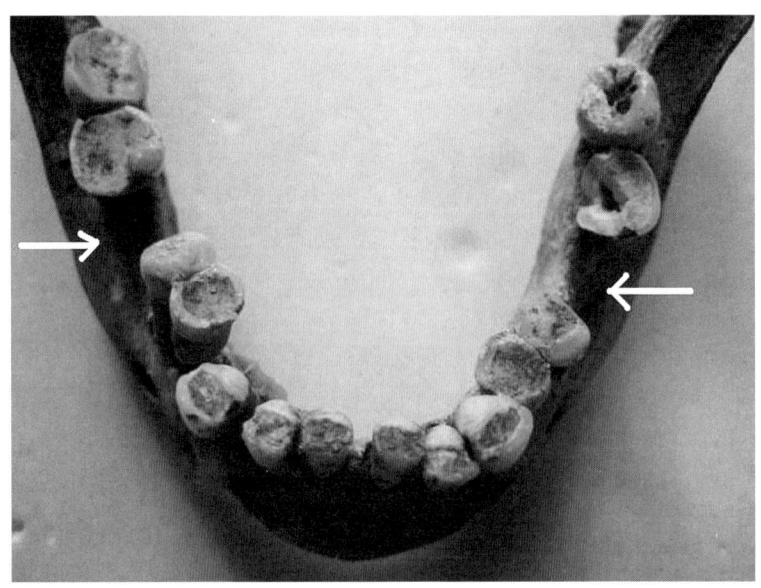

图 7.10　03SL M7 下颌臼齿的生前脱落
（资料来源：陈伟驹摄制）

03SL M8　下颌的前部牙齿几乎全部断裂，仅留存少量齿根。其他牙齿保存情况都非常良好，且仅有的 3 颗牙齿患有龋病，而且龋患程度都非常轻（图 7.11）。齿槽并未出现吸收性闭合现象，可以排除由于患龋导致的断裂，这些牙齿因死后断裂和丢失的可能性较大。

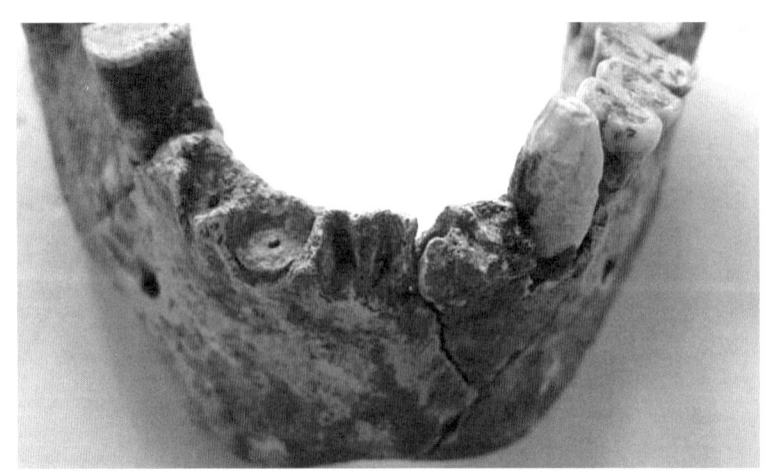

图 7.11　03SL M8 的前部牙齿的生前断裂
（资料来源：陈伟驹摄制）

七、颌骨骨质隆起和第三臼齿萌出率

前文已经提到颌骨骨质隆起的标准，按照这种标准，我们对鲤鱼墩 5 个个体进行仔细观察并没有发现这种颌骨骨质隆起的情况。一般认为颌骨骨质隆起主要是由于饮食咀嚼负荷过大造成的（刘武 等，2005；Pechenkina et al.，2002）。有学者研究表明，人类的第三臼齿先天缺失是伴随整个人类进化而发生的牙齿退化现象的一部分。而第三臼齿阻生是其中一种情况。后天因素如饮食结构、口腔咀嚼运动等可能会造成颌骨发育不全，最终导致牙齿拥挤而致使第三臼齿阻生。因此，环境因素（如饮食结构等）对于第三臼齿的形成有着不可忽视的影响（刘武，曾祥龙，1996）。鲤鱼墩遗址 5 个个体第三臼齿的萌出率为 100%。没有保存下来的皆是由于其所附于的颌骨部位已经断裂丢失。

八、男女两性口腔健康状况的差异

在牙齿磨耗方面，性别差异因人群的不同有着不同的表现。男性通常由于体型更大而需要更多的食物，产生更强的垂直咀嚼力量，因此人们通常认为男性会比女性表现出更重程度的磨耗。但研究表明，在某些群体中，确实是男性表现出更重的磨耗，但在另外一些群体中，男女两性并没有表出明显的牙齿磨耗差异。有一点是可以肯定的是，造成不同地区牙齿磨耗的有、无性别差异的文化背景是不一样的（Scott，Turne，1988）。在龋齿方面，有学者认为男女两性由于食物分配上的不同会导致男女两性龋齿发病率的不同，如女性食用的碳水化合物含量高而蛋白质含量低，男性则相反。这也许与女性的生产活动更多是作物的耕作，而男性则更多从事狩猎等工作有关（Larsen，1983）。Tayles 等（2000）对 Khok Phanom Di，Ban Lum Khao 和 Noen U-Loke 三组样本龋齿发病率的性别差异进行研究时发现，时间较早的 Khok Phanom Di 和 Ban Lum Khao 组女性的龋齿发病率是男性的 3 倍，而时间较晚的 Noen U-Loke 组男女两性的龋齿发病率无明显差别。因此，他认为龋齿发病率的性别差异随着时间的推移在减小。

本研究中，鲤鱼墩一组的 4 个个体中，03SL M7 是仅有的一位女性。尽管可以用于男女两性对比的材料较少，但上文的分析也确实表明 03SL M7 在口腔健康各方面的"特殊之处"。我们不能由于材料少而忽视了这种可能存在的性别差异。为此，我们将 03SL M7 与同组之间其他 3 个男性个体进行比较（表 7.7）。

表 7.7　鲤鱼墩一组男女两性口腔情况的差异

项　目	男性（03SL M3，03SL M6 和 03SL M8）	女性（03SL M7）
牙齿磨耗程度*	齿冠高度多已磨去大部分或全部被磨耗，有的甚至连齿根也部分被磨耗	尽管齿冠面的齿质暴露面积很大，但齿冠高却保留了大部分（除 M2）（图 7.5-1）
特殊磨耗	舌侧、唇侧与近中、远中的磨耗反差不如 03SL M7 大	上颌前部牙齿的近中、远中面釉质已不存在，但舌侧和唇侧保留较好，反差十分明显（图 7.5-2）

续表 7.7

项　　目	男性（03SL M3，03SL M6 和 03SL M8）	女性（03SL M7）
龋患率及其发病情况	03SL M3 的龋患率为 3/3，03SL M6 为 0/23，03SL M8 为 3/24。这 3 个个体的龋患程度都非常低	03SL M7 的患龋率为 4/23，不仅比例最高，而且患病程度相对较严重，都出现了比较明显的龋洞（图 7.8）
牙齿生前脱落	这 3 个个体虽然发现有牙齿生前脱落和折断现象，但都无规律	该个体的下颌左右侧的第一臼齿是典型的生前脱落，齿槽吸收呈凸起的棱嵴状。这种明显的齿槽吸收现象及对称性很可能是生前的人工拔牙所致（图 7.11）

* 由于 Smith 的牙齿磨耗分级标准主要集中在对磨耗面进行考察，这种方法适用于大量材料的统计分析，并且能很好地反映一个群体的牙齿平均磨耗水平。但因为同一磨耗等级之间也有波动范围，因此不能很好地反映出个体的细微差异或磨耗面以外的差异。

第三节　讨　　论

通过对牙齿磨耗程度、磨耗方式以及特殊磨耗、龋齿、牙齿的生前脱落及颌骨骨质隆起等情况的观察和分析，我们可以考察特定人群的食物结构及经济类型（Scott，Turner，1988）。在其他考古学材料缺乏的时候（例如，没有发现生活、生产用具或像食物残骸这种间接或直接的证据时），人的牙齿起着最为重要的作用。正是出于这样的考虑，我们对鲤鱼墩遗址出土的 5 个人骨进行了牙齿磨耗等方面的观察和研究，以期对 5 个个体所代表的人群的食物结构和经济方式进行相关探讨。根据上文的观察和统计，我们知道 03SL M4 在各个方面都与其他 4 个个体有着很大的差异。在进行具体的分析讨论之前，我们在此对 03SL M4 与其他个体的差异进行一次总结：

第一，发掘者提到，03SL M6，03SL M7 和 03SL M8 层位关系明确，都开口于第 5 层下打破第 6 层，03SL M3 和 03SL M4 的层位已经被扰乱。这表明 03SL M4 存在着与 03SL M6，03SL M7 和 03SL M8 属于同层和不同层位两种可能性。

第二，这 5 个个体所保存的头骨中，唯独 03SL M4 的颜色偏灰白，而其余 4 例头骨的颜色皆偏黄或褐，暗示 03SL M4 与其他 4 个个体可能属于不同的埋藏层位或不同的埋藏条件。此外，03SL M4 的头骨只保存少量残片，而其余 4 个个体的骨骼保存情况相对完好，这或许暗示着 03SL M4 因某种原因受到了扰乱和破坏。

第三，03SL M4 的牙齿磨耗程度相对偏低、相对后部牙齿来说偏重的前部牙齿磨耗、磨耗面不规整且多有下凹、有着相对明显的"上颌前部牙齿舌侧磨耗"的特殊磨耗方式以及高达 48% 的龋患率等，而 03SL M3 与其他 3 个个体不仅没有出现上述的各种特征，而且在许多方面的特征都较为一致。

以上发现表明，03SL M4 与其余的 4 个个体属于同一个遗址不同时期不同的饮食结构和经济方式的人群的牙齿可能性较大。当然，在没有其他更加充分证据的时候，我们也不排除 03SL M4 与其他 4 个个体属于同一层位。综上所述，03SL M4 与其他 4 个个体的早晚关系存在三种可能：第一，03SL M4 所代表的鲤鱼墩二组晚于其他 4 个个体所代表的鲤鱼墩一组；第二，鲤鱼墩二组与一组同期（同层）；第三，鲤鱼墩二组早于一组。

下面，在观察、对比和统计分析的基础上，我们首先对前述特征在这两个样本组的表现特点及其原因做进一步的分析；再结合古地理学和考古学文化的研究成果讨论上述的三种可能性及其原因。

一、牙齿磨耗程度与食物结构

牙齿磨耗主要由牙齿与食物及食物中所含的研磨性颗粒物的磨耗所造成。因此，牙齿的磨耗程度的高低很大程度上反映了食物的粗糙程度的大小及其所含研磨颗粒物的多寡。通常情况下，植物类食物由于含有更多的研磨性物质比肉类食物更容易导致牙齿的磨耗，特别是在古代社会，植物类食物加工不精细或用石磨盘等加工更容易混入研磨性的颗粒物。但像生活在北方地带的肉食类人群如因纽特人，如果长期啃咬研磨冰冻坚硬的食物也会加重牙齿磨耗（Scott，Turner，1988）。

我们发现农业型人群的山西遨游组的牙齿磨耗要比肉食较多的甘肃西山早期秦人组要重。何嘉宁（2007）通过对比陶寺、上马、延庆三组人群的磨耗速率发现，农业经济较为发达的上马组人群的牙齿磨耗速率要略快于农业相对落后的陶寺组和畜牧业发达的延庆组。他认为，植物性食物由于含更多的植硅石之类的物质可增加牙齿磨耗，且植物性食物属于能量较低食物，而需要摄入更多的量自然会导致更快更显著的牙齿磨耗。上述的研究都显示，牙齿磨耗在区分主要食物类型上是具有指示作用的。

此外，很多其他的调查和研究显示，影响牙齿磨耗的因素有很多。如潘卫红等（1996）的调查显示，随着饮茶量的增加，牙齿高度磨耗的发生率也在增加。陈乃玲等（2006）也通过调查发现，经常食用坚果类食品和酸性食物及饮茶都会加大牙齿磨耗速率。Carlsson 认为食物中的酸比其硬度更容易造成牙齿磨耗（Dahl et al.，1993）。Eisenbuigerd 等（2003）的研究发现，吃酸性食物可以加重牙齿磨耗，而且吃酸性食物的次数越多，牙齿磨耗越重。上述研究都是我们在探讨影响牙齿磨耗时不能忽略的因素。

我们可以从上文的统计和分析中看到，鲤鱼墩遗址一组人群的牙齿磨耗程度远远要高于其他样本组。而这些样本组中包括了农业较发达的人群、游牧业较发达的人群以及混合型农业人群。这暗示我们，无论是食用动物的肉类食物或是谷类食物，都不可能造成如此严重的磨耗。此外，也不是食物的粗糙程度以及食物的加工与制作技术能够解释的问题。因此，我们必须考虑其他因素。

鲤鱼墩第 6 层（03SL M6、03SL M7 和 03SL M8 均开口于第 5 层下并打破第 6 层）时间早至 7—6 ka B.P.，文化因素与顶蛳山三期相似（李法军，冯孟钦，2009）。顶蛳山三期经过浮选分析尚未发现有水稻的痕迹，处于沿海地区的鲤鱼墩遗址也没有发现水稻种植的明确的考古学证据。农业起源的研究表明，华南沿海地区该时期的稻作农业虽尚未起源，但可能已经种植或食用一些块茎类植物，如芋、薯等（何乃汉，1985；陈杰，1998；赵志军 等，2005；廖国一，2006；赵志军，2006）。芋、薯与谷类植物类似，属于富含淀粉的植物，对牙齿磨耗的影响也应大致相似。因此，也可以排除芋、薯类等是造成鲤鱼墩一组人群的重度牙齿磨耗的主要成分。

此外，我们了解到华南沿海地区这个时段十分兴盛的贝丘文化，古地理学及生态学调查（黄光庆，1996；郑卓 等，2004；王丽荣 等，2004；梁超愉 等，2005）都显示，华南沿海地区此时正值气候高温期，海侵作用带来了丰富的鱼类、贝类、软体动物、甲壳类等生物。鲤鱼墩遗址出土的大量的贝壳也显示，当时的人群确实食用大量的贝类食物。

目前对于海产品对于牙齿磨耗程度的影响尚不明确，但本章作者之一的陈伟驹曾生活在雷州半岛的东部小岛上近 20 年，对于食用海产品有深刻的体会。软体动物、贝类的肉与陆地上的动物不同，它们的体内含有大量的沙质，再努力清洗也无济于事。另外，贝类、甲壳类食物的外壳本身的主要成分是碳酸钙，属于高研磨性物质且具备较高的硬度。此外，鱼类往往都含有鱼鳞，若是食用时不去除，在啃咬和咀嚼时容易造成牙齿的过度磨耗。

以上这些物质都要比陆上动物的肉和谷类食物对牙齿磨耗的影响更加明显。这也是该遗址一组人群牙齿磨耗如此严重的原因。由于该遗址人群的牙齿磨耗过于严重，而酸性物质又会加重牙齿磨耗，因此，不排除一组人群由于经常食用一些酸性的果实而加重牙齿磨耗。不过，要从考古遗址取得这方面的证据相当难。可以肯定的是，尽管史前华南地区生态环境优越，自然果实也肯定不在少数，但果实肯定不会是主食。因此，造成牙齿严重磨耗的主要原因仍然可能是因为进食过多的海产品。此外，块茎类食物也可能是当时人群的食物之一，但应只占很少的部分。

第二组的 03SL M4 相对来说牙齿磨耗较轻，但若是对比其他样本组的牙齿磨耗情况，第二组的牙齿磨耗仍算很高。因此，我们认为 03SL M4 仍然食用较多的海产品，只是相对于第一组来说，海产品在食物中的比例要小，而其他植物类食物则不断增多。这种植物类食物包括两种可能，一是与鲤鱼墩一组一样的芋、薯类植物，一是稻米。

二、前、后部牙齿磨耗程度的差异分析

我们知道，前部牙齿（门齿和犬齿）的主要功能是切割和撕裂，而后部牙齿（前臼齿和臼齿）的主要功能是研磨。每个人据生活经验都知道，对于植物性食物（如谷类等），需要更多的研磨，而对于肉食我们需要更多的撕裂。因此，通常认为狩猎－采集型人群要比农业型人群表现出更多的前部牙齿磨耗（Scott，Turner，1988）。以肉食为主的人群前部牙齿磨耗要比后部牙齿磨耗重。以往对安徽巢县早期智人、郧县人、金牛山人的考察都证明了这一点（张银运，1989；何嘉宁，2000；刘武 等，2010）。但必须注意到，这些人都属于年代较早的人群，且生活、生产工具不发达，多用前部牙齿当工具使用。这是这些人前部牙齿磨耗相对较重的重要原因，而并非单纯地由于过多地切割和撕裂肉食所致。

我们认为，只有当我们没有用利器（如刀等）将肉块从整体的骨架上切下来的时候，我们才需要使用到较多的撕裂。并且，当适合大小的肉块进入口中的时候，我们同样需要研磨，只不过肉类所含的研磨性颗粒较少而已。因此，我们认为狩猎－采集型人群的前部牙齿一定比后部牙齿磨耗较重的观点在某些情况下是不适用的。当然，就算是不使用前部牙齿进行撕裂或切割肉类，而使用前部牙齿啃刮动物骨头或坚硬的植物类食物的外皮也会造成前部牙齿磨耗较重。所以说，造成前部牙齿磨耗较后部牙齿磨耗重的原因是需具体讨

论的。

刘武等（2005）曾对各组样本进行过前后部牙齿磨耗程度差别指数的计算，原本认为像内蒙组这种游牧业比例较高的人群，由于常食肉会造成前部牙齿相对后部牙齿磨耗较重的情况，然而，结果却发现内蒙古水泉组和内蒙古饮牛沟组的指数偏低，未出现前部牙齿相对后部牙齿磨耗较重的现象。研究者认为这可能是数据样本的代表性差的问题，但他们对这两组样本的牙齿生前脱落及龋齿率的考察却显示其游牧业的比例高，因此，从这个角度看，数据并不存在代表性差的问题。我们应具体分析该两组人群的具体行为。这两组人群皆处于战国时代，所出区域常出土青铜小刀，因此，不排除人们有用刀从骨架上将肉块切下来再进食的习惯。若是如此，前部牙齿没有相对磨耗较重的情况便可以解释清楚。我们还注意到，甘肃西山组人群的上颌前部牙齿相对后部牙齿来说磨耗较重，但下颌却反之。这可能与该人群习惯用上颌牙齿啃咬骨块而非上下颌牙齿一起撕裂或切割肉块有关。

经过上述分析，我们可以了解到造成前后部牙齿磨耗差异的原因是较为复杂的，不能单纯地靠前后部牙齿的磨耗情况来指示某种经济类型，而应具体分析某个特定人群处于什么样的社会环境中以及他们是如何处理食物的。

我们知道，食用海产品特别是甲壳类食物（如蟹等）时，首先的一个动作是用前部牙齿咬开外壳，然后用后部牙齿进行研磨。因此，食用这类食物前后部要承担同样分量的工作。因而，不难了解到为什么前后部牙齿的磨耗程度非常接近。此外，食用鱼类、贝类和软体动物等，大体也是需要先用前部牙齿切割，而后用后部牙齿咀嚼。无论是前部牙齿的切割或是后部牙齿咀嚼过程都会与这些食物及食物中的沙粒进行研磨。因此，前后部牙齿都会呈现非常重的磨耗。通过计算统计，除了个别牙齿外，我们发现鲤鱼墩二组的03SL M4 的前部牙齿较后部牙齿磨耗程度要稍高。这证明 03SL M4 的饮食结构与一组人群存在着差异，这种差异必须同时存在两种情况：一种是食物中的海产品份量减少，导致后部牙齿的咀嚼磨耗降低，但我们知道，这种情况下前部牙齿的磨耗也会降低；因此，另一种导致前部牙齿磨耗加重因素的可能性大大地增加，这包括两种可能，一是啃咬薯皮之类的次数在增加，二是切割、撕裂或啃咬陆生动物的肉类或骨骼。

三、特殊磨耗与人类行为

造成牙齿特殊磨耗的原因有很多，比如夜磨牙、特殊的饮食习惯、把牙齿当工具使用以及特殊的文化行为等。如果长期使用上颌前部牙齿剥离木薯类的根茎外皮会造成特殊的"上颌前部牙齿的舌侧磨耗"（Turner，Machado，1983）；在牙齿上来回地拉磨纤维性材料会在牙齿上留下"V"形或"U"形的沟或槽（Larsen，1985）；对牙齿进行修饰也会造成特殊的磨耗。此外，一些个体层次的特殊磨耗也反映个体的饮食偏好及个体行为。下面我们分析上文所观察到的特殊磨耗。

鲤鱼墩一组的 03SL M3 这个个体出现的特殊磨耗情况最多，目前尚无法了解到产生所有这些特殊磨耗的真正原因。其前部牙齿磨耗得非常光滑且略有上凸（图7.3-1），Hinton（1981）认为这种狩猎-采集型人群常表现出的偏向球面的磨耗暗示人们将这些牙齿当工具使用。同时，他也发现农业型人群的前部牙齿更容易呈凹陷的杯状磨耗。03SL M4 的牙齿磨耗面有个别的牙齿呈现这种凹陷的形状（图7.6），表明其使用植物性食物的增多。这与利用其他特征分析的结论是一致的。

03SL M3 的下颌左侧牙齿的磨耗相对较重，且磨耗面稍向颊侧倾斜（图 7.3-2 和图 7.3-3），这种形式的特殊磨耗可能是由于该个体偏向于用左侧牙齿进行咀嚼或啃咬食物，如甲壳类的蟹腿等。而下颌左侧第一臼齿和第二臼齿的部位脱落（图 7.3-3）也证明了这一点。

我们再来看 03SL M3 下颌第三臼齿十分特殊的磨耗面（图 7.3-6），以往的研究未记录这种特殊磨耗。考虑到鲤鱼墩一组人群的饮食特点，再加上下颌左侧第一、第二臼齿的部分脱落，这种用左侧牙齿进行啃咬甲壳类的腿的工作就会由第三臼齿承担。长期的啃咬，会对下颌第三臼齿造成持续的磨压，也就有可能造成这种特殊的磨耗形式[①]。03SL M3 的上颌左侧第一前臼齿的这种类似被利器切割去一部分的形式更为特殊，由于切割面平整，且呈两个连续的平面，可以排除是死后破裂的。对于牙齿的切割、钻孔及镶嵌金属等特殊修饰行为，包括单纯的装饰、入会仪式、社会身份区别及其他文化动机（Scott, Turne, 1988）。考虑到 03SL M3 是 5 个个体中年龄最大的一个，这一方面的特殊性提示我们这可能是某种社会身份的区别标志。03SL M7 的磨耗方式尽管特殊，当考虑到该个体是一个 20 岁左右的女性，大部分的"特殊"可能更多的是由两性差别所造成。

至于二组 03SL M4 所出现的"上颌前部牙齿舌侧磨耗"（图 7.4），据 Turner 和 Machado（1983）的解释，可能是由于处理或食用富含颗粒或粗纤维成分的食物（如用上颌前部牙齿剥离木薯类根茎的外皮）所致。而对于鲤鱼墩二组居民而言，这种解释也是行得通的，如贝类、软体动物以及鱼薯类等都属于此类食物[②]。

四、龋齿病与饮食结构

从古病理学的角度来看，龋齿病是人体最重要的口腔疾病，因为它与人类食物生产的发展息息相关（Scott, Turner, 1988）。因纽特人在与欧洲人接触之前，几乎没有出现龋齿病；但在与欧洲人接触后，由于采用了欧洲人精细加工的碳水化合物类食物后，他们的龋齿发病率在短短几十年后迅速增加（Scott, Turner, 1988）。Turner（1979）通过对比世界范围内不同经济类型人群的龋齿发病率发现，狩猎-采集型人群的龋齿发病率一般少于 2%，而混合型经济约为 5%，农业型经济可达到 10% 或更高。因此，一般认为龋齿病的发病与食物，特别是碳水化合物类食物紧密相关。

龋齿病发病的具体过程是口腔细菌的新陈代谢导致口腔唾液酸性增加和蛋白质水解酶的产生，从而使得碳水化合物进行发酵，使得牙齿釉质、牙质不断受到腐蚀（Tayles et al., 2000）。但同时我们也必须注意到，龋齿病的致病原因是十分复杂的，食物结构、唾液成分、口腔卫生、遗传因素、釉质缺陷、饮用水中的元素含量以及口腔中的细菌群落等都会影响龋齿的发病（刘武 等, 2005）。此外，通过前文的统计与分析，我们发现水稻（特别是未经过精细加工的水稻）的致龋能力并不强。这提示我们，不能单纯地依龋齿发病率的高低来判断农业成分比例的高低，而是首先应该区分是何种类型的农业，以及所研

---

① 除了甲壳类的腿外，其身体也不适宜直接放入口中由后部牙齿啃咬，须先用前部牙齿啃咬。
② 前文通过牙齿磨耗程度、前后部牙齿磨耗差异分析，说明了 03SL M4 个体的饮食结构中可能存在这些食物。

究人群处于什么样的社会环境之下。社会程度发达、精细加工的谷类食物相比未经加工或加工粗糙的谷类食物的致龋齿能力要更强（Tayles, et al., 2000）。

鲤鱼墩一组的4个个体的龋齿患病率在8.2%—10%之间，尽管这个数据落在张全超等所定的半农半牧组的范围之内（5%—10%），但这个数据是在这个波动范围中偏高的数值上。同时，我们必须注意到，尽管这组人群的龋齿发病率在一个相对偏高的数值上，但所患龋齿的程度都很低（除03SL M7有个别牙齿相对严重）。我们又了解到，鲤鱼墩一组所处时期（第6层，早至7—6 ka B.P.），稻作农业尚未产生，而且是海生类资源丰富的时期。因此，能导致一组人群龋齿发病的食物更可能与芋、薯类等块茎植物有关。考虑到第一组个体的牙齿磨耗的严重程度，我们认为，这种块茎植物在食物中所占的比例应该很低，因为如果主要食用大量的块茎类植物不可能造成这种"超乎想象"的牙齿磨耗。但总的来说，龋齿的存在可以证明块茎植物是鲤鱼墩遗址该时期居民的食物之一。另外，不能忽视磨耗速率较快会破坏龋齿发病的温床——齿沟或窝，咀嚼软体动物或贝肉会帮助清除咬𬌗面的细菌等。

至于鲤鱼墩二组，个体03SL M4的龋病程度非常严重，单从高达48%的发病率看，已经与一组的有着显著的差异。该个体所患龋病的程度非常高，有些牙齿甚至接近断裂的可能。通过前文的分析，我们知道水稻的致龋能力并不强，而对于这种如此严重且高发病率的龋齿情况，我们只能想到可能是进食过多的块茎类食物所致。然而，单纯地食用这种块茎食物是否会导致如此严重的龋齿呢？这不得不让我们想到其他的影响因素。

有学者认为龋齿的发病不仅与谷物食物有关，而且还与社会人群所消耗的糖有关（Tayles, et al., 2000）。Sreebny（1983）认为，龋齿发病50%的原因应算在糖上，而谷类食物最多承担20%的责任。我们猜想，鲤鱼墩人群是否会由于经常食用甘蔗等含糖分很高的食物而导致如此严重的龋齿病？陈伟驹于2010年1月曾经到过鲤鱼墩遗址所在的遂溪县做过贫困调查，当地的主要经济作物有两种，一种是甘蔗，另一种是木薯。有学者认为甘蔗起源于中国南部（周可涌，1984），或者至少史前时期已经由东南亚传到中国（林国栋 等，1995）。结合上述证据，我们认为，这种重度龋齿的发生可能与当时人们食用甘蔗有关。

若是食用薯类食物，龋齿发病的位置一般在咬𬌗面上，鲤鱼墩一组的情况就是证据之一。而二组03SL M4龋齿的发病部位大部分位于牙齿邻面，且相当严重。若是因为咀嚼薯类食物，情况不应如此。但如果甘蔗的糖分是以液体形式存在，液体的流动性强，而且一般会往下颌流动。03SL M4的重度龋齿皆发生在下颌牙齿中，这也从侧面证明了其龋患可能为食用甘蔗所致。同时，上颌前部牙齿龋齿的存在也说明啃咬薯类等块茎植物的饮食习惯也是存在的。

五、牙齿生前脱落与文化行为

牙齿生前脱落包括牙齿在饮食或其他活动过程中意外断裂以及有意识的拔牙或凿齿。前者与古代居民的生活环境、行为模式及经济类型密切相关（Scott, Turner, 1988）；后者与特定的文化习俗有关。后者多是对称的有规律的，而前者则不是。关于古代人拔牙的习俗，考古材料为我们提供了很多例子。如最早的例子有大汶口文化出土的人骨（颜訚，

1972),岭南地区的很多史前遗址也发现类似的拔牙习俗,如增城金兰寺、西樵山、佛山河宕、南海灶岗等(吴新智,1978;韩康信,潘其风,1982;广东省博物馆,1983;杨式挺,1985)。

韩康信、潘其风还对我国拔牙习俗进行过综合研究(韩康信,潘其风,1981):"人工拔牙作为世界范围的风俗,在不同地区、不同人种和民族之中所包含的内容并不完全相同,往往在拔牙的形态、施术年龄和性别以至拔牙理由的传说等方面常常存在区别。如有的民族只限于拔去上牙,有的只拔下牙,或上下兼拔;有的成对拔除,也有的不对称拔除;在拔牙齿组上,有的限制于中、侧门齿,有的还包括犬齿和前臼齿,它们之间往往以不同的排列组合出现更复杂的拔牙形态。在施术年龄和性别上,有成年和未成年的区别,有的只限于男性(或女性)一方,有的男女皆普遍施行。拔牙的原因又分婚姻、成丁、服丧、族别、美容、装饰、避邪、身份等异说。但不管哪一个民族,拔牙齿组一般都限定在前臼齿以前的各牙种,拔去以后,只要一张口便很容易显露,特别是拔去门齿和犬齿更是如此。"彭书琳(2009)专门据考古发现对岭南地区的拔牙习俗进行过总结,发现拔牙的牙种也限于前臼齿以前的牙齿,并且认为岭南地区所发现的最早的拔牙处于4.4—3.5 ka B.P.之际的新石器时代晚期。

鲤鱼墩遗址的5个个体除了03SL M7外,其余的牙齿脱落可能都属于由于龋齿或其他意外情况导致的断裂。03SL M7下颌左右第一臼齿的脱落(图7.10)情况很独特,但鲤鱼墩一组的龋齿病并不严重,因此不排除啃咬动物骨头等导致意外脱落的可能性。以往研究表明,拔牙多为了装饰或作为各种标志的用途,因此多位于前臼齿以前的位置,以便一张口就可以看到。若03SL M7的现象属于人为拔牙,那么它们所代表的意义则很有可能不是装饰或标志。03SL M7开口于第5层下,而第4层据贝壳测定为5050 ± 100 a B.P.,那么03SL M7的年代必定是早于5 ka B.P.。03SL M7是一位20岁左右的女性,且从其齿槽吸收和闭合的程度可以判定脱落的时间很长。但目前我们仍然不能确认其属于人工拔牙。

六、颌骨骨质隆起和第三臼齿萌出分析

对于颌骨骨质隆起的研究,较为著名的例子是Pechenkina等(2002)的工作。他们对处于仰韶-龙山文化过渡时期的几处山西新石器时代遗址出土的古代居民上颌骨颊侧骨质隆起和下颌舌侧圆枕的出现情况进行对比观察,发现这两种类型的颌骨骨质隆起的出现率在两处仰韶遗址中比较常见,而在龙山文化的康家及时代更晚的西村周代遗址出土的人类颌骨上没有发现这两类骨质隆起,而且仰韶文化遗址的人类牙齿磨耗较龙山的严重。他们认为,正是由于牙齿的严重磨耗导致相邻接的牙齿失去接触、个体机械损伤以及牙石的高度淤积等因素的共同作用,刺激了齿槽骨,最终导致了继发性的骨质隆起。

刘武等(2005)通过对新疆、内蒙组的观察也发现了这种上下颌骨的骨质隆起,而河南下王岗组并未发现此类情况,并据此认为新疆、内蒙组的古代居民由于生活环境比较恶劣,过着狩猎-采集型经济生活,使得颌骨承受着很大咀嚼负荷压力。

杨楠等(2008)对陕西西安出土的西周时期人下颌骨形态的研究同样认为颌骨隆起出现可能是由于食物加工不发达、食物粗糙、咀嚼压力较大所导致的骨的增生。

尉苗等（2009）对甘肃西山组的观察并没有发现类似的情况，她认为这是由于该组人群的生活环境较新疆、内蒙组优越，生计模式为农牧兼营，颌骨所承受的咀嚼压力较小所致。

然而，康婷等（2010）通过对西安地区 3000 年前人颌骨隆起的研究发现，上颌颊侧骨质隆起和下颌舌侧隆起两种情况具有一定程度的相互隔离性，并非全都是由于环境因素的影响，而是遗传因素和环境因素相互作用的结果。

鲤鱼墩遗址的 5 个人骨所保存的颌骨都没有发现上下颌骨的骨质隆起。但我们知道，鲤鱼墩遗址是这些样本组中磨耗最重的，这在某种程度上与 Pechenkina 的结论矛盾，而相对支持康婷等的观点。当然，这不排除材料少所导致的代表性问题。同时也必须了解，食用海生类食物所导致的重度磨耗，并不是因为咀嚼负荷力过大，而主要是由于海生类食物中的研磨颗粒含量较大。因此，从另一个方面来看，没有发现这种颌骨骨质的隆起，可以解释为啃咬或咀嚼动物类食物数量很少。

前文提及第三臼齿先天缺失是伴随整个人类进化而发生的牙齿退化现象的一部分。但是后天因素，如饮食结构和口腔咀嚼运动也可能导致第三臼齿缺失或阻生（刘武，曾祥龙，1996）。该遗址组第三臼齿的百分之百的萌出率在某种程度上说明该遗址人群饮食的咀嚼功能的重要性，这与食用海生类资源的需要是一致的。

七、男女两性口腔健康状况的差异分析

在考古学的研究中，研究性别差异的专题有专门的学科——性别考古学。"性别考古是试图从物质文化探究男女成员在某一特定文化背景中参与社会、政治、经济和宗教活动的情况和发挥的作用。这些现象和性别有关，但是它取决于社会因素，而非生物学因素。"（陈淳，孔德贞，2006）近年来国内也有相关的论文集出版（林嘉琳，孙岩，2006）。

与性别考古学从物质文化入手不同，生物考古学研究性别差异是从人体测量学或古病理学等入手。二者也有相似的地方，例如通过研究男女两性口腔情况的差异，考察他们的饮食结构和分配关系，从而可以进一步探讨男女两性政治、经济地位等的差异。

就牙齿磨耗等方面而言，并非每个人群都存在性别差异。存在性别差异也会因地域、文化背景的不同而有所差异（Scott, Turner, 1988）。Molnar（1971）曾专门研究过牙齿磨耗性别差异的背景。其中，他收集的多种背景为我们提供了很好的视野，例如女性更多地从事采集食物的活动，因此有更多机会尝试各种各样的食物；女性更乐于将动物骨头咬成碎块然后慢慢咀嚼。这些都可以导致女性的牙齿磨耗较重。上文也提及 Tayles 等（2000）通过观察统计发现，在时间较早的遗址，女性的患龋率要高于男性，但随着时间推移这种差异在减小。

鲤鱼墩一组的 4 个个体中，03SL M7 是唯一的一位女性。可供对比的男女两性的材料数量太少，无法上升到一个社会层面进行探讨。这里仅就材料中出现的差异进行简单的分析。表 7.7 列出了仅有的 4 个个体中男女两性口腔状况的主要差异。从女性个体（03SL M7）齿冠高度磨耗较少（图 7.4-1）、上颌前部牙齿的近中，远中面的较重磨耗（图 7.4-2）、相对严重的龋齿病（图 7.7）以及独有的牙齿对称脱落（图 7.10）等情况来

看，我们似乎可以察觉到，女性（至少是 03SL M7 这位女性）在饮食结构上的确与男性不同。

从其齿冠磨耗较少及相对严重的龋齿病来看，03SL M7 这位女性（或当时的女性）似乎要比其他几位男性（当时的男性）食用较少的海生类资源而食用较多的薯类等。至于该个体上颌前部牙齿较重的近远中侧磨耗，可能是与该个体多用上颌牙齿剥离薯类植物的外皮，而用工具剔除剩余的残留物有关。此外，对于 03SL M7 下颌第一白齿的对称脱落，上文已有分析。但这里我们必须注意到，这种现象只出现在仅有的女性个体上，不排除这种标志仅用于女性的可能性。

八、各项指标的综合分析

我们已经将鲤鱼墩两组样本和国内外各组进行了对比分析，分别就每项牙齿特征进行了多种可能的探讨。然而，我们知道，单纯的任何一项牙齿特征都无法全面地反映饮食结构，必须统筹各个方面的指标才有可能对所研究人群的饮食结构进行比较可靠的推定。在此，我们将依据各项指标进行简单的综合分析（图 7.12）。

通过图 7.12 的观察，再结合上文的分析，我们可以对鲤鱼墩一组人群的食物结构进行简单的总结。鲤鱼墩一组人群主要以海生类食物为主，同时也食用一定数量的块茎类植物和陆生类动物，不排除他们食用一些华南地区水果的可能性。这与利用 C、N 稳定同位素方法所得结论是一致的（胡耀武 等，2010）。可见一组居民当时主要从事渔业活动，也会狩猎和采集一些陆生动物或植物性食物。这种食物结构和经济方式造成了该组居民非常严重的牙齿磨耗以及轻度的龋齿病。

而鲤鱼墩二组人群（或只有 03SL M4）所食用的海生类食物比例相对要小，食用较多的是植物性食物，其中包括芋、薯类等块茎植物或含糖量较高的作物或水果，如甘蔗等，也不排除食用水稻的可能，同时也食用一些陆生类动物。

九、早晚关系的讨论

第一种，03SL M4 所代表的鲤鱼墩二组晚于其他 4 个个体所代表的鲤鱼墩一组。

我们知道，鲤鱼墩一组中 03SL M6、03SL M7 和 03SL M8 的层位关系都很明确，皆开口于第 5 层下并打破第 6 层（第 6 层是最一组）。第 4 层据贝壳测定为 5050±100 a B.P.，顾及最早的年代约在 7—6 ka B.P.（李法军，冯孟钦 2009）。古地理研究表明，华南沿海地区在 6.5—4.0 ka B.P. 之间，由于海侵作用，海生生物格外繁盛，贝类和鱼类资源丰富，气候稳定（郑卓 等，2004）。考古学研究也显示该地区人群在这个阶段主要从事渔猎活动，可能也兼营原始的农业，如种植块茎类植物（廖国一，2006）。

我们通过对该组人群的牙齿磨耗等各项指标的分析发现，该组人群主要以食用海生类食物为主，同时也食用一定数量的块茎类植物和陆生类动物，也不排除会采集一些华南地区的水果进行食用。这与古地理学和考古学的研究结论是一致的。但是，有学者通过对海相指示物的研究发现，在 4.5—4.0 ka B.P. 之间，可能存在一次突变性的海退事件，导致海边软体动物和鱼类的骤然减少（黄光庆，1996）。考古学的研究也说明，此时环北部

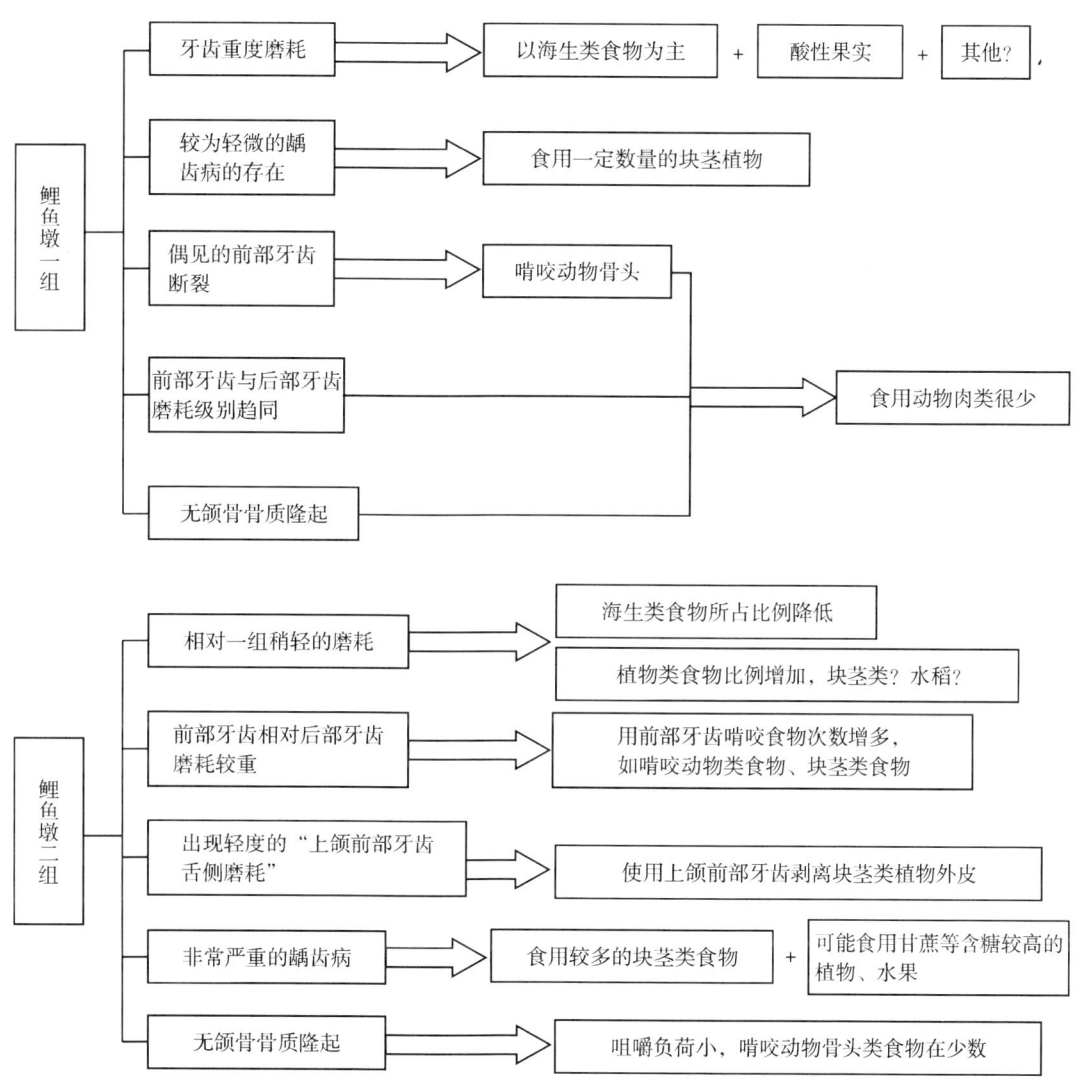

图 7.12　鲤鱼墩两组人群食物结构及其变化图
（资料来源：陈伟驹绘制）

湾地区的贝丘文化发展为大石铲文化，出土物表明这时人们更多地从事农业活动（廖国一，2006）。

我们对 03SL M4 牙齿的研究表明，该个体可能食用更多的块茎类和甘蔗等植物性食物，而海生类食物的比例减小。这个个体所代表人群（或仅是 03SL M4）其食物结构与这时期（大石铲文化时期）人们的经济方式是吻合的。这表明将层位不明的 03SL M4 所在的二组认定为晚于一组是与生态变迁和社会发展相一致的。在此，若我们认定二组晚于一组，我们通过对样本的牙齿磨耗等口腔健康状况的分析就达到了考察该遗址不同时期人群的食物结构和经济方式及其演变的目的。

第二种，鲤鱼墩二组与一组同期（同层）。

从前文的观察与分析来看，二组的 03SL M4 无论是牙齿磨耗程度、前后部牙齿磨耗的差异、特殊磨耗和龋齿病的发病情况都与一组的 4 个个体有着明显的差异。特别是龋齿病，03SL M4 龋患率高达 48%，而且多为非常严重的龋病。若是 03SL M4 与其他 4 个个体处于同一时期，那么可以解释这些差异的原因只能是：03SL M4 的饮食结构与其他 4 个个体有着很大的差异。该个体食用较多的植物性食物，而海生类食物占的比例较小。考虑到此时华南沿海地区的海生类资源丰富，03SL M4 却食用较多的植物性食物，这可能与个体 03SL M4 的食物偏好有关。但是，正如前文所言，03SL M4 的头骨颜色、保存情况与其他的 4 个个体的巨大差异表明 03SL M4 的埋藏层位或埋藏条件可能与其余个体不同，再结合上述口腔状况的差异都说明 03SL M4 与一组样本处于同时期的可能性较小。

第三种，鲤鱼墩二组早于一组。

考古学研究同样表明，环北部湾地区在鲤鱼墩一组时期之前，其经济方式同样是以渔猎为主，出土物表明该时期人群的食物结构主要以海生类食物为主，兼食一些陆生动物，如鹿、象、兔等（廖国一，2006）。这种食物结构是不会造成像 03SL M4 个体高达 48% 龋患率的。唯一可能的是，像第二种情况一样，03SL M4 偏爱食用块茎类食物。但没有证据表明在鲤鱼墩一期之前，华南沿海地区的居民存在着某些个体主要食用植物类食物。因此，这种鲤鱼墩二组早于一组的可能性也很小。

综上所述，鲤鱼墩二组晚于一组的可能性最大，两组之间在牙齿磨耗等口腔健康状况方面存在差异的原因主要是由于经济方式和食物结构的变迁。这与生态环境的变迁和社会发展是一致的——由于海退作用及农业的发展，人们逐渐远离海洋，走向陆地，更多地从事农业活动。在此，我们也不排除第二、第三种情况存在的可能性。

本章结语

我们对鲤鱼墩 5 例个体的骨骼及牙齿进行了观察、对比和分析，将 5 例个体的骨骼材料分成两组，并且在分组观察统计的过程中分析所分两组在各方面的差异。在此基础上，收集了国内外相关样本组的材料进行对比分析，再结合其他学者关于这个领域的研究成果以及其他学科的研究成果，利用每项指标逐一地对鲤鱼墩一组和二组人群的饮食结构和经济方式进行分析考察，最后依据各项指标进行综合分析。

我们发现，鲤鱼墩一组人群主要从事渔业活动，也兼营狩猎－采集活动，食物结构以海生类食物为主，而陆生动物和块茎类植物只占少数；鲤鱼墩二组人群（或仅有 03SL M4）更多地食用块茎类植物和致龋能力很强的甘蔗等果类，海生类食物比例减少，同时也可能食用很少量的陆生动物。此外，我们还对男女两性口腔健康状况的差异进行初步讨论，以及通过对鲤鱼墩两组各方面差异的讨论对这两组样本的时间早晚进行了初步探讨。我们认为，鲤鱼墩二组（03SL M4）晚于鲤鱼墩一组的可能性最大，与古地理和考古学研究所得结论也较为一致。而鲤鱼墩二组早于或与一组同时的可能性较小。但若是此种情况，则 03SL M4 的个人饮食偏好可能是造成其在口腔状况与其他 4 个个体（第一组）差异的最大原因。

必须承认的是，本次研究的材料仅有 5 例人骨遗骸的牙齿，尚需要更多其他方面的材料和证据来证明上述结论。但我们此次研究应该说是利用人类牙齿考察食物结构和经济方式，甚至是进行人骨和墓葬分期的一种很好的尝试。特别是对于墓葬人骨的研究，在没有层位关系和其他证据的前提下，这种研究可以作为一种有益的参考。

以往国内该领域的研究主要集中在华北和北方地区，华南特别是史前的华南地区作为一个相对独立、经济方式较为独特的区域，有关牙齿磨耗、口腔健康与生活方式关系的研究还较为缺乏。我们首次对一个华南沿海地区新石器时代贝丘遗址出土的人骨材料进行牙齿磨耗、龋齿等各方面的综合观察和分析，并在此基础上考察该遗址人群的饮食结构和经济方式，希望为今后有关该地区的相关研究提供一份参考。然而，由于我们只是对一个华南沿海地区的贝丘遗址的人骨材料进行了考察，没有收集到华南沿海地区其他遗址的人骨材料进行综合的相关内容分析，因此，所得结论并不能很好地代表整个华南沿海贝丘遗址的情况。我们希望今后的研究能够尝试解决这些问题，并通过这些工作促进中国体质人类学和生物考古学的发展。

本章参考文献

1. 陈淳, 孔德贞. 性别考古学与玉璜的社会学观察. 考古与文物, 2006, (4): 31-37.
2. 陈杰. 珠江三角洲史前经济形态试析. 南方文物, 1998, (3): 31-36.
3. 陈乃玲, 彭伟, 李金源. 饮食及生活习惯与牙齿重度磨耗关系的初步分析. 中国煤炭工业医学杂志, 2006, 9 (9): 927-928.
4. 樊明文, 周学东. 牙体牙髓病学. 北京: 人民卫生出版社, 2000: 127-128.
5. 龚怡, 李金陆, 杨圣辉. 新石器时期人类牙齿磨耗与饮食习惯. 北京口腔学, 2005, 13 (3): 162-164.
6. 广东省博物馆. 广东南海县灶岗贝丘遗址发掘简报. 考古, 1983, (3): 203-211.
7. 韩康信, 潘其风. 我国拔牙习俗的源流及其意义. 考古, 1981, (1): 64-76.
8. 韩康信, 潘其风. 广东佛山新石器时代晚期墓葬人骨. 人类学学报, 1982, 1 (1): 42-52.
9. 韩迎星. 两千年前出土人颌骨的口腔疾病研究. 西安: 第四军医大学, 2005.
10. 何惠宇, 戴江红, 孙玉萍, 古丽努尔. 新疆哈萨克族成人牙齿磨耗情况分析. 实用口腔医学杂志, 2007, 23 (5): 746-747.
11. 何嘉宁. 金牛山人化石牙齿初步研究. 人类学学报, 2000, 19 (3): 216-225.
12. 何嘉宁. 中国北方古代人群龋病及其与文化的关系. 见: 高星, 刘武主编. 纪念裴文中教授百年诞辰论文集. 北京: 中国科学院古脊椎动物与古人类研究所, 2004: 61-70.
13. 何嘉宁. 陶寺、上马、延庆古代人群臼齿磨耗速率的比较研究. 人类学学报, 2007, 26 (2): 116-124.
14. 何乃汉. 广西史前时期农业的产生和发展初探. 农业考古, 1985, (2): 90-129.
15. 胡耀武, 李法军, 王昌燧, Michael P. Richards. 广东湛江鲤鱼墩遗址的人骨的C、N稳定同位素分析: 华南新石器时代先民生活方式初探. 人类学学报, 2010, 29 (3): 264-269.
16. 黄光庆. 珠江三角洲新石器考古文化与古地理环境. 地理学报, 1996, 51 (6): 508-517.
17. 康婷, 邵金陵, 刘呆运, 黄世友. 西安地区3000年前人颌骨隆起发育相关影响的研究. 牙体牙髓牙周病学杂志, 2010, 20 (4): 216-219.
18. 李春彪, 纪贵金. 应用"均度法"对磨牙磨耗与年龄关系的初步研究. 中国医科大学学报, 1991, 20 (3): 196-199.
19. 李法军, 冯孟钦. 鲤鱼墩新石器时代贝丘遗址出土人骨的研究意义. 见: 王仁湘主编. 边疆民族考古与民族考古学集刊 (第一集). 北京: 文物出版社, 2009: 82-91.
20. 李法军, 王明辉, 冯孟钦, 朱泓. 鲤鱼墩新石器时代居民牙齿的非测量特征研究. 见: 教育部人文社会科学重点研究基地吉林大学边疆考古研究中心编. 边疆考古研究 (第8辑). 北京: 科学出版社,

2009：343 - 352.
21. 李法军，盛立双. 有关古人骨年龄鉴定的问题——以天津蓟县明清时期敦典夫妇合葬墓和桃花园墓地为例. 文物春秋, 2011，(3)：24 - 27，42.
22. 李绍连. 试从淅川下王岗文化遗存考察文明起源的历史过程. 中原文物, 1995，(2)：21 - 26.
23. 梁超愉，张汉华，颉晓勇，邹发生. 雷州半岛红树林滩涂底栖生物多样性的初步研究. 海洋科学, 2005，29 (2)：18 - 31.
24. 廖国一. 环北部湾地区史前文化的考古发现和研究. 见：中国社会科学院考古研究所编. 华南及东南亚地区史前考古——纪念甑皮岩遗址发掘30周年国际学术研讨会论文集. 北京：文物出版社, 2006，387 - 395.
25. 林国栋，陈如凯，林彦铨. 甘蔗的起源与进化. 甘蔗, 1995，2 (4)：1 - 9.
26. 林嘉琳，孙岩 主编. 性别研究与中国考古学. 北京：科学出版社, 2006.
27. 刘秀东. 牙齿磨耗程度的研究. 西安：第四军医大学, 2007.
28. 刘武，武仙竹，吴秀杰，周蜜. 湖北郧西黄龙洞更新世晚期人类牙齿磨耗与使用痕迹. 人类学学报, 2010，29 (1)：1 - 14.
29. 刘武，曾祥龙. 第三臼齿退化及其在人类演化上的意义. 人类学学报, 1996，15 (3)：185 - 199.
30. 刘武，张全超，吴秀杰，朱泓. 新疆及内蒙古地区青铜 - 铁器时代居民牙齿磨耗及健康状况的分析. 人类学学报, 2005，24 (1)：32 - 53.
31. 毛燮均，颜訚. 安阳辉县殷代人牙的研究报告. 古脊椎动物与古人类, 1959，1 (2)：81 - 85.
32. 孟宪安，陈保兴，郭明英，康洁，李永国，路世强，张霄. 穷克科青铜 - 铁器时代居民牙齿磨耗小考. 黑龙江医药, 2007，20 (4)：349 - 350.
33. 孟勇. 陕西长安地区出土1000年前人牙齿形态学及口腔疾病的流行病学研究. 西安：第四军医大学硕士学位论文, 2008.
34. 莫世泰，彭书琳. 华南人颅骨臼齿磨耗与年龄的变化关系. 人类学学报, 1983，2：72 - 79.
35. 潘卫红，张汉东，陈穗. 饮用茶人群牙齿高度磨耗的临床研究. 口腔医学, 1996，16 (2)：89 - 90.
36. 彭书琳. 岭南古代居民拔牙习俗的考古发现. 南方文物, 2009，(3)：80 - 88.
37. 邵象清. 人体测量手册. 上海：上海辞书出版社, 1985.
38. 宋宏伟，贾静涛. 根据牙齿磨耗度推断年龄的研究. 法医学杂志, 1986a，(3)：36 - 41.
39. 宋宏伟，贾静涛. 牙齿磨耗分度的研究. 法医学杂志, 1986b，(4)：15 - 21.
40. 宋宏伟，贾静涛. 牙齿磨耗度相关性的研究. 法医学杂志, 1987a，(3)：6 - 10.
41. 宋宏伟，贾静涛. 根据牙齿磨耗度推断年龄的研究. 法医学杂志, 1987b，(4)：21 - 26.
42. 宋宏伟，贾静涛. 根据牙齿磨耗度对已知年龄范围的牙龄的推定. 法医学杂志, 1988，(2)：15 - 22.
43. 孙蕾. 河南渑池笃忠遗址仰韶晚期出土的人骨骨病研究. 人类学学报, 2011，30 (1)：55 - 63.
44. 王丽荣，赵焕庭，覃朝峰. 雷州半岛灯楼角热带海岸的景观生态分类. 海洋通报, 2004，23 (1)：50 - 57.
45. 魏博源. 同口牙齿的磨耗级比较. 人类学学报, 1988，7 (2)：160 - 166.
46. 魏博源，冯家骏. 以牙齿磨耗度和牙指数推算牙齿年龄的多元回归方程式的研究. 人类学学报, 1984，3 (3)：175 - 189.
47. 魏博源，彭书琳，张文光. 广西罗泊湾西汉初期殉葬人头骨的口腔情况. 人类学学报, 1988，7 (3)：250 - 254.
48. 尉苗，王涛，赵丛苍，陈靓，王昌燧. 甘肃西山遗址早期秦人的饮食与口腔健康. 人类学学报, 2009，28 (1)：45 - 56.
49. 吴汝康，柏惠英. 华北人颅骨臼齿磨耗的年龄变化. 古脊椎动物与古人类, 1965，9 (2)：217 - 222.
50. 吴新智. 广东增城金兰寺遗址新石器时代人类头骨. 古脊椎动物与古人类, 1978，16 (3)：

201-204.
51. 薛进庄, 郝守刚. 东胡林4号人牙齿形态特征观察. 人类学学报, 2010, 29 (3): 253-263.
52. 颜訚. 大汶口新石器时代人骨的研究报告. 考古学报, 1972, (1): 91-122.
53. 杨楠, 邵金陵, 刘呆运. 陕西西安出土西周时期人下颌骨形态学研究. 实用口腔医学杂志, 2008, 24 (6): 793-796.
54. 杨式挺. 试论西樵山文化. 考古学报, 1985, (1): 9-32.
55. 张璇, 邵金陵. 半坡博物馆馆藏六千年人颌骨牙齿的磨耗状况分析. 临床口腔医学杂志, 2005, 21 (10): 594-597.
56. 张银运. 安徽巢湖早期智人的牙齿磨耗和早期智人前部齿工具机能假说. 人类学学报, 1989, 8 (4): 314-319.
57. 张全超, 曹建恩, 朱泓. 内蒙古中南部地区青铜-早期铁器时代居民的龋齿病研究. 人类学学报, 2009, 28 (4): 372-378.
58. 赵志军. 对华南地区原始农业的再认识. 见: 中国社会科学院考古研究所编. 华南及东南亚地区史前考古——纪念甑皮岩遗址发掘30周年国际学术研讨会论文集. 北京: 文物出版社, 2006: 145-156.
59. 赵志军, 吕烈丹, 傅宪国. 广西邕宁县顶蛳山遗址出土植硅石的分析与研究. 考古, 2005, (11): 76-86.
60. 郑卓, 邓韫, 张华. 华南沿海热带-亚热带地区全新世环境变化与人类活动的关系. 第四纪研究, 2004, 24 (4): 387-393.
61. 周可涌. 中国蔗糖间史——兼论甘蔗起源. 福建农学院学报, 1984, 13 (1): 69-83.
62. 朱芳武, 卢为善. 桂林甑皮岩新石器时代遗址居民的龋病. 人类学学报, 1997, 16 (4): 271-273.
63. Dahl B., G. Carlsson and A. Ekfeldt. Occlusal wear of teeth and restorative materials: A review of classification, etiology, mechanisms of wear, and some aspects of restorative procedures. Acta Odontologica Scandinavica, 1993, 51 (5): 299-311.
64. Eisenbuiger M., R. P. Shellis and M. Addy. Comparative study of wear of enamel induced by alternating and simultaneous combinations of abrasion and erosion in vitro. Caries Research, 2003, 37 (6): 450-455.
65. Hinton R. Form and patterning of anterior tooth wear among aboriginal human groups. American Journal of Physical Anthropology, 1981, 54 (4): 555-564.
66. Larsen C. Behavioural implications of temporal change in cariogenesis. Journal of Archaeological Science, 1983, 10 (1): 1-8.
67. Larsen C. Dental modifications and tool use in the western Great Basin. American Journal of Physical Anthropology, 1985, 67 (4): 393-402.
68. Molnar S. Sex, age, and tooth position as factors in the production of tooth wear. American Antiquity, 1971, 36 (2): 182-188.
69. Molnar S. Tooth wear and culture: a survey of tooth functions among some prehistoric population. Current anthropology, 1972, 13: 511-526.
70. Pechenkina E., R. Benfer and Z. Wang. Diet and health changes at the end of the Chinese Neolithic: the Yangshao/Longshan transition in Shanxi Province. American Journal of Physical Anthropology, 2002, 117 (1): 15-36.
71. Scott R. and C. G. Turner. Dental anthropology. Annual Review of Anthropology, 1988, 17: 99-126.
72. Screeny M. Cereal availability and dental caries. Community Dental and Oral Epidemiology, 1983, 11 (3): 148-155.
73. Smith B. Patterns of molar wear in hunter-gatherers and agriculturalists. American Journal of Physical Anthropology, 1984, 63 (1): 39-56.

74. Tayles N., K. Domett and K. Nelsen. Agriculture and dental caries? The case of rice in prehistoric Southeast Asia. World archaeology, 2000, 32 (1): 68-83.
75. Turner C. Dental anthropological indications of agriculture among the Jomon people of central Japan: X. Peopling of the Pacific. American Journal of Physical Anthropology, 1979, 51 (4): 619-636.
76. Turner C. and L. Machado. A new dental wear pattern and evidence for high carbohydrate consumption in a Brazilian archaic skeletal population. American Journal of Physical Anthropology, 1983, 61 (1): 125-130.

第八章 鲤鱼墩新石器时代居民牙齿磨耗的微痕分析

邓锋 李法军

牙齿磨耗的产生，往往受年龄、食物结构和制作技术、牙齿和咀嚼器官的健康状态、上下颌咬合关系、人类行为等因素的影响（Smith，1984；樊明文，周学东，2000）。所以，通过研究牙齿的形态可以得到古人类生前生产生活等方面的信息。就目前而言，对牙齿宏观形态的研究已经非常多了，而且也建立了完善的研究方法，但是对于牙齿微观形态的研究主要是外国学者在做，而国内学者较少涉及。

国内外对于微痕的研究，其研究对象多是动物、猿类和直立人（Mainland，2000；刘武 等，2010；Zhao，Zhang，2012），较少涉及全新世以来的，即新石器时代以来人类的牙齿。因为在过去对于牙齿的研究中，主要集中于牙齿的测量形态或非测量形态、宏观的牙齿磨耗，同时因为新石器时代的人类牙齿出土数量较多，而对于牙齿的微痕研究需要一定的实验仪器，并且对微痕的观察较为耗时耗力，所以这方面的研究较少。

国外学者对于牙齿表面微痕的研究在很早就已经开始，他们多借助扫描电子显微镜对牙齿表面的微痕进行分析，扫描电镜的放大倍数高，可以更好地反应牙齿表面微痕的细节，有利于推测个体生前的食谱（Ungar，et al.，2011；Pontzer，et al.，2011）。进行此类研究时常借助扫描电子显微镜和一个称为Surfract的软件，通过3D点云技术进行表面的测量和数据的分析。

但是也有学者指出，由于扫描电镜价格昂贵，并且进行此类实验需耗费大量的时间，并不适于对大量的考古材料进行研究，所以创造性地利用光学显微镜对牙齿表面的微痕在较低的放大倍数下进行观察，并通过分析证明了这种方法的可行性（Semprebonetal，2004）。该学者在利用光学显微镜研究牙齿表面微痕的过程中，提到了光学显微镜研究的优越性和不足。首先是利用光学显微镜进行研究时，可以快速和容易地辨别出微痕的特征，相对于扫描电子显微镜而言，可以在较短的时间内完成大量的数据收集工作；其次，由于对所观察的牙齿表面的区域增加，使得统计的点状痕或线状痕，与利用扫描电子显微镜所搜集到的此类痕迹相比较，更具有代表性。不足之处是，该学者在研究证明的过程中，并未给出具体而详细的研究过程，仅提及了一些关于在观察实验中如何使用光线的问题，而对于如何进行数据的统计并未提及。

每一个方法都会有其不足之处。利用光学显微镜进行微痕研究的不足之处在于，对于一些极为细小的微痕，由于放大倍数较低的原因而无法观察，这可能会遗漏掉一些较为重要的微痕，如用木质牙签进行剔牙的痕迹。因为木质材料相对于牙釉质而言硬度较低，作用于牙釉质表面可能无法产生微痕，或仅能产生较细小的微痕，而这些微痕可能无法在光学显微镜下观察到。

国内已有学者利用光学显微镜对湖北郧西黄龙洞更新世晚期人类牙齿磨耗与使用痕迹进行了研究（刘武 等，2010）。其研究主要是利用光学显微镜进行拍照，放大倍数大多数在10—20倍之间，对于观察到的结果多侧重于定性的描述，多用语言描述记录所观察到的结果，较少使用定量分析。本研究与其最大的不同在于，该研究的主要方面是利用对门齿表面的微痕研究去探索人类使用牙齿作为工具方面的有关信息，而本章主要是对饮食结构的信息进行分析；还有一点不同之处是两个研究的材料中牙齿表面的釉质保留状况不同，黄龙洞更新世晚期人类牙齿的釉质保留较好，而本次研究的牙齿釉质保留状况较差，具体的介绍将在后面提到。两个研究的共同之处是都利用显微镜在较低的放大倍数下对牙齿表面的微痕进行观察研究。

到目前为止，岭南地区新石器时代人骨材料尚不如北方地区丰富，并且多数保存不佳。这次在鲤鱼墩遗址分析的8座单人葬的人骨是目前粤西地区发现最多且保存相对完整的新石器时代贝丘遗址的人骨材料。它们的发现对于探讨雷州半岛以及两广地区人种种族进化与分布、古越族的生产和形成、现代该地区居民的种族起源研究等具有重大意义（李法军 等，2009）。

由于牙齿硬度较高，相比人体的骨骼以及骨骼内含有的骨胶原，能较好地保存下来，为古人类体质特征、生产生活方式、饮食结构等方面的研究提供了宝贵的资料。本研究希望能在对牙齿的研究方法上进行一些探索研究，可能会对一些仅保留有牙齿的个体的研究有所帮助。

与以往研究不同的是，此次研究是利用光学显微镜对牙齿磨耗的微观形态进行观察，并希望尝试利用定性和定量的分析方法对磨耗的微观形态进行研究。而以往的研究多针对牙齿的宏观形态，如宏观的牙齿磨耗、形态测量等方面。例如，陈伟驹和李法军已对鲤鱼墩遗址出土的人骨的牙齿进行了相关分析。

由于我国南方地区特殊的埋藏环境，导致在我国南方地区发现的年代较为久远的人骨材料的保存状况较差，如人体骨骼往往在酸性的土壤中遭到侵蚀，保存的完好程度远远不如北方地区，在这样的情况下也导致了骨胶原的分解。骨胶原是分析人类食谱的重要研究对象之一，但在南方地区较难以保留。以鲤鱼墩遗址出土的个体为例，在对其C、N同位素的研究中，5个研究的个体中，仅有2个个体可以提取出少量的骨胶原。而其余3个个体，其中有2个的骨胶原已分解殆尽，另1个的骨胶原成分受到了埋藏环境的污染，已经不能进行C、N同位素的研究（胡耀武 等，2010）。

本研究希望能在其宏观的对于牙齿磨耗的研究上，对于牙齿的磨耗微观结构做进一步细化的研究，进而探究古人类饮食结构方面的信息。

第一节　材料与方法

一、研究材料

本研究的牙齿材料均来自于鲤鱼墩遗址出土的5个个体，分别是03SL M3、03SL M4、03SL M6、03SL M7和03SL M8。

人类牙齿磨耗的类型主要分为两类。根据导致牙齿损耗机制的差别，可以区分出两种牙齿磨耗：①上下颌对应牙齿咬合接触，或左右相邻接牙齿接触所致的牙齿摩擦；②牙齿与食物、食物中包含的颗粒或非食物性外来物质接触造成的牙齿磨耗（Scott，Turner，1988；Hilton，1996）。由于本研究的主要目的是希望得到一些关于该遗址的古人类的生前食物结构方面的相关信息，牙齿磨耗类型主要是第 2 类中的食物以及食物中包含的颗粒造成的牙齿磨耗。并且，人类用于研磨食物的牙齿主要是臼齿，门齿和犬齿主要是反映人类对于牙齿作为工具的利用情况。基于以上考虑，本次研究的主要对象为 5 个个体的臼齿，其中包括第一臼齿、第二臼齿和第三臼齿。

鲤鱼墩遗址中个体的年龄虽然都不大，年龄最小的个体（03SL M7）约 20 岁，年龄最大的个体（03SL M3）为 40—45 岁，但是其牙齿的磨耗程度十分严重。依照 Smith（1984）制定的 8 级分类的牙齿磨耗标准，鲤鱼墩遗址出土的多数个体的第一臼齿和第二臼齿的磨耗等级都在 6 级以上，仅有部分个体的第三臼齿磨耗等级较低，如 03SL M4、03SL M7 和 03SL M8 个体的第三臼齿的磨耗等级都在 2—4 级之间。

而这些磨耗等级比较高的牙齿，其咬殆面的牙釉质已损失殆尽，其臼齿咬殆面的磨耗是整体平面磨耗，致使牙本质暴露，仅保留了边缘一圈的牙釉质。而人类在咀嚼食物时，主要是利用臼齿的咬殆面进行食物研磨，如果臼齿咬殆面的釉质磨耗过度甚至消失，就会暴露出牙本质。虽然牙本质上也会保留牙齿研磨食物时造成的痕迹，但牙本质的硬度无法与牙釉质相比。同时，在实验观察时，对牙齿表面进行清理的过程中发现，牙本质很容易因硬物（如铁制品）的作用力而产生新的损伤痕迹，而此作用力不会在牙釉质上造成类似的痕迹。所以，对于牙齿表面微痕的研究而言，牙釉质才能较好地保留生前的牙齿磨耗的微观痕迹。

有学者曾做过一系列实验，用来测试埋藏环境对于牙釉质的影响（King et al.，1999）。该研究发现，埋藏环境对于牙齿表面微痕的影响是非常明显的，甚至可能导致牙齿表面微痕的消失，但通过仔细的检查，还是可以较为容易地辨别出埋藏环境对于牙齿表面微痕所产生的影响和变化的，所以牙齿表面的微痕对于食谱的研究还是有重要意义的。但该研究所用仪器为扫描电子显微镜，其牙齿微痕照片的放大倍数都在数百倍。因扫描电子显微镜造价昂贵，一般的实验室尚无条件配备，所以此类研究仅限于部分实验室中。该作者所研究的对象都是牙釉质上的微痕，主要是因为牙釉质质地坚硬，更易保留生前牙齿表面的微痕。本次研究所利用的是光学显微镜，其放大倍数与扫描电镜的不是一个级别，所以通过此案例主要是希望说明，对于牙齿微痕的研究重点应放在牙釉质上。

由本书第七章可知，5 个个体的第一、二臼齿的咬殆面的牙釉质保留状况并不好，仅有少量保留有 50% 以上的牙釉质，大部分都仅保留有边缘一圈的牙釉质；而相对而言，第三臼齿的牙釉质保留较好。这是因为第三臼齿萌出的时间较晚，又由于不同人第三臼齿萌出的时间不尽相同，过去曾认为第三臼齿不能用于判别人的年龄，但与此同时第三臼齿用于咀嚼的时间远远短于第一、二臼齿，这使得第 3 臼齿的保留状况往往优于第一、二臼齿，所以从研究牙齿表面微痕的角度，在当遇到第一、二臼齿的咬殆面牙釉质磨耗严重时，第三臼齿可以作为研究的主要对象。

二、观察方法

（一）实验所用的仪器

本次实验观察所使用的仪器主要有体视显微镜和数码照相机。体视显微镜的型号是 Olympus® SZX7，放大倍数为 8×–56×（1×物镜/10×目镜），变焦倍率为 7∶1；数码照相机的型号是 Canon® PowerShot A650 IS，其光学变焦为 6 倍。

（二）显微镜下观察

由于此前已经有学者对该遗址出土的牙齿有过研究（李法军 等，2009），已对牙齿的表面进行过清理，因此本次研究未对牙齿表面进行一般性清理。然而在用显微镜观察期间，发现有些牙齿表面的局部未清理干净，在一定程度上影响了观察，故用小型口腔专用钢针对其进行细致清理。

本次研究过程中，所用的放大倍数多在 10—30 倍之间。由于观察时，放大倍数不全为整数，放大倍数主要是依照所观察的对象而进行调整的，所以放大倍数不便于作记录，改用比例尺来作为度量。

在观察牙齿表面微痕的过程中发现，要想更好地观测到表面的微痕，使光线从何种角度射入要观察的牙齿表面是非常重要的，这一点在国外学者的研究中已有提到（Semprebonetal，2004）。在光照方面，实验过程中发现光线必须斜射入所观察的牙齿表面，利用光线在高低不平的表面造成的阴影进而发现牙齿表面的微痕，并且光线的强弱也应随着观察的情况而适当地减弱或加强。若一味地提高亮度，而不注重光线射入角度的调整，在很多情况下是无法看清牙齿表面微痕的。在实验过程中发现，将光线调整到一个合适的角度是一个比较费时的过程，每一次的拍照与观察都需要进行光线的调整。

（三）后期的照片处理

将在显微镜下拍摄所得到的照片，利用 Adobe® Photoshop 图片处理软件进行后期处理。处理的第一步工作是加入比例尺。比例尺置入的方式是在对牙齿拍照之后，保持显微镜放大倍数和相机焦距不变的条件下，另外再对钢尺进行拍照，以保证两张放大倍数和照片尺寸是一致的，之后在 Photoshop 软件中将钢尺中的刻度转绘成图中所示的比例尺（如图 8.1 所示），再将绘制后的比例尺置入到牙齿照片中。在绘制好比例尺的照片中，将观察到的微痕利用绘图工具加以标注（如图 8.2 所示），之后利用 Photoshop 软件自带的测量工具测量出各个微痕的大小，再按照标准进行分类统计，分类的标准将在下面给出。

第八章　鲤鱼墩新石器时代居民牙齿磨耗的微痕分析 | 193

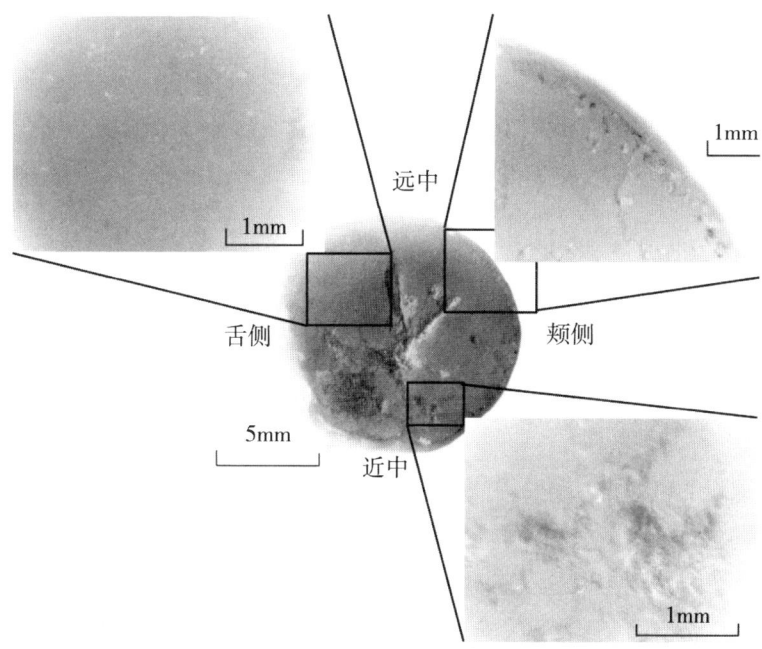

图 8.1　03SL M4 下颌右侧第三臼齿咬𬌗面
（资料来源：邓锋摄制）

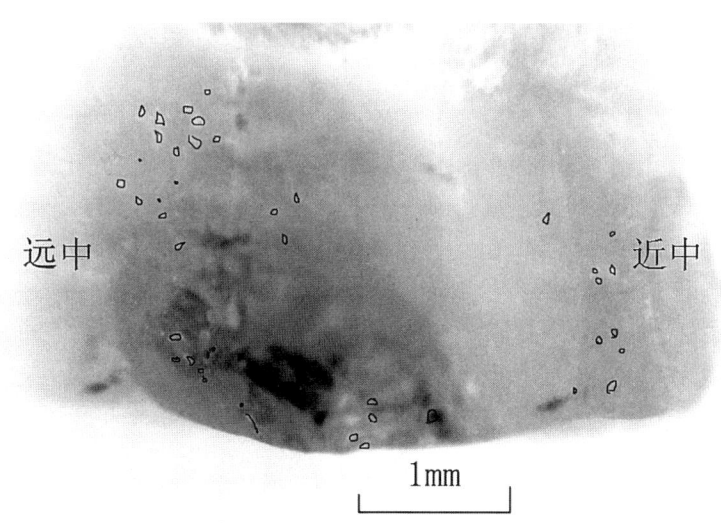

图 8.2　03SL M4 上颌右侧第三臼齿颊侧
（资料来源：邓锋、李法军摄制）

三、微痕类型与分类标准

依据拍摄照片中的微痕进行统计和分类，类型主要分为点状痕和线状痕。
点状痕主要包括规则圆形点状痕、不规则点状痕、椭圆形点状痕。将点状痕按照直径的大小分为 3 类：①0.2 毫米的点为"大"；②直径介于 0.1—0.2 毫米之间的点为"中"；③直径小于 0.1 毫米的点为"小"。对于不规则点状痕或者椭圆形点状痕，将其最大的长度作为直径。

线状痕主要是按照长度进行划分，分类标准和尺寸分别是：①长度大于 0.5 毫米的线状痕为"长"；②长度小于 0.5 毫米的线状痕为"短"①。

第二节 结 果

根据以上的分类标准，对所有拍摄到的照片进行微痕方面的统计和分类，所得数据见表 8.1 至表 8.5。

由于本次实验观察的个体中，有些牙齿已与颌骨分离，而有些牙齿仍保留在颌骨之上。前者可以置于显微镜下进行充分的观察，可以观察到一个牙齿齿冠的 5 个面，包括咬殆面、近中面、远中面、舌侧、颊侧；但是后者由于牙齿与颌骨连为一体，大多数情况下只能观察咬殆面，少量牙齿可以观察其舌侧和颊侧。此外，由于 03SL M7 和 03SL M8 个体的头骨及上颌骨保存较好，并且连为一体，故无法置于显微镜下观察，所以缺少 03SL M7 和 03SL M8 个体的位于上颌骨的臼齿的数据。对于未能进行观察和数据统计的的齿冠的部位，在表格中用"—"来表示。

对于一些牙釉质保留较差的臼齿，虽有做数据的统计，但是由于所统计的区域面积与牙釉质保留较好的臼齿统计区域面积大小差距较大，所以我们认为其数据的研究价值不高。对于此类齿冠的部位，在表格中用灰色背景进行填充，与其他数据加以区别。

由于不同个体间牙齿的保存状况不同，以及所能观察到的齿冠的面也不同，就目前得到的数据而言，所能观察到的齿冠的面中，咬殆面最多。基本上每一个能被放置于显微镜下观察的牙齿的咬殆面都观察到了，而对于近中面、远中面、舌侧和颊侧的观察，则仅限于一些散落的牙齿。

由于实验条件所限，对于以上这些表格中所统计的数字并不是非常准确，因为可能有一些痕迹由于照片不够清晰或者光线的原因未显示出来，未被统计；也有一些痕迹可能是由于埋藏环境导致污垢浸入到牙釉质表面，但在照片中显示出来与牙齿表面凹凸不平的痕迹在光照下所形成的阴影极为相似，而被错误地统计。

一、个体牙齿微痕磨耗的特点

1. 03SL M3 个体

对此个体进行观察拍照的臼齿有：上颌右侧第一臼齿、第二臼齿，上颌左侧第一臼

---

① 须说明的是，此处虽然有统计线状痕，但因其痕迹长宽之比已超过通常认为的椭圆形的范围，其形状仍是弯弯曲曲的长条状，而并非较为笔直的条状痕迹。

齿、第二臼齿、第三臼齿，下颌右侧第一臼齿、第二臼齿，下颌左侧第一臼齿、第二臼齿、第三臼齿（表8.1）。

上颌右侧第一臼齿的咬合面牙釉质、上颌右侧第二臼齿的咬合面牙釉质和上颌右侧第二臼齿的舌侧牙釉质保留较差，故此统计的数据省略。

上颌右侧第二臼齿的远中面共有8个微痕，包括2个大型点状痕、3个中型点状痕、3个小型点状痕。

上颌左侧第一臼齿的咬合面釉质、上颌左侧第二臼齿的咬合面釉质和上颌左侧第三臼齿的咬合面釉质保留较差，故此统计的数据省略。

上颌左侧第一臼齿的舌侧共有1个中型点状痕。

总体而言，03SL M3个体牙齿的保存状况较差，所有臼齿的咬合面磨损均十分严重，牙釉质基本都不存在。

2. 03SL M4 个体

对此个体进行观察拍照的臼齿有：上颌右侧第一臼齿、第二臼齿、第三臼齿，上颌左侧第三臼齿，下颌右侧第二臼齿、第三臼齿，下颌左侧第一臼齿、第三臼齿（表8.2）。

上颌右侧第一臼齿：咬合面共有47个微痕，包括5个大型点状痕、12个中型点状痕、27个小型点状痕、3条短的线状痕；颊侧共有11个微痕，包括3个大型点状痕、4个中型点状痕、4个小型点状痕；舌侧共有21个微痕，包括13个中型点状痕、7个小型点状痕、1条长的线状痕；近中面共有19个微痕，包括2个中型点状痕、17个小型点状痕。

上颌右侧第二臼齿：咬合面共有46个微痕，包括8个大型点状痕、2个中型点状痕、36个小型点状痕；颊侧共有15个微痕，包括5个中型点状痕、10个小型点状痕；舌侧共有7个微痕，包括2个中型点状痕、5个小型点状痕；远中面共有24个微痕，包括5个大型点状痕、10个中型点状痕、9个小型点状痕。

上颌右侧第三臼齿：咬合面共有80个微痕，包括1个大型点状痕、76个小型点状痕、3条短的线状痕；颊侧共有43个微痕，包括6个中型点状痕、37个小型点状痕；舌侧共有20个微痕，包括2个大型点状痕、5个中型点状痕、13个小型点状痕；近中面共有49个微痕，包括10个大型点状痕、23个中型点状痕、15个小型点状痕、1条短的线状痕；远中面共有20个微痕，包括1个大型点状痕、2个中型点状痕、17个小型点状痕。

上颌左侧第三臼齿：咬合面共有77个微痕，包括8个大型点状痕、3个中型点状痕、66个小型点状痕；颊侧共有13个微痕，包括1个大型点状痕、12个小型点状痕；舌侧共有18个微痕，包括1个大型点状痕、2个中型点状痕、13个小型点状痕、2条短的线状痕；近中面共有27个微痕，包括10个大型点状痕、7个中型点状痕、10个小型点状痕；远中面共有22个微痕，包括3个中型点状痕、19个小型点状痕。

下颌右侧第一臼齿：咬合面牙釉质保留较差，故此统计的数据省略。

下颌右侧第二臼齿：咬合面共有68个微痕，包括8个大型点状痕、12个中型点状痕、48个小型点状痕；颊侧共有16个微痕，包括2个大型点状痕、6个中型点状痕、8个小型点状痕；舌侧共有26个微痕，包括2个大型点状痕、3个中型点状痕、21个小型点状痕；近中面共有18个微痕，包括3个大型点状痕、4个中型点状痕、11个小型点状痕。

下颌左侧第一臼齿：咬殆面牙釉质保留较差，故此统计的数据省略；颊侧共有29个微痕，包括7个中型点状痕、22个小型点状痕；舌侧共有9个微痕，包括3个中型点状痕、6个小型点状痕。

下颌左侧第三臼齿：咬殆面共有63个微痕，包括2个大型点状痕、8个中型点状痕、53个小型点状痕；颊侧共有12个微痕，包括1个中型点状痕、11个小型点状痕；舌侧共有31个微痕，包括1个大型点状痕、7个中型点状痕、23个小型点状痕；近中面共有19个微痕，包括1个大型点状痕、7个中型点状痕、11个小型点状痕；远中面共有5个微痕，包括1个大型点状痕、2个中型点状痕、2个小型点状痕。

总体而言，03SL M4个体牙齿保存状况较好，且由于多数臼齿已与颌骨分离，其可观察的齿面较多。

3. 03SL M6个体

对此个体进行观察拍照的臼齿有：上颌右侧第一臼齿、第二臼齿，上颌左侧第一臼齿、第二臼齿、第三臼齿，下颌右侧第一臼齿、第二臼齿、第三臼齿，下颌左侧第一臼齿、第二臼齿、第三臼齿（表8.3）。

上颌右侧第一臼齿：咬殆面牙釉质保留较差，故此统计的数据省略；颊侧共有20个微痕，包括1个大型点状痕、4个中型点状痕、15个小型点状痕；远中面共有24个微痕，包括8个大型点状痕、7个中型点状痕、9个小型点状痕。

上颌右侧第二臼齿：咬殆面牙釉质保留较差，故此统计的数据省略；颊侧共有5个微痕，包括1个大型点状痕、2个中型点状痕、2个小型点状痕；舌侧共有4个微痕，包括1个大型点状痕、1个中型点状痕、2个小型点状痕；近中面共有10个微痕，包括4个中型点状痕、6个小型点状痕；远中面共有13个微痕，包括2个大型点状痕、2个中型点状痕、9个小型点状痕。

上颌左侧第一臼齿：咬殆面牙釉质保留较差，故此统计的数据省略；颊侧共有5个微痕，包括2个大型点状痕、1个中型点状痕、2个小型点状痕；舌侧共有2个微痕，均为小型点状痕。

上颌左侧第三臼齿：咬殆面共有11个微痕，包括8个大型点状痕、2个中型点状痕、1个小型点状痕；颊侧共有8个微痕，包括3个大型点状痕、2个中型点状痕、3个小型点状痕；舌侧共有18个微痕，包括1个大型点状痕、10个中型点状痕、7个小型点状痕。

下颌右侧第一臼齿、下颌左侧第一臼齿和下颌左侧第二臼齿的咬殆面牙釉质保留较差，故此统计的数据省略。

下颌右侧第二臼齿：咬殆面共有28个微痕，包括14个大型点状痕、14个小型点状痕。

下颌右侧第三臼齿：咬殆面共有64个微痕，包括18个大型点状痕、46个小型点状痕。

下颌左侧第三臼齿：咬殆面共有32个微痕，包括8个大型点状痕、6个中型点状痕、18个小型点状痕；颊侧共有9个微痕，包括2个中型点状痕、7个小型点状痕；舌侧共有5个微痕，包括2个大型点状痕、2个中型点状痕、1个小型点状痕；近中面共有9个微痕，包括 2 个大型点状痕、4 个中型点状痕、3 个小型点状痕；远中面共有 9 个微痕，包括 5 个大型点状痕、4 个小型点状痕。

总体而言，03SL M6 个体牙齿保存状况较好，但由于多数臼齿仍连接在颌骨上，其可观察的齿面较少。

4. 03SL M7 个体

对此个体进行观察拍照的臼齿有：下颌右侧第二臼齿、第三臼齿，下颌左侧第二臼齿、第三臼齿（表 8.4）。

下颌右侧第二臼齿和下颌左侧第二臼齿的咬狺面牙釉质保留较差，故此统计的数据省略。

下颌右侧第三臼齿：咬狺面共有 18 个微痕，包括 5 个大型点状痕、3 个中型点状痕、10 个小型点状痕。

下颌左侧第三臼齿：咬狺面共有 24 个微痕，包括 14 个大型点状痕、8 个中型点状痕、2 个小型点状痕。

总体而言，03SL M7 个体牙齿保存状况较好，但由于多数臼齿仍保留在颌骨上，故其可观察的齿面较少。

5. 03SL M8 个体

对此个体进行观察拍照的臼齿有：下颌右侧第一臼齿、第二臼齿、第三臼齿，下颌左侧第一臼齿、第二臼齿、第三臼齿（表 8.5）。

下颌右侧第一臼齿、下颌右侧第二臼齿、下颌左侧第一臼齿和下颌左侧第二臼齿的咬狺面牙釉质保留较差，故此统计的数据省略。

下颌右侧第三臼齿：咬狺面共有 30 个微痕，包括 1 个大型点状痕、10 个中型点状痕、19 个小型点状痕。

下颌左侧第三臼齿：咬狺面共有 27 个微痕，包括 5 个大型点状痕、4 个中型点状痕、18 个小型点状痕。

总体而言，03SL M8 个体牙齿保存状况较好，但由于多数臼齿仍保留在颌骨上，故其可观察的齿面较少。

表 8.1 03SL M3 个体臼齿微痕类型及数量统计表

（单位：个）

微痕\牙齿		上颌																														总数
		右侧														左侧																
		第三臼齿					第二臼齿					第一臼齿					第一臼齿					第二臼齿					第三臼齿					
定义标准		咬殆面	颊侧	舌侧	近中面	远中面	咬殆面	颊侧	舌侧	近中面	远中面	咬殆面	颊侧	舌侧	近中面	远中面	咬殆面	颊侧	舌侧	近中面	远中面	咬殆面	颊侧	舌侧	近中面	远中面	咬殆面	颊侧	舌侧	近中面	远中面	
点	大	—	—	—	—	—	2	—	2	—	2	0	—	—	—	8	—	0	—	—	8	—	—	—	2	—	—	—	—	—	—	24
点	中	—	—	—	—	—	3	—	1	—	3	1	—	—	—	1	—	1	—	—	6	—	—	—	5	—	—	—	—	—	—	21
点	小	—	—	—	—	—	0	—	0	—	3	0	—	—	—	3	—	0	—	—	0	—	—	—	0	—	—	—	—	—	—	6
点	总数	—	—	—	—	—	5	—	3	—	8	1	—	—	—	12	—	0	—	—	14	—	—	—	7	—	—	—	—	—	—	50
线	长	—	—	—	—	—	0	—	0	—	0	0	—	—	—	0	—	0	—	—	0	—	—	—	0	—	—	—	—	—	—	0
线	短	—	—	—	—	—	0	—	0	—	0	0	—	—	—	0	—	0	—	—	0	—	—	—	0	—	—	—	—	—	—	0
线	总数	—	—	—	—	—	0	—	0	—	0	0	—	—	—	0	—	0	—	—	0	—	—	—	0	—	—	—	—	—	—	0

微痕\牙齿		下颌																														总数
		右侧														左侧																
		第三臼齿					第二臼齿					第一臼齿					第一臼齿					第二臼齿					第三臼齿					
定义标准		咬殆面	颊侧	舌侧	近中面	远中面	咬殆面	颊侧	舌侧	近中面	远中面	咬殆面	颊侧	舌侧	近中面	远中面	咬殆面	颊侧	舌侧	近中面	远中面	咬殆面	颊侧	舌侧	近中面	远中面	咬殆面	颊侧	舌侧	近中面	远中面	
点	大	—	—	—	—	—	2	—	—	—	—	0	—	—	—	—	0	—	—	—	—	0	—	—	—	—	0	—	—	—	—	2
点	中	—	—	—	—	—	6	—	—	—	—	0	—	—	—	—	0	—	—	—	—	0	—	—	—	—	0	—	—	—	—	6
点	小	—	—	—	—	—	0	—	—	—	—	0	—	—	—	—	0	—	—	—	—	0	—	—	—	—	0	—	—	—	—	0
点	总数	—	—	—	—	—	8	—	—	—	—	0	—	—	—	—	0	—	—	—	—	0	—	—	—	—	0	—	—	—	—	8
线	长	—	—	—	—	—	0	—	—	—	—	0	—	—	—	—	0	—	—	—	—	0	—	—	—	—	0	—	—	—	—	0
线	短	—	—	—	—	—	0	—	—	—	—	4	—	—	—	—	0	—	—	—	—	0	—	—	—	—	0	—	—	—	—	4
线	总数	—	—	—	—	—	0	—	—	—	—	4	—	—	—	—	0	—	—	—	—	0	—	—	—	—	0	—	—	—	—	4

注：表格中的"—"表示由于条件限制，未能对此面进行拍照。表格中被灰色填充的部分表示此面的牙釉质保留较差，所得的统计数据研究价值不高，故用灰色加以区分。表 8.2—表 8.5 同此。

表 8.2　03SL M4 个体臼齿微痕类型及数量统计表

(单位：个)

微痕定义标准			上颌 右侧 第三臼齿					第二臼齿					第一臼齿					左侧 第一臼齿					第二臼齿					第三臼齿					总数
			咬合面	颊侧	舌侧	近中面	远中面	咬合面	颊侧	舌侧	近中面	远中面	咬合面	颊侧	舌侧	近中面	远中面	咬合面	颊侧	舌侧	近中面	远中面	咬合面	颊侧	舌侧	近中面	远中面	咬合面	颊侧	舌侧	近中面	远中面	
点	大		1	0	2	10	1	8	0	0	—	5	5	3	0	0	—	—	—	—	—	—	—	—	—	—	—	8	1	1	10	0	55
	中		0	6	5	23	2	2	5	2	—	10	12	4	13	2	—	—	—	—	—	—	—	—	—	—	—	3	0	2	7	3	101
	小		76	37	13	15	17	36	10	5	—	9	27	4	7	17	—	—	—	—	—	—	—	—	—	—	—	66	12	13	10	19	393
	总数		77	43	20	48	20	46	15	7	—	24	44	11	20	19	—	—	—	—	—	—	—	—	—	—	—	77	13	16	27	22	549
线	长		0	0	0	0	0	0	0	0	—	0	0	1	0	—	—	—	—	—	—	—	—	—	—	—	—	0	0	0	0	0	1
	短		3	0	0	1	0	0	0	0	—	0	3	0	0	—	—	—	—	—	—	—	—	—	—	—	—	0	0	2	0	0	9
	总数		3	0	0	1	0	0	0	0	—	0	3	0	0	—	—	—	—	—	—	—	—	—	—	—	—	0	0	2	0	0	10

微痕定义标准			下颌 右侧 第三臼齿					第二臼齿					第一臼齿					左侧 第一臼齿					第二臼齿					第三臼齿					总数
			咬合面	颊侧	舌侧	近中面	远中面	咬合面	颊侧	舌侧	近中面	远中面	咬合面	颊侧	舌侧	近中面	远中面	咬合面	颊侧	舌侧	近中面	远中面	咬合面	颊侧	舌侧	近中面	远中面	咬合面	颊侧	舌侧	近中面	远中面	
点	大		8	2	2	3	—	0	—	—	—	—	—	—	—	—	—	0	5	0	—	—	—	—	—	—	—	2	0	1	1	1	25
	中		12	6	3	4	—	8	—	—	—	—	—	—	—	—	—	7	9	3	—	—	—	—	—	—	—	8	1	7	7	2	77
	小		48	8	21	11	—	7	—	—	—	—	—	—	—	—	—	22	10	6	—	—	—	—	—	—	—	53	11	23	11	2	233
	总数		68	16	26	18	—	15	—	—	—	—	—	—	—	—	—	29	24	9	—	—	—	—	—	—	—	63	12	31	19	5	335
线	长		0	0	0	0	—	1	—	—	—	—	—	—	—	—	—	0	0	0	—	—	—	—	—	—	—	0	0	0	0	0	1
	短		0	0	0	0	—	0	—	—	—	—	—	—	—	—	—	0	0	0	—	—	—	—	—	—	—	0	0	0	0	0	0
	总数		0	0	0	0	—	0	—	—	—	—	—	—	—	—	—	0	0	0	—	—	—	—	—	—	—	0	0	0	0	0	0

表 8.3　03SL M6 个体臼齿微痕类型及数量统计表

（单位：个）

微痕 / 牙齿			上颌																													总数
			右侧													左侧																
			第三臼齿					第二臼齿					第一臼齿					第一臼齿					第二臼齿					第三臼齿					
定义标准			咬合面	颊侧	舌侧	近中面	远中面	咬合面	颊侧	舌侧	近中面	远中面	咬合面	颊侧	舌侧	近中面	远中面	咬合面	颊侧	舌侧	近中面	远中面	咬合面	颊侧	舌侧	近中面	远中面	咬合面	颊侧	舌侧	近中面	远中面	
	点	大	—	—	—	—	—	1	1	1	0	2	8	1	—	—	8	0	2	0	—	—	4	1	3	—	—	8	3	1	—	—	44
		中	—	—	—	—	—	2	2	1	4	2	6	4	—	—	7	4	1	0	—	—	6	5	0	—	—	2	2	10	—	—	58
		小	—	—	—	—	—	11	2	2	6	9	21	15	—	—	9	13	2	2	—	—	17	7	8	—	—	1	3	7	—	—	135
		总数	—	—	—	—	—	14	5	4	10	13	35	20	—	—	24	17	5	2	—	—	27	13	11	—	—	11	8	18	—	—	237
	线	长	—	—	—	—	—	0	0	0	0	0	0	0	—	—	0	0	0	0	—	—	0	0	0	—	—	0	0	0	—	—	0
		短	—	—	—	—	—	0	0	0	0	0	0	0	—	—	0	1	0	0	—	—	0	0	0	—	—	0	0	0	—	—	1
		总数	—	—	—	—	—	0	0	0	0	0	0	0	—	—	0	1	0	0	—	—	0	0	0	—	—	0	0	0	—	—	1

微痕 / 牙齿			下颌																													总数
			右侧													左侧																
			第三臼齿					第二臼齿					第一臼齿					第一臼齿					第二臼齿					第三臼齿					
定义标准			咬合面	颊侧	舌侧	近中面	远中面	咬合面	颊侧	舌侧	近中面	远中面	咬合面	颊侧	舌侧	近中面	远中面	咬合面	颊侧	舌侧	近中面	远中面	咬合面	颊侧	舌侧	近中面	远中面	咬合面	颊侧	舌侧	近中面	远中面	
	点	大	18	—	—	—	—	14	—	—	—	—	5	—	—	—	—	0	—	—	—	—	4	—	—	—	—	8	0	2	2	5	58
		中	0	—	—	—	—	0	—	—	—	—	0	—	—	—	—	0	—	—	—	—	1	—	—	—	—	6	2	2	4	0	15
		小	46	—	—	—	—	14	—	—	—	—	2	—	—	—	—	0	—	—	—	—	0	—	—	—	—	18	7	1	3	4	95
		总数	64	—	—	—	—	28	—	—	—	—	7	—	—	—	—	0	—	—	—	—	5	—	—	—	—	32	9	5	9	9	168
	线	长	0	—	—	—	—	0	—	—	—	—	0	—	—	—	—	0	—	—	—	—	0	—	—	—	—	0	0	0	0	0	0
		短	0	—	—	—	—	0	—	—	—	—	0	—	—	—	—	1	—	—	—	—	0	—	—	—	—	0	0	0	0	0	1
		总数	0	—	—	—	—	0	—	—	—	—	0	—	—	—	—	1	—	—	—	—	0	—	—	—	—	0	0	0	0	0	1

表 8.4　03SL M7 个体臼齿微痕类型及数量统计表

（单位：个）

微痕 \ 牙齿			上颌																													总数
			右侧													左侧																
			第三臼齿					第二臼齿					第一臼齿					第一臼齿					第二臼齿					第三臼齿					
			咬𬌗面	颊侧	舌侧	近中面	远中面	咬𬌗面	颊侧	舌侧	近中面	远中面	咬𬌗面	颊侧	舌侧	近中面	远中面	咬𬌗面	颊侧	舌侧	近中面	远中面	咬𬌗面	颊侧	舌侧	近中面	远中面	咬𬌗面	颊侧	舌侧	近中面	远中面	
定义标准	点	大	—	—	—	—	—	—	—	—	—	—	—	—	—	—	—	—	—	—	—	—	—	—	—	—	—	—	—	—	—	—	—
		中	—	—	—	—	—	—	—	—	—	—	—	—	—	—	—	—	—	—	—	—	—	—	—	—	—	—	—	—	—	—	—
		小	—	—	—	—	—	—	—	—	—	—	—	—	—	—	—	—	—	—	—	—	—	—	—	—	—	—	—	—	—	—	—
		总数	—	—	—	—	—	—	—	—	—	—	—	—	—	—	—	—	—	—	—	—	—	—	—	—	—	—	—	—	—	—	—
	线	长	—	—	—	—	—	—	—	—	—	—	—	—	—	—	—	—	—	—	—	—	—	—	—	—	—	—	—	—	—	—	—
		短	—	—	—	—	—	—	—	—	—	—	—	—	—	—	—	—	—	—	—	—	—	—	—	—	—	—	—	—	—	—	—
		总数	—	—	—	—	—	—	—	—	—	—	—	—	—	—	—	—	—	—	—	—	—	—	—	—	—	—	—	—	—	—	—

微痕 \ 牙齿			下颌																													总数
			右侧														左侧															
			第三臼齿					第二臼齿					第一臼齿					第一臼齿					第二臼齿					第三臼齿					
			咬𬌗面	颊侧	舌侧	近中面	远中面	咬𬌗面	颊侧	舌侧	近中面	远中面	咬𬌗面	颊侧	舌侧	近中面	远中面	咬𬌗面	颊侧	舌侧	近中面	远中面	咬𬌗面	颊侧	舌侧	近中面	远中面	咬𬌗面	颊侧	舌侧	近中面	远中面	
定义标准	点	大	5	—	—	—	1	—	—	—	—	—	—	—	—	—	—	0	—	—	—	—	—	—	—	—	—	14	—	—	—	—	20
		中	3	—	—	—	3	—	—	—	—	—	—	—	—	—	—	3	—	—	—	—	—	—	—	—	—	8	—	—	—	—	17
		小	10	—	—	—	2	—	—	—	—	—	—	—	—	—	—	0	—	—	—	—	—	—	—	—	—	2	—	—	—	—	14
		总数	18	—	—	—	6	—	—	—	—	—	—	—	—	—	—	3	—	—	—	—	—	—	—	—	—	24	—	—	—	—	51
	线	长	0	—	—	—	0	—	—	—	—	—	—	—	—	—	—	0	—	—	—	—	—	—	—	—	—	0	—	—	—	—	0
		短	0	—	—	—	0	—	—	—	—	—	—	—	—	—	—	0	—	—	—	—	—	—	—	—	—	0	—	—	—	—	0
		总数	0	—	—	—	0	—	—	—	—	—	—	—	—	—	—	0	—	—	—	—	—	—	—	—	—	0	—	—	—	—	0

表 8.5　03SL M8 个体臼齿微痕类型及数量统计表

（单位：个）

微痕\牙齿			上颌																														总数
			右侧													左侧																	
			第三臼齿					第二臼齿					第一臼齿					第一臼齿					第二臼齿					第三臼齿					
			咬殆面	颊侧	舌侧	近中面	远中面	咬殆面	颊侧	舌侧	近中面	远中面	咬殆面	颊侧	舌侧	近中面	远中面	咬殆面	颊侧	舌侧	近中面	远中面	咬殆面	颊侧	舌侧	近中面	远中面	咬殆面	颊侧	舌侧	近中面	远中面	
定义标准	点	大	—	—	—	—	—	—	—	—	—	—	—	—	—	—	—	—	—	—	—	—	—	—	—	—	—	—	—	—	—	—	—
		中	—	—	—	—	—	—	—	—	—	—	—	—	—	—	—	—	—	—	—	—	—	—	—	—	—	—	—	—	—	—	—
		小	—	—	—	—	—	—	—	—	—	—	—	—	—	—	—	—	—	—	—	—	—	—	—	—	—	—	—	—	—	—	—
		总数	—	—	—	—	—	—	—	—	—	—	—	—	—	—	—	—	—	—	—	—	—	—	—	—	—	—	—	—	—	—	—
	线	长	—	—	—	—	—	—	—	—	—	—	—	—	—	—	—	—	—	—	—	—	—	—	—	—	—	—	—	—	—	—	—
		短	—	—	—	—	—	—	—	—	—	—	—	—	—	—	—	—	—	—	—	—	—	—	—	—	—	—	—	—	—	—	—
		总数	—	—	—	—	—	—	—	—	—	—	—	—	—	—	—	—	—	—	—	—	—	—	—	—	—	—	—	—	—	—	—

微痕\牙齿			下颌																														总数
			右侧													左侧																	
			第三臼齿					第二臼齿					第一臼齿					第一臼齿					第二臼齿					第三臼齿					
			咬殆面	颊侧	舌侧	近中面	远中面	咬殆面	颊侧	舌侧	近中面	远中面	咬殆面	颊侧	舌侧	近中面	远中面	咬殆面	颊侧	舌侧	近中面	远中面	咬殆面	颊侧	舌侧	近中面	远中面	咬殆面	颊侧	舌侧	近中面	远中面	
定义标准	点	大	1	—	—	—	—	1	—	—	—	—	0	—	—	—	—	0	—	—	—	—	0	—	—	—	—	5	—	—	—	—	7
		中	10	—	—	—	—	7	—	—	—	—	0	—	—	—	—	0	—	—	—	—	8	—	—	—	—	4	—	—	—	—	29
		小	19	—	—	—	—	5	—	—	—	—	0	—	—	—	—	0	—	—	—	—	1	—	—	—	—	18	—	—	—	—	43
		总数	30	—	—	—	—	13	—	—	—	—	0	—	—	—	—	0	—	—	—	—	9	—	—	—	—	27	—	—	—	—	79
	线	长	0	—	—	—	—	0	—	—	—	—	0	—	—	—	—	0	—	—	—	—	0	—	—	—	—	0	—	—	—	—	0
		短	0	—	—	—	—	0	—	—	—	—	0	—	—	—	—	0	—	—	—	—	0	—	—	—	—	0	—	—	—	—	0
		总数	0	—	—	—	—	0	—	—	—	—	0	—	—	—	—	0	—	—	—	—	0	—	—	—	—	0	—	—	—	—	0

二、牙齿微痕磨耗的总体特点

在所观察的 5 个不同个体牙齿齿冠的不同面中,大部分经统计后所得到的数据,就每一个观察的面而言,小型点状痕数量最多,中型点状痕数量次之,大型点状痕数量最少。仅有少量观察的牙面上大型点状痕数量较多,这并不是因为大型点状痕数量多于小型点状痕,而是因为有些牙齿的表面微痕很多,形成了成片的大小不一的点状痕,以至于无法进行数量的统计(如图 8.3-1 和图 8.3-2 中所标出的区域)。

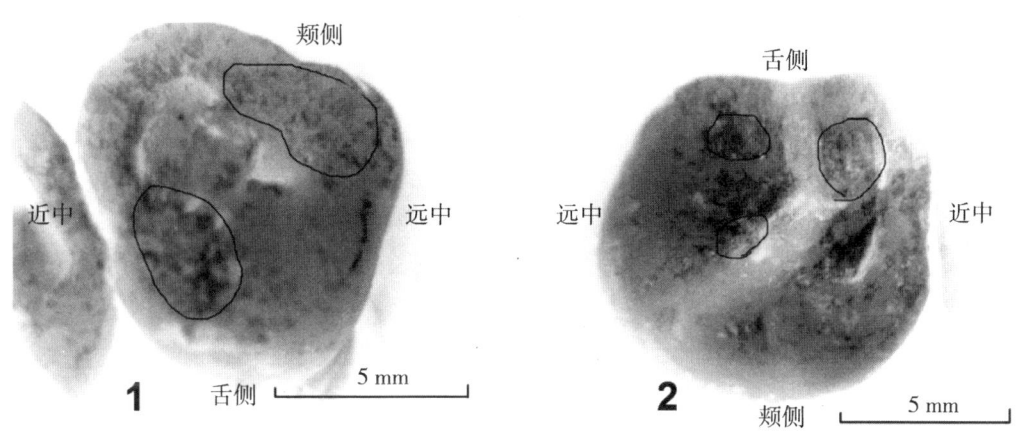

图 8.3　03SL M6 第三臼齿咬𬌗面
1. 为 03SL M6 上颌左侧第三臼齿咬𬌗面;2. 03SL M6 下颌右侧第三臼齿咬𬌗面
(资料来源:邓锋、李法军摄制)

牙齿咬𬌗面的牙釉质上的磨耗微痕多于牙齿齿冠的其余四个面。如图 8.4 所示 03SL M4 个体的微痕磨耗,其他的牙齿也有类似的情况存在。

牙齿与牙齿之间邻面的磨耗微痕多于舌侧和颊侧,特别是邻面中与另一颗牙齿的接触面磨耗微痕会更多(如图 8.5-1 至 8.5-3 中所标示出的区域,图 8.5 见本书彩页第 6 页),这些相接处的区域的磨耗微痕,有时表现出的是更密集的点状微痕分布,有时表现出的是不同于光滑的牙釉质表面,而是成片的凹凸的表面。

牙釉质表面面积较大的磨耗微痕可能是臼齿啃咬硬物时因牙釉质崩坏所致(如图 8.5-4 和 8.5-5 所示)。这两幅图所显示出的两个较大面积的牙釉质崩坏,其受力点在咬𬌗面上,在牙齿咬坚硬的物质时,牙釉质被崩裂。这种崩裂不仅会在咬𬌗面上出现,也会累及牙齿的邻面或者颊舌侧。

牙齿的釉质表面有许多直径在 0.2 毫米以下的较为规则圆形点状痕迹,这与细沙的直径大致吻合(如图 8.5-6 所示)。

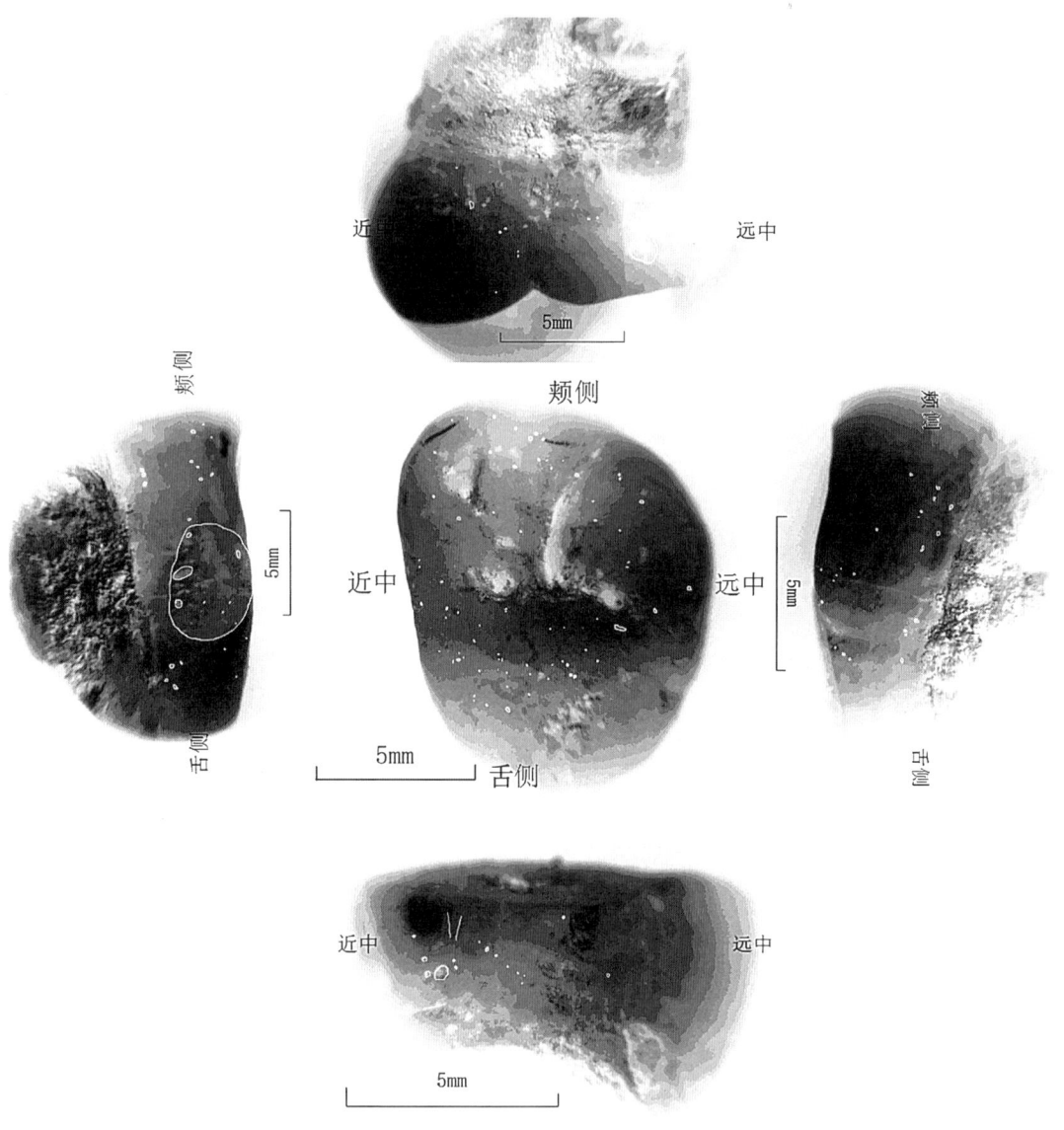

图 8.4 03SL M4 上颌左侧第三臼齿咬𬌗面、舌侧、颊侧、近中面和远中面
（资料来源：邓锋、李法军摄制）

第三节 讨 论

牙齿咬𬌗面的牙釉质上的磨耗微痕多于牙齿齿冠的其余四个面。这说明牙齿的咬𬌗面在人类咀嚼食物时会受到更多的摩擦，导致齿冠的咬𬌗面会有多于其他四个面的磨耗微痕。

牙齿与牙齿之间相邻的面的磨耗微痕多于舌侧和颊侧，特别是邻面中与另一颗牙齿相接触的区域，磨耗微痕会更多。这些相接处的区域的磨耗微痕，有时表现出的是更密集的点状微痕分布，有时表现出的是不同于光滑的牙釉质表面，而是成片的凹凸的表面。这种情况可能与食物中含有细小的沙粒有关。我们推测可能是由于沙粒未能及时清理出去，残留于牙齿的缝隙之间，导致沙粒在两颗牙齿相接触的区域不断地对牙齿表面的釉质进行磨损，从而造成了较为粗糙的接触面。

牙釉质表面积较大的磨耗微痕可能是臼齿啃咬硬物时因牙釉质崩坏所致。个体中较大面积的牙釉质崩坏，其受力点在咬合面上，在牙齿咬坚硬的物质时，牙釉质被崩裂。其原理类似于石器时代，人们制作石器时对于边缘的加工过程，通过对打击点进行打击，使石片从石核上剥落。

牙齿的釉质表面有许多直径在 0.2 毫米以下的较为规则的圆形点状痕迹，这与细沙的直径大致吻合。又根据 C、N 同位素分析结果显示（胡耀武 等，2010），鲤鱼墩遗址居住的先民食谱中的海洋性食物比例较大。很多海洋生物在其体内会含有一定的沙粒，先民在食用这些食物时，不可能将沙粒完全清除，从而导致食物中夹杂有一定量的沙粒，在咀嚼过程中，这些沙粒与牙釉质发生摩擦，从而在牙齿表面留下了许多较为规则的圆形点状痕。

我们在分析统计数据时发现，某些牙齿保存较好的个体（如 03SL M4 和 03SL M6），其上下颌都保留有对应的第三臼齿。03SLM4 个体的上颌与下颌的第三臼齿咬合面的微痕统计数量存在差异，数量差都在 10 个以内；而 03SL M6 个体的上颌与下颌的左侧第三臼齿咬合面的微痕统计数量差为 21 个。在通常情况下，上下颌对应的臼齿磨耗微痕在数量上应当差别不大，但是这种差别是存在的，因为臼齿在咀嚼食物时，或者用臼齿咬碎一些较为坚硬物质时，这些食物或物质往往不是规则的形状，上下颌的受力点数量是不同的；又因为上下颌对物体施加的压力是相同的，在压力相同的情况下，受力面积不同，即受力点数量不同，导致压强不同，因而造成上下颌对应臼齿的磨耗微痕有所不同。

从所得的表格中可以明显看出，在这 5 个个体中，线状的微痕较少，即便是有少量的线状微痕，其形状多是弯曲的长条状，而并非较为笔直的条状痕迹，推测可能是某种较硬的物质受到了较重的咀嚼力，从而造成较长的有拖动迹象的牙齿磨痕。而较笔直的线状痕迹可能是由于长期食用含有大量纤维的植物造成的，例如在显微镜下会发现一些食草动物的牙齿表面上存在着大量的线状微小磨耗痕迹（Semprebonetal，2004）。

在观察期间发现，在陈伟驹和李法军利用磨耗等级分类时，03SL M4、03SL M6、03SL M7 和 03SL M8 个体的牙齿磨耗等级大都以 3 级为主，个别第三臼齿的磨耗为 2 级或 4 级。但是在牙齿微痕观察时，发现 03SL M4 和 03SL M6 个体的磨耗统计数量并不与 03SL M7 和 03SL M8 在一个级别上，明显多于 03SL M7 和 03SL M8。目前所用的磨耗等级分类，分类的标准是依据牙齿齿冠部分是否露出牙本质而进行分类，而忽略了牙釉质厚度的因素。因为牙釉质是有一定厚度的，在磨损时，可能会出现牙齿齿冠部分在牙釉质被磨耗之后未露出牙本质的情况；而现有的牙齿磨耗等级分类标准，对于牙釉质厚度的保留状况的差别无法进行区分。同时，在观察 03SL M7 和 03SL M8 个体的牙釉质的厚度时，虽然无法直接测量，但是可以明显看出其保留的状况优于 03SL M4 和 03SL M6 个体。由此推测，对牙齿磨耗微痕的研究，可能会对牙齿磨耗等级的分类标准进一步细化。

由以上讨论可以看出，鲤鱼墩遗址出土的这 5 个个体中，虽然有些个体的牙釉质保留不全，又因为受到观察角度的限制，有些个体牙齿齿冠的 5 个面并非都能被观察到。就目前所观测得的结果来看，可以较为确定的是，几乎所有的牙齿都存在着或多或少、或大或小的点状微痕。同时，在牙齿表面也发现了一些釉质崩裂的情况，再联系到鲤鱼墩遗址所处的环境及对人骨 C、N 同位素的分析，由此推测这些牙釉质的微痕和崩裂，可能与古代先民经常食用海洋性食物有关。

首先，通常海洋性生物会将食物连同细小的泥沙一同食用，使得泥沙会在海洋生物体内残留。沿海的居民在以此类海洋性生物为食时，无法完全将泥沙清理干净，导致在食用时有少量泥沙的残留，在咀嚼时造成了牙齿的磨损，这可能是鲤鱼墩遗址的人类牙齿中大多带有规则的小型点状痕的主要原因。

其次，在使用一些蚌壳类的动物时，要将蚌壳打开，在无便利工具时，人类的臼齿可以充当工具，可以较为容易地将蚌壳打开，这种情况可能存在，但可能并非经常如此，因为石器也是一个便利的较为容易获得的工具，所以另一个原因可能是由于一些虾蟹表面具有一定硬度的外壳，古人类在长期食用的过程中造成了一些牙釉质的崩裂。

本章结语

从本章的研究来看，牙齿磨耗不仅可以进行宏观上的研究，也应该在微观结构上加以研究。牙齿磨耗的微痕研究同样可以提供一些有关人类生前生产生活的信息。

就鲤鱼墩遗址出土的牙齿磨耗微痕研究，发现出土的所有牙齿表面的微痕以点状痕和面积较大的崩裂痕为主。前者可能是由于食物中含有一定量的泥沙而造成的，由此推测其饮食结构当中，海洋性食物比重较大；后者可能是古代先民用牙齿咬硬物而造成的，由此推测古代先民可能利用臼齿作为工具来咬碎一些较硬的物质。同时还发现一些关于牙齿微痕的集中分布的区域的相关信息，这可能是与牙齿间的缝隙中残留有较小的泥沙颗粒有关。

在研究时还发现了一些关于牙齿磨耗等级分类的问题。过去的牙齿磨耗等级分类，仅对牙齿的宏观形态进行分析观察，之后对牙齿分类，而在本研究中发现，牙齿磨耗微观结构对于牙齿的分类可能也有一定的意义，对牙齿磨耗微观结构的分析，可能会对现有的牙齿磨耗等级分类有所帮助，将分类标准进一步细化。

由于本次研究属于探索性的研究，研究方法还不成熟，虽然在研究时不断地进行改进，但仍有许多不足之处。首先，观察的个体样本较少，仅有 5 个个体，并且每个个体臼齿的保留情况并不好，有些牙釉质已经磨损殆尽。在观察和统计时，由于不同牙齿的齿冠保存情况不同，例如有些臼齿因龋齿或其他病理原因造成齿冠部分性缺失；但更多的情况是因为牙釉质磨耗过重以及观察角度受限。上述原因使得所统计到的微痕数量并不是真实数量，而仅仅是我们所能观察到的数量。其次，利用显微镜观察微痕时，研究的误差不仅仅存在于研究者之间，甚至研究者自身也会存在一定误差（Semprebonetal，2004）。在拍照和观察时，会受到许多因素影响。例如，由于照片景深不足或者光线的原因，有一些痕迹未能在照片中显示出来，因此未能被统计。以上是本研究主要进行了一些定性的分析，而较少涉及定量分析的主要原因。

鉴于本研究的不足之处，以及在观察研究的过程中产生的一些构想，提出以下几点反思。

  首先，对于观察样本而言，理想状态下的牙齿样本应当是能较好地保留齿冠表面的牙釉质。每个观察的牙齿样本最好是独立的，即不与颌骨相连，这样才能对一个牙齿齿冠的五个面有一个较为完整的观察和全面的了解。

  其次，在拍摄过程中发现，清晰的、高质量的、具有较高放大倍数的照片对观察和统计有非常大的帮助，但是这样的话，可能会大大增加拍摄工作的工作量。我们在研究观察时所用的放大倍数多为10—20倍，所拍摄的一张照片就可以容纳下牙齿齿冠的某一个面，但会由于放大倍数和显微镜所能观察到的景深的原因，导致照片局部模糊，使得一些微痕变得难以辨别。所以，在研究期间，曾构想若可以将观察时运用的放大倍数提高至50—70倍，就有可能较容易地辨别各种微痕的形态，同时有可能发现一些更加细小的微痕。但与此同时产生的问题是，一张照片所能拍摄的范围，可能只占牙齿齿冠的某一个面的很小一部分，所以要想完整地在一张图片上呈现出牙齿齿冠的某一个面，就需要拍摄许多张照片，并要设法将这些局部的图片拼合成一张能完整地表现牙齿齿冠的某一个面的照片，从而形成一张清晰的、高质量的、具有较高放大倍数的照片。此观察研究方法需要更多的时间，由于时间所限，故未实施。

  最后，在数据统计方面，本研究的统计方法是对一个牙齿齿冠的各个面尽可能进行统计。我们在统计的过程中想到，是否可以进行抽样统计方法，即对于牙齿齿冠的某个面进行区域的抽样统计，但在抽样观察时，不同牙齿的抽样统计区域应完全一致。这样既提高了观察微痕时的放大倍数，同时又不需要对同一颗牙齿进行大量的统计工作。

本章参考文献

1. 陈杰. 珠江三角洲史前经济形态试析. 南方文物，1998，(3)：31-36.
2. 陈伟驹. 广东湛江鲤鱼墩遗址出土人骨的牙齿磨耗及口腔健康状况分析. 广州：中山大学，2011.
3. 樊明文，周学东. 牙体牙髓病学. 北京：人民卫生出版社，2000：127-128.
4. 冯孟钦. 遂溪县鲤鱼墩新石器是时代贝丘遗址. 中国考古学年鉴，2003：264-265.
5. 胡耀武，李法军，王昌燧，Michael P. Richards. 广东湛江鲤鱼墩遗址人骨的C、N稳定同位素分析：华南新石器时代先民生活方式初探. 人类学学报，2010，29（3）：265-269.
6. 李法军，王明辉，冯孟钦，朱泓. 鲤鱼墩新石器时代居民牙齿的非测量特征研究. 见：教育部人文社会科学重点研究基地吉林大学边疆考古研究中心编. 边疆考古研究（第8辑）. 北京：科学出版社，2009：343-352.
7. 廖国一. 环北部湾地区史前文化的考古发现和研究. 见：中国社会科学院考古研究所编. 华南及东南亚地区史前考古——纪念甑皮岩遗址发掘30周年国际学术研讨会论文集. 北京：文物出版社，2006：387-395.
8. 刘武，武仙竹，吴秀杰，周蜜. 湖北郧西黄龙洞更新世晚期人类牙齿磨耗与使用痕迹. 人类学学报，2010，29（1）：1-14.
9. 王丽荣，赵焕庭，覃朝峰. 雷州半岛灯楼角热带海岸的景观生态分类. 海洋通报，2004，23（1）：50-57.
10. Semprebonetal G. M. Can low-magnification stereomicroscopy reveal diet? Journal of Human Evolution，2004，47（3）：115-144.
11. Pontzer H., J. R. Scott, D. Lordkipanidze and Ungar P. S. Dental microwear texture analysis and diet in the Dmanisi hominins. Journal of Human Evolution，2011，(61)：683-687.

12. Hilton S. Dental Anthropology. Cambridge: Cambridge University Press, 1996.
13. Mainland I. L. A dental microwear study of seaweed-eating and grazing sheep from Orkney. International Journal of Osteoarchaeology, 2000, 10 (2): 93 – 107.
14. Scott R. and C. G. Turner. Dental anthropology. Annual Review of Anthropology, 1988, (17): 99 – 126.
15. Smith B. An index for measuring the wear of teeth. British Dental Journal, 1984, (156): 435.
16. Smith B. Patterns of molar wear in hunter-gatherers and agriculturalists. American Journal of Physical Anthropology, 1984, 63 (1): 39 – 56.
17. Steig E. J. Paleoclimate: mid-Holocene climate change. Science, 1999, (286): 1485 – 1487.
18. King T., P. Andrews and B. Boz. Effect of Taphonomic Processes on Dental Microwear. American Journal of Physical Anthropology, 1999, 108 (3): 359 – 373.
19. Ungar P. S., K. L. Krueger, R. J. Blumenschine, J. Njau and R. S. Scott. Dental microwear texture analysis of hominins recovered by the Olduvai. Landscape Paleoanthropology Project, 1995 – 2007. Journal of Human Evolution (2011), doi: 10.1016/j.jhevol.2011.04.006.
20. Yao Y. T., J. Harff, M. Meyer and W. H. Zhan. Reconstruction of paleocoastlines for the northwestern South China Sea since the Last Glacial Maximum. Science China Series D-Earth Science, 2009, 39 (6): 753 – 762.
21. Yokoyama Y., K. Lambeck, P. De Decker, P. Johnston and L. K. Fifield. Timing of the Last Glacial Maximum from observed sea-level minima. Nature, 2000, 406: 713 – 716.
22. Zhao L. X. and L. Z. Zhang. New fossil evidence and diet analysis of Gigantopithecus blacki and its distribution and extinction in South China. Quaternary International, 2012, doi: 10.1016/j.quaint.2011.12.016.
23. Zheng Z., B. Yuan and N. Petit-Maire. Paleoenvironments in China during the last Glacial Maximum and the Holocene Optimum. Episodes, 1998, 21 (3): 152 – 158.

第九章 鲤鱼墩新石器时代居民肢骨整体性研究

刘一婷 李法军

在中国，对古代遗址出土的人类骨骼遗存的分析主要是由体质人类学家进行的，因为体质人类学是研究人类群体体质特征及其形成和发展规律的一门科学。它通过人类群体体质特征、结构的剖析，探讨人类自身的起源、分布、演化与发展，人种的形成及其类型特点，以及现代人类种族的、民族的分类等问题（朱泓，1993；朱泓 等，2004），因此它关注的较多的是人种的划分。人种的划分主要依据颅骨等方面的特征进行，因此在很长一段时间里，国内学者对于古遗址出土的人骨中的肢骨部分重视不够，研究存在明显的缺陷，少有专门性的研究（原海兵 等，2008）。

个体骨骼中蕴含着诸多信息，藉此可以了解其健康状况、饮食习惯、饮食历史或生活方式。正在兴起的生物考古学在这方面有颇多的探讨。生物考古学一部分源自人体骨骼学，但是它更加注重对于人本身及其生活的探讨，注重骨骼上反映的人们生活的各种信息。如今，考古学家们都强烈地意识到了文明过程的复杂性，社会和文化的发展中有太多的因素在起作用。没有一个学科能够单独完成阐释过去、理解现在的任务，而对于人类的生存状况、健康和幸福感的研究就是完成这一任务的一个很重要的方面（Larsen，2002）。曹兵武（1999）曾经提出，考古学家要试图去理解古人的幸福、痛苦、生命意识。我们认为，在解决了宏观问题的同时，我们也应关注古代人们作为"人"的生存状态，尝试着构建一幅生动的历史画面。

肢骨的研究对于了解古代人类的健康状况和生存状态具有十分重要的作用。人类的四肢骨主要包括上肢骨和下肢骨，是参与人体活动的重要组成部分。四肢长骨的粗壮和纤细程度等是反映人群体质发育状况的重要指标。测量、观察和对比发育程度是了解人群体质状况的重要手段。四肢长骨的发育程度除可以反映性别差异外（刘武，1989；刘武 等，1989），我们还可以通过个体或群体四肢长骨的纤细或粗壮程度来了解个体或群体的健康和发育状况，此外还能在一定程度上了解其反映的社会分工等社会现象。如有学者就认为下肢明显粗壮可能与死者生前有骑马等下肢频繁的活动有关（张全超，2006；魏东 等，2012）；而如果上肢特别粗壮可能与经常从事上肢劳动等活动有关，并在一定程度上反映了劳动强度。另外，长骨发育的左右侧差别、不对称性，往往会反映个体或群体是否以某一侧活动为主轴，国外学者对这一方面的关注正在兴起，而国内则缺乏此类研究。因此，研究四肢长骨不仅对体质人类学的研究，甚至对了解人们的社会生活等方面都具有十分重要的意义（原海兵 等，2010）。

对中国新石器时代人类肢骨的研究可能始于步达生（Davidson Black），其曾对沙锅屯遗址的长骨进行了测量和观察，同时他还将其数据与华北近代组进行对比分析（步达生，1925）。建国后，颜訚等人也对华县、半坡遗址、宝鸡金陵河西岸、大汶口遗址、西夏侯遗址出土的长骨进行了测量与观察，同时进行了身高的推算（颜訚 等，1960a，1960b；

颜訚，1962，1972，1973）。但是这些研究主要集中在对数据的统计和对比上，未做深入的分析。之后很长的一段时间内，对于肢骨的研究就停留在这一层面。中国南方地区的新石器时代人骨保存状况一般较差，对肢骨的记录和研究就更薄弱了。

近年来，一些研究者开始尝试有关肢骨的多角度研究，从股骨的粗壮指数、扁平指数、嵴发育指数、胫骨形态等方面进行左右侧对比、男女对比、与同时期其他地区古人类肢骨的对比，并进行身高的推算（王明辉，2003；张全超，2006；李法军，2008；原海兵，2010；魏东 等，2012）。通过这些方面的研究，探讨当时人们的体质特征、生存状态、营养状况、劳动强度和男女分工等问题。同时关注到一些关节的病理现象，如趾骨上的跪踞面（王明辉，2005；原海兵，2010），试图了解当时社会生活的一些方面。

综上所述，本研究旨在通过对鲤鱼墩新石器时代遗址出土古代人类肢骨的测量及观察，了解当时雷州半岛居民的体质特征和生存状态，并试图探索当时社会生活的一些场景，以弥补对南方地区古人类肢骨研究的空白。

第一节 研究材料与方法

一、材料

鲤鱼墩新石器时代遗址可供本次研究的四肢骨材料包括5个个体，其中男性4例，女性1例（为03SL M7）。详细的保存情况见第四章文字内容及图4.4、图4.6、图4.7、图4.8和图4.9。本研究涉及的四肢骨仅包括四肢长骨以及部分足骨。至于其他四肢骨，如锁骨、肩胛骨以及髌骨等，因为材料破碎以及可供对比的数据较少，因此未对其进行观察和分析。

本次测量与观察的骨骼包括肱骨5根、尺骨6根、桡骨3根、股骨8根、胫骨10根、腓骨2根、髌骨8块、距骨7块、跟骨3块（表9.1）。这些骨骼并非全部可供测量，但均具有一定的观察意义。

表9.1 鲤鱼墩可供测量与观察的肢骨

（单位：根）

项目	男性		女性		总计
	左侧	右侧	左侧	右侧	
肱骨	3	1	0	1	5
尺骨	2	2	1	1	6
桡骨	1	1	0	1	3
股骨	3	3	1	1	8
胫骨	4	4	1	1	10

续表9.1

项目	男性		女性		总计
	左侧	右侧	左侧	右侧	
腓骨	0	0	1	1	2
髌骨	2	4	1	1	8
距骨	3	3	0	1	7
跟骨	1	1	0	1	3
个体数	4		1		5

二、研究方法

根据相关的人体测量方法（吴汝康 等，1984；邵象清，1985；席焕久 等，2010），用测骨盘、直角规、弯脚规和细卷尺等测量了肱骨、尺骨、桡骨、股骨、胫骨、腓骨、髌骨、跟骨、距骨的各项测量值。左、右侧分别测量，测量单位为毫米。数据全部输入计算机中，用 Microsoft® Excel 程序进行统计学处理。

通过对鲤鱼墩个体肢骨的测量与观察，分析其肢骨的左右侧差异、男女差异，是否存在对某一侧肢体的偏重以及性别分工。同时，将鲤鱼墩肢骨指数与其他地区的数据进行对比，以进一步揭示当时人们的体质状况和其所遭受的功能压力，揭示其生存状态。最后，利用长骨的最大长进行身高的推算。本文旨在通过这些分析，展现当时人们的生活水平和状态。

第二节 肢骨各项指数分析与观察

通过测量长骨外部的尺寸（例如腿部和手臂骨干的宽度和周长），我们可以获得有关体力劳动强度的信息。简单来讲，粗壮的长骨暗示着更大的劳动力度和强度，但有研究表明这样推算骨骼强度是不完全准确的（Pearson，2000）。为了得到更加准确的结果，现今生物力学已经开始尝试着去作出努力（Ruff，1999，2000；Ruff，Larsen，2001）。这种分析已经运用于一系列的人口研究，揭示出一些关于生存模式的信息。

一、上肢骨的观察与测量

（一）肱骨

本研究可供测量的肱骨共2根，其中男性（03SL M6）左侧1根，女性（03SL M7）右侧1根。肱骨有关数据见表9.2。

因为骨骼保存不佳,无法进行左右侧的对比。男性的肱骨粗壮指数①为 16.87,女性的肱骨粗壮指数为 19.57,女性明显高于男性,但是因为样本数少,或许不能代表整体的状况。左右侧别也可能造成一定的影响。因此,这种状况出现有两种可能:一是该男性(03SL M6)肱骨发育较为纤弱;二是该女性(03SL M7)肱骨发育较为强壮。

表 9.2 鲤鱼墩遗址古代居民肱骨各项测量值和指数

(单位:长度:毫米;角度:度;指数:%)

项目	侧别	男性 样本数	男性 数值	女性 样本数	女性 数值
最大长	左侧	1	326.00	—	—
	右侧	—	—	1	281.00
全长	左侧	1	325.50	—	—
	右侧	—	—	1	272.00
上端宽	右侧	—	—	1	42.00
下端宽	右侧	1	54.75	1	52.00
体中部周长	左侧	1	58.00	—	—
	右侧	—	—	1	56.00
体中部最大径	左侧	1	20.05	—	—
	右侧	—	—	1	18.20
体中部最小径	左侧	1	16.15	—	—
	右侧	—	—	1	14.00
体最小周长	左侧	1	55.00	—	—
	右侧	—	—	1	55.00
肱骨头最大横径	左侧	1	31.60	—	—
	右侧	—	—	1	43.00
肱骨头最大纵径	左侧	1	35.00	—	—
	右侧	—	—	1	38.10
鹰嘴窝宽	右侧	—	—	1	14.80
鹰嘴窝深	右侧	—	—	1	12.00
鹰嘴窝宽	右侧	—	—	1	14.80
髁干角	左侧	1	85.50°	—	—
	右侧	—	—	1	84.50

---

① 肱骨的粗壮指数(caliber index of the humerus)是指肱骨骨干的最小周与肱骨最大长的比值,反映了肱骨的整体比例和肌肉发达程度。

续表9.2

项目	侧别	男性		女性	
		样本数	数值	样本数	数值
扭转角	左侧	1	32.00°	—	—
	右侧	—	—	1	52.00
肱骨头干角	左侧	1	47.50°	—	—
	右侧	—	—	1	30.50
肱骨干横断面指数	左侧	1	80.55	—	—
	右侧	—	—	1	78.89
肱骨粗壮指数	左侧	1	16.87	—	—
	右侧	—	—	1	19.57
肱骨头横断面指数	左侧	1	90.29	—	—
	右侧	—	—	1	112.86

（二）尺骨

本研究可供测量的尺骨共5根。男性4根，其中左侧2根，分属于03SL M4、03SL M6；右侧2根，分属于03SL M3、03SL M5。女性1根，为左侧，属于03SL M7。尺骨具体数据见表9.3。就个体来说，右侧数据大于左侧，男性高于女性。应该指出的是：03SL M6的尺骨各径数值明显小于其他男性即03SL M4、03SL M5，这似乎在暗示03SL M6的男性发育较纤弱。

表9.3 鲤鱼墩遗址古代居民尺骨各项测量值

（单位：长度：毫米）

项目	侧别	男性					女性	
		样本数	最小值	最大值	平均值/数值	标准差	样本数	数值
上部横径	左侧	2	16.25	19.25	17.75	1.92	1	14.85
	右侧	2	18.79	20.05	18.42	1.27	1	16.25
上部矢径	左侧	2	22.20	24.40	23.30	1.56	1	21.00
	右侧	2	26.20	26.60	26.40	0.28	1	21.15
体矢径	左侧	1	—	—	12.00	—	—	—
体横径	左侧	1	—	—	12.70	—	—	—

（三）桡骨

本研究可供测量的桡骨共3根。男性（03SL M6）2根，左右侧各1根；女性（03SL

M7）右侧1根。桡骨相关数据见表9.4。虽然测量数据不完整，但是仍可以看出，就个体来说，右侧数值大于左侧，男性高于女性。

表9.4 鲤鱼墩遗址古代居民桡骨各项测量值和指数

（单位：长度：毫米；指数:%）

项目	侧别	男性		女性	
		样本数	数值	样本数	数值
体横径	左侧	1	14.25	—	—
	右侧	1	15.15	—	—
体矢径	左侧	1	10.05	—	—
	右侧	1	11.15	—	—
桡骨头横径	左侧	1	19.55	—	—
	右侧	1	19.55	1	17.35
桡骨头矢径	左侧	1	20.25	—	—
	右侧	1	20.10	1	18.20
桡骨下端宽	右侧	—	—	1	25.00
骨干断面指数	左侧	1	70.53	—	—
	右侧	1	73.60	—	—

（四）小结

通过对鲤鱼墩古代居民上肢长骨的测量与观察，依据桡骨和尺骨的各项测量数据，我们发现，就个体来说，右侧明显大于左侧，男性大于女性。四肢长骨形态的不对称性是一项很有意义的指标，用来考察某项运动或活动中一侧肢骨的使用是否强于另外一侧。Steele（2000）总结了人们用右手或左手的习惯和怎样在骨骼上辨识这种习惯。依据上述原理，我们可以推测可能当时的人们更习惯右手。男女间存在一定差异，但非十分显著，很可能是由于性别差异造成的，而不是由劳动分工有引起的。本次研究仅得到03SL M6和03SL M7的肱骨数据，一个为左侧，一个为右侧，无法进行左右侧对比，而03SL M6有其特殊性（见下文分析），因此上述数据的男女对比不可当做普遍情况看待。

二、下肢骨的观察与测量

（一）股骨

本研究可供测量的股骨为6根。男性4根，其中左侧2根（分属于03SL M4和03SL M6），右侧2根（分属于03SL M5和03SL M6）；女性（03SL M7）2根，左右侧各1。股骨的具体数据见表9.5。

表9.5 鲤鱼墩遗址古代居民股骨各项测量值和指数

（单位：长度：毫米；角度：度；指数:%）

项目	侧别	男性					女性	
		样本数	最小值	最大值	平均值/数值	标准差	样本数	数值
最大长	右侧	1	—	—	461.00	—	—	—
生理长	右侧	1	—	—	459.00	—	—	—
转子外髁长	左侧	1	—	—	443.00	—	—	—
转子全长	左侧	1	—	—	441.50	—	—	—
干长	左侧	—	—	—	—	—	1	354.50
体中部矢径	左侧	2	27.60	31.20	29.40	2.55	—	—
	右侧	1	—	—	32.00	—	—	—
体中部横径	左侧	1	—	—	29.40	—	—	—
	右侧	1	—	—	26.00	—	—	—
体中部周长	左侧	1	—	—	90.50	—	—	—
	右侧	1	—	—	96.00	—	—	—
体上部横径	左侧	1	—	—	32.85	—	1	27.00
体上部矢径	左侧	1	—	—	22.90	—	1	20.50
头颈前长	左侧	1	—	—	81.20	—	—	—
	右侧	1	—	—	72.50	—	1	35.50
颈高	左侧	1	—	—	32.50	—	—	—
	右侧	—	—	—	—	—	1	28.90
最大头径	左侧	1	—	—	43.35	—	—	—
颈周长	左侧	1	—	-95.00	95.00	—	1	90.00
上髁宽	左侧	—	—	—	—	—	1	71.00
	右侧	—	—	—	—	—	1	70.00
外侧髁长	左侧	—	—	—	—	—	1	57.00
	右侧	—	—	—	—	—	1	59.10
内侧髁长	左侧	—	—	—	—	—	1	56.10
	右侧	—	—	—	—	—	1	56.85
颈干角	左侧	1	—	—	130°	—	1	129°
	右侧	1	—	—	130°	—	—	—

续表 9.5

项目	侧别	男性					女性	
		样本数	最小值	最大值	平均值/数值	标准差	样本数	数值
踝干角	左侧	—	—	—	—	—	1	102.5°
	右侧	1	—	—	93.8°	—	—	—
股骨长厚指数	右侧	1	—	—	20.92	—	—	—
股骨粗壮指数	右侧	1	—	—	12.64	—	—	—
扁平指数	左侧	1	—	—	69.71	—	1	75.92
嵴指数	右侧	1	—	—	15.80	—	—	—
颈长指数	右侧	1	—	—	15.80	—	—	—

男性股骨长厚指数为 20.92，粗壮指数为 12.64，扁平指数 69.71，属于超扁型，嵴指数为 123.08，颈长指数为 15.80；女性的扁平指数 75.92，属于扁型[①]。

因长骨保存情况不佳，无法进行个体左右侧的对比。在扁平指数的男女对比中，男性股骨扁平指数由 03SL M6 测得，明显小于 03SL M7 女性的扁平指数 75.92，但是这并不一定代表整体情况。结合之前肱骨的粗壮指数，03SL M6 男性同样小于女性，以及尺骨各径数值，03SL M6 明显小于其他男性，我们可以推测 03SL M6 个体整体发育较纤弱。

在股骨的测量与观察中，我们也注意到颈干角的问题。股骨颈干角是股骨骨干轴与股骨前颈轴相交形成的角度。其大小及其与髋臼之间的角度直接决定了人的直立行走程度，在人类进化史上有重要意义。鲤鱼墩的股骨颈干角男性均为 130°，而女性为 129°。颈干角在现代不同组中的变异为 121°—133°，桂林甑皮岩的人类股骨颈干角男性为 124.75°，与贾湖组接近，王明辉（2003）推测甑皮岩人还未完全进化到现代人的状态，在行走方面存在缺陷，可能步履蹒跚。因此，鲤鱼墩的颈干角在现代人各组变异范围中属于中等水平，说明 7—6 ka B.P. 的鲤鱼墩人进化已经较为完全，行走姿势与当代人无异。

（二）胫骨

本次研究可供测量的胫骨共 6 根。男性 4 根，其中左侧 3 根（分属于 03SL M4、03SL M5 和 03SL M6），右侧 1 根（属于 03SL M6）；女性（03SL M7）2 根，左右侧各 1 根。胫骨具体数据见表 9.6。

[①] 股骨粗壮指数（robusticity index of the femur）是指股骨骨干中部矢状径、骨干中部横径之和与股骨全长的比值，反映了股骨的整体发育水平。股骨的扁平指数（platymeric index of the femur）是指股骨骨干上部矢状径与股骨骨干上部横径的比值，反映了股骨骨干上部的粗壮程度。股骨的嵴指数（pilastric index of the femur）是指股骨骨干中部矢状径与股骨骨干中部横径的比值，反映了股骨中部的粗壮程度以及肌肉的发达程度。

表9.6 鲤鱼墩遗址古代居民胫骨各项测量值和指数

(单位：长度：毫米；指数:%)

项目	侧别	男性					女性	
		样本数	最小值	最大值	平均值/数值	标准差	样本数	数值
最大长	左侧	—	—	—	—	—	1	341.50
	右侧	—	—	—	—	—	1	346.20
生理长	左侧	—	—	—	—	—	1	322.40
	右侧	—	—	—	—	—	1	342.50
全长	左侧	—	—	—	—	—	1	338.50
	右侧	—	—	—	—	—	1	342.50
胫骨内侧髁踝长	左侧	—	—	—	—	—	1	336.00
	右侧	—	—	—	—	—	1	338.00
近端最大骺宽/上端宽	左侧	—	—	—	—	—	1	66.10
	右侧	—	—	—	—	—	1	66.50
上内侧关节面矢径	左侧	—	—	—	—	—	1	42.00
	右侧	—	—	—	—	—	1	42.45
上外侧关节面矢径	左侧	—	—	—	—	—	1	37.25
	右侧	—	—	—	—	—	1	38.00
上内侧关节面宽	左侧	—	—	—	—	—	1	26.80
	右侧	—	—	—	—	—	1	25.00
上外侧关节面宽	左侧	—	—	—	—	—	1	26.35
	右侧	—	—	—	—	—	1	26.00
滋养孔处最大径	左侧	—	—	—	—	—	1	30.50
	右侧	—	—	—	—	—	1	30.15
滋养孔处横径	左侧	—	—	—	—	—	1	21.00
	右侧	—	—	—	—	—	1	19.20
滋养孔处矢径	左侧	—	—	—	—	—	1	30.30
	右侧	—	—	—	—	—	1	27.50
滋养孔处周长	左侧	—	—	—	—	—	1	82.50
	右侧	—	—	—	—	—	1	79.00
下端矢径	左侧	1	—	—	38.50	—	—	—
体中部矢径	左侧	—	—	—	—	—	1	26.90
	右侧	—	—	—	—	—	1	26.70

续表9.6

项目	侧别	男性					女性	
		样本数	最小值	最大值	平均值/数值	标准差	样本数	数值
体中部横径	左侧	—	—	—	—	—	1	18.50
	右侧	—	—	—	—	—	1	18.30
体中部周长	左侧	1	—	—	78.00	—	1	73.50
	右侧	—	—	—	—	—	1	75.00
体最小周长	左侧	3	71.50	78.00	73.83	3.62	—	—
	右侧	1	—	—	79.00	—	1	72.50
胫骨指数	左侧	—	—	—	—	—	1	69.31
	右侧	—	—	—	—	—	1	69.82
长厚指数	右侧	—	—	—	—	—	1	21.17

虽然可供测量的样本相对较多，但大多不完整，能测量到的数据较少。在可测量的数据中，男女性存在差距，结果显示男性大于女性。胫骨指数[①]只有女性的数据，左侧为69.31，右侧为69.82，均属于中胫型；长厚指数为21.17。

女性（03SL M7）的胫骨较为特殊，左右侧差距较大。长度上，左侧均短于右侧；而关节面宽和滋养孔处各项数据以及中部横径、矢径，则左侧均大于右侧。滋养孔位置左右侧差距较大。另外其下端关节面也有明显区别。这可能与此人左右侧下肢的使用偏重有关。

（三）腓骨

鲤鱼墩遗址个体的腓骨整体保存不好，可观察数据极少，未作记录。

通过对鲤鱼墩古代居民下肢骨的观察和各项数据的测量，我们发现当时的人们似乎对下肢的使用会稍稍偏重左侧，与上肢长骨偏重右侧不同。男女差异仍然存在，但是并不十分悬殊，主要是因由性别差异造成。

第三节　长骨相关指数与其他各组的比较分析

为了进一步揭示新石器时代鲤鱼墩遗址居民的长骨发育状况和生存状态，根据本次获得的测量数据和以往研究成果，选择肱骨、股骨、胫骨等部分指数进行与新石器时代其他

---

① 胫骨指数（cnemic index）是指滋养孔处横径与滋养孔处矢状径的比值，反映了胫骨上部滋养孔周围的肌肉附着发达程度以及整体形态。

地区的对比分析。对比组有：长江以南的甑皮岩（9.0—7.5 ka B.P.）（王明辉，2003）、鲤鱼嘴（11 ka B.P.）（刘文 等，1994）、崧泽（5.8—5.1 ka B.P.）（黄象宏，曹克清，1989）；长江以北的贾湖（距今9000年左右）（王明辉，2003）、仰韶（距今7000—6000年）（步达生，1925）、华县（6—4 ka B.P.）（颜誾，1962）、宝鸡（仰韶文化）（颜誾，1962）、半坡（6 ka B.P.）（颜誾 等，1960a）、大汶口（5—4 ka B.P.）（颜誾，1972）、西夏侯（大汶口文化和龙山文化）（颜誾，1972）、兴隆洼（8.2—7.4 ka B.P.）（王明辉，2003）。

男性数据肱骨各项指数来自03SL M6，而女性的来自03SL M7；男性股骨各项指数来自03SL M5和03SL M6，女性的来自03SL M7；胫骨各项指数均来自女性个体（03SL M7）。

一、肱骨指数

肱骨粗壮指数的对比组包括鲤鱼墩组、崧泽组、甑皮岩组、兴隆洼组和贾湖组（表9.7）。我们发现鲤鱼墩男性组远小于其他4组，正如之前所推测的一样，03SL M6男性的肱骨发育较为纤弱。而鲤鱼墩女性高于甑皮岩组、贾湖组、兴隆洼组，甚至高于甑皮岩组和兴隆洼组的男性，说明此女性有着较为强壮的肱骨。

表9.7 鲤鱼墩遗址古代居民肱骨指数与其他各组的比较

（单位：%）

组别	肱骨粗壮指数		肱骨骨干横断面指数	
	男	女	男	女
鲤鱼墩组	16.87	19.57	80.55	78.80
鲤鱼嘴组	23.10	—	73.83	—
甑皮岩组	18.67	18.51	79.92	67.91
兴隆洼组	18.68	17.68	75.45	72.00
贾湖组	20.05	18.50	82.35	78.65
崧泽组	21.10	—	70.80	—
大汶口A组	—	—	77.71	75.34
大汶口B组	—	—	74.27	75.59
西夏侯组	—	—	78.73	77.48
仰韶组	—	—	73.90	—
华县A组	—	—	78.82	—
华县B组	—	—	78.26	70.00

肱骨骨干横断面指数方面，无论男女，鲤鱼墩组都是较高的，与贾湖组较为接近，而

与南方地区的鲤鱼嘴和崧泽组相差较大。颜訚（1962）曾提到，肱骨骨干的横断面指数[①]可以反映出肱骨骨干的发育状况。03SL M6 的男性粗壮指数低，却得出了较高的横断面指数，说明此指数与发育的强壮程度无必然的联系。

二、股骨指数

股骨粗壮指数的对比中（表9.8），鲤鱼墩男性（03SL M5）的粗壮指数较崧泽组和鲤鱼嘴组的为低，但高于兴隆洼组和贾湖组的粗壮指数，属于中等水平。

股骨的扁平指数方面，鲤鱼墩男性（03SL M6）属于较低的水平，仅高于甑皮岩组，与半坡组接近，甚至比华北许多地区的女性都低；而女性（03SL M7）的仅次于宝鸡 A 组、B 组女性的同一指数值，与宝鸡 B 组和大汶口 B 组最接近，其甚至高于宝鸡 B 组、西夏侯组、仰韶组、半坡组男性的，有着较高的股骨扁平指数。另外，同属于岭南地区的甑皮岩组也显示出男性的股骨各项指数明显低于女性。

股骨的嵴指数方面，鲤鱼墩男性（03SL M5）的数值远远高于其他各组，说明此男性有着非常粗壮的肌肉，应该从事较大量的下肢劳动。

表9.8 鲤鱼墩遗址古代居民股骨指数与其他各组的比较

（单位:%）

组别	粗壮指数		扁平指数		嵴指数	
	男	女	男	女	男	女
鲤鱼墩组	12.64	—	69.71	75.92	123.08	—
鲤鱼嘴组	12.92	—	95.92	—	—	—
崧泽组	13.96	—	81.10	—	113.75	—
甑皮岩组	—	11.89	67.09	74.95	105.1	116
兴隆洼组	12.31	11.96	76.12	74.74	114.51	105.72
贾湖组	12.56	12.56	76.70	74.05	113.35	109.4
大汶口 A 组	—	—	79.80	74.34	111.98	102.76
大汶口 B 组	—	—	82.34	75.34	111.98	102.76
宝鸡 A 组	—	—	78.86	77.36	104.21	104.51
宝鸡 B 组	—	—	75.24	76.05	106.39	100.3
西夏侯组	—	—	75.8	75.00	100.9	97.50
仰韶组	—	—	75.6	67.7	110.1	89.0
半坡组	—	—	70.55	72.06	91.34	90.38
华县 B 组	—	—	77.60	71.89	111.47	108.04

[①] 颜訚（1962）文中使用"横断面指数"一词。

三、胫骨指数

在胫骨指数的比较中（表9.9），鲤鱼墩女性（03SL M7）处于女性对比组中的较低位置，仅高于兴隆洼组和贾湖组，显示出鲤鱼墩女性的胫骨上部形态是较窄的，胫骨不甚粗壮，与之前股骨较高的扁平指数，形成对比。另外，值得注意的是其高于大部分组男性胫骨指数。在其他组中，女性的胫骨指数均高于同组的男性，这暗示着新石器时代的女性胫骨似乎承受着比男性更大的劳动强度和压力。

表9.9 鲤鱼墩遗址古代居民胫骨指数与其他各组的比较

（单位：指数:%）

组别	胫骨指数	
	男	女
鲤鱼墩组	—	67.57
甑皮岩组	62.55	—
兴隆洼组	66.01	66.15
贾湖组	62.05	63.1
大汶口组 A	69.88	70.91
大汶口组 B	66.18	70.11
西夏侯组	72.28	72.61
半坡组	61.10	68.01

四、小结

综上所述，鲤鱼墩男性各项指数在所有对比组中处于中等偏高水平。其中03SL M5男性有着比较强壮的下肢，应与长期大量地从事跟下肢有关的体力劳动有关，其劳动强度较大。鲤鱼墩女性（03SL M7）整体发育良好，综合来看，处于中等水平，与其他组对比相差都不大，显示出一定的劳动强度；其股骨上部发育程度较高，而胫骨发育程度低，这可能与某种特定的行为方式有关。

Ruff和他的合作者的研究显示：在北美地区，狩猎采集者的骨骼强度要比农民的骨骼强度高，这仅仅限于男性（Ruff，1999；Ruff et al.，2001）。这似乎表明，对于从事农业生产的人们来说，他们的活动区域变得更加固定，其定居程度更高，这导致了股骨负担的减轻。女性骨骼的强度则没有或者很少有变化。根据对鲤鱼墩古代居民食性的分析，可推测生业方式为渔猎采集型，其男性的长骨各项指数的中等偏高位，特别是股骨的粗壮可算是对Ruff等研究结果的一种应证。

此外需要说明的是，通过与其他组的对比，更有力地证实了03SL M6男性上下肢整体有着异常的纤弱发育。但是其长骨的长度却不短，其所承担的劳动较少，劳动强度低，对于肢骨的锻炼极少。造成这种状况的有两种可能：一是身体状况不好，多病不能劳动[①]；二是身份地位较高，不需要从事大量的体力劳动。遗憾的是鲤鱼墩发掘报告并未发表，不能对其埋藏环境进行更充分的分析。

第四节　身高的推算

身高的推算有多种方法，如果从数理统计学原理来考虑的话，用长骨推算身高是最佳的（邵象清，1985）。自19世纪上半叶以来，世界各地的法医学家和人类学家就十分重视用长骨推算身高的研究，力求得到长骨长度与身高之间一定的比例关系。据文献记载，最早从事这一研究的是法国毒物学家和化学家奥菲拉（Matthieu J. B. Orfila）（Bertomeu-Sánchez, Nieto-Galan, 2006）。

中国境内关于身高推算的研究，最早是由英国人 Stevenson（1929）进行的。有关南方地区的长骨推算身高研究中，王永豪等（1979）对西南地区男性成人长骨推算身高的研究和莫世泰（1983）对华南地区的男性成人长骨推算身高的研究较具代表性。邵象清（1985）认为"'中国汉族男性长骨推算身高的研究'[②]是我国迄今为止收集材料最为丰富、研究方法甚为周密、分析和讨论十分精细的一项课题研究"。总体上来说，下肢骨优于上肢骨，多元回归方程优于一元回归方程（张秦处 等，1993）。

值得注意的是，身高受年龄、种族、性别、发育、营养和侧别等因素的影响（Brothwell，1981），因此不同地区、不同性别应采用不同的推算方式。之前各地出土的人骨经过身高推算的，大多采用了 Trotter 和 Gleser（1952，1958）或是 Pearson 的推算身高公式。Trotter 和 Gleser 的公式只用于男性身高的估算，公式为：S（男）$= 72.57 + 2.15F$（F 为股骨最大长）。Pearson 的公式为：S（男）$= 81.306 + 1.880F$；S（女）$= 72.844 + 1.945F$。但正如上文所说，用长骨进行身高推算存在着种族等各方面的差异，因此本研究采用中国的研究成果。

鲤鱼墩可供测量的完整长骨包括 03SL M5（男性）的右侧股骨、03SL M6（男性）的左侧肱骨以及 03SL M7（女性）的左右侧胫骨和右侧肱骨。具体测量结果见表9.10。

表9.10　鲤鱼墩遗址居民长骨最大长统计表

（单位：毫米）

样本编号	性别	侧别	肱骨	股骨	胫骨
03SL M5	男	右	—	461.00	—
03SL M6	男	左	326.00	—	—

---

① 但从骨骼上观察，未见有明显的病变现象，当然某些疾病并不一定会造成骨骼损伤和病变。
② 公安部课题组. 中国汉族男性长骨推断身高的研究. 刑事技术（专刊），1984，(5)：1-49.

续表 9.10

样本编号	性别	侧别	肱骨	股骨	胫骨
03SL M7	女	左	—	—	341.50
		右	281.00	—	346.20

男性身高的推算选择了莫世泰（1983）的研究成果：$Y = 74.91 + 2.82 \times$ 肱骨长 $+ 3.53$；$Y = 81.58 + 1.85 \times$ 股骨长 $+ 3.74$ 。

女性居民的身高推算公式选择了张继宗（2001）的研究成果：$Y = 597.332 + 2.899 \times$ 左胫骨最大长 $+ 48.88$；$Y = 603.069 + 2.908 \times$ 右胫骨最大长 $+ 51.46$；$Y = 741.288 + 2.875 \times$ 右肱骨最大长 $+ 55.69$。

03SL M5 身高使用莫氏回归方程推算为 166.865 厘米。03SL M6 身高使用莫氏回归方程推算为 166.842 厘米。03SL M7 身高使用张氏回归方程推算有三个值：1587.3405 + 48.88 毫米、1609.8186 + 51.46 毫米和 1549.163 + 55.69 毫米。2 例男性平均身高为 166.85 厘米左右，女性为 158.73 厘米，身高差为 8.12 厘米。

需要说明的是，使用这些回归方程时，要注意年龄的变化关系，Trotter 和 Gleser（1958）提出，在其研究的群组当中，从成年开始每过 20 年，身高降低 1.2 厘米（朱泓等，2004）。莫世泰（1983）认为从 31 岁开始，每增加 1 年，身高降低 0.6 毫米是合理的，其校正值为 0.6 毫米。

本研究还将鲤鱼墩遗址居民的身高值与其他组进行对比（表 9.11），以全面了解其体质状况和营养水平。

表 9.11 鲤鱼墩遗址与其他新石器遗址出土人骨的身高对比

（单位：厘米）

组别	男性平均身高	女性平均身高	男女身高差值
鲤鱼墩组	166.85	158.73	8.12
鲤鱼嘴组	159.35	—	—
甑皮岩组	161.16	156.51	4.65
灶岗组（陈红冰，何纪生，1984）	161.00	—	—
鱿鱼岗组（黄新美，刘建安，1988）	157.18	155.29	1.89
蚝岗组（张德兴 等，2004）	166.00	—	—
河宕组（韩康信，潘其风，1982）	166.00	154	12.00
七里河组（吴海涛，张昌贤，2008）	169.00	164	5.00
雕龙碑组（张君，1998）	165.02*	—	—
	168.33^DK**	—	—
龙虬庄组（韩康信，1999）	164.25*	150.87	13.38
	167.44**	—	16.57

续表 9.11

组别	男性平均身高	女性平均身高	男女身高差值
三星村组（韩康信，2003）	163.00*	150.4	12.60
	166.00**	—	15.60
崧泽组	168.95	—	—
十街坊组（张君，朱章义，2006）	160.67	154.5	6.27

注："*"为 Pearson 法推算结果；"**"为 Trotter 和 Gleser 法推算结果。

通过对比，我们可以发现，鲤鱼墩的男性身高较之其他地区居民来说属于中等；女性身高则较高，仅次于房县七里河。同时，需要关注的是男女间的身高差异。一方面是由于性别差异造成，但是另一方面或许可以说明男女生存状态存在一定的差异，也许营养状况也存在差异。此外，我们也发现南方地区的男性身高均在 170.00 厘米以下，较西夏侯（171.30 厘米）和大汶口（172.26 厘米）居民的身高低。

本章结语

本章对鲤鱼墩古代居民肢骨进行了测量和观察，并对其体质状况和生存状况展开讨论和分析，主要的结论如下：

第一，鲤鱼墩居民更多地使用右侧上肢和左侧下肢。上肢骨的大部分数据反映出右侧骨骼较左侧发育。这表明在上肢部分，鲤鱼墩居民偏重于使用右侧。而下肢骨的大部分测量数据反映的则是左侧较右侧发育，表明鲤鱼墩居民下肢使用稍偏重于左侧。我们认为导致这种情况的原因可能与捕捞行为有关，某种捕捞姿势或许是此现象产生的主要原因，当然这还需要更多的力学分析以及对捕捞行为分析的支持。

第二，男女间肢骨的发育程度存在差距。这可以从各项测量数据、指数以及推算的身高方面看出，但是差距并不悬殊。我们认为主要是由性别差异所导致的，因性别分工而导致的男女肢骨发育差异在鲤鱼墩居民中表现得不明显。但是这些人骨中存在一特例，即 03SL M6 男性发育特别纤弱，比鲤鱼墩的女性还纤弱，劳动强度非常小，可能是因为其特殊的身份，不需要进行许多的体力劳动。但也不排除其身体状况的不佳，无法进行负担较重的劳动的可能。此项推测尚未得到考古学信息的证实。

第三，鲤鱼墩古代居民的进化水平已经达到当代人的水平。这一结论主要是通过对股骨颈干角的测量和观察得出，其股骨颈干角变异范围为 129°—130°，处于现代人的变异范围之内。

第四，鲤鱼墩的古代居民有着一定的劳动强度，同时也有着较为良好的发育水平。通过肱骨、股骨、胫骨各项指数与其他地区的对比，其粗壮指数和发育程度都处于中等偏高的水平，结合古病理的观察（特别是关节面上的异样增生）（见第十一章），显示出其承受着一定的功能压力，这些证据都暗示着当时的人们劳动强度较大。但是这样的劳动强度并未给当时的人们造成重大的压力，首先，肢骨上未见严重疾病，健康状况良好；其次，鲤鱼墩居民身高无论男女均处于较高的水平，男性平均值为 166.85 厘米，女性为 158.73

厘米。身高虽然可能与遗传因素有关，但也可能说明其营养状况较好。营养对于身高有着重要的影响，鲤鱼墩居民较高的身高应与其以海生类作为主要食物来源有密切关系。

未能对锁骨、肩胛骨和髋骨进行观察和研究是本次研究的一个缺憾，但是不能忽视此三种骨骼所能反映的信息，有待进一步的整理和分析。另外，因为材料保存关系，也未能进行上下肢对比。

我们可以试图去想象这样一幅画面：鲤鱼墩的古代居民，无论男女，日出而作，日落而息，每天主要的活动是在海边进行捕捞。因为当时周围的生存环境良好，捕获大量的海产品并不是一件难事，不需要大量的劳动就可以满足日常的食用需求，因此生存压力不太大。而正是这样的较多的食用海产品的饮食习惯让鲤鱼墩居民有着较为良好的发育水平和健康状况，生活相对安康和幸福。

本章参考文献

1. 步达生. 奉天沙锅屯及河南仰韶村之古代人骨与近代华北人骨之比较. 李济, 译. 农商部地质调查所, 1925.
2. 曹兵武. 困惑: 新思潮带来的冲击. 见: 知原编著. 面向大地的求索: 20 世纪的中国考古学. 北京: 文物出版社, 1999.
3. 公安部课题组. 中国汉族男性长骨推断身高的研究. 刑事技术（专刊）, 1984, (5): 1-49.
4. 胡耀武, 李法军, 王昌燧, Michael P. Richards. 广东湛江鲤鱼墩遗址的人骨的 C、N 稳定同位素分析: 华南新石器时代先民生活方式初探. 人类学学报, 2010, 29 (3): 264-269.
5. 李法军. 生物人类学. 广州: 中山大学出版社, 2007.
6. 李法军. 河北阳原新石器时代人骨研究. 北京: 科学出版社, 2008.
7. 刘武. 上肢长骨的性别判别分析研究. 人类学学报, 1989, 8 (3): 231-239.
8. 刘武, 杨茂有, 邰凤久. 下肢长骨的性别判别分析研究. 人类学学报, 1989, 8 (2): 147-154.
9. 莫世泰. 华南地区男性成年人由长骨长度推算身长的回归方程. 人类学学报, 1983, 2 (1): 80-85, 1984, (3): 295-296（更正）.
10. 邵象清. 人体测量手册. 上海: 上海辞书出版社, 1985a.
11. 邵象清. 从长骨推算身高的研究. 法医学研究, 1985b, (7): 6-12.
12. 王明辉. 体质特征. 见: 中国社会科学院考古研究所, 广西在族自治区文物工作队, 桂林市文物工作队, 桂林甑皮岩遗址博物馆编. 桂林甑皮岩. 北京: 文物出版社, 2003: 491-499.
13. 王明辉. 前掌大墓地人骨研究. 见中国社会科学院考古研究所编著. 前掌大墓地. 北京: 文物出版社. 2005: 674-727.
14. 王永豪, 翁嘉颖, 胡滨成. 中国西南地区男性成年由长骨推算身高的回归方程. 解剖学报, 1979, 10 (1): 1-6.
15. 魏东, 曾雯, 常喜恩, 朱泓. 新疆哈密黑沟梁墓地出土人骨的创伤、病理及异常形态研究. 人类学学报, 2012, 31 (2): 176-186.
16. 吴汝康, 吴新智, 张振标. 人体骨骼测量手册. 北京: 科学出版社, 1984.
17. 席焕久, 陈昭. 人体测量方法（第二版）. 北京: 科学出版社, 2010.
18. （英）夏洛特·罗伯茨, 基斯·曼彻斯特. 疾病考古学. 张桦, 译. 济南: 山东画报出版社, 2010.
19. 颜訚, 刘昌芝, 顾玉珉. 宝鸡新石器时代人骨的研究报告. 古脊椎动物与古人类, 1960, 2 (1): 33-43.
20. 颜訚, 吴新智, 刘昌芝, 顾玉珉. 西安半坡人骨的研究. 考古, 1960, (9): 36-47.
21. 颜訚. 华县新石器时代人骨研究. 考古, 1962, (2): 85-104.

22. 颜訚. 大汶口新石器时代人骨的研究报告. 考古学报, 1972, (1): 91-122.
23. 颜訚. 西夏侯新石器时代人骨的研究报告. 考古学报, 1973, (2): 91-126.
24. 原海兵, 李法军, 张敬雷, 盛立双, 朱泓. 天津蓟县桃花园明清家族墓地人骨的身高推算（I）. 人类学学报, 2008, 27 (4): 318-324.
25. 原海兵. 殷墟中小墓人骨的综合研究. 长春: 吉林大学, 2010.
26. 张继宗. 中国汉族女性长骨推断身高的研究. 人类学学报, 2001, 20 (4): 302-307.
27. 张秦初, 胡炳蔚. 中国人长骨推算身高之比较. 中国法医学杂志, 1993, 10 (4): 242-243.
28. 张全超. 内蒙古和林格尔县新店子墓地古代居民的肢骨研究. 见: 教育部人文社会科学重点研究基地吉林大学边疆考古研究中心编. 边疆考古研究（第5辑）. 北京: 科学出版社, 2006: 278-287.
29. 朱泓. 体质人类学. 长春: 吉林大学出版社, 1993.
30. 朱泓. 体质人类学. 北京: 高等教育出版社, 2004.
31. Bertomeu-Sánchez J. R and A. Nieto-Galan. Chemistry, medicine and crime: Mateu J B Orfila (1787-1853) and his times. Sagamore Beach, MA: Science History Publications. 2006: 311.
32. Bridges P. S. Degenerative joint disease in hunter-gatherers and agriculturists from the southeastern United States. American Journal of physical Anthropology, 1991, 85 (4): 379-391.
33. Brothwell D. R. Digging up bones. New York: Cornell University Press, 1981.
34. Jumain R. D. and L. Kilgore. Skeletal evidence of osteoarthritis: a paleopathological perspective. Annals of the Rheumatic Diseases, 1995, 54 (6): 443-450.
35. Larsen C. S. Bioarchaeology: the lives and lifestyles of past people. Journal of Archaeology Research, 2002, 10 (2): 119-166.
36. Pearson O. M. Activity, climate, and postcranial robusticity: Implications for modern human origins and scenarios of adaptive change. Current Anthropology, 2000, 41 (4): 569-607.
37. Ruff C. B. Skeletal structure and behavioral patterns of prehistoric Great Basin populations. In: Understanding Prehistoric Lifeways in the Great Basin Wetlands: Bioarchaeological Reconstruction and Interpretation, edited by Hemphill B. E. and C. S. Larsen. Salt Lake City: University of Utah Press, 1999: 290-320.
38. Ruff C. B. Biomechanical analyses of archaeological human skeletal samples. In: Biological Anthropology of the Human Skeleton, edited by Katzenberg M. A. and S. R. Saunders. New York: Wiley-Liss, 2000: 71-102.
39. Ruff C. B. and C. S. Larsen. Reconstructing behavior in Spanish Florida: The biomechanical evidence. In: Bioarchaeology of Spanish Florida: The Impact of Colonialism, edited by Larsen C. S. Gainesville: University Press of Florida, 2001: 113-145.
40. Steele J. Skeletal indicator of handness. In: Human osteology in archaeology and forensic science, edited by Cox M. and S. Mays. London: Greenwich Medical Media, 2000: 307-323.
41. Stevenson P. H. On racial diffences in stature long bone regression formulate, with special reference to stature reconstruction formulate for the Chinese. Biometrika, 1929, 21 (1/4): 303-321.
42. Trotter M. and G.C. Gleser. Estimation of stature from long-bones of American Whites and Negroes. American Journal of Physical Anthropology, 1952, 10 (4): 463-514.
43. Trotter M. and G.C. Gleser. A re-evaluation of estimation of stature based on measurements of stature taken during life and of long bones after death. American Journal of Physical Anthropology, 1958, 16 (1): 79-123.

第十章 鲤鱼墩新石器时代居民肢骨滋养孔研究

张涛 李法军

通过对人骨遗骸的研究,我们能够得到许多有关死者生前的信息,比如死者生前的健康情况、饮食习惯和生前居住地的信息等。自20世纪80年代,方兴未艾的生物考古学在此领域颇有建树。生物考古学部分起源于人体骨骼学,但它更注重对于人类自身和社会生活的探讨,关注骨骼能够反映出来的社会信息。时至今日考古学家们日渐意识到这个过程的复杂性,社会文化的发育成长中有太多的因素在起作用,几乎没有一个学科能够单独完成复原历史、阐释过去社会的任务(Larsen,2002)。

人类肢骨的研究在认知古代人类健康状况和社会生存条件方面起着重要作用。人类肢骨包括上肢骨和下肢骨两部分,是人类参与体力活动的重要组成。肢骨的粗壮程度是反映人类体质发育状况的重要指标,能够反映一些有用信息,例如能够看出个体的发育状况和性别差异、地域差异甚至是社会分工现象等。

什么是"滋养孔"(nutrient foramen)?人体骨骼上存在着很多孔洞,其中长骨的动脉穿行于长骨上的孔洞之中(如图10.1所示,见本书彩页第7页)。滋养动脉是长骨的主要动脉,是向长骨输送血液的主要途径,特别是在胚胎期和骨化的早期阶段。在儿童期,滋养动脉向长骨输送70%—80%的骨间血液。一般有1—2支,经骨干的滋养孔洞进入骨髓腔。

滋养静脉和神经也与滋养动脉伴行穿行于滋养孔洞之中,这些滋养孔洞被称为"滋养孔"(于频,1996)。"滋养孔"的概念最早是由Havers在1691年提出的(Lutken,1950)。Patake和Mysorekar(1977)认为滋养孔的数目与骨头的滋养孔最大长和骨化中心的数目没有显著的联系。Shulman(1959)证实了滋养孔的位置与骨龄没有关联,他认为这个发现有力地支持滋养动脉有助于滋养管的形成而非骨骼的发育。

尽管有数据表明滋养孔的数目与年龄、性别和左右侧没有联系,但是分析表明性别和左右侧之间有着明显的相互作用。现今有关滋养孔的研究,多数都属于医科研究,着重点在于滋养孔的位置和数量(Campos et al.,1987;Gümüsburun et al.,1994;Sendemir,Çimen,1991;Kizilkanat,2007)。国内对于滋养孔的研究文献仅见数篇发表于上世纪80年代的文章,比如高雨仁等(1980)写的《腓骨滋养孔及腓骨滋养血管的应用解剖研究》、许宏基和李逢春(1982)的《国人成人四肢长骨滋养孔口径测量》以及但林芝等(1985)的《肱骨及其滋养孔的观测》等,此后并未见相关研究文章。而滋养孔研究在生物考古学中的研究中则属于空白状态,在此之前没有学者进行过相关研究,因此我们尝试对此进行初步的研究。

第一节 材料与方法

一、材料

整个实验共有 17 个滋养孔可供观察和研究，来自 16 个不同的骨骼样本（详见表 10.1），均保存在中山大学体质人类学实验室（HEAR）。

二、测量方法

中国医学研究者在 20 世纪 80 年代使用的滋养孔孔径测量方法，是用不同粗细的金属丝从小到大依次插入孔内达到骨髓腔，然后用千分卡尺测量金属丝的直径，所得的数值即为滋养孔的口径（许宏基，李逢春，1982）。滋养动脉在穿过骨壁进入骨髓腔时，会在骨头表面留下一道凹槽。对比上述方法可以发现，以往的研究是集中测量垂直的孔径，而对骨壁表面的凹槽则不进行测量；本研究尝试打破这一常规方法，采用一种全新的测量方法，即测量滋养动脉孔外口[①]尺寸来达到研究目的。

第一步是先定义滋养孔外口的四个极点，即"近中点"、"远中点"、"内侧点"和"外侧点"。"近中点"是指滋养孔边缘上最接近长骨近端之点，"远中点"是指滋养孔外口边缘上最接近长骨远端之点，"内侧点"和"外侧点"分别是滋养孔外口最宽处之内外两点，测得滋养孔最大宽后确认此两点。

第二步是定义"滋养孔外口最大长"和"滋养孔外口最大宽"。"滋养孔外口最大长"定义为"近中点至远中点的直线距离"，"滋养孔外口最大宽"定义为"滋养孔内、外侧边间之间的最大直线距离，该直线须与骨干长轴垂直"（图 10.2）。

第三步是照相和比例换算。测量图中的比例尺，用标尺工具对尺子的一格进行测量，比如在照片中的一格（假设为 0.5 毫米）是原图片的 150 像素，即图片中的比例应是 1 毫米等于 300 像素。假设测量得到的滋养孔最大长为 900 像素，那么滋养孔的滋养孔最大长就是 3 毫米。使用这种方法的好处在于能提高测量的精确度，减少肉眼判断产生的误差。

第四步是测量图中滋养孔的滋养孔外口最大长和外口最大宽。

本次研究没有采取前人的测量方法的原因有三：其一，限于研究的设备条件，没有合适的金属丝和千分卡尺用以测量；其二，本研究采取的测量方式是一种创新性方法，藉以在前人的研究基础上，拓展对滋养孔的研究内容，补充前人的相关研究；其三，确立一种相对简便和规范的测量方法，使之应用于今后的数据获取和比较研究。

为了提高测量数据的精确性，本研究借助了图像软件来进行测量。研究使用的器材是

[①] "外口"为骨壁外表面留下的凹槽形态，一般为梭型。近中端凹槽深且边缘明显，远中端凹槽渐浅且边缘圆钝。

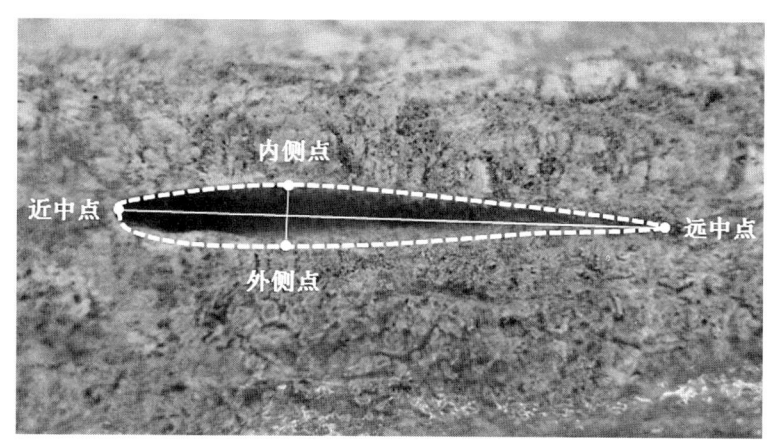

图 10.2　滋养孔形态、测点及滋养孔外口最大长和外口最大宽示意图
（资料来源：李法军、张涛摄制）

Canon® 550D 数码照相机，配上 EF 18－55 毫米 IS 镜头和一个微距环，最后是一个 Meike® F-100 环形微距闪光灯，另外还有一个伟峰® A-6663 三脚架。使用数码单反照相机对滋养孔进行正投影拍照，把相机置于三脚架上以达到很好的防抖效果，然后相机镜头朝向下垂直于地面，镜头高度大概在被拍摄制主体的 1 厘米处。

直接用数码单反照相机配微距环的放大倍数在 4—6 倍，对于研究滋养孔已经足够，而且成像画面质量和清晰度也有很好的保证。拍照时在滋养孔旁边放置一把精度达到 0.5 毫米的直尺，使之与滋养孔外口处于同一水平面上，这样滋养孔外口和尺子都能得到清晰的成像。拍完照后是使用软件处理照片。用 Adobe Photoshop® CS5 打开拍好的照片，使用"标尺工具"[①] 测量。

第二节　结　果

根据上述定义和方法，将所测滋养孔的相关信息和测量值分述如下并制成表 10.1。

表 10.1　滋养孔外口测量结果及相关信息

（单位：骨骼测量值单位为厘米，滋养孔外口测量值单位为毫米）

滋养孔编号	样本号	墓葬号	性别	骨长*	骨中径宽	孔长	孔宽	滋养孔位置
NF1	S1	03SL M2	男	11.43	2.67	10.35	1.26	右股骨 1/2 处#
NF2	S2	03SL M2	男	5.82	2.00	27.43	2.14	左胫骨近中外侧
NF3	S3	03SL M3	男	10.03	3.42	5.71	1.74	右尺骨 1/5 处

---

① 这个功能只在 Adobe Photoshop® CS3 以上版本才有。

续表 10.1

滋养孔编号	样本号	墓葬号	性别	骨长*	骨中径宽	孔长	孔宽	滋养孔位置
NF4	S4	03SL M3	男	27.78	5.52	6.60	2.15	左肱骨 3/4 处
NF5	S5	03SL M4	男	9.62	2.69	5.40	1.02	左尺骨 1/2 处
NF6	S6	03SL M6	男	39.28	2.44	11.37	1.23	左股骨 1/2 处
NF7	S7	03SL M6	男	26.21	2.25	3.09	0.67	左肱骨 3/4 处
NF8	S8	03SL M6	男	15.49	1.34	3.12	1.00	左桡骨 1/2 处
NF9	S9	03SL M6	男	18.87	1.45	6.43	1.25	左尺骨 1/2 处
NF10	S10	03SL M6	男	15.39	1.40	3.63	0.71	右桡骨 1/3 处
NF11	S11	03SL M6	男	6.30	1.86	7.02	1.23	右肱骨 5/6 处
NF12-1	S12-1	03SL M7	女	36.85	2.31	6.48	1.27	左股骨 1/2 处
NF12-2	S12-2	03SL M7	女	36.85	2.31	11.15	2.73	左股骨 1/3 处
NF13	S13	03SL M7	女	38.84	2.61	11.79	1.93	左胫骨 1/3 处
NF14	S14	03SL M7	女	34.57	2.71	13.23	1.58	右胫骨 1/3 处
NF15	S15	03SL M7	女	25.37	2.56	14.05	2.28	右股骨 2/3 处
NF16	S16	03SL M7	女	16.50	1.78	12.31	2.31	左肱骨 4/5 处

注:"*"表示骨长均为残长值,"#"表示自骨干近中段算起。

样本 1（简称 S1，下文同理）取自 03SL M2，男性骨骼遗骸，仅有 1 个滋养孔（滋养孔 1，简称 NF1），是右侧近中股骨碎片，残长 11.43 厘米，中径宽 2.67 厘米，NF1 处在中间约 1/2 处。NF1 长 10.35 毫米，宽 1.26 毫米。

样本 2（S2）取自 03SL M2，男性骨骼遗骸，仅有 1 个滋养孔（NF2），左侧近中胫骨外侧，残长 5.82 厘米，中径宽 2 厘米；NF2 的位置在 1/4 处，NF2 长 27.43 毫米，宽 2.14 毫米。

样本 3（S3）取自 03SL M3，男性骨骼遗骸，仅有 1 个滋养孔（NF3），右侧尺骨近中端，残长 10.03 厘米，中径宽 3.42 厘米；NF3 的位置在 1/5 处，长 5.71 毫米，宽 1.74 毫米。

样本 4（S4）取自 03SL M3，男性骨骼遗骸，仅有 1 个滋养孔（NF4），左侧肱骨，残长 27.78 厘米，中径宽 5.52 厘米；NF4 的位置约在 3/4 处，长 6.6 毫米，宽 2.15 毫米。

样本 5（S5）取自 03SL M4，男性骨骼遗骸，仅有 1 个滋养孔（NF5），左侧尺骨近中端，鹰嘴部分缺失，残长 9.62 厘米，中径宽 2.69 厘米；NF5 的位置在约 1/2 处，长 5.4 毫米，宽 1.02 毫米。

样本 6（S6）取自 03SL M6，男性骨骼遗骸，仅有 1 个滋养孔（NF6），左侧股骨，远程缺失，残长 39.28 厘米，中径宽 2.44 厘米；NF6 的位置约在中间 1/2 处，长 11.37 毫米，宽 1.23 毫米。

样本 7（S7）取自 03SL M6，男性骨骼遗骸，仅有 1 个滋养孔（NF7），左侧肱骨，仅剩骨干部分，两端缺失，残长26.21厘米，中径宽2.25厘米；NF7的位置约在3/4处，长3.09毫米，宽0.67毫米。

样本8（S8）取自03SL M6，男性骨骼遗骸，仅有1个滋养孔（NF8），左侧桡骨，远程缺失，残长15.49厘米，中径宽1.34厘米；NF8的位置约在中间1/2处，长3.12毫米，宽1.00毫米。

样本9（S9）取自03SL M6，男性骨骼遗骸，仅有1个滋养孔（NF9），左侧尺骨，远程缺失，残长18.87厘米，中径宽1.45厘米；NF9的位置约在中间1/2处，长6.43毫米，宽1.25毫米。

样本10（S10）取自03SL M6，男性骨骼遗骸，仅有1个滋养孔（NF10），右侧桡骨，远程缺失，残长15.39厘米，中径宽1.4厘米；NF10的位置约在1/3处，长3.63毫米，宽0.71毫米。

样本11（S11）取自03SL M7，女性骨骼遗骸，仅有1个滋养孔，右侧肱骨中段，残长6.3厘米，中径宽1.86厘米；NF11的位置约在5/6处，长7.02毫米，宽1.23毫米。

样本12（S12）取自03SL M7，女性骨骼遗骸，有2个滋养孔（NF12-1和NF12-2），左侧肱骨，近端缺失，残长36.85厘米，中径宽2.31厘米；NF12-1的位置约在中间1/2处，长6.48毫米，宽1.27毫米，NF12-2的位置约在1/3处，长11.15毫米，宽2.73毫米。

样本13（S13）取自03SL M7，女性骨骼遗骸，仅有1个滋养孔（NF13），左侧肋骨，残长38.84厘米，中径宽2.61厘米；NF13的位置约在1/3处，长11.79毫米，宽1.93毫米。

样本14（S14）取自03SL M7，女性骨骼遗骸，仅有1个滋养孔（NF14），右侧胫骨，残长34.57厘米，中径宽2.71厘米；NF14的位置约在1/3处，长13.23毫米，宽1.58毫米。

样本15（S15）取自03SL M7，女性骨骼遗骸，仅有1个滋养孔（NF15），右侧股骨，近端缺失，残长25.37厘米，中径宽2.56厘米；NF15的位置约在2/3处，长14.05毫米，宽2.28毫米。

样本16（S16）取自03SL M77，女性骨骼遗骸，仅有1个滋养孔（NF16），左侧肱骨近中端，残长16.5厘米，中径宽1.78厘米；NF16的位置约在4/5处，长12.31毫米，宽2.31毫米。

如图10.3（见本书彩页第7页）所示。

一、个体自身的比较

个体自身比较就是同一个个体同一部位左右侧的滋养孔外口进行数值大小的比较。本研究16个样本中只03SL M6和03SL M7的人骨可进行此项比较，可比较样本为S7和S11、S8和S10、S13和S14、S12和S15（表10.1）。

依据表10.1数据比较可得，在S7和S11的比较中，右侧肱骨的滋养孔外口最大长为7.02毫米，左侧的滋养孔外口最大长为3.09毫米，右侧的比左侧的长3.93毫米。右侧滋养孔外口最大宽为1.23毫米，左侧的为0.67毫米，右侧的比左侧的宽0.56毫米。右侧滋养孔外口最大长和外口最大宽都大于左侧的，因此我们推断其右手的活动比左侧的要多。

在 S8 和 S10 的比较中，左侧桡骨的滋养孔外口最大长为 3.12 毫米，右侧的长为 3.63 毫米，右侧的比左侧的长 0.51 毫米；左侧滋养孔外口最大宽为 1 毫米，右侧的滋养孔外口最大宽为 0.71 毫米，左侧的比左侧的宽 0.29 毫米。我们推测其右手的新陈代谢活动比左侧的高，这个结果和刚才的肱骨数据比较结果一致。

在 S13 和 S14 的比较中，左侧胫骨的滋养孔外口最大长为 11.79 毫米，右侧的长 13.23 毫米，右侧的比左侧长 1.44 毫米；左侧滋养孔外口最大宽为 1.93 毫米，右侧的为 1.58 毫米，左侧的比左侧的宽 0.38 毫米。右侧胫骨滋养孔的数值比左侧的数值要高，因此我们认为右侧的新陈代谢率比左侧的更高。

在 S12 和 S15 的比较中，左侧滋养孔 NF12-1 的滋养孔外口最大长为 6.48 毫米，NF12-2 的滋养孔外口最大长为 11.15 毫米，右侧滋养孔 NF15 的滋养孔外口最大长为 14.05 毫米；NF12-1 的滋养孔外口最大宽为 1.27 毫米，NF12-2 的滋养孔外口最大宽为 2.73 毫米，而 NF15 的滋养孔外口最大宽为 2.28 毫米。

二、个体间的比较

（一）上肢

1. 肱骨

因为 S4、S7、S11 和 S16 都是肱骨，所以将之作为同一组进行比较。在不考虑性别因素的情况下，S4、S7 和 S16 同是左侧肱骨，可作为一组比较；S4、S7 和 S11 都是男性样本，因此又做一组比较；S16 是女性样本，所以又可将之与男性组数据进行比较分析。具体数据见表 10.1。

在不考虑性别因素的情况下比较 NF4、NF7 和 NF16。NF16 是三者中最大的一个，其滋养孔的滋养孔外口最大长达到 12.31 毫米。不仅滋养孔外口最大长，其外口最大宽值也最大。当我们考虑性别因素，在只比较同为男性样本 NF4、NF7 和 NF11 的情况下，我们发现 NF11 的滋养孔外口最大长（7.02 毫米）是三者中最长的，其次是 NF4（6.6 毫米），最短的是 NF7（3.09 毫米）。但滋养孔外口最大宽却是 NF4（2.15 毫米）最宽，其次是 NF11（1.23 毫米），最短的是 NF7（0.67 毫米）。

肱骨的平均滋养孔外口最大长为 7.26 毫米，平均滋养孔外口最大宽为 1.59 毫米。男性的肱骨滋养孔平均滋养孔外口最大长为 8.36 毫米，平均外口最大宽为 1.35 毫米。我们也清楚地看到，女性样本（NF16）无论是滋养孔外口最大长还是外口最大宽均大于其余的三个男性样本，而且男性样本 NF7 的尺寸又明显小于其余的两个男性样本。

2. 尺骨

尺骨样本共有三个：S3、S5 和 S9。三个样本分别来自 03SL M3、03SL M4 和 03SL

M6，均为男性样本。S5 和 S9 均为左侧尺骨，这里将 S5 和 S9 作为同侧组比较。具体数据见表 10.1。

在考虑左右侧的情况下，男性左侧尺骨滋养孔（NF5 和 NF9）平均滋养孔外口最大长为 5.91 毫米，平均外口最大宽为 1.14 毫米。若不考虑左右侧因素，那么男性尺骨滋养孔（NF3、NF5 和 NF9）的平均滋养孔外口最大长为 5.85 毫米，平均外口最大宽为 1.34 毫米。可以看出，NF5 是三个样本中最小的一个。但是来自 03SL M6 的 NF9 的情况却有些特别。在肱骨滋养孔数据对比中，03SL M6 个体的肱骨发育纤细，但是在尺骨滋养孔数据中我们却看到属于 03SL M6 个体的 NF9 滋养孔外口最大长是三个样本中滋养孔最大的。

3. 桡骨

S8 和 S10 均来自 03SL M6，S8 是左侧桡骨，而 S10 则是右侧桡骨。具体数据见表 10.1 所示。从表中的数据看出两个样本之间并没有太大的差异，左侧桡骨的滋养孔外口最大长为 3.12 毫米，右侧的为 3.63 毫米，相差 0.49 毫米；左侧滋养孔的滋滋养孔外口最大宽为 1 毫米，右侧的为 0.71 毫米，相差 0.29 毫米。桡骨滋养孔的平均滋养孔外口最大长为 3.38 毫米，平均滋养孔外口最大宽为 0.86 毫米。两个样本之间并没有非常明显的差异，考虑到其来自同一个个体，我们认为其左右手的劳动量是基本相当的。

（二）下肢

1. 股骨

S1、S6、S12 和 S15 分别来自 03SL M2、03SL M6 和 03SL M7，其中 S1 和 S6 为男性样本，S12 和 S15 为女性样本。在考虑性别因素的情况下，将 S1 和 S6 作为男性组比较，S12 和 S15 作为女性组比较。在考虑左右侧关系的情况下，将 S1 和 S15 作为一组比较，S6 和 S12 作为一组比较。具体数据见表 10.1 所示。

首先进行性别间比较。NF1 和 NF6 是男性样本上的滋养孔，NF1 的滋养孔外口最大长为 10.35 毫米，而 NF6 的滋养孔外口最大长为 11.37 毫米，两者滋养孔外口最大长的平均值为 10.86 毫米，差值为 1.02 毫米；NF1 的滋养孔外口最大宽为 1.26 毫米，NF6 的滋养孔外口最大宽为 1.23 毫米，两者滋养孔外口最大宽的平均值为 1.25 毫米，差值为 0.03 毫米。两者的差值非常小。

NF12-1、NF12-2 和 NF15 为女性股骨上的滋养孔。NF12-1 为次级滋养孔，因此不纳入本次对比分析中，NF12-2 的滋养孔外口最大长为 11.15 毫米，NF15 的滋养孔外口最大长为 14.05 毫米，两者的平均滋养孔外口最大长为 12.6 毫米，差值为 2.9 毫米；NF12-2 的滋养孔外口最大宽为 2.73 毫米，NF15 的滋养孔外口最大宽为 2.28 毫米，两者的平均滋养孔外口最大宽为 2.51 毫米，差值为 0.45 毫米。

将以上四个样本的数据进行综合分析得出，鲤鱼墩遗址居民的股骨滋养孔外口最大长平均值为 10.68 毫米，外口最大宽平均值为 1.75 毫米。女性股骨滋养孔数值的均值比男性的要大。女性股骨滋养孔的平均滋养孔外口最大长为 12.6 毫米，而男性的为 10.86 毫米；女性的平均滋养孔外口最大宽 2.28 毫米，男性的仅有 1.25 毫米，两者的差值为 1.03

毫米。但是考虑到女性的数值仅来自于一个个体，这个数据分析并不能代表当时整个遗址居民的情况。

2. 胫骨

共有 S2、S13 和 S14 三个样本进行比较。其中 S2 来自 03SL M2，S13 和 S4 来自 03SL M7。03SL M2 为男性个体，03SL M7 为女性个体。具体数据见表 10.1。

以性别因素为比较标准，NF2 为男性样本，但是仅有 1 例，因此无法得出平均值。NF2 滋养孔外口最大长为 27.43 毫米，滋养孔外口最大宽为 2.14 毫米。NF13 和 NF14 为女性样本，NF13 的滋养孔外口最大长为 11.79 毫米，NF14 的滋养孔外口最大长为 13.23 毫米，两者的平均最大长为 12.51 毫米，差值为 1.44 毫米。NF13 的滋养孔外口最大宽为 1.93 毫米，NF14 的滋养孔外口最大宽为 1.58 毫米，两者的平均最大宽为 1.76 毫米，差值为 0.35 毫米。两者的长宽基本相当。

以左右侧为比较标准，NF2 和 NF13 均为左侧样本，两者的滋养孔外口最大长均值为 19.61 毫米，外口最大宽均值为 2.04 毫米。从数据可以看出，男性胫骨滋养孔比女性的要大，男性胫骨滋养孔的滋养孔外口最大长为 27.43 毫米，而女性仅有 12.51 毫米，差值为 14.92 毫米；男性的滋养孔外口最大宽为 2.14 毫米，女性的为 1.76 毫米，差值为 0.38 毫米。然而这些数据仅来自单独的个体，并不一定能完全代表整个时期的居民的真实水平。

三、不同时代个体滋养孔发育程度的比较

由于缺少新石器时代的人骨滋养孔数据，因此未能进行同期遗址的比较分析。而现代人的数据也由于与其他研究的标准不同而不能进行交叉比较。最后，我们对保存于中山大学体质人类学实验室的一具现代亚洲蒙古人种的人体骨骼上的滋养孔外口进行了观察和测量，将所得数据与鲤鱼墩时期居民长骨滋养孔外口的平均值数据进行比较和分析。具体结果如表 10.2 所示。

表 10.2　现代人和鲤鱼墩人滋养孔外口发育程度的比较

（单位：毫米）

部位	现代人		鲤鱼墩人	
	滋养孔外口最大长	滋养孔外口最大宽	最大长平均值	最大宽平均值
肱骨	7.52	1.76	7.26	1.59
尺骨	5.75	0.72	3.38	0.86
桡骨	9.50	1.27	5.85	1.33
股骨	9.46	1.00	10.68	1.75
胫骨	19.10	2.30	17.48	1.89
腓骨	3.90	0.73	—	—

（一）上肢

1. 肱骨

现代人肱骨的滋养孔外口最大长为 7.52 毫米，而鲤鱼墩遗址居民肱骨滋养孔外口最大长平均值为 7.26 毫米，两者的差值为 0.26 毫米；现代人肱骨滋养孔外口最大宽为 1.76 毫米，鲤鱼墩遗址居民肱骨滋养孔外口最大宽平均值为 1.59 毫米，两者的差值为 0.17 毫米。

2. 桡骨

现代人桡骨的滋养孔外口最大长为 5.75 毫米，而鲤鱼墩遗址居民桡骨滋养孔外口最大长平均值为 3.38 毫米，两者的差值为 2.37 毫米；现代人桡骨的滋养孔外口最大宽为 0.72 毫米，鲤鱼墩遗址居民桡骨滋养孔外口最大宽平均值为 0.86 毫米，两者的差值为 0.14 毫米。

3. 尺骨

现代人尺骨的滋养孔外口最大长为 9.5 毫米，而鲤鱼墩遗址居民尺骨滋养孔外口最大长平均值为 5.85 毫米，两者的差值为 3.65 毫米；现代人尺骨的滋养孔外口最大宽为 1.27 毫米，鲤鱼墩遗址居民尺骨滋养孔外口最大宽平均值为 1.33 毫米，两者的差值为 0.08 毫米。

（二）下肢

1. 股骨

现代人股骨的滋养孔外口最大长为 9.46 毫米，而鲤鱼墩遗址居民股骨滋养孔外口最大长平均值为 10.68 毫米，两者的差值为 1.22 毫米；现代人股骨的滋养孔外口最大宽为 1 毫米，鲤鱼墩遗址居民股骨滋养孔外口最大宽平均值为 1.75 毫米，两者的差值为 0.75 毫米。

2. 胫骨

现代人胫骨的滋养孔外口最大长为 19.10 毫米，而鲤鱼墩遗址居民胫骨滋养孔外口最大长平均值为 17.48 毫米，两者的差值为 1.62 毫米；现代人胫骨的滋养孔外口最大宽为 2.30 毫米，鲤鱼墩遗址居民胫骨滋养孔外口最大宽平均值为 1.89 毫米，两者的差值为 0.41 毫米。

总体而言，现代人类的滋养孔外口比鲤鱼墩遗址居民的滋养孔外口在总体尺寸上要大。就上肢骨的肱骨、桡骨和尺骨的滋养孔外口而言，都是现代人的更大；下肢骨的胫骨滋养孔外口也是如此。但就股骨的滋养孔外口而言，无论是滋养孔外口最大长还是外口最大宽，却是鲤鱼墩遗址居民的数值更高。

第三节 讨论与结论

最近，澳大利亚的阿德莱德大学的 Roger Seymour 和他的同事对滋养孔做了一项研究，研究的主题是滋养孔和动物新陈代谢率之间的关系（Seymour 等，2012）。他们研究了近 100 种动物的长骨以后发现，一般来说体型越大的动物，其滋养孔就越大。但是同样体型的哺乳类动物的滋养孔大约是爬行类动物滋养孔的两倍。结合考虑哺乳类动物的血压比爬行类动物更高，而且血液中携带的氧气更多，Seymour 等估算哺乳类动物的骨骼接受的血液含氧量大约是爬行类动物的 54 倍。当动物处于运动状态的时候，哺乳类动物的新陈代谢率远比爬行类动物要高，因此哺乳类动物也就需要更多的氧气。

但并非所有的爬行类动物的滋养孔都比同体型的哺乳类动物要小，巨蜥就是一个例外，它们的滋养孔大小更接近哺乳类动物。这些例外不仅没有弱化其研究结果，反而增强了其可信度。不同于一般的爬行类动物，巨蜥是一种非常活跃的爬行类动物，它们甚至能追赶上哺乳类动物并将其捕获作为食物。也因为他们拥有着十分独特的喘气式呼吸方法，相对于一般的爬行类动物，巨蜥的新陈代谢率非常高，所以它们的滋养孔显得特别大。实验证明了动物的新陈代谢率越高，那么其滋养孔的孔径也就越大。人类属于哺乳类动物，因此这个理论在人类身上也应该成立。这也是本研究的理论基础。

本文进行了三个层次的比较，即个体自身左右侧比较、个体间比较和群体间比较。在个体自身的比较中，我们可以看出 03SL M6 个体上肢骨滋养孔外口（包括肱骨和桡骨滋养孔），均是右侧的数值大于左侧的。从这个数值我们可以推断 03SL M6 个体的右手新陈代谢率比左手的要高，也就意味着右手比左手更强壮。我们推测 03SL M6 个体生前更多使用右手进行体力劳动。

在对 03SL M7 进行个体自身比较时，我们发现了一个颇有争议的地方。我们能发现 03SL M7 个体右侧下肢骨的滋养孔外口数值（包括股骨和胫骨滋养孔外口数值）均比左侧的要高，因此我们认为，就 03SL M7 的下肢而言，右侧比左侧要强壮。但是，当我们考虑到左侧滋养孔的数目是 2 个，而右侧只有 1 个，上述推测就不完全成立。人体长骨上某一部位的滋养孔数目多于 1 个其实是一种相当常见的现象。在通常情况下，人体骨骼上每一根长骨都有 1 个滋养孔，但是会发生某些长骨上有 2 个、3 个甚至是 4 个滋养孔的现象，另外还有比较少见的情况是没有滋养孔。

当滋养孔的数目多于 1 个时，仔细观察就会发现它们并不是完全一样的，有些滋养孔会和正常的滋养孔大小相仿，而有些则会显得相对较小。我们把正常大小的滋养孔称为"主滋养孔"（main nutrient foramen），而小一些的滋养孔我们则称之为"次级滋养孔"（secondary nutrient foramen）。主滋养孔是主滋养动脉穿过骨壁进入骨髓腔时形成的空洞，而次级滋养孔则是次级滋养动脉穿过骨壁时留下形成的孔洞。这些滋养动脉都负担着向骨髓腔输血和提供氧气的功能。

对于多个滋养孔的形成原因，医学界尚未有统一定论。我们认为，人类因为长期使用身体的某些肌肉群,因此使得这些肌肉群特别强壮。为了保证肌肉群的血氧供给,身体会产生一些变化来适应要求,因此滋养孔的数目就会增加,确保骨髓腔内的血氧量。但是现有的医学证据并没有明确地支持这一假设。如前所述,滋养孔通常伴随着人类骨骼的发育生长产生,在人类的胚胎期、婴儿期和少年期显得尤为重要。但学界对滋养孔数目和人体新陈代谢率之间的联系尚未厘清,因此我们也就不能借此推测03SL M7个体下肢到底是左侧还是右侧强壮。若从滋养孔外口数据来判断,当属右侧比左侧更强壮;但左侧滋养孔有2个,因此我们并不能完全摒除左侧比右侧更强壮的可能性。最终的结论尚待学界对与滋养孔数目的成因有了新的研究依据才能得出。

在个体间进行比较时发现,同属男性样本的NF4、NF7和NF11中,NF4和NF11两者的数值相近,而NF7的数值则远小于其他的两个数值,NF7只有前二者的一半大小,这也进一步证实了03SL M6个体左侧上肢股发育纤细的观点。而女性个体(03SL M7)NF16的滋养孔外口最大长为12.31毫米,几乎是男性肱骨滋养孔外口最大长平均值的两倍,这说明03SL M7个体的左侧上肢肱骨的新陈代谢率非常高,活动强度较大。在鲤鱼墩新石器时代,女性(03SL M7)肱骨滋养孔的发育强于男性,这说明可能当时该女性所承担的劳动强度比本研究中男性的更大。

在尺骨的比较中,三个样本之间的数值非常接近,也就是说这些个体的上肢前臂劳动强度相当,发育粗壮程度也相仿。但是结合之前的肱骨研究,就发现了一个特别的现象。03SL M6个体左侧尺骨的发育正常,其滋养孔也是最大的一个,但其左侧肱骨滋养孔外口的数值却远远小于正常数值,并且03SL M6的肱骨粗壮指数只有16.87[①],低于现已发现的其他新石器时代的男性肱骨的粗壮指数[②],也就是说03SL M6的上肢后臂发育非常纤细。

我们推断此现象的发生有两种可能:第一种就是03SL M6个体的上肢左侧前臂发育正常,而上臂则发育不健全。很难想象这种情况是如何发生的。即使该个体生前从事一些较多使用前臂的体力劳动工作,无论如何也很难让肱骨发育如此纤细。当我们使用双手进行劳动,就算主要使用前臂肌肉群,也不可避免地会带动使用上臂肌肉群。第二种就是所研究的左侧肱骨滋养孔并不是主滋养孔,是次级滋养孔。前文说到次级滋养孔出现的情况并不罕见,其大小通常是只有主滋养孔的一半大小,并且这种情况最常发生在肱骨之上,NF7完全符合这些条件,因此有理由相信,研究测量的可能是一个次级滋养孔。然而,这种猜测也存在疑问。首先,测量的样本虽然并不完整,但是骨干部分基本都在,缺失的是两端,而主滋养孔通常就在骨干部分;其次,03SL M6较低的肱骨粗壮指数也证明了03SL M6的肱骨纤细这一说法。两种猜测都有合理性,但是同时也存在难以解释的地方。

群体间的比较。最初的研究希望能找到同时期的新石器时代人类肢骨滋养孔外口数据进行对比分析,遗憾的是我们并未能找到相关数据进行比对。最终,我们对中山大学体质人类学实验室的一具现代亚洲蒙古人种的肢骨遗骸进行了滋养孔外口的测量并做了数据比对。结果显示,该现代人的滋养孔外口数值普遍比鲤鱼墩遗址居民的要高,除了一项——

---

① 肱骨粗壮指数(Caliber index of the humerus)=(肱骨骨干最小周/肱骨最大长)×100。
② 如鲤鱼嘴遗址男性肱骨粗壮指数为23.10,甑皮岩遗址男性的为18.67,上海崧泽遗址的男性的为21.1。

股骨滋养孔外口。现代人的数值比较高并不一定意味着现代人的新陈代谢率较高,肌肉活动更频繁。澳大利亚阿德莱德大学的 Seymour 和他的同事(2011)研究发现,同种生物之间,其滋养孔的大小与个体自身大小成正比例关系,简单的说就是体型越大,滋养孔就越大。鲤鱼墩时期居民的身高普遍比现代人要低,当时男性平均身高为 166.85 厘米,女性平均身高为 158.73 厘米(参见第九章内容),而本研究采用的现代人样本身高为 176 厘米,这也就解释了为什么研究中现代人的滋养孔外口数值比鲤鱼墩时期居民的要高。但我们发现,鲤鱼墩遗址居民的下肢股骨滋养孔外口数值比现代人的要高,这说明当时鲤鱼墩遗址居民的下肢股骨新陈代谢率比现代人高,大腿部比现代人的更强壮。

本研究如果能结合人体力学就能更好地推断当时人类主要从事何种体力劳动。人体力学通过研究长期从事某工作或体力劳动的人,比如渔民、农民或者是足球运动员等,研究他们的身体肌肉、骨骼的发育粗壮程度等。因为长期使用某些身体部位会使这些部位产生变化,比如肌肉变得比一般人更强壮,肌肉的增长会促进骨骼肌嵴变化,或者是滋养孔的扩张。从事不同职业的人会使其不同的肌肉群获得不同的发育水平,这些都能从其骨骼上得到反映。若把这些现代人的数据与古人类的数据进行对比,就能够推测当时的古人类是较多使用哪些部位的肌肉,他们以前是从事农耕、狩猎还是采集工作居多,也就能借此推测其生存模式。但是,因为对于这方面的研究尚不多,暂时没有足够的数据能够进行对比,因此本次研究未能完成这一研究目标。

本章参考文献

1. 但林芝,祁力平,彭庆恩,余哲. 肱骨及其滋养孔的观测. 四川解剖学杂志,1985,(3):19 – 22.
2. 高雨仁,彭玉兰,宋伟,柯国平,李宗山,王健本. 腓骨滋养孔及腓骨滋养血管的应用解剖研究. 华中科技大学学报(医学版),1980,(3):17 – 21.
3. 许宏基,李逢春. 国人成人四肢长骨滋养孔口径测量. 解剖学通报,1982,5(3):33 – 36.
4. 于频. 系统解剖学(第四版). 北京:人民卫生出版社,1996:10.
5. Bridgeman G. and M. Brookes. Blood supply to the human femoral diaphysis in youth and senescence. Journal of Anatomy,1996,188:611 – 621.
6. Campos F. F, L. G. Pellico, M. G. Alias and R. Fernandez-Valencia. A study of the nutrient foramina in human long bones. Surgical Radiologic Anatomy,1987,9(3):251 – 255.
7. Gümüsburun F. Y., Y. Ozkan and Z. Akgün. A study of the nutrient foramina of lower limb long bones. Surgical Radiologic Anatomy,1994,16(4):409 – 412.
8. Kizikanat E., N. Boyan, E. T Ozsahin., R. Soames and O. Oguz. Location, number and clinical significance of nutrient foramina in human long bones. Annals of Anatomy,2007,189(1):87 – 95.
9. Larsen C. S. Bioarchaeology:the lives and lifestyles of past people. Journal of archaeology research,2002,10(2):119 – 166.
10. Lutken P. Investigation into the position of the nutrient foramina and the direction of the vessel canals in the shafts of the humerus and femur in man. Acta Anatomica,1950,9(1 – 2):57 – 68.
11. Patake S. M. and Mysorekar V. R. Diaphysial nutrient foramina in human metacarpals and metatarsals. Journal of Anatomy,1977,124(Pt 2):299 – 304.
12. Sendermir E. and A. Çimen. Nutrient foramina in the shafts of lower limb long bones:situation and number. Surgical Radiologic Anatomy,1991,13(2):105 – 108.
13. Seymour R. S., S. L. Smith, C. R. White, D. M. Henderson and D. Schwarz-Wings. Blood flow to long

bones indicates activity metabolism in mammals, reptiles and dinosaurs. Proceedings of the Royal Society, 2012, 279 (1728): 451-456.
14. Shulman S. S. Observations on the nutrient foramina of the human radius and ulna. Anatomical Record, 1959, (134): 685-697.

第十一章　鲤鱼墩新石器时代居民的骨骼病理学分析

刘畅　刘一婷　李法军

目前，学术界对史前时期雷州半岛人类活动的认知还有一定的局限性，这主要源于该地区史前考古学信息的有限性。尽管如此，鲤鱼墩遗址发现的含有人类遗骸的新石器时代晚期墓葬还是为我们提供了难得的资料。依据有限的古环境学证据、考古学证据以及稳定同位素证据，有学者认为史前生活在雷州半岛的人类应归为主要依靠捕捞和收集海洋物资来维持生计的海岸居住者（冯孟钦，2003；胡耀武 等，2010）。但是，由于稳定同位素研究的样本太小，有关海洋捕猎者的观点更多是依靠考古证据来推论的。本章试图依据骨骼病理学和埋葬学的理论，通过详细观察每一具人骨的细节特征，结合性别和年龄等信息，对鲤鱼墩先民的生活习惯和骨骼健康状况有一个初步的认识。

第一节　材料与方法

一、材料

用于本次研究的个体包括03SL M2、03SL M3、03SL M4、03SL M5、03SL M6、03SL M7和03SL M8。其中，03SL M2和03SL M5分别只有体骨而没有头骨；03SL M8只有头骨而没有体骨；03SL M3、03SL M4、03SL M6和03SL M7均有头骨和体骨（见第四章相关记录）。这批人类遗骸在自然条件下受到了一定程度的破坏。在一些长骨上（尤其是03SL M4、03SL M5、03SL M6、03SL M7和03SL M8）覆盖着一层透明的保护漆。这层保护漆的原意应是保护骨头的表面，但是同时把一些土壤也粘附在骨头的表面，在一定程度上阻碍了对骨头表面特征和病理特征的判断。我们尽可能地避免破坏这批骨骼的表面原始状态，在清理的时候只把表面容易剥落的尘土去掉，而保留了其他粘附在骨骼表面上的土壤。

二、观察方法

古病理学是一门研究疾病在较长时间内的演变和发展过程以及人类对周围环境变化的适应性的学科（罗伯茨，曼彻斯特，2010），是生物考古学的一个重要分支。从目前古病理学的研究内容上看，主要包括人类的疾病、创伤以及发育畸形三个大的方面，具体可以分为11类：一般性骨骼感染、骨肿瘤、关节疾病、颌骨及牙齿疾病、骨骼畸形、内分泌紊乱造成的骨骼改变、饮食结构影响造成的骨骼改变、血液疾病造成的骨骼改变、先天发育障碍以及原因不明的骨性融合（李法军，2007）。我们还通过埋葬学分析，推测或确认骨骼表面或内部的某些异常痕迹产生的原因。

每个样本上的特征都分别运用了裸眼和放大镜来观察。鉴定和记录的标准来自Bulkstra和Ubelaker（1994）以及Waldron（2009）的文献。使用Canon® 550D数码照相机和伟峰® A-6663三脚架，从不同角度对观察部位进行拍照和记录。

第二节 观察结果

03SL M2 在其中的8块骨骼的表面发现了在自然埋藏过程中造成的不规则的痕迹、植物根茎的痕迹和一些小坑。一系列出现在长骨上的不规则痕迹与那些未受影响的骨头表面比较时，其显示出了明显的色差（discoloration），加上它们比较锋利的边沿线，可以判断为是死后在埋藏阶段产生的（图11.1A）。这些不规则的线性痕迹的大致方向主要垂直于长骨的中轴线。虽然这些痕迹在一定程度上是不规则的，但由于它们主要是直线状的，因此可以排除是植物根茎造成的可能性。由植物根茎造成的痕迹一般会比较分散在骨头表面，而且会形成一个类似"网络"的结构（White，Folkens，2005）。

在一些长骨和指骨上可以观察到坑状的痕迹（图11.1B和图11.1C）。这些坑状的痕迹同样显示了明显的色差，因此也可以确定是在死后埋藏过程中产生的。两个坑状痕迹的里面和周围均显示出了跟抓痕和咬痕相似的痕迹。相比之下，图11.1B中的坑痕更像是被硬物压制而成的，而图11.1C中的坑则像是被重复的抓或咬形成的。由于图11.1C中的这段指骨的两端被破坏，所以造成这个坑的具体原因并不能推测出来。可以推论的是相似的坑状痕迹有可能都被进行过类似的破坏。某些啮齿类动物会对一个部位反复地啃咬，如果该部位的骨头密度比较大而且比较厚那么就会形成坑状；如果密度较小而且比较薄，那就最终会变成像图11.1C展示的洞痕。

在一段胫骨的表面上发现了一系列不同长度的伤痕（图11.1D）。这些伤痕大致上都是朝着同一个方向而且都是垂直于这段胫骨的中轴线。虽然这些伤痕在颜色上跟周边很接近，但是相对尖锐的边界让它们显得比较新鲜，因此断定为是死后产生的。这些伤痕可能是因为在埋藏阶段或是发掘时被利器下压所造成的。

03SL M3 长骨的显示出了一定的骨干粗壮性，骨脊的棱角要更加明显（Ruff et al.，1984，1993）。肱骨和现代人骨的肱骨样本①的对比显示，03SL M3的肱骨显得比较厚，棱角也更加明显（图11.2A）。03SL M3的三角肌粗隆显得更突出，表面显得更平整，这样的特征间接地表明03SL M3具有较发达的肱二头肌和肱三头肌。03SL M3右侧尺骨上端关节面上有一异常骨质增生（图11.2B），另外，该尺骨明显较其他墓葬人骨的尺骨粗大。

03SL M4 额骨右侧出现一些很小的曲线痕迹（图11.3A，见本书彩页第8页），可能属于额骨骨缝的一部分或是在埋藏过程中产生的。图11.3A中白色箭头指出了一个死

---

① 保存于中山大学体质人类学实验室（HEAR）的一具现代亚洲蒙古人种的人体骨骼。

图 11.1　03SL M2 的骨骼创痕
A. 白色箭头指向一系列出现在 03SL M2 长骨上不规则的线状痕迹；B. 股骨上的坑状痕迹；
C. 指骨上的一个坑状痕迹；D. 胫骨上的不同长度的打击痕
（资料来源：刘畅摄制）

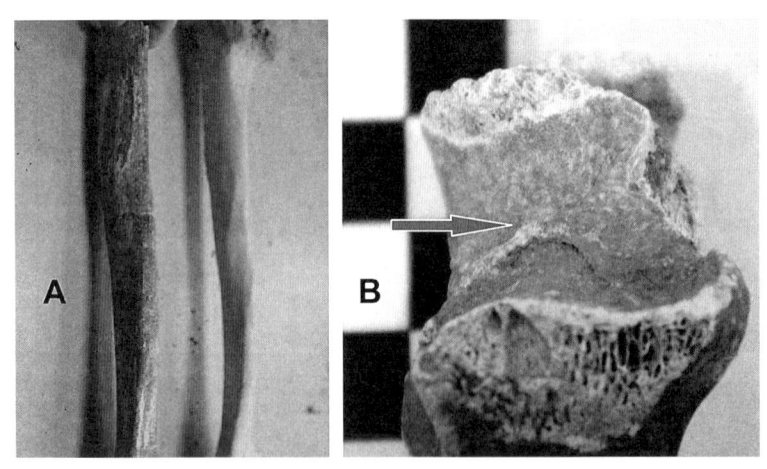

图 11.2　03SL M3 的骨骼观察
A. 肱骨与现代人肱骨的比较；B. 右侧尺骨关节面骨质增生
（资料来源：A. 刘畅摄制；B. 刘一婷摄制）

后形成的撞击痕，很可能是由圆形或椭圆形的物体在埋藏过程中撞击或挤压而形成的。在顶骨上有一条长条形痕迹（图 11.3B），该长条形痕迹的底部可以观察到两条细痕。这两条可能说明了整个长条抓痕是反复地被锐物往同一个方向抓或切割而产生的。这个长条形痕迹形成的时间不久，应该是在发掘过程中产生的。

从发掘时的埋葬姿势来看，03SL M4 似乎并没有被扰动过，但是一些骨头上出现的痕迹似乎与未受扰动的推论有出入。图 11.3C 中展示了一系列出现在一块胫骨碎骨上的横向的痕迹。这些痕迹分布在这块胫骨上，痕迹的颜色与其他部位相比较浅，总体来说这些痕迹显得比较新，有可能是在发掘前被动物活动造成的或是在发掘过程中意外造成的。图

11.3D 展示的抓痕可能是由锋利的动物抓造成的。值得注意的是在这些抓痕的一边是比较圆滑而且深的，而另一边是比较尖而浅的。浅而尖的一侧应该是切入点。在一段肱骨的碎骨上发现了一个圆环状的痕迹。这个痕迹的中间部分并未受破坏，但周围却受到了向下压的破坏（图 11.3E）。尖锐而凹凸不齐的边缘表明这些破坏是被埋藏后由一个圆环状或圆柱形空心的物体下压而造成的。左侧尺骨上端关节面上有一异常骨质增生（图 11.3F）。

03SL M5 在左侧胫骨远端的前面内踝处（图 11.4A）发现一个椭圆形的洞。这个洞可能是由一个尖锐的而且横切面是椭圆形的硬物穿刺而造成的。洞的本身和周围的骨头并没有形成明显的颜色差异。稍显圆滑的边缘显示出有一定程度的骨重塑。结合这两个特征来推断，这个洞有可能是在生前形成的。这个洞并没有深入到髓腔里，以此可以否定骨髓提取的可能性。由于样本总体的保存条件较差，类似的损害并没有在其他保存下来的部位里观察到，可能与化脓性骨髓炎有关。除此以外，该个体骨骼上未见有明显的创伤和发育畸形。

图 11.4B 展示出来了一系列出现在一段胫骨碎骨上的细长痕迹。这些痕迹与胫骨的横轴以对角线的方向交错。从横切面的角度来看这些痕迹由对称的两面形成了一个"V"字型的宽横沟。在横沟的最深处可以隐约地看见一条中线。这些细痕展现出来的特征可能跟啮齿动物的重复啃咬有关（Haglund, 1997）。

图 11.4　03SL M5 的骨骼创痕
A. 左侧胫骨远端的疑似瘘道；B. 胫骨上的细长痕迹
（资料来源：A. 刘一婷摄制；B. 刘畅摄制）

03SL M6 在左侧股骨转子间嵴下方有 2 个坑。较大的坑出现在小转子外侧，面积与小转子顶端的平面相近，较小的坑出现在大转子的外下侧臀肌粗隆的位置（图 11.5A，见本书彩页第 8 页）。这 2 个坑与其他部分的骨头相比没有明显的颜色差异。坑的边缘显得比较圆滑而且有骨吸收的痕迹，所以它们应该是死前产生。这 2 个坑并不像是由应力有关的病引起的（如起止点病），有可能是由局部感染引起的。

右侧胫骨下端的后面有一异常关节面（图 11.5B）。这可能与长期的下肢和脚踝部弯曲活动有关。

03SL M7 在观察过程中并没有显示出任何与动物有关的痕迹,以此推论03SL M7没有受到扰动。大部分的体骨碎片均被分成较大的碎骨,躯干骨则更加脆弱。

在保存的18块脊椎中,有3块胸椎的椎体上可以观察到较小的唇形变。在2块胸椎体后面的椎静脉(Basivertebral vein)的入口处出现凹陷,疑似为感染的症状。这些凹陷的面积与一般的椎体相比要略大,边缘处也显示出了骨吸收的特征(图11.6A和图11.6B,图11.6见本书彩页第8页)。

左侧股骨外侧内上髁处出现一个圆形直径约2厘米的凹陷(图11.6C)。由凹陷的特征来判断,它可能是由于病理原因造成的而非钝力外伤造成。如果这个凹陷是由钝力外伤造成,在同一股骨上应该会出现相应的骨折或者其他形式的损伤痕迹。然而这个凹陷是独立存在的,在同一段股骨上并没有出现相应的骨折,而且与体骨上的破损处也并没有直接的联系。以此可以断定这个凹陷有病理上的起源。凹陷的表面明显地布满很多孔,这些孔应该与血管在病变处的分布有关。为了更好地研究这个坑状病变,应该运用放射学的办法进行进一步的研究。

左右侧胫骨的下关节面有明显的不对称(图11.6D),左侧胫骨的内踝与下关节面形成的角度明显大于右侧的,而且不如右侧陡直,与正常形态也有差异。再根据测量数据,可推测03SL M7的女性对于胫骨的使用明显偏重左侧,这应该与其受力方式有关。另外值得注意的是,03SL M7墓主为一个20岁左右的女性,骨骼上未见有严重的病变。

第三节 埋葬学和埋葬形式

鲤鱼墩遗址这7座新石器时代中期的墓葬均为单人葬。一共有5个个体的头(颅)骨(03SL M3,03SL M4,03SL M6,03SL M7和03SL M8)以及6个个体的体骨(03SL M2,03SL M3,03SL M4,03SL M5,03SL M6和03SL M7)可以用于本次研究。有头(颅)骨的5个个体整体保存情况比其他2个无头(颅)骨个体(03SL M2和03SL M5)的保存情况要好。在鲤鱼墩遗址这些遗骸中可以发现一些由动物或人为造成的损伤,比较典型的是03SL M2,03SL M4和03SL M5。这些损伤可能与较浅的墓葬埋藏状况有关,因为较浅的墓葬更容易受到动物或者人类活动的影响。在03SL M2,03SL M4和03SL M7上观察到圆形坑状痕迹,这些损伤可能是由圆形的硬物下压而造成的。冲击痕(percussion mark)常常与砍切的动作联系起来,比如砍断关节或把骨肉分离(White,Folkens,2005)。但就这些遗骸的损伤处和周围骨裂骨折的痕迹显得比较新鲜来看,这些所谓的冲击痕可能主要是受到死后自然外力的作用而形成的。

从葬式来看,除了03SL M2和03SL M5因受到严重破坏导致没有埋葬信息以外,03SL M3,03SL M4,03SL M6和03SL M7均为曲肢葬(图2.2.2)。03SL M8的屈肢葬姿势与其他个体有明显的不同,是仰身屈肢葬。与03SL M8形态相似的屈肢葬也在顶蛳山文化的遗址中出现。虽然这些不同的姿势均被归类为屈肢葬,但是由于数量上差距(1:4),并不能排除这些不同的屈肢埋葬姿势是与社会地位有关的可能性。屈肢葬通常能在中国南方和东南亚大陆发现的新时期早中期墓葬中出现(Glover et al.,2004;韩建业,

2006；丁长芬，1991；Oxenham，2006）。

一些考古学家认为这种埋葬方式起源于13 ka B.P. 年前的现广西省的北部（韩建业，2006）。研究指出这样的特殊埋葬形式与当地关于人死后的结果有紧密的联系，后来的考古学证据也指出屈肢从中国南方向南扩散到东南亚大陆，这样的现象也意味着这些地区在文化上与中国南方各地有一定的联系。以广西邕宁发现的顶蛳山遗址为例，大部分发掘出来的埋葬形式可分为两种屈肢葬（覃芳，2010）。根据覃芳的讨论，第一种为正常在死后进行的屈肢葬，另一种为死后由人为进行截肢然后摆成屈肢的形态。由于结果相近，这两种屈肢葬在文化意义上应该也是相接近的。但此次研究表明，没有证据显示鲤鱼墩遗址的人骨存在被切割的痕迹。关于屈肢葬的分布和含义，我们将在第十五章中加以探讨。

本章参考文献

1. 丁长芬. 我国西南地区的屈肢葬俗. 四川文物，1991，（3）：12－19.
2. 冯孟钦. 遂溪县鲤鱼墩新石器时代贝丘遗址. 中国考古学年鉴，2003：264－265.
3. 韩建业. 中国古代屈肢葬谱系梳理. 文物，2006，（1）：53－60.
4. 胡耀武，李法军，王昌燧，Michael P. Richards. 广东湛江鲤鱼墩遗址的人骨的C、N稳定同位素分析：华南新石器时代先民生活方式初探. 人类学学报，2010，29（3）：264－269.
5. 李法军. 生物人类学. 广州：中山大学出版社，2007.
6. 覃芳. 广西邕宁顶蛳山史前屈肢葬与肢解葬的考察. 南方文物，2010，（2）：74－80.
7. （英）夏洛特·罗伯茨，基思·曼彻斯特. 疾病考古学. 张桦，译. 济南：山东画报出版社，2010.
8. Buikstra J. E. and D. H. Ubelaker. Standards for data collection from human skeletal remains：proceedings of a seminar at the Field Museum of Natural History. Fayetteville：Arkansas Archaeological Survey，1994.
9. Glover I. C.，E. A. Bacus and V. C. Piggot. Uncovering Southeast Asia's Past：Selected Papers from the 10th International Conference of the European Association of Southeast Asian Archaeologists. Singapore：NUS Press，2004.
10. Oxenham M. F.，L. C. Nguyen and K. T. Nguyen. The oral health consequences of the adoption and intensification of agriculture in Southeast Asia. In：Bioarchaeology of Southeast Asia，edited by Oxenham M. and N. Tayles. New York：Cambridge University Press，2006.
11. Ruff C. B. and W. C. Hayes. Bone mineral content in the lower limb：relationship to cross-sectional geometry. The Journal of Bone & Joint Surgery，1984，（66A）：1024－1031.
12. Ruff. C. B.，E. Trinkaus, A. Walker and C. S. Larsen. Postcranial robusticity in HomoI：Temporal trends and mechanical interpretation. American Journal of Physical Authropology，1993，91（1）：21－53.
13. Waldron T. Paleopathology. USA：Cambridge，2009.
14. White T. D. and P. A. Folkens. The Human Bone Manual. USA：Elsevier，2005.

第十二章　群体亲缘关系探讨：头骨测量特征分析

李法军　王明辉　冯孟钦　朱泓

本章从头骨测量学的角度考察华南史前时期人群之间以及他们与周边地区人群的亲缘关系。顶蛳山新石器时代人群头骨的整理和修复工作还在进行，因此顶蛳山头骨的测量学分析需待上述工作完成后再进行。

第一节　华南地区古人类的亲缘关系

我们将鲤鱼墩组与华南地区的古代人群以及北方地区的古代人群进行对比，以期获得对鲤鱼墩居民与其他人群关系的清晰的认识。首先，我们将鲤鱼墩、广西柳江人（吴汝康，1959）、广西桂林甑皮岩（张银运，王令红等，1977；王明辉，2003）、广东佛山河宕（韩康信，潘其风，1982）、广东南海鱿鱼岗（黄新美，刘建安，1988）和香港马湾岛的东湾仔北组（韩康信，董新林，1999）进行比较，目的是了解这些群体在头骨测量学方面所体现的亲缘关系。由于东湾仔北和鱿鱼岗的数据不全，因此只对可供参考的颅长、颅宽、耳上颅高和颅指数4项进行比较（表12.1）。

表12.1　鲤鱼墩男性颅骨测量平均值与其他先秦时期组比较（一）

（单位：长度：毫米；指数：%）

组别 项目	鲤鱼墩	柳江人	甑皮岩	河宕	鱿鱼岗	东湾仔北
颅　　长	185.00（3）	189.30（1）	193.30（6）	181.40（4）	189.66（3）	186.13（4）
颅　　宽	136.75（4）	142.20（1）	143.20（6）	132.50（4）	135.00（3）	134.63（4）
耳上颅高	118.03（4）	114.50（1）	118.90（6）	117.80（3）	129.33（3）	120.65（2）
颅 指 数	75.44（3）	75.10（1）	73.20（6）	73.10（4）	71.13（3）	72.28（4）

在颅长值的比较中，鲤鱼墩与东湾仔北最为接近，其次与河宕接近，而与柳江人、甑皮岩和鱿鱼岗比较疏远。鲤鱼墩的颅长值处于6组中的中等水平，甑皮岩该项值最大（193.30），河宕该项值最小（181.40）。在颅宽值的比较中，鲤鱼墩介于鱿鱼岗、东湾仔北、河宕以及柳江人和甑皮岩之间。在耳上颅高值的比较中，鲤鱼墩与河宕以及甑皮岩最为接近，与其他组关系相对疏远。在颅指数比较中，鲤鱼墩和柳江人都属于接近长颅型的正颅型，其他组均为长颅型。为了更为直观地了解这些群体之间的关系，应用欧式距离进

行聚类分析，结果见图12.1。

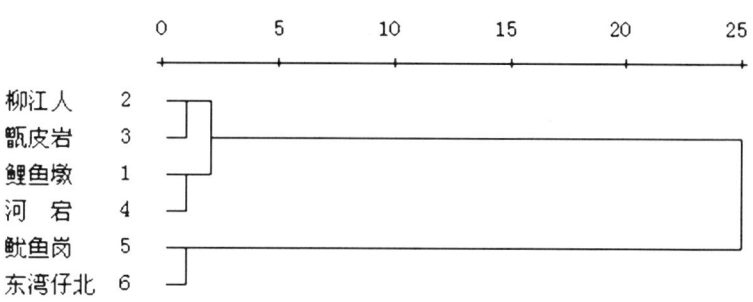

图12.1 华南地区史前人类群体的聚类图
（资料来源：李法军绘制）

总的来看，华南地区的古人类在体质特征上虽然存在许多共同特征，例如长颅型、低眶和阔鼻特征。但不同人群之间仍然存在差异。就图12.1而言，柳江人和甑皮岩相对接近，鲤鱼墩和河宕也存在较近的亲缘关系，而鱿鱼岗和东湾仔北与上述群体关系相对疏远。

我们发现，这些群体无论在时间序列上还是在地域分布上都存在一些明显的规律。曾有学者对南方地区古人类的颅长进行过讨论，虽然发现广东增城金兰寺人类的短颅化趋势，但又考虑到福建闽侯县昙石山人类头骨的长颅形态，因此并没有就该地区的人类头骨形态的演化趋势做进一步探讨（吴新智，1978）。我们发现，依据表12.1，华南地区的古人类从晚期智人阶段到新石器时代晚期，在颅骨的测量值上反映出一个短颅化、狭颅化和高颅化的过程，但是颅指数反映的是长颅化的趋势，说明就颅长和颅宽来说，该地区古人类的颅宽较之颅长减小得更快，因而造成了颅骨尺寸在绝对值上的减小而在颅指数上却反映出长颅化的趋势这一现象，说明现代南亚类型居民的典型长颅型特征应当是在全新世之初逐渐形成的，图12.2直观地反映了这些演化的趋势。

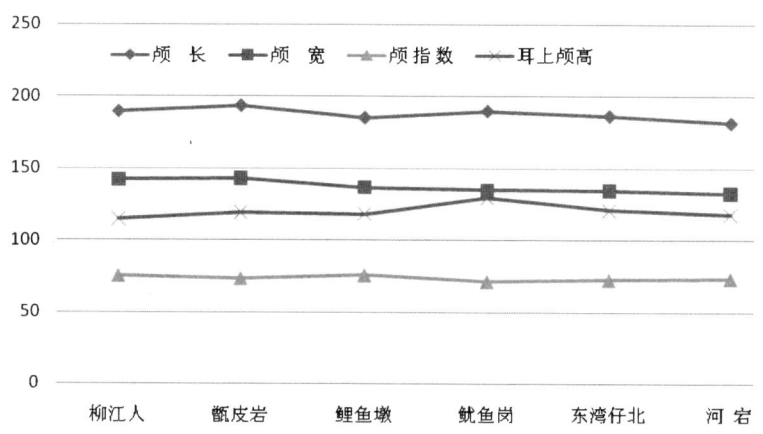

图12.2 华南地区古人类颅形的微观演化趋势
（资料来源：李法军绘制）

我们现在将考察的人群范围扩大（表12.2），增加了福建闽侯昙石山（韩康信 等，1976）、浙江余姚河姆渡（韩康信，潘其风，1983）和湖北长阳深潭湾（张振标，王善才，1992）对比组，去掉了数据较少的广东南海鱿鱼岗和香港马湾岛的东湾仔北组。

表12.2 鲤鱼墩男性颅骨测量平均值与其他先秦时期组比较（二）

（单位：长度：毫米；角度：度；指数：%）

组别\项目	鲤鱼墩	柳江人	甑皮岩	河宕	昙石山	河姆渡	深潭湾
颅长	185.00（3）	189.30（1）	193.30（6）	181.40（4）	189.70（3）	190.75（2）	186.40（6）
颅宽	136.75（4）	142.20（1）	143.20（6）	132.50（4）	139.20（3）	136.50（2）	143.30（5）
颅高	133.43（3）	134.00（1）	140.90（2）	142.50（2）	143.12（2）	142.50（2）	141.30（4）
耳上颅高	118.03（4）	114.50（1）	118.90（6）	117.80（3）	120.30（3）	122.35（2）	—
上面高	69.18（2）	65.90（1）	69.70（3）	67.90（4）	68.00（2）	68.25（2）	68.40（6）
面宽	141.46（3）	136.00（1）	138.00（3）	130.50（4）	135.60（2）	134.75（2）	134.50（6）
最小额宽	94.51（3）	95.20（1）	93.50（6）	91.50（5）	91.00（3）	94.50（2）	96.60（6）
眶宽	46.23（2）	43.10（1）	42.60（4）	42.50（4）	39.60（3）	42.25（2）	44.30（6）
眶高	34.05（2）	29.00（1）	34.40（4）	31.90（4）	33.40（3）	34.50（2）	35.80（5）
鼻宽	33.05（2）	26.80（1）	28.30（3）	26.70（4）	29.50（2）	26.50（2）	26.30（6）
鼻高	56.58（2）	45.80（1）	53.10（3）	51.90（4）	51.90（2）	51.50（2）	52.10（6）
中面宽	116.39（3）	97.00（1）	108.80（3）	97.40（6）	—	105.35（2）	105.50（6）
总面角	79.00（2）	86.00（1）	84.00（1）	82.30（3）	81.00（2）	82.50（2）	—
鼻颧角	145.93（3）	143.50（1）	144.80（3）	142.60（4	143.80（3）	147.25（2）	146.90（6）
颧上颌角	132.25（2）	138.00（1）	138.00（3）	127.30（4）	—	129.25（2）	131.80（6）
颅指数	75.44（3）	75.10（1）	73.20（6）	73.10（4）	73.40（3）	71.52（2）	76.90（6）
颅长高指数	72.18（3）	71.20（1）	70.50（2）	78.40（2）	73.80（2）	74.59（2）	75.10（4）
颅宽高指数	95.67（3）	94.80（1）	97.90（2）	106.20（2）	99.50（2）	104.25（2）	99.10（4）
上面指数	52.40（2）	48.50（1）	50.40（3）	51.30（4）	50.20（2）	50.66（2）	50.80（6）
鼻指数	58.40（2）	58.50（1）	53.30（3）	51.60（4）	57.00（2）	51.66（2）	50.60（6）
眶指数	73.81（2）	67.30（1）	80.40（4）	75.60（3）	77.10（3）	76.12（2）	80.90（6）

注：括号内为样本数。

同样，为了更为直观地了解这些群体之间的关系，应用欧式距离进行聚类分析，结果见图12.3。

如图12.3所示，处于华南西部的广西桂林甑皮岩与东部的福建闽侯昙石山具有相对密切的形态学联系，他们与浙江余姚的河姆渡以及湖北长阳的深潭湾聚为第一组。广东佛

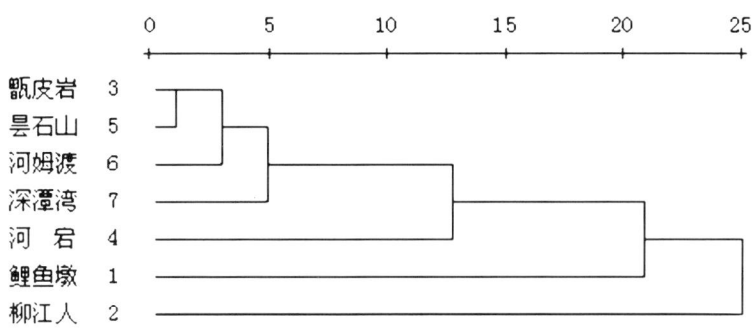

图 12.3 华南地区史前人类群体的聚类图（二）
（资料来源：李法军绘制）

山的河宕、广东湛江的鲤鱼墩以及广西的柳江人依次与他们聚类。很明显，后三组与第一组之间的关系较为疏远，而且后三组之间的关系也并不紧密。甑皮岩与昙石山之间的密切联系可能受到他们相近的长颅特征的影响，因为这两组人群在颅宽和颅高值以及鼻部形态等主要特征上具有明显的差异。因此可以认为，华南地区的人群相对聚为一类，而其他地区的人群具有相对紧密的联系。

第二节 中国古人类的亲缘关系考察

我们将华南地区的古人类和中国其他地区古人类的头骨测量学数据进行对比，以考察这些人群的亲缘关系。相对而言，华南地区的古人类具有比较明显的古华南类型（朱泓，2002）的诸多特征。但是仍可以看出，这些人群之间仍然存在着某些差别，比如颅骨的长短颅型变化以及细微的颅骨宽度、眶部和鼻部的差异。为了从更宏观的视角考察鲤鱼墩人与其他相邻人群以及其他更远地区人群的亲疏关系，我们选用了一些其他新石器时代的人群与其进行对比。这些对比人群包括广西柳州鲤鱼嘴（刘文 等，1994）、江苏金坛三星村（韩康信，2003）、湖北枣阳雕龙杯（张君，1998）、河北阳原姜家梁（李法军，2004）、河南舞阳贾湖（张居中 等，1999）、仰韶合并组（考古研究所体质人类学组，1977）和青海乐都柳湾合并组（潘其风，韩康信，1984）（表12.3）。

表 12.3 鲤鱼墩男性颅骨测量平均值与其他先秦时期组比较

（单位：长度：毫米；角度：度；指数:%）

项目\组别	鲤鱼墩	柳江人	甑皮岩	鲤鱼嘴	河宕	昙石山
颅长	185.00	189.30	190.40	194.00	181.40	189.70
颅宽	136.75	142.20	138.80	128.30	132.50	139.20

续表 12.3

项目\组别	鲤鱼墩	柳江人	甑皮岩	鲤鱼嘴	河宕	昙石山
颅高	133.43	134.00	140.00	—	142.50	143.12
最小额宽	94.51	95.20	92.25	92.70	91.50	91.00
上面高（n-sd）	73.25	68.40	67.70	78.00	67.90	71.10
面宽	141.46	136.00	134.60	134.50	130.50	135.60
眶宽（mf-ek，R）	47.23	43.10	43.13	42.00	41.10	42.20
眶高（R）	32.20	29.00	35.80	33.80	33.30	33.80
鼻宽	33.05	26.80	27.80	26.00	26.70	29.50
鼻高	56.58	45.80	52.95	56.00	51.90	51.90
总面角	79.00	86.00	83.50	82.00	82.30	81.00
鼻颧角	145.93	143.50	144.75	148.10	142.60	143.80
颅指数	75.44	75.10	72.93	—	73.10	73.40
颅长高指数	72.18	71.20	73.51		78.40	73.80
颅宽高指数	95.67	94.80	100.86	—	106.20	99.50
额宽指数	69.11	66.95	67.27	72.25	69.40	65.40
上面指数	52.40	48.50	46.21	58.21	51.30	50.20
鼻指数	58.40	58.50	52.51	51.00	51.60	57.00
眶指数（mf-ek，R）	73.81	67.30	75.34	83.66	75.60	77.10
鼻根指数	21.01	28.30	30.00	27.40	26.30	37.40
垂直颅面指数	54.67	48.90	47.00	—	45.70	48.10

项目\组别	三星村	雕龙杯	贾湖	姜家梁	仰韶	柳湾
颅长	183.00	171.50	182.00	178.27	180.70	185.93
颅宽	140.50	139.00	150.50	134.20	142.56	136.41
颅高	140.50	154.00	144.00	138.10	142.53	139.38
最小额宽	94.00	94.30	93.50	88.60	93.50	90.30
上面高（n-sd）	72.70	74.00	76.70	75.53	73.38	78.19
面宽	138.40	135.70	137.50	135.63	136.37	137.24
眶宽（mf-ek，R）	43.50	43.30	42.80	44.41	43.41	43.87
眶高（R）	33.30	34.50	32.80	33.39	33.48	34.27
鼻宽	27.80	27.40	27.40	27.04	27.56	27.26

续表 12.3

项目\组别	三星村	雕龙杯	贾湖	姜家梁	仰韶	柳湾
鼻高	54.70	56.50	56.90	55.58	53.36	55.77
总面角	87.70	91.00	85.00	82.59	81.39	89.21
鼻颧角	147.50	145.10	146.80	146.76	146.40	146.49
颅指数	76.50	81.00	82.70	75.76	79.10	73.92
颅长高指数	75.80	89.80	79.10	78.74	78.62	74.74
颅宽高指数	101.80	110.80	95.70	102.33	99.41	100.96
额宽指数	67.40	67.80	62.13	66.02	65.59	66.20
上面指数	52.90	54.50	55.70	55.71	54.58	57.60
鼻指数	51.00	48.50	48.10	49.00	52.08	49.09
眶指数（mf-ek，R）	76.70	79.50	78.20	77.39	77.18	78.46
鼻根指数	22.30	26.60	39.00	38.06	30.44	36.90
垂直颅面指数	51.00	48.10	53.30	52.22	51.60	56.57

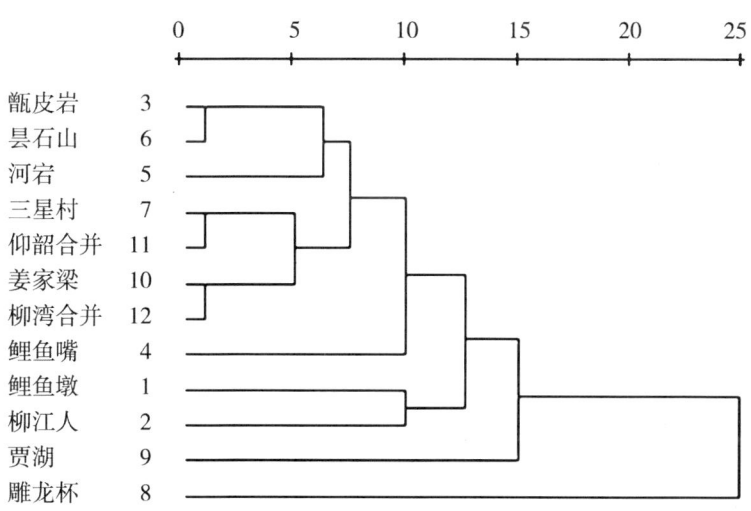

图 12.4 华南地区史前人类群体的聚类图
（资料来源：李法军绘制）

依据图 12.4 所示的聚类关系可以看出，甑皮岩、昙石山具有相对接近的关系，河宕和柳江人先后与他们聚合，表明这四组人群具有相对接近的亲缘关系。三星村、仰韶合并组也紧密聚合，姜家梁和柳湾紧密聚合，然后这四组人群聚合为一个较大的群体，表明他们也具有相对接近的关系。贾湖、鲤鱼嘴先后与三星村等四组人群聚合，然后与甑皮岩等四组人群聚合为一个更大的类群。鲤鱼墩和雕龙杯先后与他们聚合。

依据表 12.3，我们对这 12 组人群 21 项线性、角度和指数值进行因子分析。计算各线性、角度和指数值的因子得分。鉴于前三个因子的有效载荷大，而且较容易进行解释，因此只提取前三个因子，其方差累积贡献率为 68.575%（表 12.4），基本代表了所有 21 个项目的总体特征，前三个因子载荷量见表 12.5。依据因子得分绘制三维散点图（见图 12.5）。

表 12.4　前三个因子的方差累计贡献率

因子	总计	变异百分率（%）	累积百分率（%）
1	6.585	31.355	31.355
2	4.699	22.379	53.734
3	3.117	14.841	68.575

表 12.5　前三个因子的载荷矩阵

项目	因子		
	1	2	3
颅长	-.547	8.084E-02	-.520
颅宽	-4.157E-02	.294	.862
颅高	.710	-.466	.344
最小额宽	-.276	.176	.538
上面高 n-sd	.721	.565	-.232
面宽	-6.661E-02	.915	.185
眶宽（mf-ek，R）	-.144	.780	-4.439E-03
眶高（R）	.571	-.250	-.343
鼻宽	-.383	.554	-1.712E-02
鼻高	.766	.418	-.225
总面角	.447	-.163	.438
鼻颧角	.563	.621	-.259
颅指数	.591	.283	.621
颅长高指数	.793	-.325	.335
颅宽高指数	.573	-.652	-5.022E-02
额宽指数	-.117	-.253	-.648
上面指数	.770	.379	-.250
鼻指数	-.909	.137	-2.802E-02
眶指数（mf-ek，R）	.833	-1.901E-02	-.423

续表 12.5

项目	因子		
	1	2	3
鼻根指数	.292	4.434E-02	5.960E-02
垂直颅面指数	.257	.892	-.119

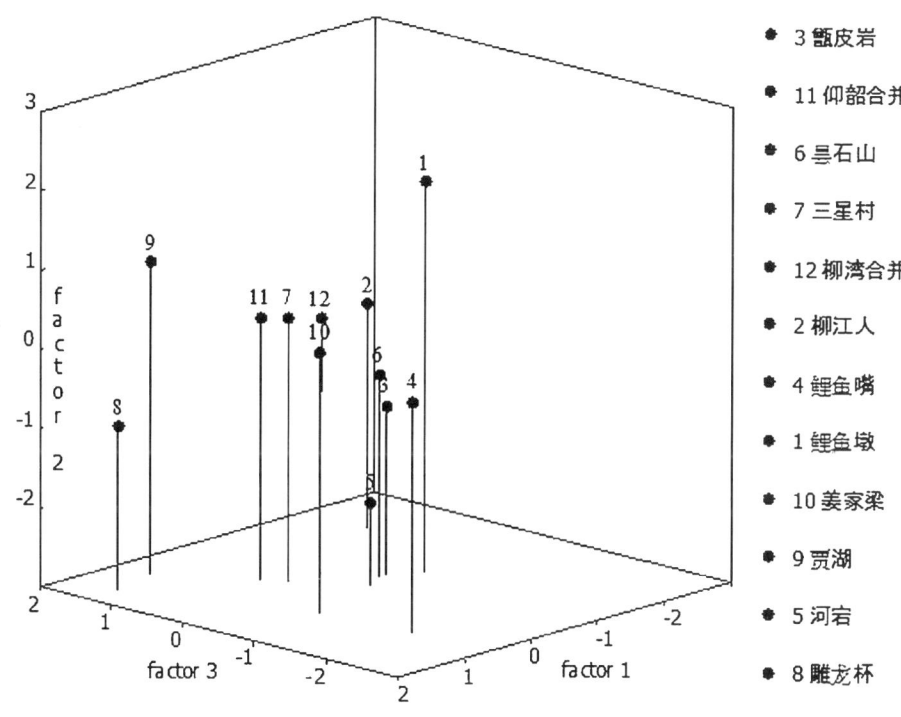

图 12.5　12 组人类群体的三维散点图

从图 12.5 可以看出，鲤鱼墩和柳江人的三维空间距离相对最近，表明二者有着相对密切的关系，但是他们之间仍存在一定的三维空间距离。甑皮岩、昙石山和河宕也具有非常接近的三维空间距离。仰韶合并组、三星村、雕龙杯和贾湖相互之间具有非常接近的三维空间关系，表明这四者之间的相对关系较近，但雕龙杯与其他人群仍然存在一定的距离。姜家梁与柳湾合并组具有相对接近的三维空间距离，他们和鲤鱼嘴相对接近。

这表明，在体质特征上，鲤鱼墩人与柳江人具有相对紧密的关系，联系到他们之间的地理关联，可以推测二者可能具有传承关系。但与这二者在地缘上非常接近的甑皮岩却与二者保持了很大的三维空间距离，而与东南地区的人群相对接近。需要指出的是，鲤鱼墩和柳江人与甑皮岩等三组之间具有相对接近的空间关系，而甑皮岩等三组又与三星村和仰韶合并组具有相对接近的三维空间关系。就此三维散点图来看，甑皮岩、河宕和昙石山表现出一种介于鲤鱼墩和仰韶合并组之间的位置上。总体而言，聚类图（图 12.4）和三维散点图（图 12.5）所反映的人群相对关系基本一致。

第三节 华南地区和东南亚地区古人类的演化关系

虽然对于中国现代人群的体质分类存在不同意见，例如有学者支持将中国现代人划分为南北两个类型，有学者认为南北类型之间存在过渡类型，也有学者强调第三种类型的存在。但他们都赞同中国现代人群至少可划分为南北两个类型（张振标，1988；刘武 等，1991；刘武，铃木基治，1994；黎彦才 等，1993；任甫，崔洪雨，2001；李法军 等，2010）。那么，这种南北差异始于何时？是一开始就存在两种体质不同的人群，还是由原来具有同一体质特征的人群分化而来呢？

就现代东亚地区人群而言，东北亚类群与东南亚类群之间存在的差异很难用较少的基因流、特殊自然生态和文化因素共同作用或者不同的功能适应等来解释，因为东北亚类群和东南亚类群之间并无完全的基因库隔离（李法军 等，2008）。有学者认为，居于中国华南地区的华南组和香港组恰好处于这两大类群的中间位置上（李法军 等，2008）。此外，齿学人类学、考古学和历史语言学研究表明，东南亚地区的新石器时代农业经济起源于东亚大陆南部（Chang，1986，1996；Bellwood，1996；Blust，1996；Higham，Lu，1998），也可证明这两个地区存在比较频繁的基因流现象。有的学者认为"至少自新石器时代以来长江流域及其周边地区的居民的体质特征已呈现出既不完全等同于蒙古人种南部类型，也不完全等同于蒙古人种北部类型的中间状态"（刘武，王善才，1998）。作者认为这在很大程度上反映了当时南北地区人类的密切交往。但仅依据现有的材料还难以证实这种现象产生的原因是由于北方的蒙古人种南下，抑或南部类型北上。结合根据中国新石器时代东亚大陆人群的体质特征所作的分析（潘其风，朱泓，2001；朱泓，2002），这些现象至少可以用作对华南地区现代人群与东南亚类群之间所具有的相似性所作的初步解释。

为了能够从更宏观的角度探讨包括柳江人、甑皮岩人、冲塘人和鲤鱼墩人等华南地区古人类与包括中国人群在内的东北亚和东南亚地区其他人群的亲缘关系，本次研究选取了25个对比人群与之进行比较，以期获得对这些人群亲缘关系的清晰认识。但目前只得到一例相对完整的顶蛳山男性头骨数据，这不利于进行多元统计分析，因此这里不对其进行比较。

由于我们尚缺乏对东南亚地区人骨材料的直接研究，所以只能间接引用国外学者的研究数据，但是由于研究传统和认识的差异，我们与国外学者在测量项目的选取上存在许多差异（Pietrusewsky，1981，1994，1988；Hanihara，1996；Pietrusewsky，Chang，2003），这使得我们不得不尽量寻找二者之间的共同项目。在保证所用测量项目能够真实反映人群亲缘关系的前提下，尽量充分利用国外已有的数据。

为此，我们使用自己测量的鲤鱼墩组的数据，选取16项测量特征、25个对比组进行人群亲缘关系的比较（表12.6），并进行聚类分析，结果见图12.6。除鲤鱼墩组数据为本研究独立测量外，台湾岛各组数据引自Pietrusewsky和Chang（2003），其余各组数据引自Pietrusewsky（1981）。

表12.6 26组人群的16项测量特征之比较

(单位：长度：毫米；角度：度；指数：%)

马丁号 M.N	鲤鱼墩 Liyudun	中国 China	十三行 Shi SH	泰雅 Atayal	布侬 Bunun	猫雾 Babuza	巴则海 Pazeh	蒙古 Mongolia	西伯利亚 Siberia
1	185.00	180.70	187.10	176.40	184.00	181.80	177.30	180.40	179.30
1d	181.67	178.10	183.90	173.60	181.00	179.60	175.20	177.50	177.10
8	136.75	138.60	134.80	133.80	139.80	144.00	138.80	147.90	143.20
10	117.50	117.30	113.10	112.40	114.70	117.10	114.40	122.30	118.80
9	94.51	93.30	95.40	92.40	93.70	93.80	92.10	95.50	96.30
11b	130.75	124.80	122.80	121.00	123.30	127.40	122.50	132.40	128.80
12	112.00	107.80	109.60	105.30	108.20	108.20	105.40	113.60	110.40
55	56.58	54.80	52.20	49.60	50.80	53.30	52.00	56.50	55.40
54	28.10	24.90	26.20	24.10	26.10	26.20	27.30	26.20	24.80
52	34.05	34.90	32.50	33.20	34.60	34.60	34.20	35.30	34.30
51a	42.21	41.70	42.00	39.60	41.20	42.00	41.00	42.30	42.60
60	56.42	54.00	54.10	50.00	49.80	51.30	50.40	52.20	54.70
61	63.98	65.40	66.60	62.90	63.20	66.10	63.30	66.40	64.70
43	106.52	104.20	103.50	102.60	104.10	104.30	101.50	106.50	106.50
29	114.82	111.70	115.00	109.40	110.00	112.80	111.50	112.50	110.90
30	117.31	114.20	117.70	111.30	111.30	115.20	109.20	109.10	109.30

马丁号 M.N	日本 Japan	越南新石器 N. Vietnam	越南 Vietnam	老挝新石器 N. Laos	老挝 Laos	柬埔寨 Cambodia	缅甸 Burma	邦长 Ban Chiang	菲律宾 Philippines
1	180.40	188.60	178.00	182.40	170.40	173.00	176.40	182.70	174.10
1d	177.20	184.90	175.50	178.80	167.00	170.10	173.80	179.70	171.90
8	139.80	133.40	139.00	138.60	140.90	142.80	142.00	139.80	138.90
10	118.70	115.70	117.60	118.60	118.30	119.10	117.80	118.80	117.80
9	96.10	96.00	94.50	95.00	94.10	95.80	95.80	96.80	93.20
11b	124.90	121.00	125.20	120.80	124.60	126.00	122.70	122.60	123.30
12	108.40	111.10	106.00	109.20	105.90	106.50	107.30	112.20	105.90
55	52.50	51.10	53.40	53.00	53.90	53.90	53.30	54.80	51.80
54	25.60	27.30	25.80	27.60	26.10	26.50	25.90	27.10	26.50
52	34.80	32.90	33.70	34.60	33.80	32.80	34.00	36.00	34.10
51a	41.70	44.60	41.90	43.60	41.00	42.40	41.60	41.80	40.00
60	52.60	58.10	53.50	56.20	52.80	55.20	52.50	55.80	50.70

续表 12.6

马丁号 M.N	日本 Japan	越南新石器 N. Vietnam	越南 Vietnam	老挝新石器 N. Laos	老挝 Laos	柬埔寨 Cambodia	缅甸 Burma	邦长 Ban Chiang	菲律宾 Philippines
61	65.20	66.90	65.10	69.40	65.30	67.30	65.60	68.30	62.90
43	104.30	107.90	106.30	107.00	104.60	106.00	106.00	107.20	103.00
29	111.70	114.00	112.30	110.20	109.00	113.10	111.80	113.10	109.80
30	114.10	122.30	114.50	112.80	107.60	109.90	111.10	114.30	109.80

马丁号 M.N	苏禄群岛 Sulu	苏门答腊岛 Sumatra	爪哇岛 Java	婆罗洲 Borneo	西罗伯斯岛 Celebes	圣摩鹿加群岛 S. Moluccas	塔尼巴尔群岛 Tanimbar	小巽他群岛 Lesser Sundas
1	176.30	181.70	175.10	178.80	174.70	178.30	178.40	179.70
1d	173.90	178.40	172.90	175.90	172.20	175.60	176.10	176.80
8	142.70	139.80	141.80	137.00	140.80	135.10	139.10	136.00
10	117.80	117.80	119.70	116.50	117.90	113.30	117.80	116.40
9	96.20	95.20	94.50	94.40	93.90	93.70	97.50	95.70
11b	125.00	124.60	124.30	123.10	125.90	121.30	125.30	122.40
12	107.80	109.40	107.40	107.60	108.00	106.90	107.40	106.10
55	54.30	52.20	54.10	52.50	53.30	50.60	53.20	52.10
54	26.30	26.20	25.80	26.60	26.30	26.10	27.10	26.30
52	34.10	34.20	34.30	33.90	33.60	33.30	34.30	33.70
51a	42.30	41.80	41.80	41.80	41.10	40.80	42.40	41.60
60	54.00	53.80	55.10	52.00	55.00	53.80	55.80	55.80
61	66.00	66.10	67.20	66.10	66.30	62.80	66.10	65.80
43	104.80	105.40	106.10	105.30	104.60	103.30	107.30	106.20
29	112.60	111.00	112.10	111.30	110.60	111.30	111.30	110.90
30	110.90	113.70	109.80	114.00	108.40	110.40	113.60	112.70

依图12.6，这26组人群可分为5个较大的类群。第一类群包括11组，日本组、苏门答腊组和中国组聚为一类；越南组、婆罗洲组、小巽他岛组和塔尼巴尔群岛组聚为一类，与前一类聚为一大类；老挝新石器组和泰国的邦长古代组聚为一类，这一类与前一大类又聚为一类；布农组和泰雅族依次与上述的这一大类聚合。第二类群包括4组，泰雅组和圣摩鹿加群岛组聚为一类，巴泽海组和菲律宾组聚为一类。第三类群包括6组，缅甸组和苏禄群岛组首先聚合，爪哇岛组和西罗斯岛组聚合，这四组关系较为密切，柬埔寨组和老挝组依次与之聚合。第四类群包括2组，即蒙古组和西伯利亚组。第五类群包括3组，十三行组和越南新石器组首先聚合，鲤鱼墩组与上述两组聚合。

我们还进行了因子分析，以便进一步考察这26组人群的亲缘关系。提取的前三个因

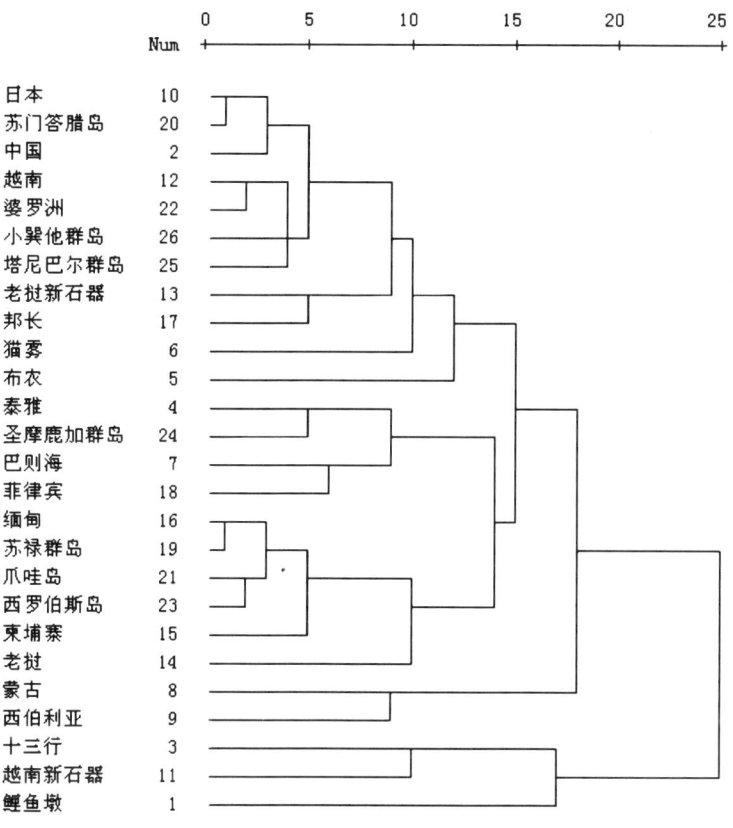

图 12.6 26 组人群的树状聚类图

（资料来源：李法军绘制）

子的累积贡献率为 75.71%。第一因子中贡献率较高的特征有最小额宽、枕骨最大宽、鼻宽、眶宽（左）、上颌齿槽弓长、上颌齿槽弓宽、上面宽和额骨矢状弦。这些主要反映了额面部宽度和颌部的形态特征；第二因子中贡献率较高的特征有颅骨最大长、鼻枕长、颅骨最大宽、最大额宽、耳点间宽、鼻高、眶高（左）和顶骨矢状弦，这些主要反映了颅部形态和鼻、眶部高度形态特征。前两个因子包括了大部分的测量项目。依据因子分析结果绘制第一和第二因子散点图（图 12.7）。

由图 12.7 可以看出，中国组、日本组、越南组、猫雾组具有相对密切的关系且居于中心的分布区，缅甸组和苏门答腊组与上述各组较为接近；婆罗洲组和小巽他群岛组相对接近，并与上述各组接近；爪哇组、柬埔寨组和苏禄群岛组具有相对亲近的关系；西罗伯斯岛组与缅甸组相对接近，西伯利亚组与爪哇组、柬埔寨组和苏禄群岛组相对接近，蒙古组游离于其他组之外；塔尼巴尔群岛组与苏禄群岛组和猫雾组相对接近；邦长组、老挝新石器组、鲤鱼墩组、十三行组和越南新石器组五组古代组相对接近；老挝组、菲律宾组、巴泽海组、布农组、圣摩鹿加群岛组和泰雅组相对接近。

总的来说，鲤鱼墩组与中南半岛史前时代居民有着最为密切头骨形态测量学联系，而与岛屿东南亚及东北亚类群存在着一定的差异。

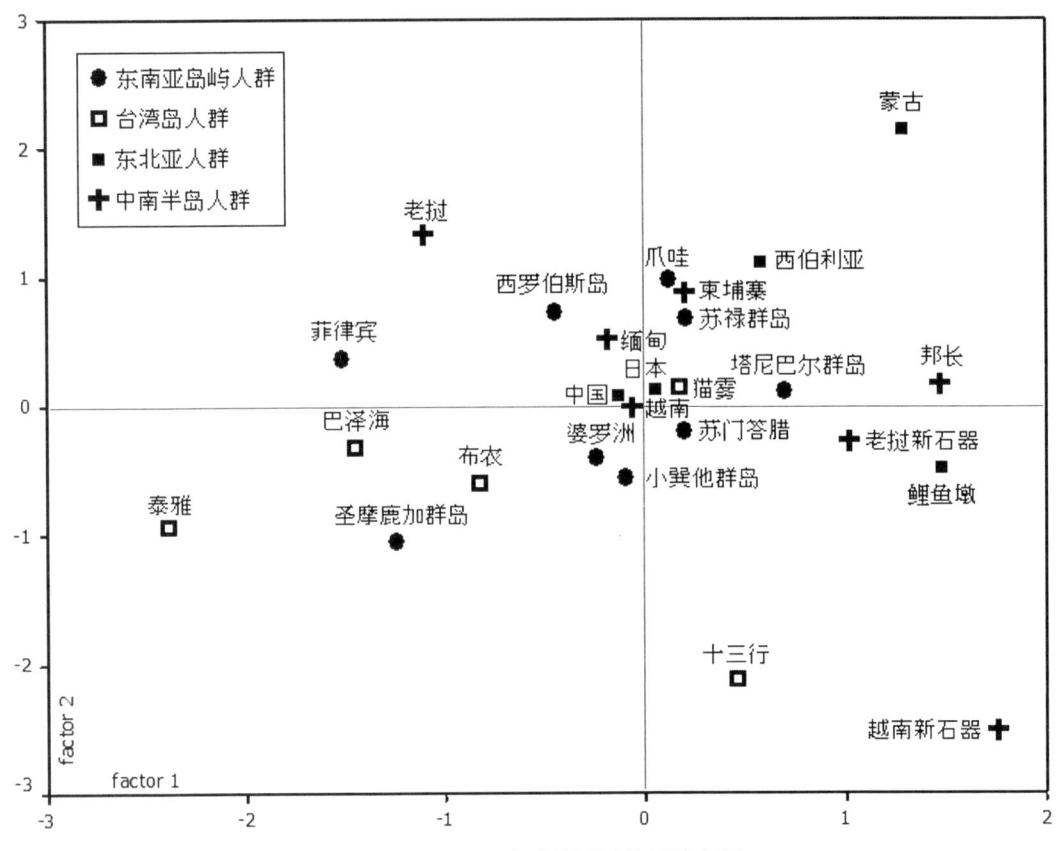

图 12.7　26 组人群的因子分析散点图

(资料来源：李法军绘制)

本章参考文献

1. 韩康信. 金坛三星村新石器时代人骨研究. 东南文化, 2003, (9): 15-21.
2. 考古研究所体质人类学组. 陕西华阴横阵的仰韶文化人骨. 考古, 1977, (4): 247-250.
3. 李法军. 河北阳原姜家梁新石器时代人骨研究. 长春: 吉林大学博士学位论文, 2004.
4. 李法军, 冯孟钦. 鲤鱼墩新石器时代贝丘遗址出土人骨的研究意义. 见: 中山大学人类学系, 中国社会科学院考古研究所 编. 边疆民族考古与民族考古学集刊 (第 1 集). 北京: 文物出版社, 2010: 82-91.
5. 李法军, 张敬雷, 原海兵, 朱泓. 天津蓟县明清时期居民牙齿形态特征研究. 见: 董为主编. 第十一届中国古脊椎动物学学术年会论文集. 北京: 海洋出版社, 2008: 145-166.
6. 黎彦才, 胡兴宇, 汪澜. 中国 33 个少数民族 (部族) 体质特征的比较研究. 人类学学报, 1993, 12(1): 49-54.
7. 刘文, 罗安鸽, 朱芳武, 卢为善, 凌树东, 李富强. 柳州大龙潭鲤鱼嘴新石器时代遗址的人骨. 广西民族研究, 1994, (3): 22-37.
8. 刘武, 铃木基治. 亚洲地区人类群体亲缘关系. 人类学学报, 1994, 13 (3): 265-279.
9. 刘武, 王善才. 湖北长阳青铜时代人类乳齿特征的研究. 人类学学报, 1998, 17 (3): 177-190.

10. 刘武，杨茂有，王野成. 现代中国人颅骨测量特征及其地区性差异的初步研究. 人类学学报，1991，10（2）：96-106.
11. 潘其风. 我国青铜时代居民人种类型的分布和演变趋势. 见：《庆祝苏秉琦考古五十五年论文集》编辑组编. 庆祝苏秉琦考古五十五年论文集. 北京：文物出版社，1989：294-304.
12. 潘其风，韩康信. 柳湾墓地的人骨研究. 见：中国社会科学院考古研究所编. 青海柳湾-乐都柳湾原始社会墓地. 北京：文物出版社，1984：261-303.
13. 潘其风，朱泓. 先秦时期我国居民种族类型的地理分布. 见：宿白主编. 苏秉琦与当代中国考古学. 北京：科学出版社，2001：525-535.
14. 青海省文物管理处考古队，中国社会科学院考古研究所. 青海柳湾-乐都柳湾原始社会墓地. 北京：文物出版社，1984.
15. 任甫，崔洪雨. 我国少数民族体质特征的聚类分析. 锦州医学院学报，2001，22（4）：17-20.
16. 王明辉. 体质特征. 见：中国社会科学院考古研究所，广西在族自治区文物工作队，桂林市文物工作队，桂林甑皮岩遗址博物馆编. 桂林甑皮岩. 北京：文物出版社，2003：491-499.
17. 颜訚，吴新智，刘昌芝，顾玉珉. 西安半坡人骨的研究. 考古，1960，(9)：36-47.
18. 颜訚. 宝鸡新石器时代人骨的研究报告. 古脊椎动物与古人类，1960，2（1）：33-43.
19. 颜訚. 华县新石器时代人骨的研究. 考古学报，1962，(2)：85-104.
20. 张居中. 舞阳贾湖. 北京：文物出版社，1999.
21. 张君. 湖北枣阳雕龙碑新石器时代人骨分析报告. 考古，1998，(2)：76-84.
22. 张振标. 现代中国人体质特征及其类型的分析. 人类学学报，1988，7（4）：314-322.
23. 朱泓. 中国南方地区的古代种族. 吉林大学学报（社会科学版），2002，(3)：5-12.
24. Bellwood P. Early agriculture and the dispersal of the southern Mongoloids. In：Prehistoric Mongoloid dispersals, edited by Akazawa T. and E. J. E. Szathmáry. Oxford：Oxford University Press, 1996：287-302.
25. Blust R. A. Austronesian culture history：the window of language. In：Prehistoric settlement of the Pacific, edited by Goodenough W. H. Philadelphia：American Philosophical Society, 1996：28-35.
26. Chang K. C. The archaeology of ancient China. New Haven：Yale University Press, 1986.
27. Chang K. C. and W. H. Goodenough. Archaeology of southeastern coastal China and its bearing on the Austronesian homeland. In：Prehistoric settlement of the Pacific, edited by Goodenough W. H. Philadelphia：American Philosophical Society, 1996：36-56.
28. Hanihara T. Comparison of craniofacial features of major human groups. American Journal of Physical Anthropology, 1996, 99（3）：389-412.
29. Higham C. F. W. and TL-D. Lu. The origins and dispersal of rice cultivation. Antiquity, 1998, 72（278）：867-877.
30. Pietrusewky M. Cranial variation in early metal age Thailand and Southeast Asia studied by multivariate procedures. Homo, 1981, (32)：1-26.
31. Pietrusewsky M. Multivariate comparisons of recently excavated Neolithic human crania from the Socialist Republic of Vietnam. Internatonal Journal of Anthropology, 1988, 3（3）：267-283.
32. Pietrusewsky M. Pacific-Asian relationships：a physical anthropological perspective. Oceanic Linguistics, 1994, 33（2）：407-429.
33. Pietrusewsky M. and C. F. Chang. Taiwan aboriginals and peoples of the Pacific-Asia region：multivariate craniometric comparisons. Anthropological Science, 2003, 111（3）：293-332.

第十三章 群体亲缘关系探讨：非测量特征分析

李法军　王明辉　冯孟钦　朱泓

我们将第五章和第六章中获得的鲤鱼墩头骨和牙齿的非测量特征数据与顶蛳山部分头骨、中国其他代表性人群以及日本人群的非测量特征数据进行比较，以期考察这些人群在头骨和牙齿非测量特征上的亲缘关系。

第一节 头骨非测量特征所反映的亲缘关系

一、基本数据对比

我们首先列举了鲤鱼墩组（李法军 等，2011）（表13.1）全部和顶蛳山组（表13.2）部分头骨非测量性形态特征的出现率。选取了8组东亚地区人群作为对比材料（表13.3），包括姜家梁组（李法军，朱泓，2003）、华北组（王令红，1988）、李家山组（张君，2001）、圩墩组（分部哲秋，1999）、弥生组（Dodo，Ishida，1990）、琉球组（Dodo et al.，1998）、北海道阿伊努组（Ishida，Dodo，1995）和绳纹组（Dodo，Ishida，1990）。姜家梁组、华北组、李家山组和圩墩组均属中国北方人群，其中姜家梁组和圩墩组属于新石器时代，李家山组属于青铜时代，华北组属于现代；弥生组、北海道阿伊努组组和绳纹组属于日本人群，其中绳纹组相当于中国先秦时期，弥生组相当于中国的汉代，北海道阿伊努属于近代；琉球组属于近代。

由于没有东南亚地区可兹对比的数据，所以不能够进行直接的比较，但有研究表明日本列岛绳纹人具有多样性，多数绳纹人与现代阿伊努人和北部蒙古人种比较接近，但也体现了某些强烈的低纬度赤道人种的特征（汪洋，1998），因此可以用绳纹人的数据间接比较鲤鱼墩居民与东南亚人类头骨非测量特征的亲缘性。我们也缺乏中国华南地区人类头骨非测量特征的对比数据。

表13.1　鲤鱼墩居民部分头骨非测量特征的出现率统计

（单位：出现率：%）

形态特征	样本量	出现	缺失	出现率
额中缝	4	0	0	0.00
人字点小骨	4	3	1	75.00

续表 13.1

形态特征	样本量	出现	缺失	出现率
眶上神经孔	5	4	1	80.00
眶上神经沟	4	0	0	0.00
星点小骨	4	2	2	50.00
顶切迹骨	5	1	—	20.00
髁前结节	5	1	—	20.00
二分舌下神经管	5	3	—	60.00
卵圆孔不全	5	1	—	20.00
翼棘孔	2	0	0	0.00
下颌舌骨沟骨桥	4	3	—	75.00

表 13.2 顶蛳山居民部分头骨非测量特征的出现率统计

（单位：出现率：%）

形态特征	样本量	出现	缺失	出现率
额中缝	24	0	24	0.00
人字点小骨	11	0	11	0.00
眶上神经孔	24	9	15	38.00
眶上神经沟	25	1	24	40.00
星点小骨	7	0	7	0.00
顶切迹骨	10	1	9	10.00
髁前结节	—	—	—	—
二分舌下神经管	3	0	3	0.00
卵圆孔不全	3	1	2	33.00
翼棘孔	3	0	3	0.00
下颌舌骨沟骨桥	20	3	17	15.00

表 13.3 8 个对比组的 11 项特征出现率

（单位：出现率：%）

项目	姜家梁组		华北组		李家山组		圩墩组	
	样本量	出现率	样本量	出现率	样本量	出现率	样本量	出现率
额中缝	82	2.40	140	5.00	24	4.20	38	5.30
人字点小骨	51	15.70	140	5.70	24	4.20	22	4.50
眶上神经沟	82	1.20	139	7.90	24	12.50	61	6.60

续表 13.3

项目	姜家梁组		华北组		李家山组		圩墩组	
	样本量	出现率	样本量	出现率	样本量	出现率	样本量	出现率
眶上神经孔	77	70.10	137	63.50	24	95.80	69	40.60
星点小骨	58	13.80	137	12.40	24	25.00	45	13.30
顶切迹骨	69	30.40	139	12.90	24	12.50	43	7.00
髁前结节	44	22.70	140	12.40	24	8.30	38	2.60
二分舌下神经管	39	7.70	139	22.30	24	16.70	45	4.40
卵圆孔不全	49	16.30	136	4.40	24	4.20	44	2.30
翼棘孔	50	2.00	139	3.60	24	1.10	19	1.30
下颌舌骨沟骨桥	74	4.10	126	2.40	13	1.90	81	9.90

项目	琉球组		弥生组		北海道阿伊努组		绳纹组	
	样本量	出现率	样本量	出现率	样本量	出现率	样本量	出现率
额中缝	122	6.60	126	7.90	150	2.00	159	15.10
人字点小骨	105	11.40	128	18.00	146	0.20	156	4.50
眶上神经沟	110	24.50	97	16.50	144	9.70	117	17.10
眶上神经孔	115	56.50	96	53.10	145	28.30	124	18.50
星点小骨	94	22.30	116	24.10	144	12.50	113	14.20
顶切迹骨	90	30.00	109	34.90	141	22.00	88	20.50
髁前结节	67	4.50	76	10.50	143	11.20	80	10.00
二分舌下神经管	72	22.20	90	14.40	146	37.70	84	33.30
卵圆孔不全	80	3.80	77	1.30	139	9.40	44	4.50
翼棘孔	84	0.00	91	2.20	142	6.30	65	4.60
下颌舌骨沟骨桥	21	4.80	24	1.00	95	20.00	112	20.50

鲤鱼墩人的额中缝出现率为0，与顶蛳山组、北海道阿伊努组和姜家梁组最为接近；人字点小骨出现率很高，与华北组最为接近；眶上神经沟出现率为0，与顶蛳山组和姜家梁组最为接近；眶上神经孔出现率很高，与中国人群、日本的弥生组以及琉球组较为接近；星点小骨出现率很高，与李家山组、日本的弥生组以及琉球组较为接近；顶切迹骨出现率较低，与圩墩组和顶蛳山组最为接近；髁前结节出现率较低，与圩墩组最为接近；二分舌下神经管出现率很高，与北海道阿伊努组和绳纹组最为接近；卵圆孔不全出现率较低，与中国人群、日本的弥生组以及琉球组较为接近；翼棘孔出现率为0，与顶蛳山组和琉球组一致；下颌舌骨沟骨桥出现率很高，与圩墩组最为接近。

此外，鲤鱼墩居民的上颌圆枕、下颌圆枕和腭圆枕的出现率很低，与顶蛳山组非常接近；摇椅式下颌出现率偏高。有资料表明，波利尼西亚人群的摇椅式下颌出现率很高

（张振标，1980）。

虽然鲤鱼墩人头骨的不同非测量特征与不同人群存在相似性，但这种相似性不能视为他们具有较接近的亲缘关系，鲤鱼墩居民的非测量特征与对比人群之间仍存在着明显的差异。这一方面是因为时代的差异，另一方面是因为鲤鱼墩组的样本量过小。但是，尽管鲤鱼墩组的样本量有限，我们还是能够发现，该组居民的某些高出现率特征，例如眶上切迹/孔和星点小骨与中国人群、日本的弥生组以及琉球组较为接近；二分舌下神经管与北海道阿伊努组和绳纹组接近；下颌舌骨沟骨桥出现率与圩墩组最为接近；摇椅式下颌出现率与波利尼西亚人群接近。总体来看，鲤鱼墩居民的头骨非测量特征与顶蛳山组、圩墩组和日本人群以及琉球组最为接近。

顶蛳山人的额中缝出现率为0，与鲤鱼墩组、北海道阿伊努组和姜家梁组最为接近；人字点小骨出现率为0，与北海道阿伊努组最为接近；眶上神经沟出现率极低，为4%，与鲤鱼墩组、姜家梁组、李家山组和圩敦组最为接近；眶上神经孔的出现率中等，为38%，与圩敦组和北海道阿伊努组较为接近；星点小骨出现率为0，与其他人群较为疏远；顶切迹骨出现率极低，为10%，与华北组、李家山组和圩墩组最为接近；二分舌下神经管出现率为0，与圩敦组相对接近，但尚有差异；卵圆孔不全出现率中等，为33%，与其他人群较为疏远；翼棘孔出现率为0，与鲤鱼墩组和琉球组一致；下颌舌骨沟骨桥出现率较低，为15%，与北海道阿伊努组和绳纹组最为接近。此外，顶蛳山居民的上颌圆枕、下颌圆枕和腭圆枕的出现率均为0，与鲤鱼墩居民非常接近。

总体来看，顶蛳山民的头骨非测量特征与鲤鱼墩组、圩墩组和日本人群以及琉球组最为接近。但是其星点小骨和卵圆孔不全两项特征的出现率与其他人群距离较为疏远，表现出一定的独特性。

二、九组人群的亲缘关系比较（聚类分析）

我们依据表13.1、表13.2和表13.3，运用聚类分析中的欧氏距离Ward连接法，对上述九组人群的亲缘关系进行了考察（图13.1）。由于没有观察到顶蛳山组的"髁前结节"特征，故聚类分析中不包含此项。

从图13.1可以看出，琉球组和弥生组首先聚合，反映出二者之间紧密的联系。华北组和姜家梁组也首先聚合，这四组与圩敦组及李家山组又聚合成为一大类。阿伊努组和绳纹组关系也较为紧密，也聚为明显的一类，顶蛳山组与他们又聚为一类。前两类聚合成更大的一组类群。而鲤鱼墩组明显与上述类群保持了较远的距离。为了进一步分析各组之间的相对亲缘关系以及牙齿形态特征对这种关系的影响，我们进行了这9组人群的因子分析，并制作了三维因子散点图。

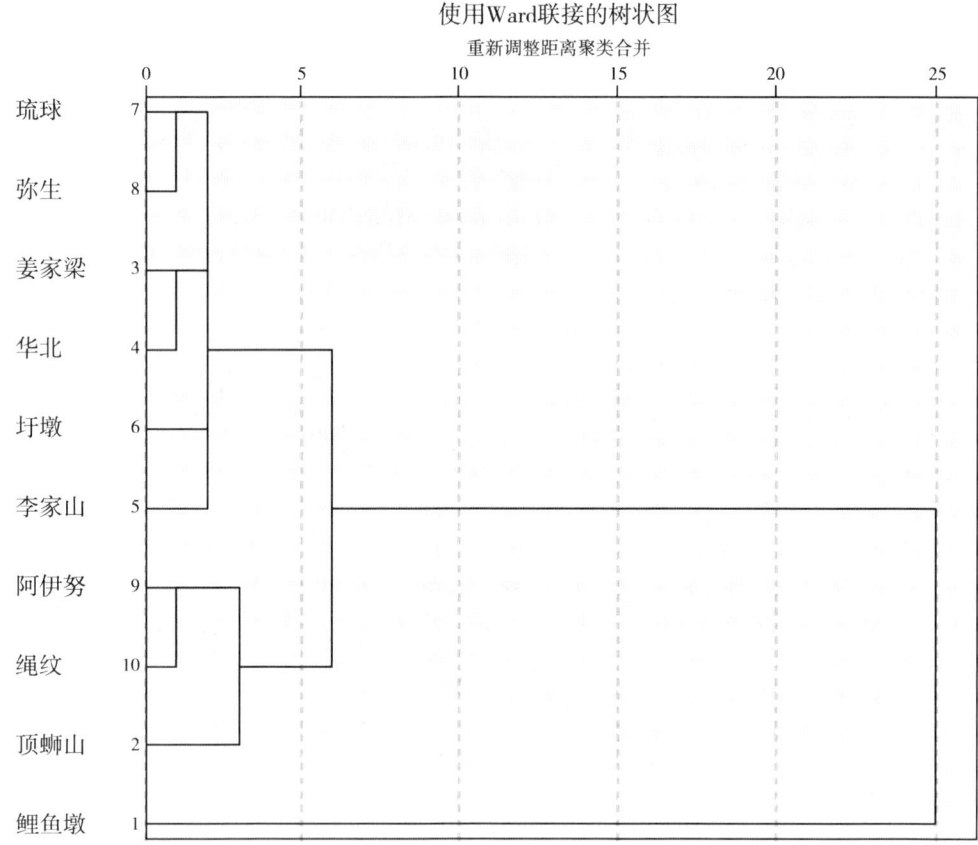

图 13.1 十组人群亲缘关系比较的树状聚类图
（资料来源：李法军绘制）

三、十组人群的亲缘关系比较（因子分析）

表 13.2 因子分析结果

因子	总计	变异百分率	累积百分率	总计	变异百分率	累积百分率
1	5.029	45.714	45.714	5.029	45.714	45.714
2	2.156	19.600	65.314	2.156	19.600	65.314
3	1.380	12.549	77.863	1.380	12.549	77.863
4	1.245	11.316	89.178			
5	0.667	6.065	95.243			
6	0.290	2.639	97.882			
7	0.183	1.666	99.548			

续表 13.2

因子	总计	变异百分率	累积百分率	总计	变异百分率	累积百分率
8	0.032	0.293	99.840			
9	0.018	0.160	100.000			
10	2.761E-16	2.510E-15	100.000			

考察特征共计 11 项。提取的前 3 个因子的累计贡献率达到 77.863%（表 13.2），说明这 3 个因子可以代表 11 个形态特征所具有的大部分信息，依据前 3 个因子得分绘制了 1-2 因子散点图、1-3 因子散点图以及前 3 个因子的三维散点图（图 13.2 和图 13.3）。虽然此次的因子分析在对比特征、样本量以及对比人群方面都较为有限，但在此前提下进行的分析仍然可以发现一些事实。以第 1 和第 2 因子来考察，则顶蛳山组和鲤鱼墩组都远离其他对比组，这两者之间的空间关系也较远，其他组相对聚合在了一起。若以第 1 因子和第 3 因子来考察，姜家梁组、李家山组、弥生组和琉球组具有紧密的空间关系，华北组和圩墩组表现出相对接近的关系，顶蛳山组、北海道阿伊努组和绳纹组关系较为紧密。

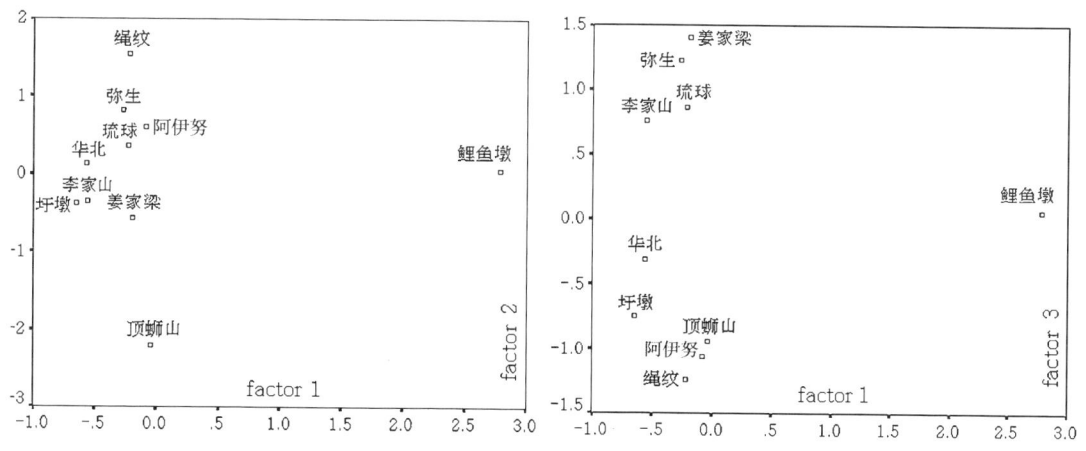

图 13.2　10 组人群亲缘关系比较的二维因子分析散点图
（资料来源：李法军绘制）

图 13.3 清晰地反映了这 10 组人群的三维空间关系。绳纹组和北海道阿伊努组保持了最接近的空间关系，顶蛳山组与他们有某些形态学上的相似性，但仍然与前二者保持了明显的空间距离。姜家梁组和李家山组之间以及弥生组和琉球组之间关系均较为密切，这四组又相对聚合成一个组群。圩墩组和华北组也保持了较近的空间关系，这两组还介于绳纹组与北海道阿伊努组以及李家山组群之间。鲤鱼墩组游离于其他组群之外。上述结果与聚类分析的结果较为一致。

由此来看，顶蛳山组和鲤鱼墩组之间在头骨非测量特征上还存在明显的差异，这很可能是由这两组，特别是鲤鱼墩组非常有限的样本量导致的。从目前的数据来分析，只能够推测性地得出上述结论，但我们尚需要更为充分的材料和研究才能够证实上述推测。

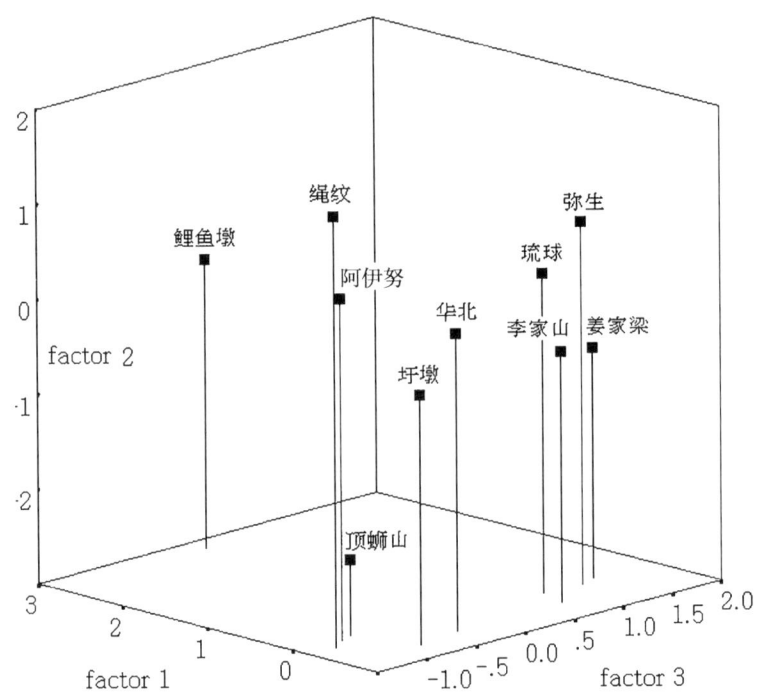

图 13.3　10 组人群亲缘关系比较的三维因子分析散点图
（资料来源：李法军绘制）

第二节　牙齿非测量特征所反映的亲缘关系

一、"中国型牙"人群和"巽他型牙"

在人类学研究领域中，牙齿人类学的产生虽然相对较晚，但由于牙齿形态特征主要是受到遗传因素的控制，受自然环境等外部因素的影响很小，并且具有明显的群体分布差异，又因为头骨测量研究容易受到保存情况和变形头骨的影响，因此牙齿形态特征和头骨形态特征一样，在人类学研究中发挥着越来越重要的作用。经过许多学者的努力，目前已经建立起较为完善的牙齿人类学研究方法（Dahlberg, Mikkelsen, 1947; Berry, Berry, 1967; Turner, 1991）。

牙齿人类学研究也随着理论与方法的不断完善而日益深入，研究内容也从最初的个别形态、单群体研究转向对种族、群体以及地区间差异的研究（Turner, 1976, 1986, 1987, 1990; Hanihara, 1991, 1992, 1996）。美国学者 Turner 等人通过研究新石器时代以来环太平洋地区各人类群体的牙齿形态特征，认为该地区的人类牙齿形态可分为两类，即"中国型牙"（Sinodonty）和"巽他型牙"（Sundadonty）（Turner, 1990）。

"中国型牙"主要分布在以中国安阳殷墟为代表的亚洲东北部地区，其中包括中国人群、朝鲜人群、日本人群、蒙古人群、西伯利亚地区人群以及美洲印第安人群；"巽他型牙"主要以东南亚地区各人群以及太平洋地区的波利尼西亚和密克罗尼西亚人群为代表（Turner，1990）。

这一理论的提出有助于我们从牙齿人类学角度探讨岭南地区居民与东南亚地区人群之间是否存在遗传关系以及讨论这些群体的微观演化模式。牙齿形态既可用于较大区域内的群体亲缘关系研究（Irish，2000），也可以用于遗址群间和遗址群内亲缘关系的比较（Howell，Kintigh，1996）。因此，应用 ASU 系统进行群体的亲缘关系研究是可行的。

这里所列举的"中国型牙"和"巽他型牙"特征在人群中的出现率只是相对性的描述，即各自的特征只是相对的"高"或者"低"。我们还是应用第六章中所列的标准将特征出现率分级，即分为"出现率为零"、"出现率极低"、"出现率较低"、"出现率中等"和"出现率较高"五个等级。"出现率为零"是指某项特征在所有个体中均未出现；"出现率极低"是指某项特征的出现率为 $0<P\leqslant 10\%$；"出现率较低"是指某项特征的出现率为 $10\%<P\leqslant 20\%$；"出现率中等"是指某项特征的出现率为 $20\%<P\leqslant 40\%$；"出现率较高"是指某项特征的出现率为 $40\%<P\leqslant 100\%$。

我们首先列出部分已经被确认为"中国型牙"或"巽他型牙"特征的人群（李法军等，2008）（表13.3），对某些牙齿非测量特征在这些人群中的出现率进行分析，在此基础上归纳出"中国型牙"和"巽他型牙"的一般性特征。

本次研究所用对比组代表亚洲地区 15 个人类群体，包括姜家梁、陇县、下王岗、庙子沟、华北-蒙古、日本、西伯利亚、黑龙江、贝加尔湖、桃花园、华南、香港、现代东南亚、泰国和东马来（李法军 等，2008）。

表 13.3 21 项牙齿非连续性形态特征在亚洲地区 15 组人群中的出现率

	铲型		双铲型		中断沟		齿结节		近中嵴		远中副嵴		单根	
	P	N	P	N	P	N	P	N	P	N	P	N	P	N
1	116	52.59	120	40.83	123	57.72	122	63.11	148	8.18	141	36.17	167	77.84
2	34	100.0	36	50.00	49	65.31	49	55.20	58	5.17	58	48.28	61	93.44
3	15	86.70	19	47.40	31	54.80	31	22.50	22	4.50	15	80.00	69	71.00
4	71	90.10	74	52.70	78	46.20	78	35.90	101	5.90	53	45.30	149	68.50
5	17	100.0	19	57.90	20	75.00	20	45.00	24	0.00	13	46.20	28	60.70
6	200	84.00	213	30.00	210	46.70	246	19.10	255	2.40	125	66.40	419	77.10
7	276	66.00	267	43.80	301	44.50	304	15.50	365	3.00	240	57.90	506	75.10
8	44	61.40	24	58.30	67	53.70	61	32.80	90	0.00	22	54.50	264	91.30
9	17	64.70	19	78.90	27	29.60	27	11.10	27	11.10	13	53.90	111	97.30
10	13	92.40	10	70.00	14	35.70	16	25.00	16	6.30	3	33.30	30	80.00

续表 13.3

	铲型		双铲型		中断沟		齿结节		近中嵴		远中副嵴		单 根	
	P	N	P	N	P	N	P	N	P	N	P	N	P	N
11	35	74.40	33	24.20	44	27.30	44	11.40	55	3.60	26	80.70	113	67.30
12	307	63.80	299	28.50	283	42.80	298	19.10	305	3.00	249	54.60	113	61.90
13		46.20	14	28.50	16	31.30	17	23.50	39	2.60	17	41.20	119	66.40
14	27	37.00	111	9.00	128	30.50	128	19.50	143	7.70	80	47.40	168	66.10
15	12	8.30	3	0.00	13	30.80	13	23.10	16	6.30	9	88.90	30	53.30
	次 尖		第五尖		卡氏尖		前副尖		釉质延伸		退 化		舌侧多尖	
	P	N	P	N	P	N	P	N	P	N	P	N	P	N
1	137	88.32	152	14.47	157	25.48	84	2.26	161	60.87	160	39.38	175	54.86
2	55	100.0	52	3.84	56	7.15	24	8.33	62	37.10	62	27.42	59	67.80
3	45	97.80	55	3.60	54	5.60	27	0.00	59	55.90	56	55.40	48	75.00
4	120	98.30	125	4.00	128	0.00	93	3.20	120	51.70	111	16.20	135	77.80
5	18	88.20	18	16.70	17	11.80	18	5.60	16	81.30	13	15.40	23	87.00
6	406	90.40	295	28.10	374	30.50	131	9.20	514	51.40	380	52.90	276	81.10
7	482	86.50	390	19.70	458	31.20	234	1.70	522	54.60	504	42.10	341	66.00
8	138	76.10	63	3.20	109	18.40	104	1.00	239	48.50	256	21.90	66	40.90
9	52	82.70	42	21.40	60	26.60	27	0.00	89	52.80	103	41.70	39	71.80
10	24	100.0	3	66.70	10	30.00	15	13.30	32	18.70	32	15.60	11	72.70
11	93	86.00	62	16.10	99	25.30	68	4.40	107	59.80	124	25.00	72	77.70
12	299	90.30	276	21.70	301	37.60	145	3.40	97	55.60	238	37.40	319	66.40
13	102	87.30	74	13.50	93	41.90	74	4.10	116	40.50	125	12.80	52	61.50
14	196	89.80	143	28.70	179	40.20	128	7.00	166	38.50	206	18.40	147	63.90
15	29	86.20	22	45.50	28	50.00	23	0.00	31	35.50	32	25.00	21	71.40
	Y型沟		齿尖数		四尖型		转向皱纹		远中三角嵴		原副尖		第七尖	
	P	N	P	N	P	N	P	N	P	N	P	N	P	N
1	162	14.20	171	29.36	166	33.13	158	22.15	166	19.28	172	72.67	162	11.73
2	58	6.87	59	50.08	59	22.54	52	65.38	58	43.10	57	63.68	57	15.79
3	53	5.70	65	46.20	54	18.50	13	61.90	20	25.00	63	14.30	60	1.70
4	155	5.80	162	14.80	156	27.60	73	60.30	92	37.00	181	23.20	155	2.60
5	16	12.50	16	31.30	16	18.80	13	100.00	14	50.00	15	53.30	17	11.80
6	338	6.50	211	37.40	258	17.10	89	29.20	158	5.70	332	30.10	341	9.40

续表 13.3

	Y 型沟		齿尖数		四尖型		转向皱纹		远中三角嵴		原副尖		第七尖	
	P	N	P	N	P	N	P	N	P	N	P	N	P	N
7	352	13.10	314	42.70	345	13.60	262	14.90	334	18.00	353	21.20	382	6.50
8	89	20.20	46	50.00	86	3.50	43	74.40	83	7.20	87	22.20	96	5.20
9	56	16.10	44	50.00	52	11.50	38	71.10	49	20.40	53	7.50	55	7.30
10	21	4.80	9	33.30	18	22.20	2	0.00	5	0.00	13	30.80	21	19.00
11	80	12.50	60	40.00	77	19.50	39	17.90	63	7.90	85	24.70	85	10.60
12	228	7.50	267	33.70	296	24.30	215	9.80	227	5.30	274	21.90	295	8.80
13	83	15.70	61	27.90	79	31.60	36	19.40	65	10.80	74	18.90	84	7.10
14	176	19.30	120	28.30	163	25.80	80	18.80	128	10.20	166	28.30	178	6.20
15	25	20.00	18	38.90	24	45.80	17	0.00	20	10.00	23	8.70	25	4.00

注：1. 桃花园（Taohuayuan），2. 姜家梁（Jiangjialiang），3. 陇县（Longxian），4. 下王岗（Xiawanggang），5. 庙子沟（Miaozigou），6. 华北-蒙古（Northern Chinese-Mongolian），7. 日本（Japanese），8. 西伯利亚（Siberian），9. 黑龙江（Amur），10. 贝加尔湖（Lake Baikalian），11. 华南（Southern Chinese），12. 香港（Hong Kong），13. 现代东南亚（Modern Southeastern Asian），14. 泰国（Thai），15. 东马来（Eastern Malayan）。N 为样本量，P 为某特征的出现率。下同。

结合表 13.3 和以往的研究（Turner，1982，1990）可以看出，"中国型牙"所具有的一般特点是：较高的上颌中央门齿和侧门齿的铲型及扭转出现率，较高的上颌侧门齿中断沟出现率，较高的上颌第一前臼齿单根出现率，较高的上颌第一臼齿釉质延伸出现率和较高的上颌第三臼齿退化出现率；较高的下颌第一前臼齿汤姆氏根出现率，较高的下颌第二前臼齿舌侧多尖，较高的下颌第一臼齿第六尖、第一臼齿转向皱纹、远中三角嵴、原副尖和三根出现率，较高的下颌第二臼齿单根出现率。同时，"中国型牙"也具有较低的上颌第一臼齿第五尖和卡氏尖出现率，较低的下颌第二臼齿 Y 型沟和四尖型出现率。

"巽他型牙"所具有的一般特点正好与"中国型牙"的相反，即"中国型牙"中相对较高出现率的特征正好是"巽他型牙"中的相对较低出现率的特征。

二、鲤鱼墩和顶蛳山居民的牙型与两大区域牙型的比较

（一）鲤鱼墩

在鲤鱼墩居民的牙齿非测量特征中，出现率相对较高的特征有：上颌中央门齿双铲型特征和微弱的唇面曲度，上颌臼齿的后尖发育，次尖大多数较为发育，上颌第一臼齿三根，上颌第二臼齿卡氏尖，上颌第三臼齿单根，下颌第三臼齿 Y 型沟，下颌第三臼齿四尖型，下颌臼齿釉质延伸。

出现率相对较低的特征有：上颌中门齿和侧门齿均不存在中断沟和齿结节，上颌犬齿铲型结构、齿结节、近中嵴和远中副嵴，上颌前臼齿釉质延伸和舌侧齿尖变异；上颌臼齿第五尖（后小尖）、前副尖和釉质延伸现象，先天缺失或者钉型或缩小现象；下颌中央门齿均先天缺失，下颌犬齿远中副嵴，下颌第一前臼齿汤姆氏根、釉质延伸和舌侧齿尖变异，下颌臼齿釉质延伸，下颌臼齿转向皱纹、远中三角嵴、原副尖、第五、第六和第七尖；下颌第三臼齿先天缺失或者钉型或缩小现象。

从以上特征的总结和对比中我们发现，诸如出现率较高的上颌第二臼齿卡氏尖，下颌第三臼齿 Y 型沟，下颌第三臼齿四尖型；出现率较低的上颌臼齿釉质延伸，上颌侧门齿中断沟，上颌第三臼齿退化，下颌第一前臼齿汤姆氏根和舌侧齿尖变异，下颌臼齿转向皱纹、远中三角嵴和原副尖。这些特征的分布规律与"巽他型牙"人群牙齿非测量特征的分布非常接近，在许多特征上与"中国型牙"较为疏远。

但我们发现，鲤鱼墩居民的上颌中央门齿铲型、单根上颌第一前臼齿，三根上颌第二臼齿和上颌臼齿第五尖（后小尖）特征与"中国型牙"较为一致。

总体而言，鲤鱼墩居民在牙齿类型上较接近于"巽他型牙"，但在某些特征上更接近于"中国型牙"。

（二）顶蛳山

在顶蛳山居民的牙齿非测量特征中，出现率为零的特征包括上颌侧门齿中断沟、上颌犬齿近中嵴、上颌犬齿远中副嵴、上颌第一臼齿卡氏尖、上颌第一臼齿釉质延伸、下颌第一臼齿六尖型、下颌第一臼齿转向皱纹、下颌第一臼齿远中三角嵴、下颌第一臼齿原副尖和下颌第一臼齿七尖。出现率大于零的特征以图形的形式来表示。

其上颌中央门齿双铲型、上颌第三臼齿退化和上颌第一臼齿第五尖的出现率极低；下颌第二臼齿四尖型的出现率较低；上颌中央门齿铲型、第三臼齿前副尖、下颌第二臼齿 Y 型和下颌第二前臼齿舌侧多尖的出现率中等；下颌第一前臼齿单根、上颌中央门齿齿结节和上颌第二臼齿次尖的出现率较高，其中上颌第二臼齿次尖的出现率为 100%。

从以上特征的总结和对比中我们发现，诸如出现率较高的上颌第二臼齿次尖的出现率与贝加尔湖组和中国新石器时代的姜家梁组的完全一致，与陇县组和下王岗组的非常接近；出现率较高的单根上颌第一前臼齿的出现率与中国新石器时代的下王岗组和庙子沟组以及近代的华南组、香港组、现代东南亚组和泰国组的非常接近。

出现率中等的下颌第二前臼齿舌侧多尖的出现率与西伯利亚组的较为接近，与东南亚各组的相对接近；出现率中等的下颌第三臼齿 Y 型沟的出现率与西伯利亚组的相对接近；出现率中等的下颌第三臼齿前副尖的出现率与贝加尔湖组的相对接近。

出现率较低的下颌第二臼齿四尖型的出现率与日本组和黑龙江组的非常接近，与新石器时代的陇县组、庙子沟组和现代华南组的相对接近。

出现率极低的上颌中央门齿双铲形的出现率与华南组、香港组和现代东南亚组的相对接近；出现率极低的上颌第一臼齿第五尖的出现率与下王岗组、姜家梁组和陇县组的非常接近；出现率极低的上颌第三臼齿退化的出现率与现代东南亚组的相对接近。

出现率为零的上颌犬齿近中嵴与庙子沟组和西伯利亚组一致，与日本组和香港组的相对接近；出现率为零的上颌第二臼齿卡氏尖与下王岗组一致，与陇县组和姜家梁组的相对接近；出现率为零的下颌臼齿转向皱纹与贝加尔湖组和东马来组完全一致，与香港组相对接近；出现率为零的下颌臼齿远中三角嵴与贝加尔湖组一致，与香港组、华南组和华北－蒙古组较为接近；出现率为零的下颌第一臼齿第七尖与陇县组和下王岗组较为接近。

出现率为零的上颌侧门齿中断沟、上颌犬齿远中副嵴、上颌臼齿釉质延伸、上颌第一臼齿齿尖数和下颌第一臼齿原副尖，这些特征与其他人群的距离相距较远，但"巽他型牙"人群的这些特征的出现率较"中国型牙"的为低。

根据以上的比较，我们发现某些特征可能具有明显的微观演化规律。这样的特征包括上颌第二臼齿次尖、上颌第一臼齿第五尖、上颌第二臼齿卡氏尖和下颌第一臼齿第七尖。这些特征在中国新石器时代时代人群中的出现率较为一致。其中上颌第二臼齿次尖特征在新石器时代诸人群的出现率非常高，而现代诸人群，无论是属于"中国型牙"还是属于"巽他型牙"，该特征的出现率均低于新石器时代人群，这可能表明该特征具有弱化的趋势。而其他三项则有增强的趋势。以往研究结果表明，卡氏尖出现率存在一定的时空上的演化规律，即现代东南亚类群该特征的出现率明显高于东北亚类群该特征出现率。就东北亚类群而言，中国先秦时期各个人群该特征的出现率明显低于近现代各个人群该特征的出现率（李法军 等，2009）。本次研究的结果支持以往的研究结论。

某些特征可能与共同的人群起源有关联，如单根上颌第一前臼齿，因为顶蛳山该特征的出现率与中国新石器时代的下王岗组和庙子沟组以及近代的华南组、香港组、现代东南亚组和泰国组的非常接近。下王岗组和庙子沟被证明与现代的南亚类型之间存在着诸多相似性，华南组、香港组、现代东南亚组和泰国组这四组本身即具有不同程度的南亚类型的特点。因此，根据以往的研究成果，并结合本次研究的结果，我们认为中国新石器时代的古中原类型可能与新石器时代的古华南类型存在密切的关联，而且这种关联直接产生了现代中国人的体质特征。

上颌犬齿近中嵴、下颌第二前臼齿舌侧多尖、上颌中央门齿双铲形、上颌第三臼齿退化和下颌臼齿转向皱纹等特征与"巽他型牙"人群存在非常接近的出现率。

根据以上信息，我们认为顶蛳山居民在牙齿类型上较接近于"巽他型牙"。

本章参考文献

1. 龚怡，李金陆，杨圣辉. 新石器时期人类牙齿解剖学观察分析及与现代人类比较研究. 北京口腔医学，2006，14（4）：244－246.
2. 李法军，张敬雷，原海兵，朱泓. 天津蓟县明清时期居民牙齿形态特征研究. 见董为主编. 第十一届中国古脊椎动物学学术年会论文集. 北京：海洋出版社，2008；145－166.
3. 李法军，朱泓. 河北阳原姜家梁新石器时代遗址头骨非连续性形态特征的观察与研究. 人类学学报，2003，22（3）：206－217.
4. 李法军，王明辉，冯孟钦，朱泓. 鲤鱼墩新石器时代居民牙齿的非测量特征研究. 见：教育部人文社会科学重点研究基地吉林大学边疆考古研究中心编. 边疆考古研究（第8辑）. 北京：科学出版社，2009；343－352.
5. 李法军，王明辉，冯孟钦，朱泓. 鲤鱼墩新石器时代头骨的非连续性形态特征观察与分析. 广州文博，2011，（4）：176－193.
6. 李霞，邵金陵，韩迎星，蒋勇. 6000年前成人第三磨牙的研究. 实用口腔医学杂志，2006，22（1）：

101-103.

7. 刘武. 华北新石器时代人类牙齿形态特征及其在现代中国人起源与演化上的意义. 人类学学报, 1995, 14 (4): 360-380.
8. 刘武. 更新世晚期人类演化及现代人群形成研究的一些问题. 自然科学进展, 2006, 16 (7): 789-796.
9. 刘武, 王善才. 湖北长阳青铜时代人类乳齿特征的研究. 人类学学报, 1998, 17 (3): 177-190.
10. 刘武, 杨茂有, 王野成. 现代中国人颅骨测量特征及其地区性差异的初步研究. 人类学学报, 1991, 10 (2): 96-106.
11. 刘武, 曾祥龙. 第三臼齿退化及其在人类演化上的意义. 人类学学报, 1996, 15 (3): 185-197.
12. 刘武, 曾祥龙. 陕西陇县战国时代人类牙齿形态特征. 人类学学报, 1996, 15 (4): 302-313.
13. 刘武, 朱泓. 庙子沟新石器时代人类牙齿非测量特征. 人类学学报, 1995, 14 (1): 8-20.
14. 王令红. 华北人头骨非连续性形态特征的观察. 人类学学报, 1988, 7 (1): 17-25.
15. 王巍, 曾祥龙. 中国古代人类的牙齿与牙病. 口腔正畸学, 2004, 22 (1): 41-43.
16. 汪洋. 日本绳纹人人种研究. 见: 吉林大学考古系编. 青果集——吉林大学考古系建系十周年纪念文集. 北京: 知识出版社, 1998: 443-463.
17. 吴汝康, 吴新智, 张振标. 人体骨骼测量手册. 北京: 科学出版社, 1984.
18. 吴新智. 从中国晚期智人颅牙特征看中国现代人起源. 人类学学报, 1998, 17 (4): 276-282.
19. 张君. 从头骨非连续性形态特征看青海李家山卡约文化居民的种族类型. 考古, 2001, (5): 80-84.
20. 张银运. 中国早期智人牙齿化石. 人类学学报, 1986, 5 (2): 103-113.
21. 张银运, 刘武. 中国直立人与早期智人的牙齿形态鉴别. 人类学学报, 2002, 21 (2): 87-101.
22. 张振标. 从野店人骨论山东三组新石器时代居民的种族类型. 古脊椎动物与古人类, 1980, 18 (1): 65-75.
23. 张振标. 长阳青铜时代与大同北魏朝代人类牙齿的形态变异. 人类学学报, 1993, 12 (2): 103-112.
24. 郑宏, 邵金陵, 段清波. 秦始皇帝陵区出土人第三磨牙的萌出情况. 牙体牙髓牙周病学杂志, 2006, 16 (3): 159-161.
25. 朱泓. 山西省忻州市游邀遗址夏代居民牙齿的测量与研究. 人类学学报, 1990, 9 (2): 180-187.
26. 朱泓. 内蒙古察右前旗庙子沟新石器时代人类牙齿的形态观察. 人类学学报, 1993, 12 (2): 126-133.
27. 朱泓. 中国南方地区的古代种族. 吉林大学社会科学学报. 2002, (3): 5-12.
28. 分部哲秋. 江南地方古人骨の頭蓋小变异. 见: 中桥孝博主编. 渡来系弥生人の中国江南起源に関する人類学的研究-平成8年度-平成10年度科学研究费补助金（国际学术研究）研究成果报告书, 平成11年（1999年）3月.
29. Berry A. C., R. J. Berry. Epigenetic variation in the human cranium. Journal of Anatomy, 1967, (101): 361-379.
30. Carbonell V. M. Variations in the frequency of shovel shaped incisors in different populations. In: Dental anthropology, edited by Brothwell D. Oxford: Pergamon Press, 1963: 211-234.
31. Dahlberg A. A., O. Mikkelsen. The shovel shaped character in the teeth of the Pima Indians. American Journal of Physical Anthropology, 1947, 5 (2): 234-235.
32. Dodo Y. and H. Ishida. Population history of Japan as viewed from cranial nonmetric variation. Journal of Anthropological Society of Nippon, 1990, 98 (3): 269-287.
33. Dodo Y., N. Doi and O. Kondo. Ainu and Ryukyuan cranial nonmetric variation: evidence which disputes the Ainu-Ryukyuan common origin theory. Journal of Anthropological Society of Nippon, 1998, 106 (2):

99 – 120.
34. Edgar H. J. H. Microevolution of African American dental morphology. American Journal of Physical Anthropology, 2007, 132 (4): 535 – 544.
35. Edgar H. J. H., L. R. Lease. Correlations between deciduous and permanent tooth morphology in a European American sample. American Journal of Physical Anthropology, 2007, 133 (1): 726 – 734.
36. Fuller J. L. and G. E. Denehy. Concise dental anatomy and morphology. Iowa: The University of Iowa Press, 1999.
37. Guatelli-Steinberg D. and J. D. Irish. Brief communication: Early hominin variability in first molar dental trait frequencies. American Journal of Physical Anthropology, 2005, 128 (4): 477 – 484.
38. Hanihara T. The origin and microevolution of Ainu as viewed from dentition: The basic populations in East Asia. Journal of Anthropological Society of Nippon, 1991, 99 (3): 345 – 631.
39. Hanihara T. Dental and cranial affinities among populations of East Asia and Pacific: The basic populations in East Asia. American Journal of Physical Anthropology, 1992, 88 (2): 163 – 182.
40. Hanihara T. Comparison of craniofacial features of major human groups. American Journal of Physical Anthropology, 1996, 99 (3): 389 – 412.
41. Harris E. F. and D. P. Dinh. Intercusp relationships of the permanent maxillary first and second molars in American whites. American Journal of Physical Anthropology, 2006, 130 (4): 514 – 528.
42. Harris E. F. Carabelli's trait and tooth size of human maxillary first molars. American Journal of Physical Anthropology, 2007, 132 (2): 238 – 246.
43. Higa T., T. Hanihara, H. Sunakawa and H. Ishida. Dental variation of Ryukyu islanders: a comparative study among Ryukyu, Ainu, and other Asian populations. American Journal of Human Biology, 2003, 15 (2): 127 – 143.
44. Howell T. L and K. Kintigh. Archaeological identification of kin groups using mortuary and biological data: an example from the American Southwest. American Antiquity, 1996, (61): 537 – 554.
45. Irish J. D. The Iberomaurisian enigma: north African progenitor or dead end. Journal of Human Evolution, 2000, (39): 395 – 410.
46. Ishida H. and Y. Dodo. Cranial morphology of the Siberians and East Asians. In: Prehistoric Mongoloid Dispersals, edited by Akazawa T. and E. J. E. Szathmary. Oxford: Oxford Univ Press, 1995: 113 – 124.
47. Kitagawa Y. Nonmetric morphological characters of deciduous teeth in Japan: diachronic evidence of the past 4000 years. International Journal of Osteoarchaeology, 2000, 10 (4): 242 – 253.
48. Kondo S. and G. C. Townsend. Associations between Carabelli trait and cusp areas in human permanent maxillary first molars. American Journal of Physical Anthropology, 2006, 129 (2): 196 – 203.
49. Matsumura H. and M. J. Hudson. Dental perspectives on the population history of southeast Asia. American Journal of Physical Anthropology, 2005, 127 (2): 182 – 209.
50. Pilbrow V. Lingual incisor traits in modern hominoids and an assessment of their utility for fossil hominoid taxonomy. American Journal of Physical Anthropology, 2006, 129 (3): 323 – 338.
51. Rathbun T. A. Morphological affinities and demography of metal-age Southwest Asian populations. American Journal of Physical Anthropology, 1982, 59 (1): 47 – 60.
52. Scott G. R. and C. G. Turner II. The anthropology of modern human teeth: dental morphology and its variation in resent human populations. Cambridge, MA: Cambridge University Press, 1997.
53. Shields E. D. Mandibular premolar and second molar root morphological variation in modern humans: what root number can tell us about tooth morphogenesis. American Journal of Physical Anthropology, 2005, 128 (2): 299 – 311.

54. Tsai P. L., J. W. Hsu, L. M. Lin and K. M. Liu. Logistic analysis of the effects of shovel trait on Carabelli's trait in a Mongoloid population. American Journal of Physical Anthropology, 1996, 100 (4): 523-530.

55. Turner II C. G. Dental evidence on the origin of the Ainu and Japanese. Science, 1976, (193): 911-913.

56. Turner II C. G. On oceanic prehistory and physical anthropology. Current anthropology, 1982, 23 (1): 112-113.

57. Turner II C. G. Dentochronological separation estimates for Pacific Rim populations. Science, 1986, 232: 1140-1142.

58. Turner II C. G. Late Pleistocene and Holocene population history of East Asia based on dental variation. American Journal of Physical Anthropology, 1987, 73 (3): 305-321.

59. Turner II C. G. Major features of Sundadonty and Sinodonty, including suggestions about East Asian microevolution, population history, and late Pleistocene relationship with Australian Aboriginals. American Journal of Physical Anthropology, 1990, 82 (3): 295-317.

60. Turner II C. G., C. R. Nichol and G. R. Scott. Scoring procedures for key morphological traits of the permanent dentition: the Arizona State University dental anthropology system. In: Kelly M. A. and C. S. Larsen (eds.). Advances in dental anthropology. New York: Wiley-Liss, 1991. 13-31.

61. Ullinger J. M., S. G. Sheridan, D. E. Hawkey, C. G. Turner II and R. Cooley. Bioarchaeological analysis of cultural transition in the southern levant using dental nonmetric traits. American Journal of Physical Anthropology, 2005, 128 (2): 466-476.

62. Weidenreich F. The dentition of Sinanthropus pekinensis: a comparative odontography of the hominids. Palaeontology Sinica, 1937, (101): 1-180.

第十四章　基于 C、N 稳定同位素的饮食结构与生活方式分析[①]

胡耀武　李法军　王昌燧　Michael P. Richards

考古资料研究表明，早在 8000 年以前，我国长江流域和黄河流域的先民，就已各自开始种植稻和粟以及驯化家畜；6000 多年前，"南稻北粟"的格局基本形成，稻作农业和粟作农业以及家畜的饲养成为先民主要的生活方式（王星光，徐栩，2003）。然而，与两大流域相比，华南地区先民生活方式发展的脉络，迄今为止，仍然存在较大争议。

万年前广东英德牛栏洞遗址水稻植硅体的发现，曾经一度使得学者们认为华南地区是中国栽培稻的起源地之一。但是，该遗址植硅体形态"在水稻演化序列上处于一种原始状态"，其究竟是否为栽培稻的雏形仍然缺乏科学的判断（李宁利，2005）。此外，在广西桂林甑皮岩遗址（约 1 万年前）开展的系统浮选，也没有发现任何与稻作农业相关的植物遗存，而直到 6000 年前的广西资源晓锦遗址二、三期和广西顶蛳山遗址的第四期，栽培稻的植硅体才开始出现。

由此，赵志军（2005）认为，距今 6000 年以前，华南地区的先民并没有从事原始稻作农业。相反，根据甑皮岩遗址一定量碳化块茎类植物的出土，赵志军（2005）推测，华南地区可能存在着种植块茎类植物的原始农业。此外，虽然在华南地区不少遗址中均发现了大量的动物骨骼，但这些动物是否已处于家养状态，即先民是否已经开始饲养家畜，仍然不甚明朗。对出土于贝丘遗址的先民，人们也仅仅简单地将他们归结为以渔猎为生，而缺乏对先民食物结构的细致解读。无疑，对我国华南地区先民的食物结构和生活方式仍需进一步探索。

通过古代人骨中 C、N 稳定同位素的分析，揭示先民的食物结构，探索先民的生活方式，是目前国际生物考古界的主要研究方法之一。因骨骼保存情况的差异，我国先民食物结构的研究工作，还主要集中在黄河流域（张雪莲 等，2003；Hu, et al., 2006；Hu, et al., 2008），长江流域也偶有涉及（胡耀武 等，2007），但华南地区尚属空白。近些年来，华南地区发现了一批保存相对较为完好的人骨，为我们提供了宝贵的研究资料。为此，我们拟通过对广东湛江鲤鱼墩遗址中出土人骨的 C、N 同位素分析，在揭示其食物结构的基础上，了解华南地区先民的生活方式，并通过与黄河流域和长江流域人骨（约同时代）稳定同位素数据的比较，初步探讨三大地区先民生活方式的差异。

[①] 本章主要部分原载于《人类学学报》2010 年第 3 期，本书对原有内容作了适当的修改和调整。参见：胡耀武，李法军，王昌燧, Michael P. Richards. 广东湛江鲤鱼墩遗址的 C、N 稳定同位素分析：华南新石器时代先民生活方式初探. 人类学学报, 2010, 29（3）：264–269.

第一节　材料与方法

样品全部选自鲤鱼墩遗址,从 8 个墓葬中挑选 7 个相对保存较好的个体,以墓葬号代表样品号。

一、骨胶原的制备

骨样的处理程序,主要依据 Jay 等制定的方法（Richards,2006）。机械去除骨样内外表面的污染物,取少许骨样,称重后,4℃下置于 0.5 摩尔/升的 HCl 中浸泡,每隔 3—4 天换新鲜酸液,直至骨样变松软、无明显气泡为止。离心,弃去酸液,蒸馏水清洗至中性。加入 pH 值为 3.0 的 HCl 酸液,70℃加热 48 小时,使其完全明胶化。初步过滤后,再使用 Millipore Amicon Ultra-4 过滤器离心过滤,收集相对分子质量大于 30×10^3 道尔顿的溶液,冷冻过夜,次日冷冻干燥得骨胶原,称重,计算骨胶原得率（骨胶原得率 = 骨胶原重量÷骨样重量）。

7 个样品中的 6 个样品可提取出骨胶原,骨胶原的得率均很低。各样品的出土地点和骨胶原得率,如表 14.1 所示。

表 14.1　样品出土地点、骨胶原得率、C 和 N 含量及稳定同位素比值

人骨出土地点	骨胶原得率（%）	C 含量（%）	N 含量（%）	C/N	δ^{13}C（‰）	δ^{15}N（‰）
03SL M2	1.2	5.3	1.4	4.5	−20.0	13.2
03SL M3	—	—	—	—	—	—
03SL M4	0.3					
03SL M5	0.4					
03SL M6	1.1	16.8	6.0	3.3	−16.1	14.8
03SL M7	1.1	17.4	6.3	3.2	−17.9	12.8
03SL M8	0.8					

注：表中空白表明提取出的"骨胶原"皆不是骨中原始的骨胶原,无 C 和 N；斜体表示样品的骨胶原已经受到污染,不能用作食谱分析。

二、C、N 稳定同位素的测试

取少许骨胶原,称重,于元素分析仪联用的稳定同位素质谱仪（Thermo Finnigan DELTA plus XL）上测试其 C、N 含量及同位素比值。C、N 同位素比值分别以 δ^{13}C（相对 VPDB）、δ^{15}N（相对 AIR）表示,分析精度各为 0.1‰和 0.2‰（表 14.1）。

第二节　结果与讨论

一、骨骼的污染

人体死亡掩埋后，埋藏环境的湿度、温度以及微生物等诸因素，都将影响骨骼的保存，破坏其完整结构，改变其化学组成，这就是所谓的"骨骼污染"（bone contamination），也称为"骨骼的成岩作用"（bone diagenesis）（Hedges，2002）。一旦骨骼发生污染，其化学成分与食物化学成分间的对应关系将不复存在，古食谱的重建也就无从谈起。

骨胶原属于胶原蛋白，必然含有 C 和 N。然而，鲤鱼墩遗址的 4 个样品（03SL M3，03SL M8，03SL M4 和 03SL M5），提取出的骨胶原皆不含 C 和 N，表明这些样品在长期的掩埋过程中，骨胶原已经全部降解。此外，剩余的 3 个样品（03SL M7，03SL M2 和 03SL M6，其 C、N 含量也显著低于现代样品（41% C 和 15% N）（Ambrose，1990），反映了 3 个样品中的骨胶原也已发生较大程度的降解。然而，判断骨胶原是否污染的最重要指标，当属骨胶原的 C/N 值。DeNiro 等（1985）认为，比值在 2.9—3.6 之间，可认为骨胶原保存较好，而小于 2.9 或大于 3.6，表明骨胶原中的 C 或 N 已受到污染，不宜进行食谱分析。不难发现，剩余的 3 个样品中，只有 03SL M7 和 03SL M6 的 C/N 值，落于未污染样品范围内，表明这两个样品的骨胶原虽已发生较大程度的降解，但仍然保持了其起初的生物学和化学特性，可视为未污染样品。

二、先民的食物结构分析

根据光合作用途径的不同，陆生绿色植物可基本分为两类，即 C_3 类植物和 C_4 植物。C_3 植物，如稻、麦、大部分树木、灌木等，具有低的 $\delta^{13}C$ 值，平均值为 $-26.5‰$；而 C_4 类植物，如粟、玉米、高粱、大部分草类等，其 $\delta^{13}C$ 值通常较高，平均值为 $-12.5‰$（O'Leary，1981）。与陆生植物利用大气中的 CO_2 不同，海生植物以溶解在海水中的 CO_2 作为碳源，其 $\delta^{13}C$ 值位于 C_3 类植物与 C_4 类植物之间（Chisholm 等，1982）。当植物被动物所食，这种差异将贯穿整个食物链。在植物的 C 经消化吸收转化为动物骨胶原中的 C 的过程中，$\delta^{13}C$ 值将发生约 5‰ 的富集（Ambrose，Norr，1993）。若不考虑 C 同位素在营养级的分馏效应（富集 1‰—1.5‰，常忽略不计），以 100% C_3 类、C_4 类植物为食的动物，其 $\delta^{13}C$ 值分别为 $-21.5‰$ 和 $-7.5‰$。那么，以海生物为食的动物，其 $\delta^{13}C$ 值理应落于 $-21.5‰$—$-7.5‰$ 范围内。鲤鱼墩遗址未污染样品（03SL M6 和 03SL M7），其 $\delta^{13}C$ 值分别为 $-16.1‰$ 和 $-17.9‰$，反映了他们食物中的 C 可能存在两种来源：①兼具 C_3 类和 C_4 类；②海生类。

与 C 同位素主要反映食物的种类相比，N 同位素更多地用以确定动物在食物链中的营养级。研究表明，沿食物链的营养级每上升一级，$\delta^{15}N$ 值将富集 3‰—5‰，这意味着植食动物比其所食植物的 $\delta^{15}N$ 值富集 3‰—5‰，而肉食动物又比植食动物 $\delta^{15}N$ 值富集 3‰—5‰（Hedges, et al., 2007）。故此，若以 3‰作为区分营养级的标准，通常，在陆生环境中，杂食类动物的 $\delta^{15}N$ 值为 7‰—9‰，肉食类动物的 $\delta^{15}N$ 值则大于 9‰。对于以淡水类为主的动物，其 $\delta^{15}N$ 值略高于陆生环境下同营养级的动物，而以海生类食物为主的动物，其 $\delta^{15}N$ 值则最高（Richards, et al., 2005）。鲤鱼墩遗址样品 03SL M6 和 03SL M7，其 $\delta^{15}N$ 值分别高达 14.8‰和 12.8‰，远远高于 9‰，且其 $\delta^{13}C$ 值介于 C_3 和 C_4 类植物之间，进一步表明其食物中包含了大量的海生类。虽然遗址中贝类、鱼骨和兽骨并存，但人骨的稳定同位素分析，则显示先民的食物以海生类为主，可能来源于海中的贝类及鱼类，而陆生动物在人们的食物结构中只处于辅助地位。

众所周知，华南地区水系纵横，自然条件十分优越，可为先民提供极为丰富的动植物资源。故此，虽然以种植块茎类植物的原始农业在华南地区有可能出现，但显然不可能成为先民主要的生活方式。鲤鱼墩遗址出土人骨的稳定同位素分析显示，该遗址的先民主要以海生类作为主要食物来源，陆生食物在人类的食物中只居次要地位。

三、我国不同地区先民生活方式的差异

我国黄河流域新石器时代若干遗址人及动物的稳定同位素分析表明，虽然早在 8 ka B.P. 先民就已开始种植粟类（包括粟和黍）作物和驯养家畜，但直至 1000 年后，粟作农业和家畜才真正发展起来（胡耀武 等，2008；Hu, et al., 2008；Barton, et al., 2009）。反观我国的长江流域，尽管稻作农业发展较早，但人骨的稳定同位素分析表明，先民更多地依赖于渔猎活动，家畜的饲养并不普遍（胡耀武 等，2007）。

表 14.2 为已发表的黄河流域仰韶文化若干遗址（Pechenkina, et al., 2005）、长江流域江苏金坛三星村遗址（胡耀武 等，2007）以及本研究中的稳定同位素数据，图 14.1 为这些数据的误差图。总体而言，这些遗址所处年代均位于 6 ka B.P. 左右。通过对这些遗址人骨稳定同位素的比较分析，有望进一步揭示先民生活方式的差异，了解我国先民生活方式的多元性。

表 14.2 我国不同地区在新石器时代稳定同位素数据的差异

遗址名称	年代（距今）	样品数量	$\delta^{13}C/‰$（平均值±标准偏差）	$\delta^{15}N/‰$（平均值±标准偏差）	数据来源
鲤鱼墩	7—6 ka B.P.	2	-17.0±1.3	13.8±1.4	本研究
半坡、姜寨、石家	6.9—6.0 ka B.P.	15	-10.3±1.5	8.4±0.5	Pechenkina, et al., 2005
三星村	6.5—5.5 ka B.P.	19	-20.1±0.2	9.7±0.3	胡耀武 等，2007

从图 14.1 可以明显看出，黄河流域的先民，其 $\delta^{13}C$ 值最高，体现出显著的 C_4 类植

物特征,当与先民从事粟作农业密切相关。长江流域先民的 $\delta^{13}C$ 值最低,表明其食物以 C_3 类植物为主,显然,这与先民种植水稻紧密相关。华南地区先民的 $\delta^{13}C$ 值则居于两者之间。此外,三个地区先民的 $\delta^{15}N$ 值也同样表现出明显的差异。华南地区的先民,具有最高的 $\delta^{15}N$ 值,其食物中包含了大量的海生类资源。长江流域的先民,其 $\delta^{15}N$ 值次之,其食物主要来源于陆生环境下的动物类资源。黄河流域的先民,其 $\delta^{15}N$ 值最低,显现出杂食类特征,表明动物类食物在其食物结构中不占主导地位,农业则是他们主要的生活方式。

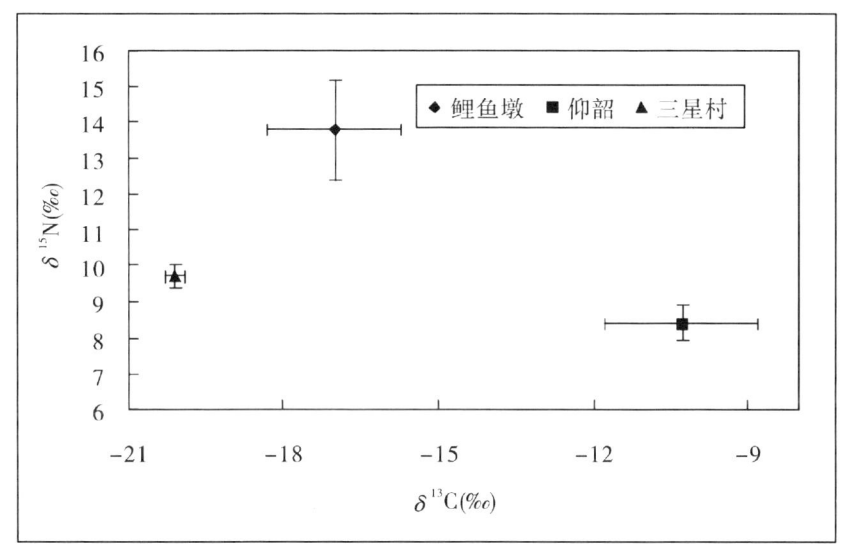

图14.1 中国不同地区先民 $\delta^{13}C$ 值、$\delta^{15}N$ 值的差异
(资料来源:胡耀武绘制)

通过黄河流域、长江领域和华南地区遗址中出土人骨的稳定同位素比较分析,可以清晰地看出,早在6 ka B.P.,我国先民的生活方式就已存在三种类型:①黄河流域的先民广泛地种植粟类作物和饲养家畜,粟作农业在其生活方式中占据主导地位;②长江流域的先民虽已普遍种植水稻,但由于自然条件较为优越,更倾向于通过渔猎活动获取动物类资源,家畜的饲养尚不普遍;③华南地区,与海毗邻,先民的食物来源以海生类食物为主,陆生资源在其生活方式中只处于辅助地位。

本章结语

鲤鱼墩遗址人骨的C、N稳定同位素分析表明,先民的食物以海生类为主,陆生资源在其食物结构中不占主要地位。此外,通过与其他遗址先民稳定同位素的比较,发现6 ka B.P.,华南地区、黄河流域和长江流域的先民,其生活方式就已呈现出显著的差异。

最后,需要指出的是,由于华南地区先民食物结构分析的研究工作尚属盲区,而本研究中人骨样品的保存又较差,进一步妨碍了我们对华南地区先民食物结构和生活方式的了解。故此,在今后的工作中,需要在华南地区选取更多的人骨样品,系统地开展先民的食物结构分析，更好地探明华南地区先民生活方式的发展过程。

本章参考文献

1. 李法军，冯孟钦. 鲤鱼墩新石器时代贝丘遗址出土人骨的研究意义. 见：王仁湘主编. 边疆民族考古与民族考古学集刊（第一集）. 北京：文物出版社，2009：82-91.
2. 李宁利. 珠江流域稻作农业起源的再思考. 四川文物，2005，(6)：33-37.
3. 胡耀武，王根富，崔亚平，董豫，管理，王昌燧. 江苏金坛三星村遗址先民的食谱研究. 科学通报，2007，52（1）：85-88.
4. 王星光，徐栩. 新石器时代粟稻混作区初探. 中国农史，2003，(3)：3-9.
5. 张雪莲，王金霞，冼自强，仇士华. 古人类食物结构研究. 考古，2003，(2)：62-75.
6. 赵志军. 有关农业起源和文明起源的植物考古学研究. 社会科学管理与评论，2005，(2)：82-91.
7. Ambrose S. H. Preparation and characterization of bone and tooth collagen for stable carbon and nitrogen isotope analysis. Journal of Archaeological Science, 1990, 17: 431-451.
8. Ambrose S. H., Norr L. Isotopic com position ofdietary prote in and energy versus bone collagen and apatite: purified diet growth experiments. In: Molecular archaeology of prehistoric human bone, edited by Lambert J. B and G. Grupe. Berlin: Springer, 1993: 1-37.
9. Barton L., S. D. Newsome, F. H. Chen, H. Wang, T. P. Guilderson and R. L. Bettinger. Agricultural origins and the isotopic identity of domestication in northern China. PNAS, 2009, 106 (14): 5523-552.
10. Chisholm B. S., D. E. Nelson and H. P. Schwarcz. Stable-Carbon isotope ratios as a measure of marine versus terrestrial protein in ancient diets. Science, 1982, 216 (4550): 1131-1132.
11. Chisholm B., D. Nelson and H. Schwarcz. Stable carbon isotope ratios as a measure of marine versus terrestrial protein in ancient diets. Science, 1982, 216 (4550): 1131-1132.
12. DeNiro M. J. Postmortem preservation and alteration of in vivo bone collagen isotope ratios in relation to palaeodietary reconstruction. Nature, 1985, 317: 806-809.
13. Hedges R. E. M. Bone diagenesis: an overview of processes. Archaeometry, 2002, 44 (3): 319-328.
14. Hedges R. E. M. and L. M. Reynard. Nitrogen isotopes and the trophic level of humans in archaeology. Journal of Archaeological Science, 2007, 34 (8): 1240-1251.
15. Mandy J. and M. P. Richards. Diet in the Iron Age cemetery population at Wetwang Slack, East Yorkshire, UK: carbon and nitrogen stable isotope evidence. Journal of Archaeological Science, 2006, 33 (5): 653-662.
16. O'Leary M. H. Carbon isotope fractionation in plants. Photochemistry, 1981, 20 (4): 553-567.
17. Pechenkina E. A., S. H. Ambrose, X. Ma and Jr. R. A Benfer. Reconstructing northern chinese Neolithic subsistence practices by isotopic analysis. Journal of Archaeological Science, 2005, 32: 1176-1189.
18. Richards M. P., R. Jacobi, J. Cook, P. B. Pettitt and C. B. Stringer. Isotopic evidence for the intensive use of marine foods by late Upper Palaeolithic humans. Journal of Human Evolution, 2005, 49 (3): 390-394.
19. Hu Y. W., S. H. Ambrose and C. S. Wang. Stable isotope analysis of human bones from Jiahu site, Henan, China: implications for the transition to agriculture. Journal of Archaeological Science, 2006, 33 (9): 1319-1330.
20. Hu Y. W., S. G. Wang, F. S. Luan, C. S. Wang and M. P. Richards. Stable isotope analysis of humans from Xiaojingshan site: implications for understanding the origin of millet agriculture in China. Journal of Archaeological Science, 2008, 35 (11): 2960-2965.

第十五章 屈肢葬俗考略

李法军

在鲤鱼墩遗址发现的8座墓葬的埋葬形式均为屈肢葬。我们可以看到，图2.22所示的4座墓葬的屈肢葬式均不同：03SL M3的姿势为蹲踞式，即头面部与双膝聚拢，两臂置于其间，若蹲在地上；03SL M7与03SL M3相似，但由于双臂位置不明，不能判断双臂是被置于小腿前还是面、膝之间；03SL M4为侧身屈肢，下肢蜷曲并没有前两个强烈；03SL M8为仰身屈肢。

目前，还没有确切的证据表明中国的旧石器时代存在屈肢葬。中国境内最早的屈肢葬见于华南新石器时代早期，主要集中在广西北部的柳江、漓江流域。在桂林甑皮岩（图2.19）、庙岩、柳州大龙潭、邕宁顶蛳山（图2.20）以及崇左冲塘（图2.21）等地均发现了屈肢葬，大部分都是蹲踞式屈肢葬，也有侧身屈肢葬和二次葬，其葬式在鲤鱼墩遗址的墓葬中大多存在。

如前所述，顶蛳山文化的遗迹以墓葬为主，葬式以屈肢葬为主，肢解葬次之，仅发现一座仰身直肢葬。屈肢葬又可分为仰身屈肢葬、侧身屈肢葬、俯身屈肢葬和蹲踞葬。除肢解葬外，其他葬式在中国境内的新石器时代遗址中，特别是华南地区的新石器时代遗址中多有发现，学术界对其有较为清晰的认识；而肢解葬由于属首次被确认，是一种新的不被以往学术界所认知的考古学现象，且因其葬式极为特殊，数量较多，立刻引起了学术界的高度关注。

由于顶蛳山文化的肢解葬俗是世界上首次被发现和公开报道的，因此对此葬俗的研究极为有限。目前，相关研究主要集中在考古学、民族学和文献学方面，尚缺乏人骨方面系统和深入的研究。傅宪国等认为，顶蛳山文化的肢解葬属一次葬，肢解方式无规律，但对于了解当时的社会结构和风俗习惯有相当大的帮助（中国社会科学院考古研究所广西工作队 等，1998）。覃芳结合云南大墩子墓地的考古学发现和现代民族学材料推断，顶蛳山文化只存在屈肢葬这一种葬式，肢解葬是屈肢葬的变体。她认为被肢解者均系因战争或意外伤害而死亡的个体，待被迁至族墓地时，尸体已经僵直，无法按照正常的屈肢葬式掩埋，因而对死者进行肢解，以便将其肢体摆放成屈肢状（覃芳，2002，2010）。潘世雄（2004）认为顶蛳山文化的肢解葬属"割体葬仪"，目的是通过破坏死者躯体以达到防止其灵魂作祟之效。

我们依据生物考古学知识，通过分析墓葬发掘记录以及比对墓葬照片和绘图记录后认为，顶蛳山文化的肢解葬应为一次葬，许多个体并非是被摆放成屈肢状，其形态还有待于进一步描述和分析。而目前由于缺乏详细的生物考古学研究，特别是缺乏个体的病理和创伤研究，还不能推断其全部为因战争或意外伤害而死亡。"割体葬仪"之说也缺乏实际的考古学证据支持。我们希望通过详细的生物考古学研究，对肢解葬俗的动因、方式和过程进行探讨。

鉴于目前有关肢解葬过程的实验考古学工作还在进行,因此还不能完全认识到其真实的过程和动机。有关肢解葬是否属屈肢葬的一种变体之争,尚有待于将来的讨论。故此,本章仅从宏观的角度来介绍有关屈肢葬的材料。

第一节 以往有关屈肢葬的研究

什么是屈肢葬?它的源流和分布如何?就目前的屈肢葬材料来看,国内外此类型墓葬均有存在。我们将参照以往的研究成果,试图对包括鲤鱼墩遗址在内的华南地区的屈肢葬的动因进行初步地分析。

韩建业(2006)曾经对屈肢葬的谱系进行了梳理,并认为"屈肢葬是墓主人不同程度地屈曲下肢的一种葬式"。他在总结以往的考古发现后,提出了一种有关中国屈肢葬的谱系模型。他将中国古代屈肢葬分成南方、北方、西方三大传统(图15.1)。

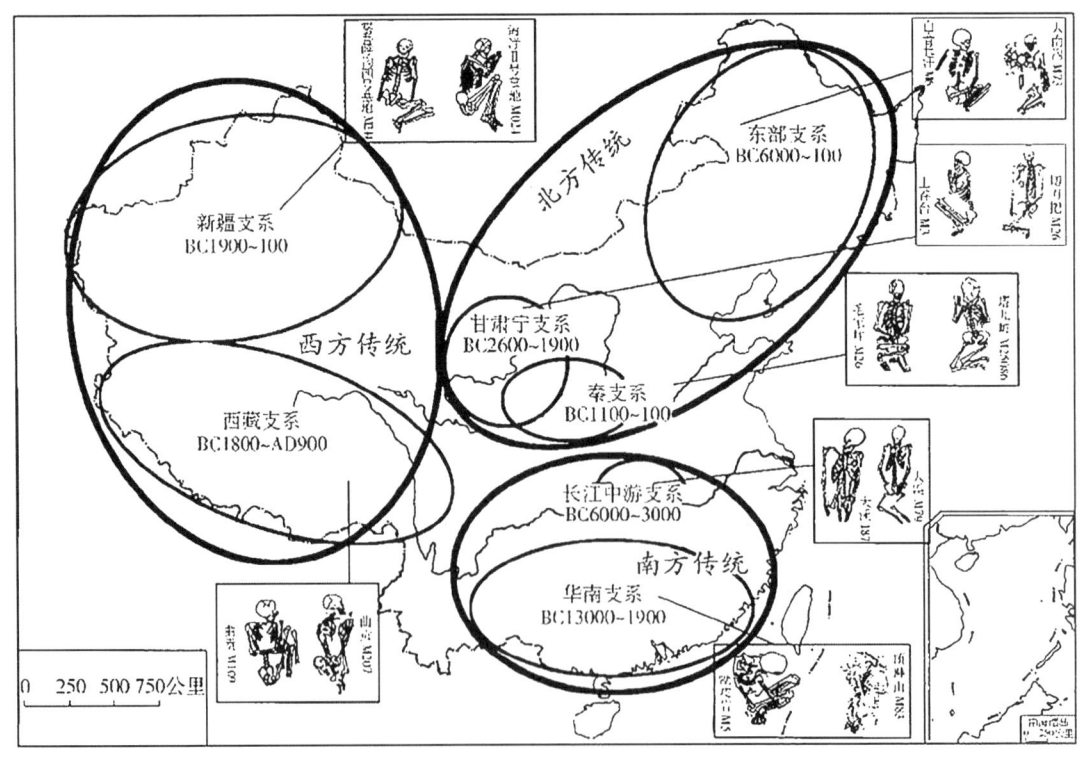

图15.1 中国古代屈肢葬谱系图
(资料来源:韩建业,2006)

南方传统出现和衰亡的时间都最早,从新石器时代早期延续至新石器时代晚期(13000—1900 B.C.)。南方传统又分为华南支系(13000—1900 B.C.)和长江中游支系(6000—3000 B.C.)。北方传统出现稍晚,从新石器时代中期延续至公元前1世纪

(6000—100 B.C.)。北方传统又分为东部支系(6000—100 B.C.)、甘青宁支系(2600—1900 B.C.)和秦支系(1100—100 B.C.)。西方传统出现和消失的时间都最晚,从青铜时代延续至公元后(1900 B.C.—900 A.D.)。西方传统又分为新疆支系(1900—100 B.C.)和西藏支系(1800 B.C.—900 A.D.)。

近年来,随着重庆巫山大溪遗址的考古发掘,我们逐渐认清了该遗址墓葬中存在的屈肢葬式(图15.2)。该遗址的屈肢葬式几近半数,而且延续时间较长。依据图15.2可以看出,屈肢葬式可分为仰身屈肢葬、蹲踞葬和俯身葬,而仰身屈肢葬又可进一步分为微屈式和特屈式。

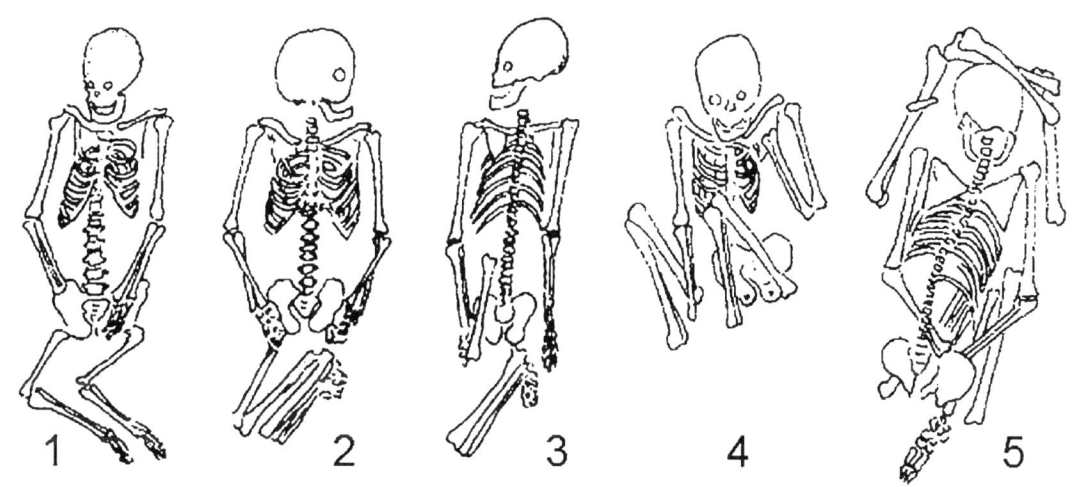

图15.2 巫山大溪遗址的屈肢葬
1. M79; 2. M78; 3. M160; 4. M164; 5. M177
(资料来源:修改自杨华,1999)

在韩建业所分的北方传统中,新石器时代中期东北地区的屈肢葬,主要流行于西拉木伦河上游及其以北地区。到了新石器时代晚期,北方传统东部支系的范围有了显著扩展,在包括呼伦贝尔高原、西辽河流域、燕山南北、冀西北、内蒙古中南部在内的北方偏东区域,都发现了以屈肢葬为主体的墓地。到了青铜时代早期,南方传统的华南支系继续存在,且向西影响到云南滇池附近。南方传统的长江中游支系已基本消失,北方传统的东部支系则极度衰退;与上述两个支系消失或衰弱相反,甘青宁地区此时却开始流行屈肢葬(图15.3)。

但我们发现,韩建业的北方传统中不仅缺乏对山东地区屈肢葬的描述,而且说"中国古代屈肢葬习俗的衰落,与黄河中下游、长江下游地区仰身直肢葬传统的扩展有关。"但事实上,大汶口文化存在明显的屈肢葬(图15.4)(何德亮,牛瑞红,1996)。

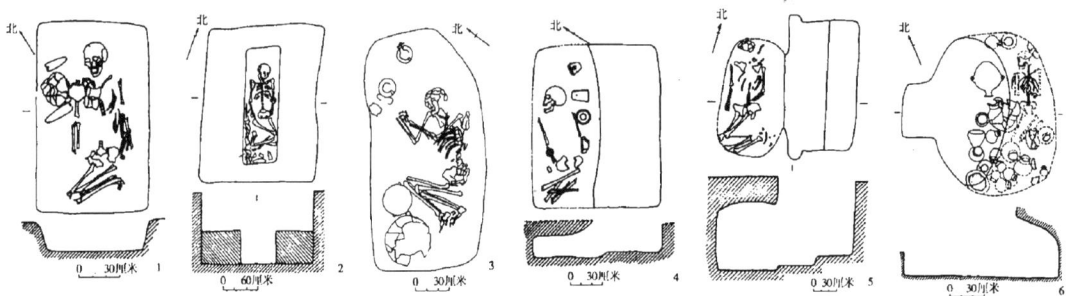

图 15.3 北方传统的屈肢葬式
1，4. 大南沟 M73 和 M52；2，5. 姜家梁 M8 和 M29；6. 菜园瓦罐嘴 M3
（资料来源：修改自韩建业，2006）

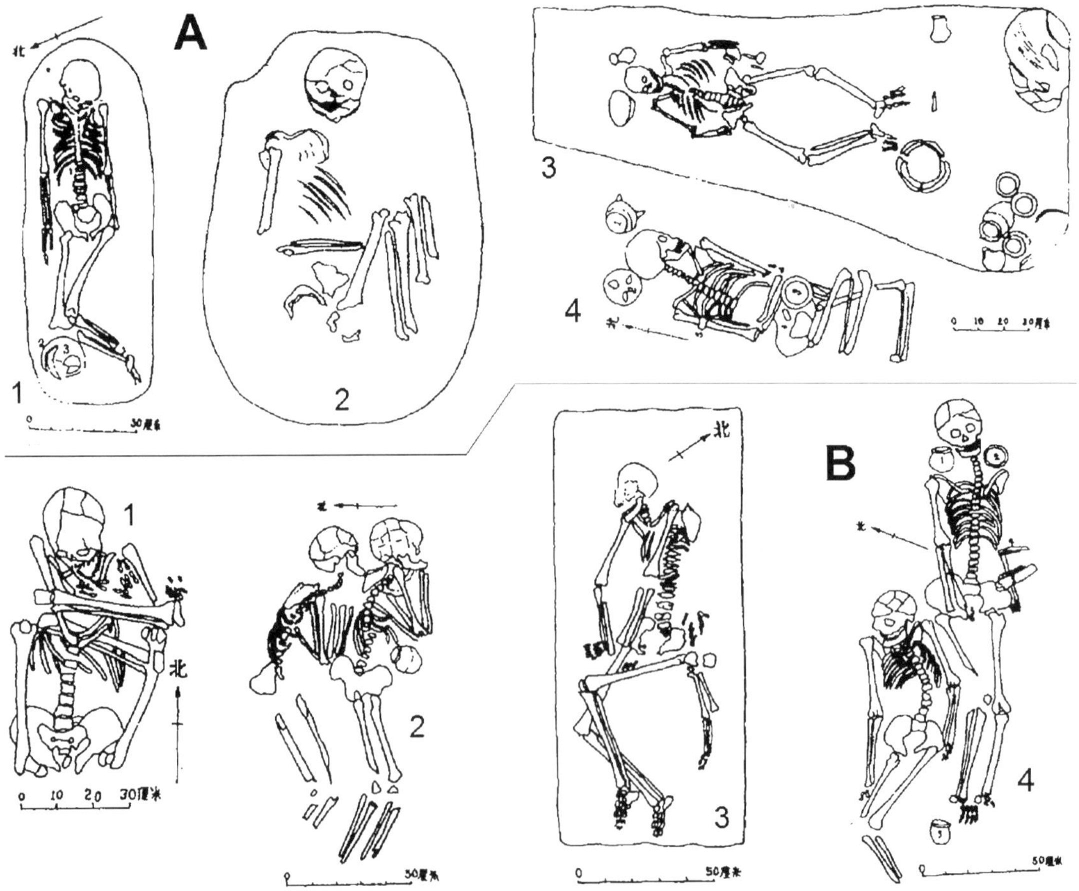

图 15.4 大汶口文化的屈肢葬式
A：1. 王因 M2102；2. 大汶口 M133；3. 三里河；4. 刘林 M164
B：1. 刘林 M172；2. 大墩子 M92；3. 三里河 M132；4. 大墩子 M101、M69
（资料来源：修改自何德亮，牛瑞红，1996）

以往的考古发掘和研究已经证实，韩建业所指出的秦支系的确具有鲜明的屈肢葬传统（图15.5）（李如森，1993；梁云，2008；陕西省考古研究所，1998，2002，2003，2006）。依据上述图示，我们可以看出秦文化的墓葬葬式可包括如下几个方面：俯身屈肢葬、仰身屈肢葬、仰身直肢葬、俯身直肢葬、侧身屈肢葬、侧身屈肢特甚和仰身屈肢特甚。尤以仰身屈肢葬和侧身屈肢葬为最。值得引起我们注意的是秦文化屈肢葬的上肢摆放位置，这也是其他屈肢葬文化系统研究中应当引起重视的地方，曾经有国外学者进行过相关的研究，但没有正式的文章可循。

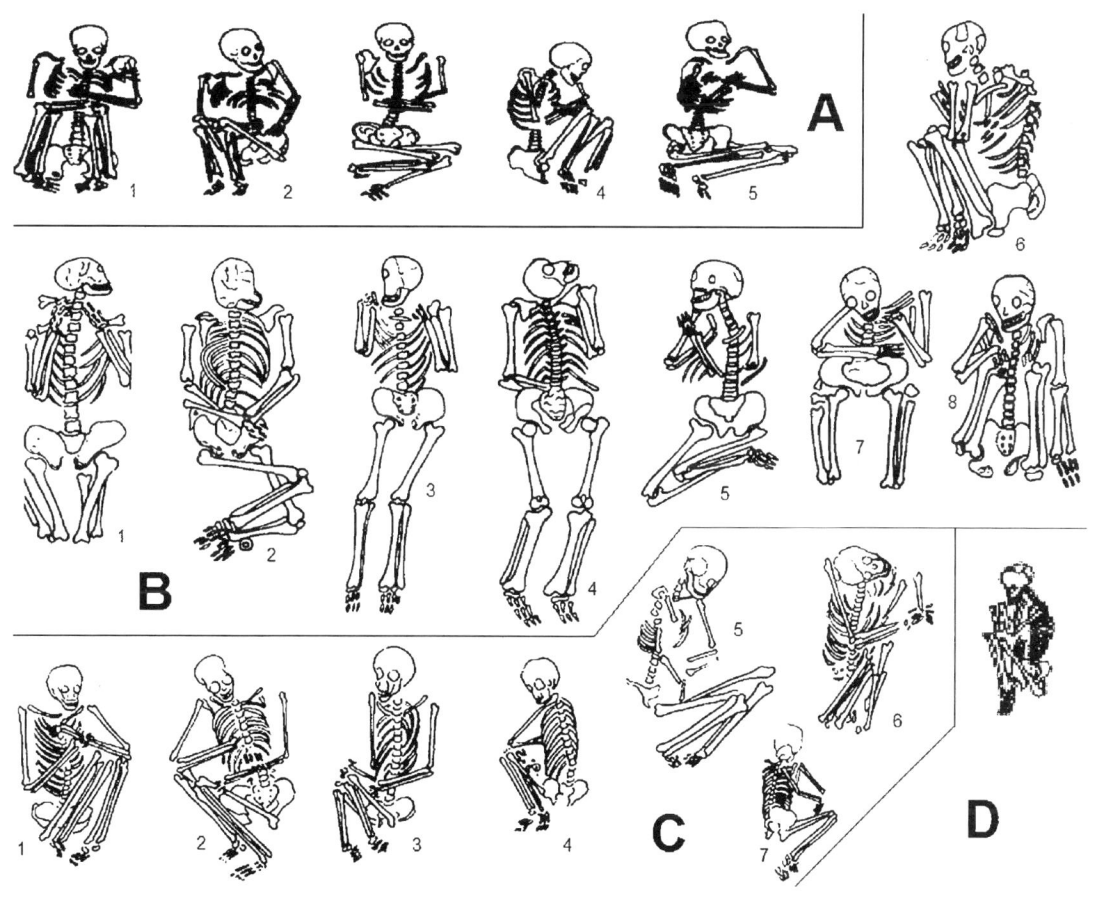

图15.5 秦墓中的屈肢葬

A：益尔秦墓 1. 仰身屈肢Ⅰ式（M21）；2. 仰身屈肢Ⅱ式（M33）；3. 仰身屈肢Ⅱ式（M14）；4 侧身屈肢Ⅰ式（M35）；5. 侧身屈肢Ⅱ式（M12）。B：西安北郊明珠花园秦墓 1. 俯身屈肢葬（M77）；2、7. 仰身屈肢葬（M42、M5）；3. 仰身直肢葬（M70）；4. 俯身直肢葬（M81）；5. 侧身屈肢葬（M80）；6. 侧身屈肢特甚（M40）；8. 仰身屈肢特甚（M32）。C：零口战国墓葬 （1. M15；2. M16；3. M17；4. M18；5. M9；6. M13；7. M11）。D：西北农林科大战国秦墓M18平剖面图

（资料来源：修改自李如森，1993；梁云，2008；陕西省考古研究所，1998，2002，2003，2006）

此外，在台湾十三行文化遗址（图15.6）和天津武清区兰城遗址（图15.7）的墓葬中，我们还能清晰地看到屈肢葬在晚近时期的存在。其实，在世界各地都曾经盛行屈肢

葬，例如两例发现于捷克境内的屈肢葬，年代约为 3000 B.C.（图 15.8 和图 15.9）（Turek，2008）。

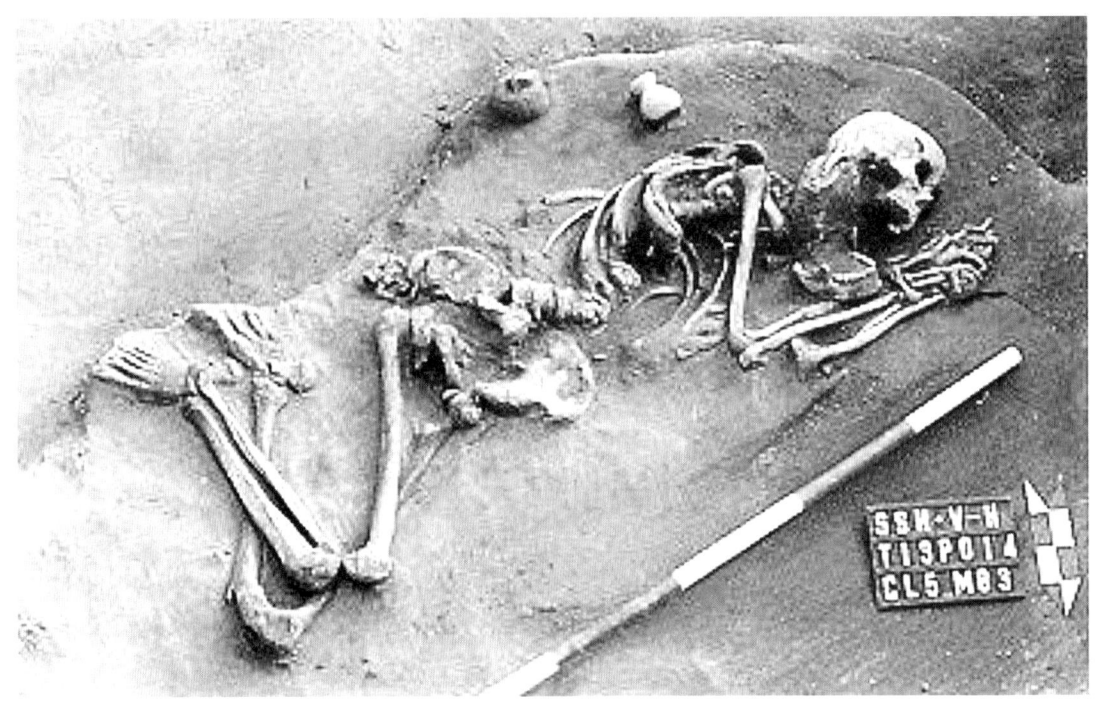

图 15.6　十三行文化屈肢葬

（资料来源：引自何传坤，1992a）

图 15.7　天津市武清区兰城遗址明清时期的屈肢葬

（资料来源：引自 http://news.enorth.com.cn）

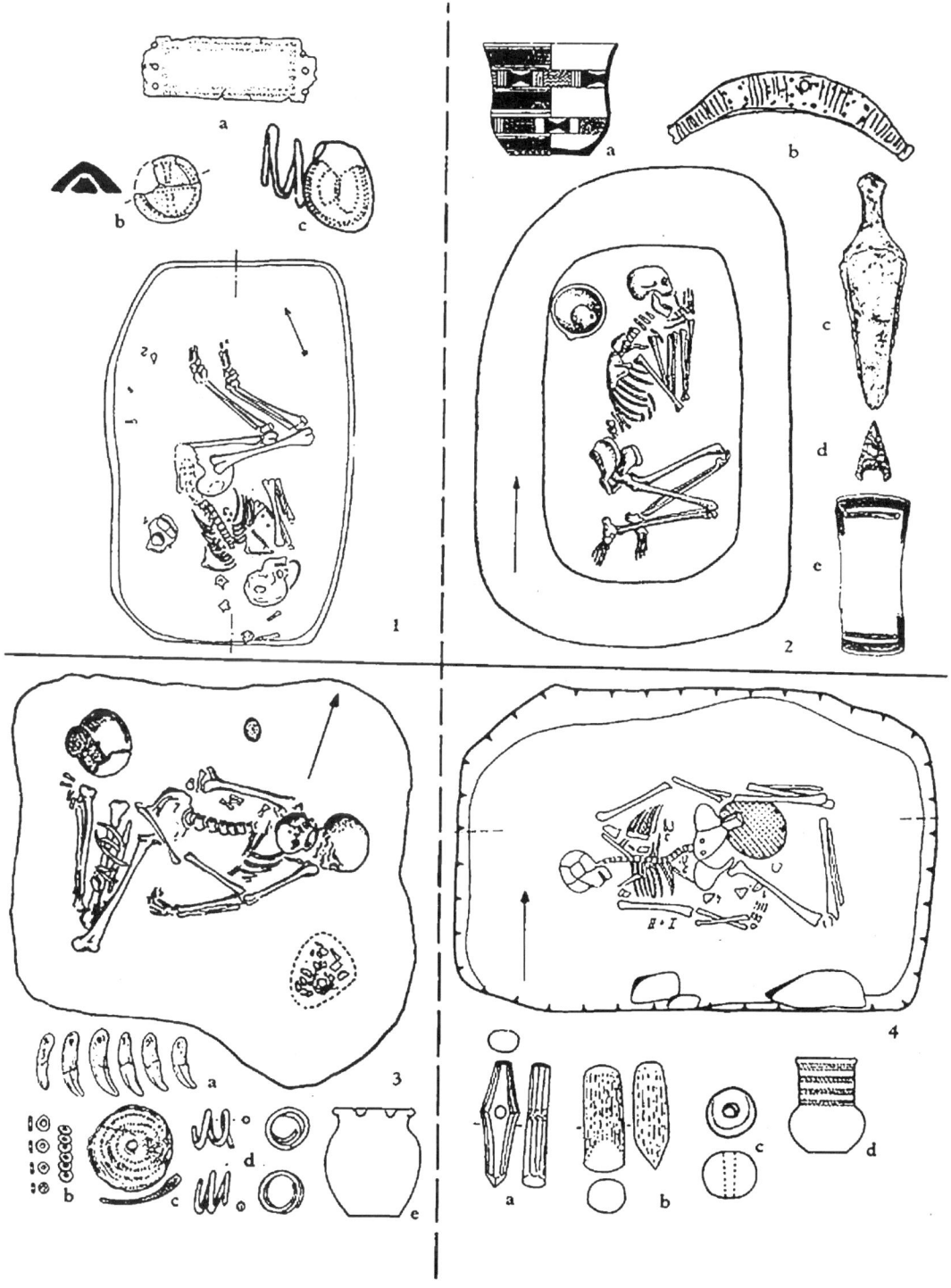

图 15.8 发现于捷克共和国境内的屈肢葬以及带有性别区分的随葬品
(资料来源：引自 http://www.kar.zcu.cz)

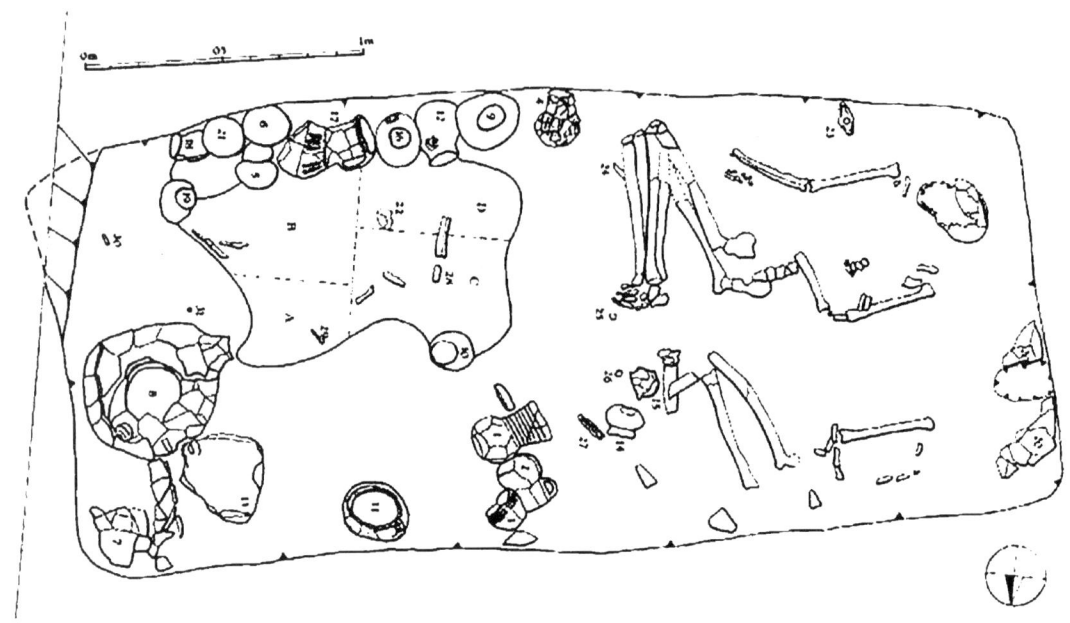

图 15.9　Slany 遗址 M1/95 中的屈肢葬
（资料来源：引自 Turek，2008）

第二节　现代民族志中的屈肢葬

除了考古学所提供的证据外，我们还可以借助现代民族志中有关屈肢葬的描述，以便我们对屈肢葬的源流、功能和形式进行更为有效的考察和推测，从而得出更为可信的解释。但我们必须牢记，由于文化间的涵化或者文化内的异质化过程有时候是以极快的方式完成的，因此用现代民族志的材料进行远古文化的比对时，民族志材料只可作为一种有力的参照，而不能完全作为远古文化的最终解释依据。

藏族在实行天葬时会对尸体进行特殊的处理，"设死者为绅士，则其尸体陈于汤丹旁之地上。四肢折叠，并以绳束缚。体既弯曲，即放入白毯内，顶上有礼巾一二条，以为致敬之最后供献。"① 又如"人死，以绳絷维之为圆块，膝口相连，两手较差于股，以平日所衣旧服裹之，盛于袋，悬于梁，男女罗而哭，送酥油于大、小招（昭）寺中燃灯。②

彝族在进行火葬时，"死则束缚其尸，宰牛烹羊，以待吊者。葬礼，架木为楼，抬尸

---

① 见：《西藏志》[民国二十五年（1936 年）铅印本]。转引自：丁世良，赵放. 中国地方志民俗资料汇编. 北京：书目文献出版社，1991：882。
② 见：《西域遗闻》[一卷，民国二十五年（1936 年）铅印本]，转引自：丁世良，赵放. 中国地方志民俗资料汇编. 北京：书目文献出版社，1991：882。

于上，点火焚之，叫做'火葬'。"①

永宁纳西族将尸体进行捆绑，使之双手交叉，至于面部与膝盖之间（图15.10）（容观夐，乔晓勤，1992）。

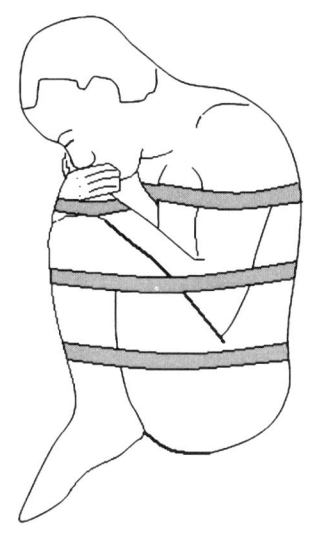

图15.10　永宁纳西族屈肢葬式

广东连南的瑶族在人之将死时将之置于凳子上，以便在其死后能够保持僵坐的姿势（容观夐，乔晓勤，1992）

台湾学者乔健认为，除卑南和北阿美族外，大多数台湾土著居民直到近些年（1958年）还仍然实行屈肢葬。排湾族、鲁凯族以及南阿美族的一部分现在仍使用这种方法（图15.11）（何传坤，1992b）。

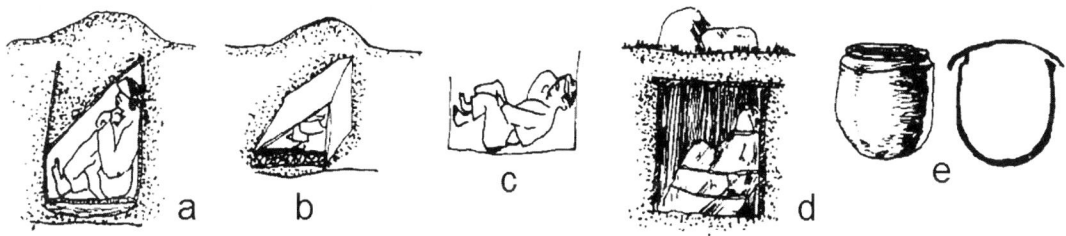

图15.11　阿美族及雅美族的屈肢葬
a—c. 阿美族；d. 雅美族；e. 瓮棺
（资料来源：修改自何传坤，1992b）

---

① 见：《镇雄县志》（十二卷，1987年云南人民出版社铅印本）。转引自：丁世良，赵放. 中国地方志民俗资料汇编. 北京：书目文献出版社，1991：746。

第三节 屈肢葬的含义

对死者葬以屈肢势现象的可能的解释，宾福德（1972）及丁长芬（1991）已对有关屈肢葬的不同解释提出了一些看法。

（1）将死者葬以屈肢势，是胎儿在母体子宫中姿势的一种摹仿，象征着再生。

（2）将死者葬以屈肢势，是为了阻止灵魂的走失而将死者双腿捆绑所致，这样可以复活。

（3）试图在墓内节省空间或是人工，使屈肢所占用的墓塘缩小。

（4）屈肢可符合睡眠或是休息的自然姿势。

乔健在其调查中向田野报道人询问了这一葬式的起因。尽管其中一些人认为是"节省空间的缘故"，但这并非圆满的回答。除了在意外死亡的情况下，高地族群中大数屈肢葬发现于房屋的地面下（图15.12）或村社内。房屋内屈肢葬的几位死者因性别、身份、地位的不同而有别。父系社会中的屈肢葬数量比母系社会中的多。通过高低地父系、母系或双可系之间的对照，看出族群间的竞争以及争夺土地的压力。在所有群体中，外来文化和技术的侵入对社会组织的变化及行为模式有着显著的影响。

我们还可以参照国外的实例来理解屈肢葬的含义。图15.13是来自大英博物馆所藏的埃及木乃伊，我们看到的并不像是一具死去的个体，而是一个正在熟睡的生命，这也许也是亲人将逝者置于此种姿势的一个原因吧。

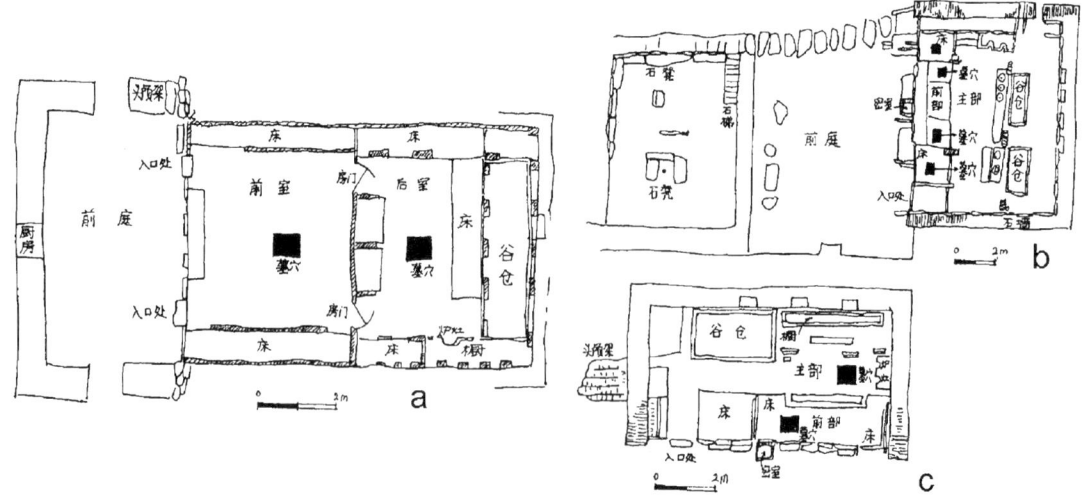

图 15.12　排湾族的室内葬

（资料来源：修改自何传坤，1992b）

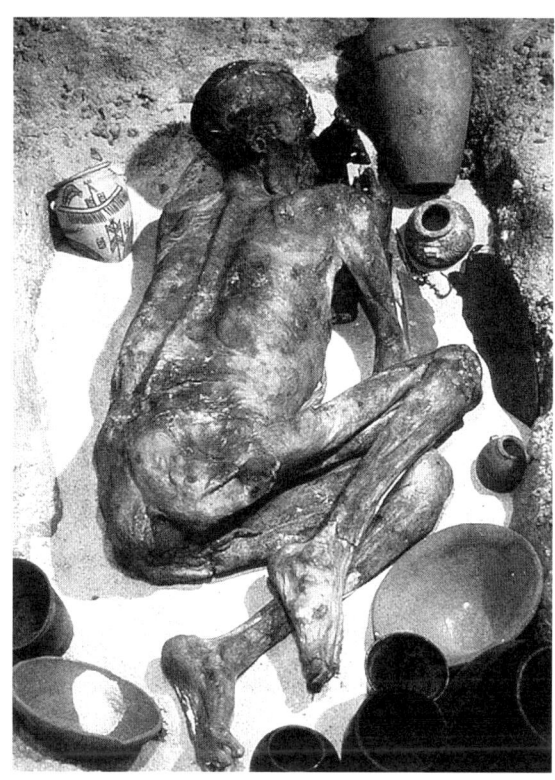

图 15.13　大英博物馆藏俯身屈肢葬

（资料来源：引自 http://amenra0131.pixnet.net）

本章参考文献

1. 陈伟明. 古代华南少数民族的丧葬文化. 中国史研究, 1996, (2): 142-151.
2. 丁世良, 赵放. 中国地方志民俗资料汇编. 北京: 书目文献出版社, 1991.
3. 高去寻. 黄河下游的屈肢葬问题——第二次探掘安阳大司空村南地简报附论之一. 中国考古学报, 1947, (2): 121-166.
4. 韩建业. 中国古代屈肢葬谱系梳理. 文物, 2006, (1): 53-60.
5. 韩建业. 半山类型的形成与东部文化的西迁. 考古与文物, 2007, (3): 33-38.
6. （美）何传坤. 台湾史前的埋葬模式（前篇）. 鲍卫东, 译. 东南文化, 1992a, (1): 93-112.
7. （美）何传坤. 台湾史前的埋葬模式（后篇）. 鲍卫东, 译. 东南文化, 1992b, (6): 76-95.
8. 何德亮, 牛瑞红. 大汶口-龙山文化屈肢葬俗探析. 辽海文物学刊, 1996, (1): 79-84, 33.
9. （美）克劳斯·艾尔迪. 从北方蛮人（公元前8世纪）和匈奴墓葬看古代匈牙利人的丧葬习俗. 贾衣肯, 译. 西北民族研究, 2002, (3): 29-41.
10. 李如森. 略论关中东周秦墓葬制与关东诸国的差异. 北方文物, 1993, (4): 18-27.
11. 梁云. 从秦墓葬俗看秦文化的形成. 考古与文物, 2008, (1): 54-61.
12. 潘世雄. 史籍中"宜弟"之说考释——兼释广西邕宁顶蛳山新石器时代遗址肢解葬. 广西民族研究, 2004, (4): 121-123.
13. 覃芳. 邕宁县顶蛳山遗址葬俗试释. 广西民族研究, 2002, (2): 107-110.
14. 覃芳. 广西邕宁顶蛳山史前屈肢葬与肢解葬的考察. 南方文物, 2010, (2): 74-80.

15. 容观夐. 我国古代屈肢葬俗研究. 中南民族学院学报, 1983, (2): 40-49.
16. 容观夐, 乔晓勤. 民族考古学初论. 广西民族出版社, 1992.
17. 陕西省考古研究所. 陕西临潼零口战国墓葬发掘简报. 考古与文物, 1998, (3): 15-21.
18. 陕西省考古研究所. 西安北郊明珠花园秦墓发掘简报. 考古与文物, 2002, (6): 3-17.
19. 陕西省考古研究所. 陕西高陵县益尔公司秦墓发掘简报. 考古与文物, 2003, (6): 3-15.
20. 陕西省考古研究所. 西北农林科大战国秦墓发掘简报. 考古与文物, 2006, (5): 37-47.
21. 滕铭予. 论秦墓中的直肢葬及相关问题. 文物季刊, 1997, (1): 72-80.
22. 杨华. 三峡新石器时代埋葬习俗考古与同时期人类社会发展历史. 四川三峡学院学报, 1999, 15 (2): 10-18.
23. 张正明. 楚墓与秦墓的文化比较. 华中师范大学学报 (人文社会科学版), 2003, 42 (4): 52-58.
24. 中国社会科学院考古研究所广西工作队, 广西壮族自治区文物工作队, 南宁市博物馆. 广西邕宁县顶蛳山遗址的发掘. 考古, 1998, (11): 11-33.
25. Buchvaldek M. and D. Koutecký. Vikletice, ein scnurkeramisches Gräberfeld. Prague: Universita Karlova, 1970.
26. Buchvaldek M. Pohřebiště lidu se zvoncovitými poháry. Ein Gräberfeld der Glockenbecherkultur. In: Praehistorica 16 - Lochenice. Z archeologických výzkumů na katastru obce, Praehistorica, 1990, (16): 29-50.
27. Hnízdová I. and J. Šimnek. Hrob se šňůrovou keramikou v Blšanech. Arche rozhledy, 1955, (7): 577-582.
28. Turek J. Being a Beaker child: The position of children in Late Eneolithic society. http://www.kar.zcu.cz/texty/Deti/deti.htm, 2008.
29. Kytlicová O. Pohřebiště kultury zvoncovitých pohárů v Kněževsi. Nécropole de la civilisation á vases campaniformes a Kněževes arr. Prague-ouest, Archeologické rozhledy, 1956, (8): 328-356, 458-459.

第十六章 近30年来东南亚地区古人类研究述评

李法军

现代人类的起源与演化和南岛语族的起源是当今国际体质人类学领域较为热点的问题。众所周知，中国和东南亚地区是探讨上述问题的重要区域。因此，当中国学者试图阐释这些问题的时候，或者研究中国与东南亚人群演化关系的时候，除了关注中国境内不同时期的古人类材料，还要考虑东南亚地区的古人类材料、研究方法和研究进展等相关要素。

基于丰富而完好的骨骼样本，中国学者已经建立起了中国北方地区先秦时期的人种学坐标体系（潘其风，1987；刘武，1997；潘其风，朱泓，2001；朱泓，2002；尚虹，2004；李法军，2008）。

长江流域由于45年来的积累，在古化石的发现和研究方面也取得了长足的进步（冯小波，2004）。然而，由于自然埋藏条件等原因，长江以南地区很难发现保存完整且样本丰富的古人骨样本。这种状况严重制约了南方地区人种学的研究（朱泓，2002；李法军，冯孟钦，2010）。这使得以往的学者不能清晰地认识南方地区古人类的演化过程及其类型分布规律。

华南地区古人类（包括化石和骨骼）具有相对统一的形态特征，可视为古华南类型的典型代表。通过对南方地区化石人类的研究，我们可以发现许多支持我国远古人类连续发展的证据，这些证据同时也有力地支持了关于现代人起源问题的"多地区起源论"的观点。

南方地区的先秦时期居民目前至少可以区分为三个不同的种系类型，即古中原类型、古华南类型和峡江类型（朱泓，2002）。浙江余姚河姆渡、福建闽侯县石山、广东佛山河宕、广东南海鱿鱼岗、广西桂林甑皮岩等颅骨组均属古华南类型。该类型居民的主要种系特征为：长颅型、低面、阔鼻、低眶、突颌、身材比较矮小。他们在体质特征上与现代华南地区的绝大多数居民（包括南方汉族和少数民族）均有所不同。在现代对比组中，他们一般和东南亚一带的居民（如印度尼西亚人），以及大洋洲的现代土著（如美拉尼西亚人）等比较接近。毫无疑问，本书所研究的鲤鱼墩和顶蛳山人群也应当是古华南类型。

如前所述，中国和东南亚地区是探讨现代人类起源与演化问题的重要区域。东南亚地区的古人类研究所涉及的内容广泛、论题深入、方法多样，但多为美国、日本、澳大利亚、法国以及当地人类学者所进行（Turner，1990；Wood，1991；Pietrusewsky，1988，1994；Nguyên，1996，2003；Hanihara，1996；Demeter，et al.，1999，2000，2003，2004，2005；Pietrusewsky，Chang，2003）。

据我们了解，除了法国、日本、澳大利亚、美国、英国和德国等欧洲学者坚持在东南亚地区进行古人类的发掘和研究工作外，韩国、印度以及本地人类学家也正在积极地参与或者主导发掘和研究工作①。国内还未见有中国人类学者直接参与该地区发掘和研究的报道。尽管20世纪曾有过越南新石器时代人骨研究的文章介绍到中国来（阮维，阮光娟，1966），但之后并没有持续的合作与交流。

我们虽然居于一个对于人类起源和微观演化至关重要的区域，但却还未参与到区域性的合作研究当中，这不得不说，我们在此方面还是非常欠缺的。当前阶段，我们应当在熟悉该区域国外学者的最新研究活动的同时，通过对他们以往研究成果的解读，了解他们的研究旨趣和水平。据此，我们才能逐渐与他们沟通和对话，在确认方法趋同和数据互通的前提下，逐渐搭建起彼此合作和交流的平台。

目前，中国政府和各级学术机构都很支持中国学者跨出国门、拓宽视野、增进对话、加强交流。对于我们人类学者来说这无疑是具有非常意义的事情。其实，在资讯开放的今日，自我封闭是我们无法走出国门的主要弊端所在。这种自我封闭一方面源于以往的相关政策，另一方面则是研究旨趣。但现在看来，我们应当打破这种自我封闭的格局，积极与其他国家的相关学者建立联系。在此，我们首先列举近年来一些该地区有关古人类研究的成果，以便开展将来的合作与交流。

第一节 近年东南亚地区体质人类学研究概述

在这里，主要介绍近30年来发表的有关该地区人类化石和骨骼研究的部分成果，也对以往发现的几处重要的人类化石遗址的研究做简要回顾。在研究内容上，既包括对化石和骨骼的形态学分析，也包括基于化石和骨骼形态学分析的综合性研究；从研究者来看，近年来在大陆东南亚地区进行发掘和研究的以法国、日本、泰国和越南学者为主，代表者是法兰西学院及巴黎国家自然史博物馆的Fabrice Demeter、越南考古学会的Nguyên Lân Cuờng和日本札幌医科大学的Matsumura Hirofumi；英、美、日、澳等国学者则主要在岛屿东南亚地区进行工作，代表者是澳洲新英格兰大学的Peter Brown、美国夏威夷大学的Michael Pietrusewsky和亚利桑那州立大学的Christy G. Turner II。

一、化石研究

自19世纪末Dubois在爪哇岛发现了世界上第一例直立人化石以来，在印度尼西亚已发现了30余例直立人化石样本，大致分布在爪哇岛的梭罗河（Solo River）沿岸（Kaifua, et al., 2008）。

1920—1922年，Dubois发表了对2例于1888—1890年出自印度尼西亚中爪哇岛瓦贾

---

① 2010年3月23日至25日，李法军参加了在巴黎国家自然史博物馆举办的一场古人类学讨论会，主题为《远东地区人类、环境和第四季环境：化石材料所示之生物多样性》。会议由该博物馆的古人类学家Fabrice Demeter、古脊椎动物学家Anna-Marie Bacon和巴黎古脊椎人类研究所的古人类学家Amelie Vialet召集和主持。通过交流和参与，李法军了解了有关目前东南亚地区古人类研究的最新进展。

克遗址（Wadjak）的人类化石（*Homo wajakensis*）的研究成果。他认为，瓦贾克遗址的年代可早至更新世（Dubois，1920，1922），而后世学者多认为其属于全新世，有研究认为其同期动物群年代为 10560±75 年（Storm，1995）。Boule（1923）认为瓦贾克人是原澳大利亚人（Proto-Australien），并认为其起源地就在东亚地区。

1921 年，Sánchez 报道了在菲律宾马尼拉发现的一个史前时期人类头骨。他认为这个头骨具有所谓"尼格利陀人"（Negritos）的诸多特征，是一个代表着"前尼格利陀人"的样本，他称之为"马尼拉人"（*Homo Manillensis*）。

1958 年 2 月，Harrisson 等在马来西亚加里曼丹岛西北部沙捞越的尼阿大洞（Niah Cave）发现了著名的尼阿人化石（Deep Skull）（Brothwell，1960；Kennedy，1977）。由于有不少学者对最初的发掘工作提出了质疑[①]，特别是发掘者没有提供足够的发掘细节，因而影响了后来的深入研究。鉴于此，沙捞越博物馆（Sarawak Museum）的工作人员与英国学者合作，于 2000 年重启了尼阿洞穴遗址的发掘计划，试图重建有关尼阿人的生活史（Barker，et al.，2000），而有关尼阿人化石的研究也得到了进一步加强（Rushworth，et al.，2007）。

由于包括爪哇猿人化石在内的东南亚地区古人类化石普遍缺乏详细的发掘记录特别是明确的层位记录，导致长久以来相关研究的停滞。正如 Brown（1992）在讨论晚更新世至全新世中期东亚和澳洲的人类进化问题时指出的那样：由于该地区人骨材料的分布年代过于分散、测年以及骨骼保存等问题，使得人类学家还不能完全建立从直立人到现代人的区域演化序列。

但随着该地区考古工作的逐步规范化，此种状况得以改观，综合性研究也逐渐展开。例如 1996 年，Etler 对以往在亚洲地区发现的人类化石材料进行了梳理，试图阐释人类的起源和人群扩散等问题。他认为东西方古人类的演化之路不尽相同：居于中国的中更新世人类面部的诸多特征仍见于该地区的现代人群之中，比西方人群更为常见；颅骨的现代化特征的出现应该是首先出现在非洲和欧洲的。大约 30 万年前，这些所谓的"西方"颅骨特征开始在中国早期智人化石中出现，被认为是东亚地区由直立人向现代人演化的中间阶段。随后，东亚地区现代人的诸多特征才开始在近东地区和非洲的早期智人身上出现。而东西方人群的相似性则源于二者在中更新世至晚更新世时期的基因流。

Demeter 等（2003）应用多变量分析和地理变异模式分析对东亚地区约 6.7 ka B.P. 的晚更新世人群的亲缘关系进行了研究。作者推测，在末次大冰期期间，人类通过巽他陆架（Sunda Shelf）自日本步行至东南亚地区（图 16.1）。他们认为在大约 6.7 ka B.P. 的东亚地区至少存在两个人类起源中心：即东北亚地区（C1）和中南半岛地区（C2）。C1 地区人类具有长而高的颅型，颅顶部较宽，面部较阔，颅骨壁较厚；C2 地区人类具有相当短而高的颅型，颅顶部较宽，额部较窄，面宽和眶间宽均较大。在约 30 ka B.P.，C1 地区人群因为气候变化而南迁，可能到达了 C2 地区并与当地人群混合。

Demeter（2006）为了厘清在 12.0—6.7 ka B.P. 东亚地区（东北亚和东南亚）晚期智人人群的迁徙、定居和体质的微观演化过程，对东亚地区的更新世晚期人类化石进行了测量学和统计学分析。他再次强调大约 6.7 ka B.P. 的东亚地区至少存在两个人类起源中

[①] 参阅 http://www.abc.net.au/science/slab/niahcave/whyniah.htm。

心：C1 和 C2。Demeter 等（2003）还注意到在爪哇岛发现的化石之间的许多相似性状和进化的连续性。

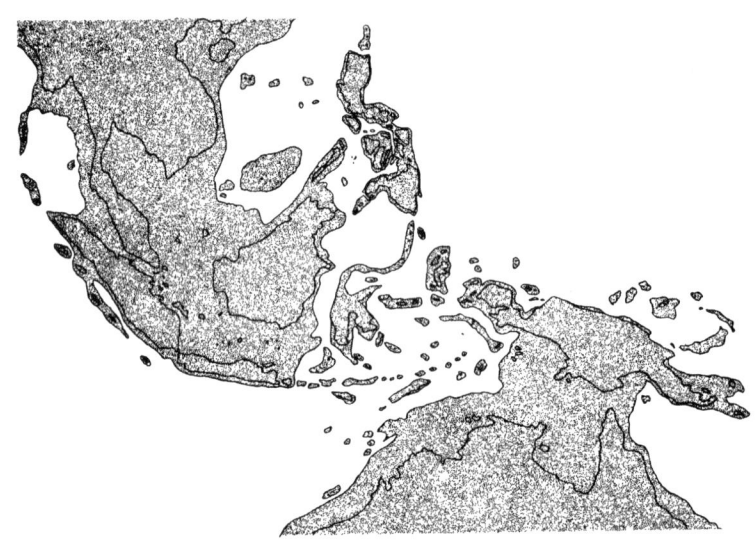

图 16.1　更新世时期路桥（约 16 ka B. P.）
（资料来源：引自 Article，1987）

近年来，法国古人类学家陆续发表了有关越南境内古人类化石材料的研究成果。例如在 2000 年，Demeter 等发表了对出自越南北部 Cau Giat 旧石器时代末期至新石器时代早期遗址的人类颅骨化石的研究成果。Cau Giat 遗址于 1930 年被发掘，出土了许多石制品和人类化石遗骸，但长久以来其人类化石材料被忽视和遗失。此次研究的化石材料是新发现的。研究结果表明，Cau Giat 古人类与瓦贾克人具有形态学上的相似性。Demeter 等（2000）认为存在一条连接印尼群岛和欧亚大陆的迁徙通道。

2004 年，Demeter 等发表了对 2001 年出自越南北部 Mai U'Oi 洞穴的一枚人类左下颌第一臼齿（MUI8）化石的研究成果。与 MUI8 同时出土的动物群属于中更新世至晚更新世，这与 MUI8 所表现的原始性和现代性的镶嵌式特征相符合。

2005 年，Demeter 等又报道了在 Mai U'Oi 洞穴中发现的另一枚人类左上颌臼齿（MU57）化石以及一块残破的枕骨化石。MU57 与 MUI8 所表现的镶嵌式特征较为一致，也被认为是属于一个早期智人阶段的个体。由此，他们提出越南更新世时期遗址的时间分布是从 475±125 ka B. P.（Than Kuyen 遗址）至 30—20 ka B. P.（Keo Leng 遗址）。这些更新世遗址的时间分布与同时期的老挝和泰国的遗址的时间分布范围一致。它们的动物群属于"中国-马来动物群"。

2004 年，Brown 等体质人类学家和考古学家在印度尼西亚弗洛勒斯岛（Flores）发现了人类化石。他们认为这是一个人属的新种，并将其定名为"弗洛勒斯人"（*Homo floresiensis*），其生存年代约 18 ka B. P.。有学者对弗洛勒斯人的头盖骨进行了研究发现，其脑部具有许多高级的特征表明弗洛勒斯人能够完成一些认知水平较高的行为（Balter，2005）。弗洛勒斯人的发现暗示着人类的适应能力可能要比我们原来想象的更加强大（李法军，2007）。

近年来，有关东南亚地区人类人类的迁徙和扩散路径问题也受到了重视。Marwick（2009）利用以往的关于中更新世时期东亚地区的古人类化石研究和考古学研究成果，重新审视了东南亚地区人类的定居和文化传播活动。Marwick 发现，东南亚地区正好处在非洲至澳洲的人类扩散弧（the great arc of human dispersal）上。他认为目前中南半岛上的来自中更新世时期遗址的古人类化石证据可以被用来评价三种可能的人群迁徙模式：①"湄南河路线"（Chao Phraya River Route），即经北方人群由湄南河河谷进入中南半岛；②"东越南路线"（East Vietnam Route），即中国人群经由越南进入中南半岛；③"海岸路线"（Coastal Route），即外来人群经由缅甸进入中南半岛（见图 16.2）。

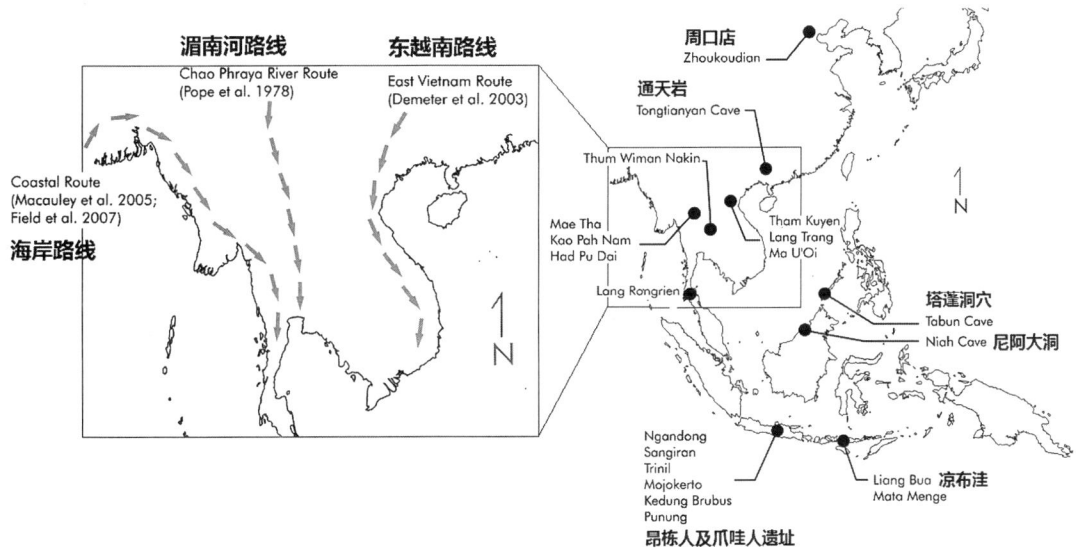

图 16.2　中更新世大陆东南亚人类迁徙的三种模式
（资料来源：修改自 Marwick，2009）

二、骨骼研究

早在 20 世纪初，Verneau（1909）就已描述了三个来自越南 Tonkin 洞穴的属于新石器时代的头骨，他认为这些头骨更像克罗马农人（Cro-Magnon）而不像蒙古人种。如前所述，阮维和阮光娟在 20 世纪 60 年代发表了越南北方易安省的早期新石器时代人头骨的研究报告（阮维，阮光娟，1960）。近 30 年来，有关人类骨骼的研究多集中在大陆东南亚地区，这与该区域的地理位置和埋藏条件有密切的关系。

1981 年，Pietrusewsky 应用多元统计分析方法对泰国东北部乌隆府（Udon Thani）班清遗址（Ban Chiang）的早期铁器时代人群和其他东南亚人群的亲缘关系进行了研究。头骨测量学的研究结果表明，班清早期铁器时代人群与东南亚史前时期人群存在着较为紧密的生物学联系，与多数近代印度尼西亚人群保持着相对紧密的联系。头骨非测量研究结果则显示，班清早期铁器时代人群与现代的某些中南半岛人群（如老挝人和越南人）和中国（南方）人群存在着相似性。

2009 年，Boonlop 和 Bubpha 发表了对于 2003—2004 年出自班清遗址的新石器晚期至铁器时代（2300 B. C.—300 A. D.）的人类骨骼的研究。这些同一地区但不同时期的居民在诸多特征上表现出既相似又有差异。研究结果不支持泰国东北部史前时期存在外来人群替代本地人群的可能性，因此研究者认为这一地区自公元前 2300 年以来就一直是连续演化的。

1988 年，Pietrusewsky 应用多元统计分析方法对出自越南北部 Con Co Ngua 新石器时代遗址人骨进行了研究。将其与来自东南亚和东北亚地区新石器时代至青铜时代人骨以及亚太地区近代人骨进行了对比分析。头骨测量学的研究结果表明 Con Co Ngua 新石器时代遗址人骨与印度尼西亚和泰国新石器时代人骨之间具有明显的相似性。

越南体质人类学家 Nguyên Lân Cuòng 一直致力于越南境内史前时期人类的体质人类学和生物考古学研究。较有代表性的著作是他关于越南东山文化（Dong Son Culture）人群的人类学特征（Nguyên，1996）和越南北部铁器时代古人群牙齿形态学、种族特征及病理特征的研究（Nguyên，2003）。Nguyên Lân Cuòng 研究了来自东山文化的 158 例个体，其中 44 名男性、41 名女性，另有 73 名性别不明。他认为其中的成年个体具有中等偏长的颅型，明显的高颅特征和狭颅特征，拥有阔额特征，中等的眶型和面部，鼻型宽阔，鼻根部扁平，颌部的突出度较大，阔腭型。

1999 年，Matsumra 和 Zuraina 发表了对一具几乎完整的出自马来半岛 Gua Gunung Runth 遗址的全新世早期人类遗骸的研究成果。他们将其与东南亚和澳大利亚的不同时期的人类群体进行比较，发现这具人骨在牙齿测量学和肢骨测量学特征方面与澳大利亚原住民最为相似，而颅骨的测量学特征却与来自马来西亚和弗洛勒斯岛的中石器时代样本接近。研究者认为，这具人骨与出自塔蓬（Tabon）和尼阿大洞的人类化石样本一样，代表着一个在晚更新世时期就已居住在当时的巽他大陆上的人群，他们很可能是现代澳大利亚原住民的祖先。

2003 年，Pietrusewsky 和 Chang 对 2531 例台湾岛男性原住民群体进行了头骨测量学研究。这些样本代表了 5 个台湾岛史前时期、近代和现代的群体。他们将这 5 个人群与东北亚、东南亚、澳大利亚、新几内亚、美拉尼西亚、波利尼西亚和密克罗尼西亚人群进行了比较。结果表明，这些台湾岛原住民与波利尼西亚人群有密切的形态学联系，表明波利尼西亚人群祖先可能来自台湾古代原住民群体。

2008 年，Matsumura 等发表了对一具保存相对完好的出自越南北部杭召洞穴（Hang Cho Cave）的更新世末期人类骨骼的研究，该个体约 10 ka B. P.，可能与和平文化（Hoabinhian Culture）人群有关。他们认为杭召洞穴人与其他东南亚地区的前全新世人群一样，与现代"澳大利亚－美拉尼西亚"人群拥有共同的祖先。

许多学者也对环太平洋地区特别是亚太地区的人类亲缘关系进行了系统分析。例如 1994 年，Pietrusewsky 对亚太地区 53 个不同时期人群的 2468 例男性进行了头骨测量学分析。他发现这些群体可被划分为两大群体：澳大利亚－美拉尼西亚人群（Australo-melanesian）和亚洲人群（Asian）。波利尼西亚人属于澳大利亚－美拉尼西亚人群，但与亚洲人群中的东南亚群体关系密切。操南岛语的台湾泰雅人与中国商代的安阳人以及海南岛和台湾岛上的现代汉族人较为接近。日本人与南岛语系人群的联系较少。现代泰国人仅与中南半岛上的人群保持了较近的联系，但青铜时期的泰国人却更接近于东南亚诸岛上的人群。

Pietrusewsky（2008）还应用头骨测量学方法考察了来自近代东北亚、东南亚、澳洲和太平洋诸岛的56个族群的生物学联系。他的研究目的在于检验以往那些依据考古学、历史语言学和生物学而得出的有关东南亚岛屿以及邻近地区自4万年来的现代居民的关系问题。研究结果表明，亚太人群和澳大利亚-美拉尼西亚人群首先分离；摩鹿加群岛（Moluccas）人群与中南半岛人群接近而远离岛屿东南亚人群；东北亚人群与东南亚人群分离，表明这两个人群内部保持了长期的连续演化，二者之间的交融是较晚时期才发生的。

第二节　东南亚地区古人类的亲缘关系：方法论与演化之路

目前，体质人类学家和其他学科的研究者都致力于多学科合作模式以寻求在更为广阔的视野中阐释东亚地区人类的起源和演化问题。对于体质人类学家而言，当前最主要的是应用多元整合方法。这一方法以骨骼测量学为基础，重视生物统计学、解剖学和虚拟技术的应用，借助考古学、历史语言学、分子生物学、民族学、生态学和古病理学等学科的成果，试图重构有关人类起源和演化的过程。除了较为著名的用以阐释世界范围内现代人起源的"单一地区起源说"（Darwin，1871）和"多地区起源说"（Wolpoff，et al.，1984）外，体质人类学家还提出了如下假说来阐释东亚地区人类的起源和演化过程。

一、"双层模式"（Two Layer Model）

这一假说最早由Jacob于20世纪早期提出（Jacob，1967）。该假说认为东南亚人口史的主要特征是该地区首先被"澳大利亚-美拉尼西亚"人群占据，而后于新石器时代开始和来自东北亚地区的农业移民发生混合。Matsumura和Hudson（2005）应用牙齿测量学和非测量特征数据检验了这一假说。研究结果表明，近代的"澳大利亚-美拉尼西亚"人群与属于全新世早、中期的来自越南、马来西亚和弗洛勒斯岛的古代人群之间具有较为密切的亲缘关系；现代东南亚人群具有东北亚人群和"澳大利亚-美拉尼西亚"人群混合的牙齿特征。现代东南亚人群的此种牙齿特征表明他们可能含有来自东北亚人群的基因成分。他们的研究支持了"双层模式"假说。

二、"二重起源-混血说"（Dual Origin Hypothesis）

Turner于1975年第一次对日本人、绳文人、阿伊努人和史前中国人群的牙齿形态特征进行比较后提出了关于日本岛屿人群的"二重起源-混血说"。

他认为在日本列岛居民中同时存在"巽他型牙"（Sundadonty）和"中国型牙"（Sinodonty）两种牙齿形态类型的人群，绳文人和阿伊努人属于巽他型，弥生人及现代日本人属于中国型（Turner，1987）。他进一步指出，现代日本人血统存在一个二重起源，大多数是大陆中国型人群的基因，少量来自巽他型的阿伊努人的基因。但是Ishida（1993）通过对环太平洋地区人群的头骨非测量性状的研究却认为并不能证明绳纹人与环太平洋人群具有直接的亲缘关系。

三、"二元群型"理论（Dualistic Groups）

2000 年，Turner 又依据牙齿的非测量特征提出了东亚人类演化关系的新学说，李法军将其概括为"二元群型"理论。他认为依据东南亚人群所具有的巽他型牙特征，该地区人群具有本地区连续演化的特征，并没有受到来自东北亚人群遗传结构影响（图 16.3）（Turner，2000，2006）。Turner（2006）认为"巽他型"牙齿特征是由"原巽他型"牙齿特征演化而来的，不是由"澳大利亚 – 美拉尼西亚"人群和东北亚人群混合的结果。可以看出，"二元群型"是 Turner 对"二重起源 – 混血说"的修正，即由原来的认为巽他型牙和中国型牙是两个不同起源的类型转变为认为中国型牙是巽他型牙的分化。

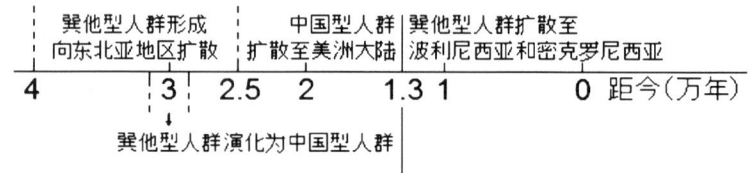

图 16.3　两种牙齿类型群体关系

[资料来源：李法军依据特纳（Turner，2006）观点绘制]

但 Matsumura 和 Hudson（2005，2006）批判了 Turner 的理论，也批判了 Hanihara 关于东南亚地区古今人群未受华南之影响而独立演化的观点。他们认为 Turner 的有关牙齿的"二元群型"理论存在许多缺陷，其中最主要的质疑是，对于现代人群而言，应用"二元群型"理论中的"两群型之间仅存有微弱混合"的假设是否能够有效地区分出东北亚人群和东南亚人群。Matsumura 和 Hudson 提出了其与 Turner 的主要分歧在于：①对于东南亚之复杂牙齿特征的形成过程的解释。是本地演化的结果亦或有东北亚人群的影响？Matsumura 和 Hudson 认为是后者。②"巽他型"是否能够被作为一种独立的分类依据。Matsumura 和 Hudson 认为东亚地区存在南北过渡类型，而"巽他型"只是东北亚和东南亚群体混合后的形态。

而 Pietrusewsky（2008）通过对东南亚岛屿的现代人群的考察，认为亚太人群和澳大利亚 – 美拉尼西亚人群首先分离；摩鹿加群岛（Moluccas）人群与中南半岛人群接近而远离岛屿东南亚人群；东北亚人群与东南亚人群分离，表明这两个人群内部保持了长期的连续演化，二者之间的交融是较晚时期才发生的；岛屿东南亚似乎是波利尼西亚人和大洋洲（Remote Oceania）祖先的故乡。

四、"二重构造模式"（Dual Structure Model）

Hanihara（1996）根据包括日本、亚洲和太平洋地区贯穿旧石器时代到现代的人类学的研究资料总结出日本人起源的"二重构造模式"。该模式认为，在日本主要存在两个人群分支演化，一是从绳文时代人到现代阿伊努人；二是从弥生人到现代日本人。同时他指出，绳文人的祖先来自更新世晚期的东南亚古人类，弥生人的祖先则来自亚洲大陆东北部，包括西伯利亚东部、中国东北部和蒙古地区，他们到达日本后，与原住民发生混血而形成了现代日本人的主要成分（张雅军，2008）。

从上述这些假说可以看出，在探讨东南亚地区古人类的起源、演化与亲缘关系时，各种学说都属于"二元论"假说，即都认为自更新世晚期以来的东亚地区人群在起源上是二元的，他们逐渐相互融合而演化成现在的情形。值得注意的是，不同学说在研究的对象上有较大差别，既包括了化石材料，也包括了骨骼和牙齿材料；研究样本在数量上差异较大；更重要的是，不同学者所采用的测量标准并不统一。这些因素都明显地制约着研究者对该地区人类真实演化之路的探索。

本章余论

本章选择了近年来有关东南亚地区古人类研究的部分成果，还不能全面地反映该地区当前的学术进展。我们的初衷在于，藉此机会寻求关注该地区古人类研究的同好们，能够就共同关心的问题展开交流与合作，并为将来的相关研究提供一份参考。

正如第三章中所说的那样，骨骼形态测量学在探讨人类起源、演化和互动方面仍然具有独特的作用。不难预见，未来有关复原人类生活史的工作将体现在多学科的密切合作上，其中考古学、生物考古学和骨骼形态学的相互支持和影响将是一种必然。但骨骼形态测量学的作用并不能因为新的交叉学科的出现和新方法的应用而被替代。骨骼形态测量学的重要作用之一是能够使研究者全面而细致地了解被研究材料的基本形态学和遗传学信息，能够有效地识别出具有群体意义的人群差异性，也正因如此，以中国、美国和日本为代表的众多人类学者还依然重视这种方法的应用和完善（朱泓，2004；Pietrusewsky，2000；Hanihara，Ishida，2009）。

以往的研究使我们初步认识到，华南地区古人类可能具有相对统一的形态特征，可视为"古华南类型"（朱泓，2002）的一个区域类型。该类型居民的主要种系特征为：长颅型、低面、阔鼻、低眶、突颌、身材比较矮小。他们在体质特征上与现代华南地区的绝大多数居民（包括南方汉族和少数民族）均有所不同。在现代对比组中，他们一般和东南亚一带的居民，如越南和泰国史前时代居民、印度尼西亚人以及大洋洲的现代土著如美拉尼西亚人等比较接近。

那么，古华南类型的真正分布范围有多大？古华南类型与柳江人之间是否存在着直接的演化关系，或者说柳江人是否确为古华南类型的直系祖先？由于目前所知的华南地区古人类材料使我们还不足以对古华南类型居民进行更为清晰的描述和分析，因此从地缘上来讲，出土于东南亚地区的古人类材料可能会在一定程度上弥补我们目前因材料的制约而产生的某些研究上的不足。

由此也产生了另外一些疑问：东南亚特别是陆地东南亚的古代人群可否被视为是"古华南类型"？如果结论是肯定的，他们的祖先类型又是谁？是柳江人吗？还是起源于东南亚地区的远古人类？这将最终引出一个最为引人入胜的问题，那就是古华南类型和古代东南亚古代人群的起源和演化关系。

很遗憾，到目前为止尚无关于"古华南类型"与东南亚古代人群关系的更多探讨。

主要原因是，国外诸多从事东南亚地区古人类研究的学者尚未利用现有的发现于华南地区的骨骼形态测量学等数据特别是新近的数据进行分析（王明辉，2003；李法军 等，2009，2010）。同时，由于种种原因，我们也不能充分利用他们的研究数据。但是通过这些学者的研究结论，我们可以推断出他们对古华南类型人群与东南亚古代人群关系的看法。这些看法将有助于我们进一步分析二者的亲缘性。

本章参考文献

1. 李法军. 生物人类学. 广州：中山大学出版社，2007.
2. 李法军，王明辉，冯孟钦，朱泓. 鲤鱼墩新石器时代居民牙齿的非测量特征研究. 见：教育部人文社会科学重点研究基地吉林大学边疆考古研究中心编. 边疆考古研究（第8辑）. 北京：科学出版社，2009：343–352.
3. 李法军，朱泓，王明辉，等. 雷州半岛鲤鱼墩新石器时代贝丘遗址人骨研究报告. 中山大学2007–2008年度青年教师桐山基金项目（课题号11400–9350094），2009.
4. 李法军，王明辉，朱泓. 顶蛳山头骨的非连续性形态特征观察. 岭南地区古人类的起源、演化及其类型分布研究－兼论岭南地区和东南亚地区古人类的演化关系. 广州市哲学社会科学发展"十一五"规划2009年度课题（课题号23000–4222001），2010.
5. 阮维，阮光娟. 越南北方易安省的早期新石器时代人头骨. 古脊椎动物与古人类，1966，10（1）：47–49.
6. 王明辉. 体质特征. 见：中国社会科学院考古研究所，广西在族自治区文物工作队，桂林市文物工作队，桂林甑皮岩遗址博物馆编. 桂林甑皮岩. 北京：文物出版社，2003：491–499.
7. 张雅军. 日本人群的种族起源和演化. 世界历史，2008，（5）：28–36.
8. 朱泓. 中国南方地区的古代种族. 吉林大学社会科学学报. 2002，（3）：5–12.
9. 朱泓. 体质人类学. 北京：高等教育出版社，2004.
10. Balter M. Small but Smart? Flores Hominid Shows Signs of Advanced Brain. Science, 2005, 307 (5714): 1386–1389.
11. Barker G., H. Barton, P. Beavitt, S. Chapman, M. Derrick, C. Doherty, L. Farr, D. Gilbertson, C. Hunt, W. arvis, J. Krigbaum, D. Maloney, S. McLaren, P. Pettitt, B. Pyatt, T. Reynolds, G. Rushworth and M. Stephens. The Niah Caves Project: Preliminary report on the first (2000) season. Sarawak Museum Journal, 2000, (55): 111–149.
12. Boonlop K. and S. Bubpha. Prehistoric people from Ban Chiang, NE Thailand: A physical anthropology perspective on a Southeast Asian agrarian population. Conference: Dynamics of human diversity in mainland Southeast Asia, Siem Reap, Cambodia, 7th–10th January, 2009.
13. Boule M. Les hommes fossiles-Éléments de paléontologie humaine. Masson et Cie, Deuxième édition, Paris, 1923.
14. Brothwell D. R. Upper Pleistocene human skull from Niah caves, Sarawak. Sarawak Mus. J. (new series), 1960, 15–16: 323–349.
15. Brown P. Recent human evolution in East Asia and Australasia. Philosophical Transaction: Biological Science, 1992, 337 (1280): 235–242.
16. Brown P., T. Sutikna, M. J. Morwood, R. P. Soejono, E. Jatmiko, W. Saptomo and R. A. Due. A new small-bodied hominin from the Late Pleistocene of Flores, Indonesia. Nature, 2004, 431: 1055–1061.
17. Darwin C. The descent of man, and selection in relation to sex (1st ed). London: John Murray, 1871.
18. Demeter F., E. Peyre and Y. Coppens. Présence probable de forms de type Wadjak dans la baie fossile de

Quyhn Luu au Nord Viêt-nam sur le site de Cau Giat. Comptee Rende de l'Académie des Sciences. Paris Series Iia, 2000, 330: 451-456.

19. Demeter F., F. Manni, Y. Coppens. Late Upper Pleistocene human peopling of the Far East: multivariate analysis and geographic pattens of variation. Comptes rendus Palevol, 2003, 2: 625-638.

20. Demeter F., A. M. Bacon, K. T. Nguyen, T. L. Vu, H. Matsumura, H. N. Ha, M. Schuster, M. H. Nguyen and Y. Coppens. An archaic Homo molar from Northern Viêtnam. Current Anthropology, 2004, 45 (4): 535-541.

21. Demeter F., A. M. Bacon, K. T. Mguyen, T. L. Vu, P. Duringer, S. Roussé, Y. Coppens, H. Matsumura, Y. Dodo, M. H. Nguyen and A. Tomoko. Discovery of a second human molar and cranium fragment in the late Middle to Late Pleistoncene cave of Ma U'Oi (Northern Vietnam). Journal of Human Evolution, 2005, 48 (4): 393-402.

22. Demeter F. New perspectives on the human peopling of Southeast and East Asia duing the late upper Pleistocene. In: Bioarchaeology of Southeast Asia, Cambridge Studies in Biological and Evolutionary Anthropology, edited by Oxenham M. and N. Tayles. Cambridge: Cambridge University Press, 2006, (43): 112-133.

23. Dubois E. De proto-Australische fossiele mensch van Wadjak (Java), I-II. Koninklijke Akademie van Wetenschappen te Amsterdam. 1920, (19): 88-105, 866-887.

24. Dubois E. The Pro-Australian fossil Man of Wadjak, Java. Peoceedings de l'Académie d'Amsterdam, 1922, XXIII (7): 1013-1051.

25. Etler D. A. The fossil evidence for human evolution in Asia. Annual Review of Anthropology, 1996, (25): 275-301.

26. Hanihara T. Comparison of craniofacial features of major human groups. American Journal of Physical Anthropology, 1996, 99 (3): 389-412.

25. Hanihara T. and H. Ishida. Regional differences in craniofacial diversity and the population history of Jomon Japan. American Journal of Physical Anthropology, 2009, 139 (3): 311-322.

26. Hudson M. and H. Matsumura. "Sundadonty" and the population history of Southeast Asia: a reply to Turner. American Journal of Physical Anthropology, 2006, 130 (4): 459-461.

27. Ishida H. Cranial nonmetric variation of Circun-Pacific populations with special reference to the Pacific peoples. Jalan Review, 1993, (4): 27-43.

28. Jacob T. Some problems pertaining to the racial history of the Indonesian region. Dossertation, University of Utrecht, 1967.

29. Kennedy K. A. R. The deep skull of niah: An assessment of twenty years of speculation concerning its evolutionary significance. Asian Perspectives, 1977, XX (I): 33-50.

30. Marwick B. Biogeography of Middle Pleistocene hominins in mainland Southeast Asia: a review of current evidence. Quaternary International, 2009, 202: 51-58.

31. Matsumra H. and M. Zuraina. Metric analyses of an Ealy Holocene human skeleton from Gua Gunung Runth, Malaysia. Amenrican Jouurnal of Physical Anthropology, 1999, 109 (3): 327-340.

32. Matsumura H. And M. J. Hudson. Dental perspectives on the population history of Southeast Asia. American Journal of Physical Anthropology, 2005, 127 (2): 182-209.

33. Matsumura H., M. Yoneda, Y. Dodo, M. F. Oxenham, N. L. Cuong, K. T. Nguyen, L. M. Dung, V. T. Long, M. Yamagata, J. Sawada, K. Shinoda and W. Takigawa. Terminal Pleistocene human skeleton from Hang Cho Cave, northern Vietnam: implications for the biological affinities of Hoabinhian people. Anthropolocial Science, 2008, 116 (3): 201-217.

34. Nguyên Lân Cuòng. Dăc điêm nhăn chung: C Ư DÂN VĂN HÓA DÔNG S Ơ N Ở VIÊT NAM（越南东山文化人群的人类学特征）. HÃ NÔI: NHÀ XUÂT BAN KHOA HOC XÃ HÔI, 1996.

35. Nguyên Lân Cuòng. Nghiên cuu vê đăc điêm hình thái, chung tôc và bênh ly: RĂNG NG Ư Ờ I CỔ THUÔC TH Ờ I ĐAI KIM KHÍ Ở MIÊN BĂC VIÊT NAM（越南北部铁器时代古人群牙齿形态学、种族特征及病理特征研究）. HÃ NÔI: NHÀ XUÂT BAN KHOA HOC XÃ HÔI, 2003.

36. Pietrusewsky M. Cranial variation in Early Metal Age Thailand and Southeast Asia studied by multivariate procedures. Homo, 1981, 32（1）: 1 – 26.

37. Pietrusewsky M. Multivariate comparisons of recently excavated Neolithic human crania from the Socialist Republic of Vietnam. Internatonal Journal of Anthropology, 1988, 3（3）: 267 – 283.

38. Pietrusewsky M. Metric analysisof skeletal remains: methods and applications. Biological Anthropology of the Hman Skeleton, Edited by Katzenberg M. A. and S. R. Saunders. New York: Wiley-Liss, 2000: 375 – 415.

39. Pietrusewsky M., C. F. Chang. Taiwan aboriginals and peoples of the Pacific-Asia region: multivariate craniometric comparisons. Anthropological Science, 2003, 111（3）: 293 – 332.

40. Pietrusewsky M. Pacific-Asian relationships: a physical anthropological perspective. Oceanic Linguistics, 1994, 33（2）: 407 – 429.

41. Pietrusewsky M. Craniometric variation in Southeast Asia and neighboring regions: a multivariate analysis of cranial measurements. Human Evolution, 2008, 23（1 – 2）: 49 – 86.

42. Rushworth G., M. Stephens, C. Stringer, et al. The 'human revolution' in lowland tropical Southeast Asia: the antiquity and behavior of anatomically modern humans at Niah Cave（Sarawak, Borneo）. Journal of Human Evolution, 2007, 52（30）: 243 – 261.

43. Sánchez y Sánchez D. Un cráneo humano prehistórico de Manila. Mem eal Soc. Españ. Hist. Nat., XI, 1921.

44. Storm P. The evolutionary significance of the Wajak skulls. Scripta Geologica, 1995, 110: 1 – 247.

45. Turner II C. G. Late Pleistocene and Holocene population history of East Asia based on dental variation. American Journal of Physical Anthropology, 1987, 73（3）: 305 – 321。

46. Turner II C. G., Y. Manabe, D. E. Hawkey. The Zhoukoudian Upper Cave dentition. Acta Anthropology Sinica, 2000, 19（4）: 253 – 268

47. Turner II C. G. Dental morphology and the population history of the Pacific Rim and Basin: commentary on Hirofumi Matsumura and Mark J. Hudson. American Journal of Physical Anthropology, 2006, 130（4）: 455 – 458.

48. Verneau R. Les crânes humains du gisement préhistorique de Pho-Binh-Gia, Tonkin. L'Anthropologie, 1909,（20）: 545 – 559.

49. Wolpoff M. H., X. Wu and A. G. Thorne. Modern homo sapiens origins: A general theory of hominid evolution involving the fossil evidence from East Asia. In: The origins of modern humans: A world survey of the fossil evidence, eds. F. H. Smith and F. Spencer. Liss, New York. 1984, 411 – 483.

50. Yousuke Kaifua, Fachroel Azizc, Etty Indriatie, et al. Cranial morphology of Javanese Homo erectus: New evidence for continuous evolution, specialization, and terminal extinction. Journal of Human Evolution, 2008, 55（4）: 551 – 580.

后　　记

　　2004年秋天，完成了博士论文的答辩，带着对未来的憧憬，我踏上了驶向南国的列车。当车轮开始转动的那一刻，我的内心却透出阵阵的酸楚。即便是有了学术的积累以及师友的教诲，但想起那遥远而陌生的城市，想起那片要为之奋斗的广袤大地，我却感到了莫名的孤单和忧虑。

　　这种孤单和忧虑并非来自生活上，而是来自学术上的。想起当年前往中山大学任教的前夕，我的导师，吉林大学边疆考古研究中心朱泓教授，让我到他的办公室，专门同我讲了整整一个上午关于授课的艺术。那一刻，我深深地领会到导师内心中的那份厚望。这更增加了我今后执着向学的动力。但，这条路，要怎样走下去呢？

　　初到中大的三年，囿于人骨材料的匮乏，我尽量一边上好专业课，一边积极与华南地区各个省份的考古机构建立联系，期望获得他们的信任与支持，使其能将搜集到的人骨材料交与我来研究。但对于一个初来乍到的年轻人来说，想要立即获得当地业内的支持是非常困难的，所以我已做好了空守实验室的心理准备。

　　但幸运的是，就在我刚刚开始准备与各单位联系的时候，天津市文化遗产保护中心的陈雍先生以及盛立双同志、广东省文物考古研究所的冯孟钦先生以及贵州省文物考古研究所的李飞同志和吴小华同志分别邀我到他们那里采集和整理人骨资料。正是由于他们的充分信任和盛情邀请，才使我有机会参与到建立天津明清时期人骨标本库、着手研究广东湛江鲤鱼墩人骨以及贵州红水河流域布依族近代人骨等工作中去。

　　同时，中山大学人类学系刘文锁教授和广州市文物考古研究所的张强禄研究员、广东省文物考古研究所的卜工研究员也先后邀我参加他们在广州大学城和中山南朗龙穴遗址的考古发掘工作。中山大学人类学系郭立新教授和郑君雷教授还积极为我提供三峡地区和河南地区的人骨标本，张振江教授带我参加了他在贵州水族地区的人类学田野调查工作。应当说，最初那几年非常丰富的工作经历，使我对未来的工作充满了期待与信心。

　　2006年，我获得了中山大学桐山奖励金的立项资助，继续进行鲤鱼墩人骨的研究工作。对我而言，课题经费并不是最重要的，最重要的是认同感。对于这次立项，我至今心存感激，因为这是我独立进行学术研究的起点，是我的研究被中大认可的明证，它给予了我无限的勇气。我对自己说：在中大，你的体质人类学研究是能够被认可的。

　　我有幸邀请到朱泓教授、中国社会科学院考古研究所王明辉副研究员和中国科学院大学科技史与科技考古系胡耀武博士加入了最初的课题组，着手对鲤鱼墩人骨样本进行分析和研究。之后，又有幸邀请到中国科学院古脊椎动物与古人类研究所吴秀杰博士和邢松博士、吉林大学边疆考古研究中心蔡大伟博士和湖北省文物考古研究所周密博士。我们组成了一个长期而稳定的科学团队，共同进行有关华南地区古人类的起源、演化及其类型分布以及华南地区和东南亚地区古人类的演化关系的研究，并获得了一些初步的成果。

近几年来，我指导的几位研究生、本科生以及合作指导的留学生，如陈博宇、陈伟驹、邓锋、刘畅、刘一婷、王婷婷和张涛，也先后加入到有关鲤鱼墩人骨研究的科研团队。他们积极地学习和认真地实践，在阅读和分析了大量相关文献的基础上，形成了自己对相关问题的独到见解，从而超越了我最初为他们拟定的研究内容。他们的工作为我带来了更多启发，开拓了我们未来研究的方向。

在获得桐山奖励金立项之后，我陆续又获得了众多师友和同仁的支持，开始有机会接触云南、贵州、广西、广东、湖南等华南地区的人骨材料。也有幸继续与天津的考古学者合作，同时受邀到上海和浙江地区进行人骨的鉴定工作。这里要特别感谢云南文物考古研究所蒋志龙研究员，贵州省文物考古研究所宋先世研究员、张合荣研究员、杨洪同志和张兴龙同志，广西文物考古研究所李珍研究员、何安益副研究员和蒙长旺同志，上海市博物馆翟阳同志，浙江省文物考古研究所徐新民研究员和浙江平湖市博物馆的张蜀益同志，正是他们的信任与支持，才使我能够从更广阔的视野审视我的研究。

随后，我又获得了广州市哲学社会科学发展"十一五"规划 2009 年度课题、高校基本科研业务费中山大学青年教师培育项目、中国科学院战略性先导科技专项、中国科学院脊椎动物进化系统学重点实验室开放课题基金项目、广东省哲学社会科学"十二五"规划 2011 年度项目的资助和国家文物局文化遗产保护项目的资助，专门进行有关华南地区史前时期人类的演化以及其他生物考古学研究。在这个过程中，导师朱泓先生一如既往地关心和支持着我。中国社会科学院考古研究所的傅宪国研究员为我提供了非常珍贵的顶蛳山遗址的人骨材料并鼓励我对之进行系统的研究。

在这本书中，我们就理论问题、方法创新和研究视角等方面进行了一些新的尝试。书中阐述了有关生物考古学的界定、人骨研究的伦理学以及考古发掘所获得的人骨的定位等新问题。在进行群体亲缘关系探讨时，我们发现华南地区的古人类在体质特征上虽然存在许多共同特征，例如长颅型、低眶和阔鼻特征，但人群之间仍存在着某些差异。我们也发现，鲤鱼墩遗址居民与中南半岛史前时代居民有着最为密切的头骨形态测量学联系，而与岛屿东南亚及东北亚类群存在着一定的差异。我们还发现，现代南亚类型居民的典型长颅型特征应当是在全新世之初逐渐形成的。这些新的发现丰富了我们对华南地区人类演化和社会复杂化的已有认知。

在方法创新上，我们注意到以往有关四肢骨滋养孔研究的缺失，因此希望对滋养孔进行专门研究。我们侧重对滋养孔外口的分析，首次定义了滋养孔外口的相关测点和测量特征，并对这一结构进行了初步研究，获得了一些很有意义的发现。在研究视角上，我们不仅重视宏观的形态测量学和埋葬学分析，还尝试从更加微观的角度研究了牙齿磨耗微痕。

虽然我们通过这些研究获得了对华南地区新石器时代人类演化和考古学文化的初步认识，丰富了以往的相关研究内容，但这些研究的不足之处也非常明显。首先是研究的深度不够，没有就重要的论题进行更为细致的研究。我们认为造成上述不足的主要原因在于新材料的匮乏和已有信息的缺失。因此，今后的主要工作是继续完善有关华南地区和东南亚地区生物考古学的数据库建设，并继续拓展研究内容，继续进行方法创新。其次，理论创新性不够，除了对已有的重要理论进行评价，尚缺乏对某些重要生物考古学现象的文化解释和立论。我们认为造成这种情况的原因有两个，主要原因依旧是新材料的匮乏和已有信息的缺失，另一个原因是我们觉得提出新理论的时机尚未成熟。

以上是我对本书是如何完成的所做的线性梳理。除上述提及的诸位学者外，我们还希望借此机会对那些曾经给予无私帮助和支持的学者们表达感谢之意。他们是中国科学院古脊椎动物与古人类研究所吴新智院士和刘武研究员，中国社会科学院考古研究所张雪莲研究员；北京大学考古文博学院何嘉宁博士；广州市南越王宫博物馆全洪研究员；广州市西汉南越王墓博物馆吴凌云研究员；广东省文物鉴定站刘成基研究员；福建泉州市博物馆的范佳平同志；复旦大学文物与博物馆学系高蒙河教授；瑞士日内瓦大学生物学系邸达博士，美国夏威夷大学人类学系 Michael Pietrusewsky 教授；巴黎古脊椎人类研究所 Amelie Vialet 博士，法国法兰西学院及巴黎国家自然史博物馆 Fabrice Demeter 博士；英国阿伯丁大学考古学系 Keith Dobney 教授；越南考古学会会长 Nguyên Lân Cuòng 博士，越南国家社会科学院考古院 Nguyên Kim Thuy 博士；澳洲国立大学考古学与人类学学院 Peter Bellwood 教授，澳大利亚悉尼大学文化资源评估、规划及管理处 Richard Wright 教授；广东遂溪县博物馆陈诚先生；中山大学人类学系冯家骏教授、许永杰教授、刘昭瑞教授、王宏副教授、周大鸣教授、麻国庆教授、张应强教授、熊仲卿博士、谭玉华博士，历史系刘志伟教授，人文高等研究院甘阳教授，地球科学系郑卓教授以及工学院余志教授等也给予了真诚的支持和鼓励。

我也要特别感谢中山大学桐山奖励金项目及其评审委员、社会科学处、发展规划与学科建设办公室、科学技术处的诸位同事以及中山大学出版社的曹巩华同志和徐诗荣同志。

李法军
2013 年 3 月于中大康乐园